苌乃周画像

苌家拳全集 上

（清）苌乃周 著

陈万里 陈万卿 陈万刚 整理

中州古籍出版社
海燕出版社
· 郑州 ·

图书在版编目(CIP)数据

苌家拳全集/(清)苌乃周著；陈万里，陈万卿，
陈万刚整理. —郑州：中州古籍出版社，2013.10
ISBN 978-7-5348-4437-9

Ⅰ. ①苌… Ⅱ. ①苌… ②陈… ③陈… ④陈… Ⅲ.
①拳术-套路(武术)-中国 Ⅳ. ①G852.19

中国版本图书馆CIP数据核字(2013)第230395号

策划编辑　黄天奇
责任编辑　王建新　胡宜峰　朱立东
整体设计　刘　瑾
责任校对　齐　笑

出版发行：中州古籍出版社
　　　　　（地址：郑州市经五路66号　邮政编码：450002）
　　　　　海燕出版社
　　　　　（地址：郑州市北林路16号　邮政编码：450008）
发行单位：新华书店
承印单位：山东齐鲁古籍印务有限公司
开　本：710毫米×1000毫米　1/16　　印张：71.5印张
字　数：1430千字　　　　　　　　　　印数：1—3500册
版　次：2013年10月第1版　　　　　　印次：2013年10月第1次印刷

定价：238.00元（全三册）
本书如有印装质量问题，由承印厂负责调换。

序 一

王立群

  先秦时期，中国早就有专门的武术典籍出现。《汉书·艺文志》兵家下"兵技巧"类著录13家199篇，这些图书的主要内容是"习手足，便器械，积机关，以立攻守之胜者也"。其中"《剑道》38篇、《手搏》6篇"为刀剑劈刺、擒拿格斗、拳击摔跤类的典籍，与今日之武术无异。另外，在"兵阴阳"类目下，亦著录了一些与武术有关的图书，如"《苌弘》15篇"，据《淮南鸿烈》云："苌弘，周氏之执数者也。天地之气，日月之行，风雨之变，律例之数，无所不通。"则是书虽与兵法有关，亦与今日之内功相类。再如"《辟兵威胜方》70篇"，是讲刀枪不入的图书，与今日之外气功无异。非常可惜的是，这些典籍几乎全部亡佚，只有片言只语残存于汉魏古籍中。

  宋元以前的武术古籍，除一部分射箭、游艺图书幸存外，其他的兵械武术图书流传至今者甚稀，今日所能见者，主要是明清两代的著作了。明清之际，武术曾出现热潮，产生了一批优秀的武术大家，也出现了不少武术著作。苌家拳就是这一时期的杰出代表。

  荥阳苌氏得姓于周室苌弘，可谓家学渊远而不坠。弘之后裔苌乃周先生，深通《周易》，颇晓阴阳变化之道；才兼文武，终成武林一代大师。苌乃周创立的苌家拳，可谓将"兵阴阳"与"兵技巧"融为一体，苌家拳遂为与少林拳、太极拳并立的三大拳派之一，并荣登国家非物质文化遗产之列。

  武术古籍属中国古典文献中的特殊领域，也是颇具民族特色的领域。但是，一直以来，此类典籍并没有得到应有的关注。一是此类典籍多在流派内部传承，大多通过口耳相传或者抄本之形式传承，传播范围受限，外间较难涉足；二是此类典籍之整理有一定难度，需要精通武术又熟稔文献整理的专门人才。在少林拳借助现代传媒以开放的态度融入现代社会，太极拳走上全民健身的亲民路线而广为所知的形势下，曾与其鼎足而立、有三百年历史的苌家拳如何复兴，就成为一个亟须着手的问题。所以,《苌家拳全集》的整理,不仅立足现实,而且对于苌家拳的振兴、传统武术的发扬、传统文化的传承都有重要意义,值得大力提倡并积极参与。

古代典籍是我国的宝贵文化遗产,武术典籍是优秀民族传统文化的结晶。文献整理是为了更有效地传播,是为了更大范围地传播传统文化。陈万卿是"中国《史记》研究会"的老友,著有介绍苌家拳全貌的《苌家拳》一书。其兄万里先生学拳于苌家,搜集校订拳械图谱百余件。其弟万刚先生也时时参与其间。兄弟三人毕数十年之精力,搜集整理苌家拳资料,功不可没。而且,古籍整理费时费力,极为不易。万卿兄弟为整理此书,耗费大量心血,值得嘉许。

对于武术,我知之不多,但从传播传统文化角度考虑,我是乐意力所能及地尽自己的一点力量的。所以,不揣谫陋,聊缀数语。是为序。

2013年6月于北京

序 二

苌松华

2012年11月7日，荥阳苌家拳研究会副会长陈万里、秘书长陈万卿兄弟携其所整理之《苌家拳全集》书稿来访，曰："苌家拳之资料经数十年之搜集整理，今已编为一帙，欲付枣梨，请审定并赐序。"余抚盈尺之稿而叹："此帙之成，难矣！余忝为会长，知此役之艰辛，今又先睹之，不敢言为序，而述其相关情况为世人知，则分内事也。"

苌家拳创始人苌公乃周，字洛臣，为迁汜苌氏十二世孙，出生于河南汜水县（今属荥阳）苌家村一书香世家。余为迁汜苌氏十九世孙，自幼闻洛臣公不世武功，甚感荣耀。公才兼文武，留下大批理论著作和拳械图谱，时未能刊刻，仅以传抄形式保存于传人之手。历代门人又恪守"不在人前卖弄"和"宁可失传，决不滥传"之训，故外人见之甚难。此前也曾有几位"先知先觉"和"开明"人士从事过苌家拳资料的搜集整理，如民国初曾任大总统的天津人徐世昌、汜水人袁宇华、江苏武进人徐震，以及荆文甫、苌文蔚等。然徐世昌搜集之书因黄河翻船而尽入鱼腹；袁宇华印本颇多舛误又极难得见；徐震之整理本虽广为传播却只是冰山一角；荆文甫、苌文蔚整理之书则因日寇入侵或焚于兵火，或大部散失。人云聚难而散易，于苌家拳事可见矣！

20世纪80年代，国家开展武术挖掘整理工作，时洛臣公七世、孙郑州市苌氏武技研究会会长苌新法先生曾参与其中，志未酬而身先殒，令人痛惜！万里、万卿兄弟乃新法先生弟子，遵师嘱而继《苌家拳全集》之役，寒来暑往，倏忽近三十年矣！其搜讨之苦，余时闻之。2008年7月，苌家拳被列入国家非遗名录。一时间寻根问祖者、切磋交流者、索取资料者甚众，新闻媒体亦不时造访。凡有此类活动，万里先生皆亲为展演拳械、讲解技法，万卿先生则为讲解历史文化。万卿先生又废寝忘食、夜以继日著介绍苌家拳全貌的《苌家拳》一书，满足了部分读者的需求。然而，深入研究苌氏理论及技击者，深入研究苌家拳承接与影响者，研究苌家拳与释、道、易、医关系者仍接踵至，皆欲识洛臣公之原著，故尽快出版《苌家拳全集》便被提上日程。

搜集资料固难，而校订文字则更难。万里先生出其所集拳械图谱百余种倾其全力详加校勘，万卿、万刚也多所参与，余亦以管窥蠡见参与其间，转瞬又四个春秋矣。

当万里先生正伏案校订时，《台湾武林》杂志总编刘康毅先生来访，见案头如山之书而慨叹，称赞万里先生之整理"乃苌家拳近三百年来的第一等功业"。

《苌家拳全集》计29卷，整理校订了40余种苌家拳的理论和拳械谱，是苌家拳派创立后进行的第一次全面的资料汇编，且其中绝大部分为首次公开者，意义非凡。

我坚信，武林同道及专家学者得此编，基本能够得见苌家拳之全貌。苌家拳爱好者得此编，不再受觅求资料之苦。这一苌家拳发展的基础工程，必将对苌家拳的传承弘扬起到巨大的推动作用！

感谢万里、万卿、万刚三兄弟的辛勤劳动和他们家人的支持！

感谢国家、河南省、郑州市、荥阳市非遗机构的支持！

2012年11月8日

序 三

陈万里

中华文明源远流长，中华武术博大精深。清乾隆年间河南汜水县（今属荥阳市）苌乃周先生集众家之长创立的苌家拳，是中原腹地的又一著名拳派，被誉为"中国武术百花园中一枝艳丽的奇葩"，对中国武术发展繁荣产生过重要影响。

苌乃周先生（1724—1783），字洛臣，号纯诚，又号种竹翁、明心堂山人、爱花主人。汜水县苌家村人（中年后迁居后新庄村）。因行三，人称苌三先生。又以其文士而好武，被称为儒拳师。其曾祖父苌印昌，清顺治甲午副榜贡生，是一位以经史为宗，兼通老庄、佛学的饱学之士，是苌氏成为汜水望族的奠基者。祖父苌楚霖、父苌仙湄均为庠生，伯父苌濂为儒医。其兄长苌仕周，乾隆七年（1742年）进士，曾任山东蓬莱、文登，陕西宜君等县知县，是一位精通易理的大家，著有《易经讲义》八卷。乃周先生自幼受家庭文化熏陶，博通经史，深谙易理，采撷医道，融会养生，为以后创立拳派、著述拳械图谱奠定了坚实的文化基础。

苌乃周"成童嗜武"，私淑明末汜水虎牢张八。张八，精拳枪，称神手。张八之技下传五世而至汜水禹门。苌乃周初学于汜水禹氏家族中精于武艺且"世罕其匹"的禹让，又与禹氏武术传人禹盛鸣"日月刮磨"，与"文武双全"的禹鸿起探讨交流，故能"尽得张八之术"。复经洛阳阎圣道之指点、四川梁道之传授，与"尤精于剑"的王新象及武学名家王守一切磋比较。师承名家，兼习各派，另辟蹊径，独树一帜，形成以中气为核心理论，以内外双修、形气合一、刚柔相济、攻防一体为主要特点的武学体系，有《中气论说》等武术理论著作及拳、棒、枪、剑、春秋刀等拳械图谱传世，世人称之为苌家拳。

苌乃周集易理、医理、拳理之大成，熔内气、外形、技法于一炉，是一位技术精湛的武术实战家和伟大的武术理论家，是中原武术的集大成者。他才兼文武，故而被两任河南巡抚聘为巡抚衙门教习。河南巡抚荣柱赠匾"名齐俊及"，大宗伯庄方耕称其为"两河杰士"。及卒，河南巡抚徐绩吊以诗，有"盖世英雄今渺矣"之句。

葛廷贵先生盛赞"苌乃周是我国武术史册上旷古罕见之通才"。康庆武先生也说："苌乃周和他建立的拳学中气理论，可谓前无古人，后无来者。"

乃周先生醉心武学，漠视功名，仅以岁贡终，士论惜之。然其空前绝后之器终不能掩，他所建立的拳学体系和遗留之图谱已成为中华武库中极为宝贵的遗产。

余幼时常聆祖父言说苌家拳故事，耳濡目染，烙印甚深。年十八，从学于苌家拳传人秦景尧先生。经数年，由秦先生绍介，拜苌乃周祖师七世孙苌新法先生为师。先师精拳技，富学问，整理先人遗编，不遗余力，又屡屡嘱我等搜求散出之谱以成苌氏武学之全集。恩师仙逝，我等铭记遗训不敢忘。乃遍访荥阳、新密、新郑、巩义、中牟、郑州、新乡、安阳、开封、西安等地苌家拳传人，苦苦搜求，晨昏演练。常骑单车穿梭于崇山峻岭之间，奔波于荒郊小道之上，或为求一谱而奔波数月，或为见一书而央求数人，数十年来，共得见苌氏拳械图谱150余册。然而这些抄本大多残缺不全，讹误亦多，故乃与家弟万卿、万刚甄别优劣，辨析正误，字斟句酌，删衍补漏，夜以继日，通宵达旦者不知凡几。

无涓涓之细流，无以成江海，此书之成，更凝聚了大家的心血和汗水。倘此书之出版能使世人更多了解苌乃周先生和苌家拳，能为普及弘扬苌家拳有些许之助，则可告慰于先师，告慰于祖师矣！

感谢关心支持此书出版的领导和师友们！

书中之误，敬请方家指正。

2012年10月27日于研武斋

说　明

此次整理，将苌家拳创始人苌乃周先生像置卷端以示敬仰，并示饮水思源也。

此次整理，共得见有关苌氏拳械图谱 150 余册，且多为抄本，如《中气论说》共得见清道光、咸丰抄本等 12 种，《中二十四势拳谱》共得见咸丰、光绪抄本等 13 种，《字拳谱》共得见道光、咸丰抄本等 11 种，《三十六枪谱》共得见道光、咸丰抄本等 7 种。凡此类者，不再一一注明。

此次整理，重点在校正文字之讹误，图则以画工精细者影印之。

此次整理，文字变为简体，仅作句读，不为注解。

此次整理，或对校，或本校，或他校，或理校，校记繁杂，今皆删之。

此次整理，比类排次，拳与拳类，棒与棒类，枪与枪类，剑与剑类，以便阅读。

此次整理，如《点气论》后"余谓此"一段文字，早期抄本均无；《字拳》之偏势谱早期抄本均无注解。此皆为后人所加。凡此类者，悉从淘汰。

此次整理，对于传抄过程中出现的错字和不规范字，如"钟魁"当为"钟馗"，"枪干"当为"枪杆"，"一柱香"当为"一炷香"……凡此类者，皆径改之。

此次整理，"蒤手"改"擢手"，"脚指"改"脚趾"，"筋头"改"斤斗"，"伯王"改"霸王"等，凡此类者，皆规范之。

此次整理，谱中凡"洒脚""洒腿"用"洒"字不用"撒"，凡"撒手""撒膀"均用"撒"而不用"洒"。"曲"与"直"相对，"屈"与"伸"相对。凡"炼气"皆用"炼"，凡"练形"皆用"练"。凡自下而上之冲拳动作谓之"冲"，直拳曰"撞"。凡此类者，皆规范之。

此次整理，拳械谱及理论中出现的生僻字如"搳"，皆改为"砸"。原字意为自上而下砸之，又有一点即起，不能砸老之意味，内含中气，体现入扶，与今之"砸"义相近而劲道实不同。"靳""勤"改"劲"，"掤"改"棚"，"搢"改"攥"，"惊颤"改"惊战"，皆有此义，读者宜知之。

此次整理,谱中偶尔出现荥阳、氾水一带方言,如《二十四字诗》中《伛字诗》有"伛法不着争有限"之"争",意为"差","争有限"即"差一点"。《二十四大势拳谱》之《顺手牵羊》中有"往后一捞","捞"即"拉",非自下而上捞起之意。凡此类者,不再注解,读者宜知之。

此次整理,凡涉及苌家拳特有之名词如"伲"字,其意为臻也,使之圆满也。击敌之时仍嫌力量不足,再将内气外形调整蓄收,而后同心合意,一齐发放,此过程称之为"伲"。凡此类者,陈万卿《苌家拳》一书多有解说,此次整理不再一一注明。

此次整理,对已不完整之《分练法》,有传习而未见文字记载之《五行气》,已残缺不全之《孙大圣二十七势拳》《之字拳》《斜形拳》《新订张夫子蛇矛谱》《弹弓谱》等,均未整理入书。异日若有完本发现,容再做补充。

此次整理,对非苌乃周之原作而流传于苌家拳传人中的《小罗汉拳谱》《炮拳谱》《白虎拳谱》等拳械谱(或即"著有新式枪捶棒谱传世"之苌其渊之作品,而绘图解说则出于民国苌文蔚之手)作附录处理,以便对比。

《十面埋伏引战拳谱》,当为明季虎牢张八之神拳二十九法。此拳虚实相间,刚柔并济,擎中有战,战中有擎,浑身是法,犯者立仆。附录于后,以供参考。

目 录

卷之一
中气论说一 ············· 3
- 初学条目 ············· 3
- 打拳须知 ············· 5
- 打手论 ············· 5
- 十层功夫 ············· 10
- 练形 ············· 13

卷之二
中气论说二 ············· 16
- 拳法渊源序 ············· 16
- 初学入手法 ············· 16
- 正气论 ············· 17
- 养气论 ············· 17
- 纳气 ············· 17
- 三气合为一气 ············· 18
- 中气 ············· 18
- 借行气 ············· 19
- 夺气 ············· 19
- 论外形 ············· 19
- 大小势说 ············· 19
- 起纵说 ············· 20
- 论用功 ············· 20
- 肺气为主 ············· 21
- 讲出手 ············· 21
- 讲打法 ············· 21
- 打法总论 ············· 21

卷之三
中气论说三 ································24
- 炼气诀 ································24
- 讲点气 ································25
- 中气歌 ································25
- 承停擎歌 ································25
- 肝起肺落歌 ································26
- 老少相随歌 ································26
- 阴阳转结歌 ································26
- 勇气根源歌 ································26
- 疾快用法歌 ································26
- 五行能司歌 ································27
- 论手足歌 ································27
- 论手歌 ································27
- 论足歌 ································27
- 足歌 ································27
- 手歌 ································28
- 肘歌 ································28
- 胯歌 ································28
- 膝歌 ································28
- 论打法歌 ································28
- 论拦法歌 ································28
- 论头歌 ································29
- 平肩歌 ································29
- 仄肩歌 ································29
- 内外合歌 ································29
- 内外合一歌 ································29
- 单练法歌 ································29
- 合练法歌 ································30
- 论单合练歌 ································30
- 呼吸纳气歌 ································30

文武双全歌······30

卷之四
中气论说四······32
中气论······32
阴阳入扶论······33
入阳附阴入阴附阳说······33
入阳扶阴入阴扶阳说······33
阴阳并入阴阳并扶说······33
阴阳分入阴阳分扶说······34
阴阳旋入阴阳旋扶说······34
阴阳斜偏十字入扶说······34
阴入阴扶阳入阳扶说······34
阴阳乱点入扶说······34
论头······35
论手······35
论足······36
论拳······37
阴阳转结论······37
三尖为气之纲领论······38
过气论······38
刚柔相济论······39
十二节屈伸往来落气内外上下前后论······39
三尖照论······40
三尖到论······40
擎停承论······40
咽肉变色论······41
行气论······41
面部五行论······42
聚精会神气力渊源论······42
得门而入论······43

头手二手前手后手论·····················43
　　点气论·······························44

卷之五
　调息养身法一···························47
　　悟得春光遍宇宙·······················47
　　内景图说···························47
　　论外形之阴阳与内气之阴阳相合···········49
　　面部五行···························49
　　手部五指五行说·······················50
　　论足之领气·························52
　　五行即五脏·························52
　　论经络脏腑内外气血行度···············54
　　养气说·····························55

卷之六
　调息养身法二···························58
　　炼气论·····························58
　　鼓巽所以然·························59
　　呼吸存不存·························59
　　呼吸动火···························59
　　七气合七势·························60
　　七气性情合乎七势·····················60
　　内炼外炼···························60
　　武备炼气与修真不同···················60
　　咽内七气功·························61
　　咽气坐功···························61
　　咽气立功···························61
　　内丹·······························61
　　内外·······························62
　　浑元·······························62

阴阳 …… 62
　　无间 …… 62
　　论气纵横 …… 63
　　论内外之分 …… 63
　　炼十二经络法 …… 63
　　炼有阴阳不同 …… 64
　　吸新吐故以炼五脏 …… 64

卷之七
调息养身法三 …… 66
　　循环一气 …… 66
　　日月平分 …… 68
　　螃蟹合甲 …… 70
　　火焰冲天 …… 72
　　内七气 …… 75
　　外七气 …… 76
　　上七气 …… 77
　　下七气 …… 78
　　缩骨功 …… 80
　　舒筋功 …… 81

卷之八
拳法一 …… 86
　　中二十四势拳谱 …… 86

卷之九
拳法二 …… 122
　　上二十四势拳谱 …… 122

卷之十
拳法三 …… 152

 　　　下二十四势拳谱·················152

卷之十一
　　拳法四·····················178
　　　二十四大势拳谱···············178
　　　猿猴拳谱···················185
　　　大罗汉拳谱（第一种）············191
　　　白虎拳诀···················194
　　　黑虎拳诀···················195

卷之十二
　　拳法五·····················198
　　　四十八法···················198

卷之十三
　　拳法六·····················248
　　　字拳谱····················248

卷之十四
　　枪法一·····················284
　　　枪论一····················284

卷之十五
　　枪法二·····················298
　　　枪论二····················298

卷之十六
　　枪法三·····················312
　　　三十六枪谱··················312

卷之十七
枪法四
二十一名枪谱·····················390
二十一名枪谱·····················390

卷之十八
枪法五
锁枪谱·························424
锁枪谱·························424

卷之十九
枪法六
花枪谱·························446
花枪谱·························446
马上枪谱·······················452
六零奇枪谱·····················453
飞云八势枪谱···················455
二十八枪谱·····················457
龙虎斗（一）···················461

卷之二十
枪法七
张夫子蛇矛谱···················464
张夫子蛇矛谱···················464

卷之二十一
剑法一
吕祖剑谱·······················587
吕祖剑谱·······················587

卷之二十二
剑法二
双剑名目·······················602
双剑名目·······················602

卷之二十三
剑法三·······················610

双剑谱·················610

卷之二十四
　　剑枪法一·················664
　　　单剑敌枪谱···············664

卷之二十五
　　剑枪法二·················688
　　　双剑敌枪谱···············688

卷之二十六
　　棒法一··················761
　　　行者棒谱················761
　　　二十四势猿猴棒谱············762

卷之二十七
　　棒法二··················790
　　　齐天大圣棒谱··············790

卷之二十八
　　棒法三··················868
　　　猿猴对棒谱···············868

卷之二十九
　　刀法、鞭法、锏法、镰法··········929
　　　春秋刀谱················929
　　　急三枪带鞭势··············963
　　　虎尾镰·················963
　　　鞭锏路道················964
　　　龙虎斗（二）··············964

附　录

大罗汉拳谱（第二种）……………………………966

新式青龙出海拳谱…………………………………971

小罗汉拳谱…………………………………………972

白虎拳谱……………………………………………1000

炮拳谱………………………………………………1024

十面埋伏引战拳谱…………………………………1078

三十六势猿猴棒谱…………………………………1114

后　记………………………………………………1115

卷之一

按：苌家拳创始人苌乃周著有习武要求、习武心得类文字若干篇，如《十层功夫》《初学条目》《打拳须知》等。或单独成册，或散置谱前，未载一处。另有《初学入手法》等理论，《炼气诀》等歌诀，亦散见于拳谱之前。昔曾有将此汇为一处，名之曰《武备参考》或《武备择要》者。此类文字，实为《中气论说》之内容。今皆汇校一处，以便读者。

《打手论》一册，又作《熟极巧生》，以条目形式记练习武功时应注意之事项，甚有价值。从其中"苌先生云"来看，此篇应是苌乃周传授弟子武功时其弟子所记苌乃周之语录，故应视为苌乃周之作品。

苌乃周著有《中气论》等二十九篇理论文章，原抄即置一处，而以第一篇题题作《中气论》，亦有人称之曰《气论》。这些理论是苌家拳械的指导性理论，是苌家拳械的纲领。其主要内容是阐述中气之原理，叙说外形之规矩，揭示阴阳之奥妙，论说技击之法则。中气理论是苌氏拳学的发端，开中国古代武术理论培养中气之先河，在中国武术理论史上占有特别重要之地位。

中气论说一

初学条目

学拳宜在静处用工,不可向人前卖弄精神,夸张技艺,方能鞭策着里。《论语》云:"百工居肆以成其事,君子学以致其道。"信然乎哉!

学拳宜郑重其事,不可视为儿戏,则无苟且粗疏之病。

学拳宜明其理,传其神,顾其名,思其义,方能精妙入细。

学拳无论偏正反侧诸势,宜将身子搁于两腿中间,方能稳如泰山。少有歪斜,便是东扭西裂,南倒北疴,岂不蹉跎可笑。

学拳前脚横立,大足趾心气宜往内勾,后脚竖立,后跟宜往外一拧,两膝相对,既无不牢之病,裆亦护得住了。

学拳步法不可贪远,恐仓惶失措,不无倾跌。但能跳得高,不愁不远。高字当在远字之上,远字当在高字之下,良有以也。

学拳左动必右应,右攻必左辅,左右相生,方得阴阳周流之妙。

学拳要用尽平生之力,方能强壮。如狮子搏象用全力,搏兔亦用全力,则全神毕赴,自无坚之不破矣!若曰:"我本无力。"不亦已乎!

学拳力要用得出,气要留得住。用得出,处处加战;留得住,步步要擎。擎中有战,战中有擎。出没变化,不可物相,物相则非矣。

学拳停顿处宜沉着加力,转关处宜活泼随机。

学拳脚与手合,手与眼合,眼与心合,心与神合,神与气合,气与身合。六者相合,再无不捷妙灵活处。

学拳先以运功为主,一身血气周流,方能浑元一气。

学拳一势之精,约得千遍,方能熟练。若不熟练,还是千遍。

学拳宜以德行为先，凡事恭敬谦逊，不与人争，方是正人君子。

学拳宜以涵养为本，举动间要心平气和，善气迎人，方免灾殃。

学拳不可令腐儒辈知，一知之，便自引经道古，说出多少执谬话头，反惹人心生嗔。谨避之可也，密藏之可也。

学拳不可轻与傲虐人比试，轻则以为学艺不高，重则触其恼怒。见时宜以奉承为主，不可贬刺，则彼心悦意解，彼亦乐推戴我矣。

学拳不可轻泄于人，更不可妄传于人。盖轻泄于人，则道听途说，必然不肯用心；而妄传于人，则匪类生事，定是不得脱身。

学拳初时宜整顿身法，讲究步眼。不可说先记住大概，熟时仔细再正，再正则终不正矣。《易》曰："蒙以养正，圣功也。"

学拳宜作正大事情，不可恃艺为非，以致损行败德，辱身丧名。《阴符》曰："君子得之固躬，小人得之轻命。"可不慎欤？

学拳宜人品端方，缄默寡言，以豪杰自命，以圣贤为法，方能明哲保身。

学拳宜心领神会，博闻广见。凡人所不知者，我必知之。凡人所不能者，我必能之。审端则竟委，声入则心通，知此方能作人师。

学拳宜专心致志，殚精竭力，方能日进一日。若浮光掠影，扬扬自得，视为已成，而不知早见弃于大雅也。子曰："其为人也，发愤忘食，乐以忘忧，不知老之将至云尔。"味深哉！

学拳先看二十四正势，再看一套偏势。正以立其体，偏以行其用。偏正相济，体用兼全，不忧武艺不高人矣。

学拳不拘老弱，不怕暗昧。只要尽得心，舍得力，不成不休。夫子曰："人一能之，己百之；人十能之，己千之。果能此道矣，虽愚必明，虽柔必强。"静而思之，信然，信然。

学拳往往有浮夸之子，自矜聪明，谓他人之拳，一见即会。不知一见即会，再见则不会矣。是拳理幽深，非皮肤可比。势多奇异，非平常可同。容有习之累月而不肖其势，积年而不解其理者，而谓可一蹴而就也，岂不难哉？

纯诚氏主人识

打拳须知

凡打拳，要知布形候气，神与俱往。捷若腾兔，追形还影，纵横往来，目不及瞬。又要上打力冲天，下打力插地。

凡打拳，要知团聚，以逸待劳。力能催气，气能引力。如彼不动我不动，彼欲动我先动。先发制人，后发先到。不中不发，发则必中。下势救上势，上势救下势，节短而势险。

凡打拳，要眼在此而意在彼。如看上打下，看下打上，看左打右，看右打左，屈伸变化，节奏自然，有转无竭。

凡打拳，要聚精会神。身子搁于两腿当中，不偏不倚，恰得其中。

凡打拳，要有先知之哲，神龙之灵。如彼欲动，我先知之。我身一动，滑快无比，千变万化，无穷无尽。一怒而更加使力，见其手足有空，如飞而进，随机应变，藕断丝连，首尾一线。凡动手必动脚，一势一变，若粘手不起脚，粘手不能打，又要有停顿，不可头重脚轻。

凡打拳，要知拦打一势。遇敌一似火烧身，可以止则止，可以速则速。善拳者赴侧，借人力反扑，应手而倒。流利杂端庄，端庄杂流利，刚柔相济。中平势，可上可下，可左可右。

凡打拳，要打到行乎不得不行，止乎不得不止方妙。又要以火制水，以水制火；阴交阳，阳交阴；阴变阳，阳变阴；刚变柔，柔变刚。收势偏见其短，着人偏见其长。

打手论

凡打拳，要浑元一气，不可枝枝节节而为之。

凡打拳，未伸手之先，浑然一太极也。动而生阳，静而生阴。动极而静，静极复动，阴极生阳，阳极生阴，所谓生生不已也。阴变阳，阳变阴，所谓变化无方也。阴中带阳，阳中带阴，入阴扶阳，入阳扶阴，所谓阴阳不相离也。阴转阳，阳转阴，所谓阴阳转结互为根也。

凡打拳，有大仰大俯，即老阳老阴也。有小仰小俯，即少阳少阴也。立天之道曰阴曰阳，立地之道曰柔曰刚。人身一小天地，讵可不与之相合乎？

凡打拳，大战气外露，小战气内含。内实其精神，外视若安逸，此小战者也。

凡打拳，要知避实击虚之法。如彼在南门屯兵，我自北门入；彼在东门屯兵，我自西门入。避实击虚，则用力少而成功多也。

凡打拳，要知中道。不先不后谓之中，无过不及谓之中，可以速则速，可以止则止，非中道乎？打拳之妙，莫过乎此。

凡打拳，要知迟快松紧之法。快与迟对，不迟不能快；紧与松对，不松不能紧。以松为紧，着着松正着着紧也。

凡打拳，力从脚上起，气从心内喝。气发涌泉穴，上至泥丸宫。涌泉穴，脚心也。泥丸宫，呼吸顶也。

凡打拳，自上而下谓之劈，自下而上谓之擂。

凡打拳，要势如闪电，眼如纫针。

凡打拳，等他还气打他，方可云妙。

凡打拳，要知惊战。惊，如牲口之惊，有一发莫遏之势。战，如人打尿战，一战便了。惊之与战，大同小异也。

凡打拳，要知藕断丝连，岭断云连。如此，气方接续。沉、克、入，本三势，必合一势方好。

凡打拳，你软我硬，你硬我软，所谓刚柔相推而生变化者此也。

凡打拳，不可牵前扯后，不可牵上扯下，则气自顺利矣。

凡打拳，要知五行。肝属木，于四时为春，发于外也，其色青。心属火，于四时为夏，发于外也，其色赤。肺属金，于四时为秋，发于外也，其色白。肾属水，于四时为冬，发于外也，其色黑。脾属土，土旺于四时，发于外也，其色黄。五行相克，木克土，土克水，水克火，火克金，金克木。

凡打拳，要知五指所属。中指属心，心属火，火炎上，故中指独长。食指属肝，肝属木。无名指属肺，肺属金，二指长短不甚参差。像二八月，昼夜相停。小指属肾，肾属水，水润下，故小指独短。大指属脾，脾属土，土旺于四时，故大指独居半边。

凡打拳，要知门户。彼门未开，我不进；彼门既开，我不进；彼门方开，我方进，则彼不暇闭矣。此门户之清也。

凡打拳，要趁他的行气。盖趁行气，则彼自不暇变着也。

凡打拳，要知粘随与滑脱。粘随者，务欲粘而不使之脱。滑脱者，务欲脱而使不得粘也。

凡打拳一势，要浑身皆动，浑身气皆要贯到，盖有一处不到，则死煞而不灵矣。

凡打拳，要打到行乎不得不行，止乎不得不止方妙。

凡打拳，前气在后，后气在前，上气在下，下气在上，侧转正，正转侧，愈转愈灵。三尖照，三尖到，势无三点不落，气无三催不尽。

凡打拳，动手必动脚，不至有头重脚轻之病。

凡打拳，落势要稳当。盖落不稳当，则人一扑便倒也。

凡打拳，起势要猛勇。盖起势不猛勇，则人易闭也。

凡打拳，要知先击门户，门户击开，方能进身制胜。

凡打拳，要知照应之法。击首则尾应，击尾则首应，击中间则首尾皆应。

凡打拳，与作文相似。作文要通篇一气，打拳亦要上下一气。盖气本上下不滞也。欲打下先打上，非欲抑先扬乎？欲打上先打下，非欲扬先抑乎？而且有流利杂端庄焉，有端庄杂流利焉。作文要有停顿，打拳亦要有停顿。作文要有跌宕，打拳亦要有跌宕。作文有开合，打拳亦有开合。作文有纵擒，打拳亦有纵擒。作文有即离，打拳亦有即离。作文有吞吐，打拳亦有吞吐。作文最忌直致无味，打拳亦忌直致无味也。作文贵曲折有致，打拳亦贵曲折有致也。作文贵活泼，有鸢飞鱼跃之机，打拳与之相合。作文最忌板滞不活，打拳亦忌板滞不活，但不可活而活之。作文贵有兔起鹘落、龙跳虎卧之势，打拳亦如之。作文贵首尾一线，打拳亦贵首尾一线。作文最忌弱而不振，打拳亦忌弱而不振也。作文贵起伏不测，打拳亦要起伏不测也。

凡打拳，与作乐相似。纯而济之以皦，融洽之中而又分明。皦而济之以绎，分明之中而又累累贯珠也。如此，方可云成。不然，宫自宫而商自商，则迄用无成矣。

凡打拳，何以云成？要不思不勉，从容中道，方可云成。试思天地无心而成化，人之打拳，岂可预有成心乎？

凡打拳，要以逸待劳，柔过气，刚落点，疾雷不及掩耳方妙。以物类喻之，猫之捕鼠，其形体何等退缩，精神何其团聚。鸡之自下升高，非以退为进，先屈后伸乎？羊之抵头，非先开后合，先纵后擒乎？

凡打拳，有失之过者，须抑其过。有失之不及者，须引其不及。要使之归于中道而后已。

凡打拳，先聚而后发，亦犹炮之先灭而后响也。

凡打拳，要知变化之道。略一转换，形神顿异，此所谓"移步换形"之法也。

凡打拳，进极而退，退极而进，屈极而伸，伸极而屈，犹之"贞下起元"，物之终始也。

凡打拳，起伏照应，屈伸变化，皆自然之运也。何不法其自然之运而为乎？三尖照，三尖到，不发则已，发则必中。势无三点不落，皆一定之理也。何不因其一定之理，以求至乎其极哉？

凡打拳，要相三才。起纵飞舞象乎天，中平之势象乎人，低盘之势象乎地。如此则上中下全矣。

凡打拳，一势一个身法，一势一个脚步，一势一个头面。学拳者，何不合头手脚而俱看乎？

凡打拳，要相时而动。你打我也打，此相时而动，后发先到者也。

凡打拳，最要讲气。吸八口，呼八口，一呼一吸八口，此二十四气，先分后合者也。

凡打拳，要知阴阳。阴极则生阳，《易》之"剥极以复"者此也。宜复而复则为"休复之吉"，可复不复则为"迷复之凶"。

凡打拳，要知进退。可进则进，何至"晋如愁如"？可退则退，比之"嘉遁贞吉"。况乎进极而退，退极而进，尤有明证也哉？

凡打拳，要知动静。脚宜动者壮于趾，腿宜动者咸其腓。此虽言动，而静从可知矣。

凡打拳，精神在眼。眼之所看，凝于虎视之眈眈。言者，心之声，声之所出，比雷鸣之轰。

凡打拳，要知损益。阳极于上，当损上以益下。阴极于下，当损下以益上也。

凡打拳，要知刚柔。刚克柔者比之夬卦，五阳夬一阴；柔克刚者，比之姤卦，一阴遇五阳也。

凡打拳，要知屈伸。尺蠖之屈以求伸，此所谓不大屈者不大伸也。

凡打拳，要知中气，中气者何？人之一身，阳在上而阴在下。既交，则阳下而阴上。所谓天气下降，地气上腾也。人得天地之中气以生，气周乎人之一身。凡"咸其辅颊舌"，皆正气所以流通也。

凡打拳，要知精神，精神者何？有精则有神，无精则无神。学拳者何不养精以求神乎？

凡打拳，要知和，和者，和而不死煞也。奈何人之打拳，多死煞而不和乎？

凡人之打拳，转折不灵者，由于气不和。使气和顺不滞，则利有攸往矣。

凡人之打拳，皆知刚而不知柔，知快而不知迟，知紧而不知松。岂知不柔不能刚，不迟不能快，不松不能紧乎？

凡人之打拳，浮滑者，宜求其刻入，板重者，宜求其灵敏。此救失之心，所以同于长善也。

凡人之打拳，脚步宜动者，不可艮其趾；腰胯宜动者，岂可艮其限。此身法所以贵和也。

凡人之打拳，眼与手合，头与脚合者，观之扬场而可见，且观之织布而愈明矣。

凡人之打拳，有提阳气在上而不下者，比之"亢龙有悔"。刚而能柔者，比之"群龙无首，吉"。

凡人之打拳，知进而不知退者，难免悔吝之丛。能进能退者，庶得时措之宜。使不知进而遽进，犹得曰进无咎乎？

凡人之打拳，阴极要生阳，阳极要生阴。《易》之所谓"盈不可久"者此也。

凡人之打拳，发声变色，虽云惊人，然声色之于以化民，犹以为末，必到无声无息方可云至也。

凡拳之所到为当然。有当然即有所以然，何不从所以然看之？

凡拳之所至为正面。有正面即有夹缝，何不从夹缝之中看之？

凡打猴拳者，如神龙在霄，捉摸不住。《易》之所谓"上下无常，进退无恒"者此也。

苌先生云：莫道点气零零星，须知全神运在中。学者若会浑元意，哪怕他人有全功。

又曰：天地正气集吾中，盛大流行遍体充。孟氏所谓浩然者，更有何气比其能？

又曰：心动犹如炮燃火，气至好似弩离弓。身未动兮心先动，心既动兮气即冲。

又云：见之如好妇，夺之似猛虎。

又云：懒又懒兮松又松，吾气未动似病翁。忽然一声春雷动，万马军中把阵冲。

又云：想情景，疾快猛，如梦里着惊，悟道忽醒。

又云：寂然不动，感而遂通，不大高者不大低，不大屈者不大伸，你下我上，你上我下，你左我右，你右我左，你进我退，你退我进，周流无滞，行所无事。

又云：忽上忽下，忽前忽后，忽左忽右，忽高忽低，忽远忽近，忽进忽退，忽屈忽伸，如此变化，不可测度。

又云：怒动肝兮声动心，鼻纵气促发肺金。眼泡上下约脾气，眉皱睛注肾家寻。

又云：先发制人，后发先到。下势救上势，上势救下势。拦打一势，两手使力要相停。开胸合背，开背合胸。

阴阳不测谓之神，打拳亦要阴阳不测也。

刚柔适中者天之则。打拳者何不求合天则乎？

《中庸》云："君子而时中。"人之打拳，何不随时以处中乎？

《易经》六十四卦，三百八十四爻，阴阳相停。人之打拳，何为偏阴偏阳，而不用之相停乎？

孔子应事出于无心，人之打拳，岂可出于有心而不随机应变乎？春夏秋冬之运，出于自然，人之打拳，岂可不出于自然而必矫揉造作乎？

总之，阴阳动静，气势虽云甚繁，然万物一理，万理一源，浅者见之谓之浅，深者见之谓之深。神而明之，存乎其人。

十层功夫

第一层　练　形

形者，象也。练之使头、手、足、腰、肩、背、腿、胯、膊、肘、腕、膝，四体百骸，无不相随，所以为入手第一层功夫。

第二层　炼引气

引气者，引周身之气发于四肢，以着人也。即如引战是也。

第三层　炼身气

身气者，上中下通身之气也。苟能熟练，则浑身成就一块，不致散漫无纪，有触即发，发无不中，又何患有此牵彼扯之病乎？

第四层　炼内气

内气者，内五行之气也。炼之既久，则形由气发，气利形捷。劈坚破锐，全在乎此。须知中气在内。

第五层　形气合炼

形气合炼者，则内外合于一致，形气化于无迹。行乎其所不得不行，止乎其所不得不止，艺虽未至于至精，无以复加之地，而功及于大半矣。是以列次于五，即《中二十四势》之属是也。

第六层　炼浮气

浮气者，气浮于上而为上盘也。即如起纵飞舞，《上二十四势》之属是也。

第七层　炼沉气

沉气者，气沉于下而为地盘也。即如地盘滚伏，《下二十四势》之属是也。

第八层　炼神气

神为气子，气为神母，神气相随，如影与形。炼之之法，盖由其气养之有素而神生焉。生之日久，则神气合一，动静之际，出于不知不觉，疑有神助焉。

第九层　变五形

五形者，五脏也。变者，随动而变化也。素无内功，其变于外者无由。惟炼内气于平日，内气一动，则其外无不随之而变矣。如心脏属火，心气动，其变于外者为赤。肝脏属木，肝气动，其变于外者为青。脾脏属土，脾气动，其变于外者为黄。肺脏属金，肺气动，其变于外者为白。肾脏属水，肾气动，其变于外者为黑。即《中庸》云"诚则形，形则著，著则明，明则动，动则变，变则化"。其功自不能已之意也。

第十层　炼元气

元者，一也，首也，本也，始也，长也。气者，天赋于人，而人受于天之气也。人之生死全在元气，气聚则生，气散则死，所以修道之士，常伏其气于脐下，守其气于身内。元气不散，死从何来？且天下凡事起于一而归于一，岂独于艺而疑之？学斯艺者，始则由一本而发于万殊，终则由万殊而归于一本，舍是则无以为功矣。谓非圣人博约一贯之意乎？艺中之能事，孰有加于此哉！故于此而要其终焉。至于益寿延年，超脱飞升，一切神妙之致，无不从此一练中来矣！其功又何能尽述哉！

　　心即物兮物即心，心物物心非非心。
　　心无物无物非有，心物两无见真心。
　　心物若无还是有，心物若有更非真。
　　有心无物见玄妙，有物无心始通神。

　　　神哉阴阳理，呼吸实难求。
　　　追思有名在，依然迹未留。
　　　俯仰心有反，屈伸更自愁。
　　　何时迷途尽，先后两自周。

练 形

练形者，曰展脱筋骨。骨为枝干，支撑人身；筋以连骨，不敢脱离。故骨在内而筋在外，两相依托。骨有三百六十五节，筋有十二经纬。练形首务，二者为先。盖骨节不松活，而筋道不舒长，欲屈而骨实不能屈，欲伸而筋束不能伸，往来有牵扯，其何以灵动捷便？练之之法，先膊，次腿，次膊腿合练。

练膊用抡法。上下十字交叉抡四法。齐往上攉抡一也。齐往下劈抡二也。一先一后十字交叉递换搂抡三也。一先一后十字交叉递换攉抡四也。平抡二法，双手平抱胸前齐分齐合抡一也，双手平伸直转身摽腿左右换抡二也。斜抡一法，上下侧掤，下手仰托，往来进走。一仰双膊齐攉起，一俯双膊齐劈下，左右递换抡之。凡抡时，肩尖一节宜松活，莫坚硬壅气，致膊伸不展。自缓而紧，不必记数，以灵以久为妙。总要抡至膊起疙瘩，色变青紫，手头指节足胀难过为度。如是练之则膊之骨自开，筋自舒矣。

练腿用踢、提、坐、洒法。踢法有三，一脚注地，一足前跷，脚尖勾擎，头往来俯磕，注地脚尖一颠，左右换踢，一也。此展舒腿下之筋骨也。一脚注地，一脚横往外摆踢，左右换踢，二也。此展舒腿内之筋骨也。一脚注地，一脚横往内摆踢，左右递换，三也。此展舒腿外之筋骨也。提法有二，一脚注地，一脚勾尖，曲膝俯身，往来左右走换提之，此单提法，一也。勾尖曲膝，提后膝起，提前膝落，左右递换起纵提之，此双提法，二也。此二法巧三折，展舒腿之筋骨也。坐法有二，一腿前伸，脚跟着地，一腿后伸，脚背挨地，直身分伸，两腿往下缓缓进挨于地，一也。左腿横往左伸，右腿横往右伸，俱是横脚，内楞着力，直身缓缓坐挨于地，二也。此二法巧开裆展舒腿根之筋骨也。洒法有二，伏捕身猛伸左脚，直插右膊。猛伸右脚，直插左膊。十字递换，后脚尖颠擎。此二法展舒全身各节之筋骨也。

中气论说二

拳法渊源序

夫拳者,并非神出鬼没之势也。凡人自有生以来,三周未过,闲玩时即能侧正俯仰,高低伸屈,平踏乱点,进退蹬踢,各样等势,往往带出,惜未能联贯之耳。余自从师四十余年,屡屡忖验,微开茅塞,遐想隐隐相合。方知书言"子归而求之,有余师",信不诬矣。余今同志多人,从余学习,故明言以书之,令其晓然易入。今将打法开列于后,以此为序。

初学入手法

大凡初学入手时,两肩务要松活,不可强硬。两肘务要内连向下,不可外圈。两脚务要足尖着地,决不可平放,平放致起脚不利。前脚必须向前顺踏,定要脚尖点地,后脚必须斜放,亦不可太实,使全脚覆地。至于头随势转,阳亦阳势,阴亦阴势,不阴不阳,头亦不阴不阳。势有斜歪扭摞,头亦随之斜歪扭摞。若两手之左右屈伸,则因人之势远近而用之,实无一定之规矩,总因人手之远近高低,我手亦随之高低屈伸。惟两腿之曲直,却有一定规矩。前腿固不可太曲,太曲失于跪膝。又不可太直,太直嫌于直硬。后腿之曲直,全视步法之大小。大步法,后腿舒展,力力用得出。小步法,后腿曲直与前腿曲直不大差别。身之俯仰,亦全视步法之大小。大步法,身必稍斜向前,半侧身。小步法,身须放在两腿当中,亦必半侧身。三尖照者,鼻尖、手尖、脚尖,上下一线相照也。三尖到者,眼睛、拳头、脚尖,不先不后,一齐俱到也。三合者,脚、手、眼相合也。凡出手,要比何势,打人何处,我眼神所注,手之所打,脚尖所进,须一齐俱进，一齐俱到。凡打势，不论何势，欲打人着力稳当，前脚不拘在人脚内外，须脚尖抢进他身后，三尖照落方好。若论开门，无分左右势，我手腕硬骨处，照人肘前软肉上用力劈之，如执斧破柴之状，将人胳膊劈下，我拳随之落点，始能得势，而人不能滑脱。落点情形，头似蜻蜓点水，拳似山羊抵头，脚似紫燕入林。落点之理，恰似云里打电。发势之机，好似弩离弓弦。学者潜心用力，方可造入精微之域。

正气论

志一撼动正气，气至动志，磨砺持志，善养浩然之气，刚大充塞天地。人之赋性禀受，辗转癐寐，思维其大无外，小无内，费而隐兮隐而费。

养气论

夫气者，上通九天，下通九渊，中横九州，无处不有，无处不贯。密之在一心，充之周一身，发之有道，约须得诀。六腑虽主气，而气尽发于五脏。五脏虽约气，而气还出于六腑。六腑何在？在乎上。五脏何在？在乎下。上在离，下在坎。离中虚在顶际为阴，又坎中满在命门为阳，中宫在脐下为黄房，阴阳交会之处。心为君火，命门为相火，君火动，相火随之。君火为主，相火辅之，火即肝气，阳也。坎宫之阳气由后而过于前，自下而升于上，离宫之阴气自上而降于下，二气相交于中宫，则气聚矣。气聚则力生矣。上下之中为何物？一曰黄房，二曰元关，三曰太极室，四曰道之枢纽。充于上为天关，乾南为首。极于下为地轴。坤北。天关出月窟，地轴发天根。天根月窟闲来往，三十六宫都是春。气之发也，若水之流，一呼千里，一吸千里，妙在尽心。气之敛也，入于神室，即黄房。其硬若金丹，其圆若走珠，其方必中矩。其发于头也，有五行之分；其动于身也，有阴阳之殊。五行须随阴阳，阴阳交也。阴阳还自一气。一气之成，至大至刚，天地不能容。所谓"道通天地有形外"者，即此是也。

纳　气

头面往上仰，则咽喉之气易入。口上唇往上微缩，下唇往前朝，如象卷鼻。

两小眼角之两脉往下抱，至两口角止。脊后之脉，自腰向上，从顶际过来，至上口唇止。前心自下直上，至下口唇止。纳气之形，只是四个圈，由左向右转一圈，由右向左转一圈，由下往上转一圈，由上往下转一圈。头面之形如此，总因捶势用之。

三气合为一气

头一势，未交手先聚气。聚气者，君火动，相火辅，由腰后而收于前，阳气从下上冲胸膈。口中纳气由肺而落，阴气下降，入于丹田，阴阳相交，所谓肝起肺落者也，此谓一合。二势，浑身俱往前进，下气再往上冲，口中再一纳气，纳于脐之上心之下，上身往下一砸，浑身骨节，节节攒住，务令坚实。身子猛勇向前，胳膊手俱往后攒，名为回还。回还者，半合也。如此则势进而气益聚矣。盖浑身向前一扑，手再回还，骨节自能攒紧，坚于铁石，此二气也。临落点时，仍嫌力有不足，无可回还，再将骨肉往一处一束，名之曰佇，此谓三气。譬如炮之燃火，卷得愈紧，则响得愈有力。始用功时，先要学聚，次学回还，再次学佇。功力熟时，三气合一，方能有用。合则无处不合，开则无处不开。上为阳，下为阴；动为阳，静为阴；进为阳，退为阴；气往上冲为阳，下纳为阴；背为阳，腹为阴；出手为阳，回手为阴；仰为阳，俯为阴，不可执一而论。柔过气，刚落点。

中 气

气由肾发，自后而前，由裆中过来，自下而直往上冲，必须下闭谷道，气方不下泄。至气上冲至胸上，几乎欲出矣，必须用口尽力一吸，上闭咽喉，使气由上而直下降至丹田。两肩一塌，两肘一沉，两胁一束，气自擎于中宫，不至胸中无物矣。吸气即所谓纳气如吞川也。气须在身正中，直上直下，只可以意知之，以神会之。若必执而求其模样若何，形迹若何，则凿矣，滞矣。不惟无功，只恐得病不轻。

借行气

借行气者，借人之气方行而打之也。盖彼之势既发，已近我身，尚未落点，我即趁此机会，发我之势，彼欲退不得，欲拦不及，再无不妙之理。若稍前，则彼尚可退回，稍后则我已吃亏。所谓后发先至者此也。如此，则迎机赴节，随时得宜，不患技之不高矣。诸家所谓将计就计，借力使力，不外此诀。所谓惊战劲，正于此时用之。

夺　气

闻之与人交手，先有夺人之气。夫交手而拦其手，谓之头门。拦其肘，谓之二门。制其膀根，谓之三门。故出手必先制其膀根，是谓登堂入室，探而取之，彼自不能转手，而纵横惟我矣。

志曰"攻其不备，出其不意"。又曰"其势险，其节短"。又曰"贵神速，以逸待劳"。此意须善领会。

灵活之法，无他谬巧，总由熟而生，由静而得。

侭者，将落点时，嫌力不足，气不充，再将骨肉往一处吃力一侭，如鸟铳，药既装入，再用铁充充磁，令药坚实，见火方有力。

论外形

头为一身之领袖，身使臂，臂使指，而命门乃一身之枢也。头似蜻蜓点水，拳似山羊抵头，腰如鸡鸣卷尾，卷则气由后往前收而不散。脚似紫燕入林。裆口前开后合中间圆。咽顶百会穴在顶际，涌泉穴在足心，会阴穴在二便之间。百会气往下砸，涌泉气往上提，会阴气擎住。一身上下之气，皆收入中宫，是谓之合。

大小势说

合势不嫌其小，欲气合得足也。开势不嫌其大，欲力发得出也。非徒长身为大，屈身为小。

力是自然之力，故初学必以不着力为是。

起纵说

工夫总在吸清倒浊，尤在养静。

论用功

起势时，气要松活，气要擎而不硬，落点方一齐着仅，使尽平生气力，始得刚柔相济之妙。

通身俱要气擎，顶心往上一领，然后发势。总之身要搁于两腿正中，直起直落，方无斜歪不停之病。

脚不可平放，全脚覆地将力用死，致犯转势不捷之病。惟用脚尖着地，落点一仅，方无不稳不灵之患。

要三尖照。三尖，头手脚三尖也。其次要气催三仅。仅者，臻也，头手脚三臻也。

第一用功时，两胳膊俱要柔活，切不可使着力。拳头要握得紧，与胳膊平直相对，不可上仰、下勾、外斜，胳膊来去柔活，方能练到疾快猛地位，不致落于强硬，死劲坠里。拳头握得紧，直对胳膊，方能练得劲法出来，及粘着人皮肤时，浑身如打电形象，怒力一仅，三尖照落，方能打得结实着劲，而人难招架矣。若拳头上仰如抬头状，下勾如提勾形，外斜如扭项样，不惟力用不出，打人不着重，落到人身，必致损伤自己手脖，而难用功矣。

攒骨节者，前骨节往后攒，后骨节往前攒，上骨节往下攒，下骨节往上攒，所谓合则无处不合也。

回环者，合之半，仅者，小回环。凡拳势有直入者，此发势也。有抡圆圈者，有将手一拧者，皆是回环之意，只以退为进一语尽之。但合在未交手之先，先将自己力气一振一聚。回环，则即交手之时所用之势，因我身初进，未粘他身上，不必着力发泄。故必须回环以擎其气，若既近彼身上，即便发势，恐仍力有未足，故须再加一仅，气力方勇而人莫挡。故学此道者，先抡大圈，渐抡渐小，迨于成时，则有圈而不见圈，纯以意知，自不着迹。

肺气为主

诸脉皆属于目,诸髓皆属于脑,诸筋皆属于节,诸血皆属于心,诸气皆属于肺,肺脏主气故也。

讲出手

内实精神,外示安逸。见之如处女,奋之如猛虎。得吾道者,以一当百。

讲打法

凡侧正诸势,宜将身子搁于两腿中间,三尖照落,不可此前彼后。

两腿不可过宽,两手不可探远。过宽则转身不利,难免倾跌之患;探远则转关不灵,下势不生。

打字,即如常山蛇阵势,打首尾应,打尾首应,打中则首尾俱应。

打法总论

彼不动兮我不动,彼欲动兮我先动。

中气论说三

炼气诀

气以心为体，心以气为用。
五行本一心，阴阳无偏重。
上下周一身，部位各不同。
前阳而后阴，仰轻而俯重。
阴还阴处结，阳还阳处动。
上本是阴始，下却是阳充。
上下凝乎中，中气甚坚硬。
周上冲乎天，周下势如山。
左归须右转，右归须左牵。
前进若流水，上打如攀山。
落点似飞石，机发弩离弦。
气发若风声，气纳似吞川。
前奔星赶月，后退如蓬转。
指须勾连用，两肩如运钳。
上下一气结，民富国自安。
晓得此中诀，炼之自无难。

乾隆四十二年岁次丁酉五十三岁老人苌洛臣志

练形合气，炼气归神，炼神还虚。形者，手足官骸也。气者，阴阳周流也。神者，心之灵妙，触而即发，感而遂通也。虚者无极也。阴阳本太极，太极本无极，至无而含天下之至有，至虚而含天下之至实。不参色相，不着蹄筌，以迹求之，则失矣！

始不着力，方能引出自然之力，且可便于转换，不至发难。

凡一身之进、退、动、静，以心为主，心，君也，出令者也。心无形，惟无形，故能形形，而不形于形，以意知者也。以命门为辅，命门气之所从生，乃一身枢纽，宰相也，传君之令也。以头倡率手足，头为众臣中之主事者，为总督、元帅、钦差大臣之类是也。手足，庶尹、百执事之类是也。故每一势之操纵收发，心先，命门为次，头又次之，手足则次而又次也。

神动天随，纯任自然，若一矫揉造作，则凿矣！

操纵在手，变化从心，随机而动，人力不与。

讲点气

气未动兮心先动，心既动兮气即冲。
心动一如炮加火，气至好似弩离弓。
学者若会浑元气，哪怕他人有全功。

又云：

莫道点气零零星，须要全神运在中。
如梦里着惊，如悟道忽醒，
如皮肤无意燃火星，如寒栗打战悚，如云深就里打电踪，
急就急里打战悚，想情景，疾快猛。

中气歌

莫道婴姹两离分，中有黄婆撮奇姻。
颠倒交媾黄金屋，相偎相抱更相亲。

承停擎歌

天地交会万物生，不偏不倚气匀停。
千秋万岁常擎聚，惟有和合一气通。

肝起肺落歌
肝木肺金一气者，两相交也，交于中宫

终始万物春与秋，阴阳升降一气周。
欲明肝起肺落者，只在呼吸个中求。

盖肝属木，故能生火。肝火动，则气自下而升于上，阳也。坎宫之阳。气者，力之所由生也。而气力之根源，在命门中极，故曰阳气在下。肺属金，金克木，故能约肝气而使之下降。降者阴也。离宫之阴。故曰阴气在上。在下之气发动而不可遏者，阳气上升也；在上之气纳闭而不使出者，阴气下降也。二气相交于中宫，故曰中气。

老少相随歌
隔打一气，不少留停，方谓之随

少随老兮老随少，老少相随自然妙。
同心合意一齐出，哪怕他人多机巧。

阴阳转结歌

阴转阳兮阳转阴，阴阳转结互有根。
欲知阴阳转结理，还向阴阳转中寻。

勇气根源歌

天地正气集吾中，盛大流行遍体充。
孟氏所谓浩然者，更有何气比其能。

疾快用法歌
目不及瞬，如炮燃火动

懈又懈兮松又松，吾气未动似病翁。

忽然一声春雷动，千军万马把阵冲。

五行能司歌

肝司主持居震东，脾能统摄在中宫。
心主离火神变化，肾能盈满气力充。
欲知肺家何所司，分布节制是其能。
五行妙用真如此，会得呼吸自精通。

论手足歌

出手脱肩里合肘，左右扶助似水流。
击动首尾一线起，打法何须棚攀勾。

论手歌

左手抡兮右亦抡，右手先抡左手跟。
无论侧正与俯仰，手心相对诀自真。

论足歌

脚在前兮尖里勾，后脚随之莫相扭。
只要前尖对后跟，东倒西歪不用愁。

足 歌

足覆地兮势如山，点颠平踏自天然。
惟有随跳与乱点，擎气多着在脚尖。

手 歌

两肩垂兮十指连，生克制化五行全。
敌吃横推看三至，当面直入是真传。

肘 歌

两手弯兮两肘张，三请诸葛人难防。
屈可伸兮伸又屈，看来用短胜用长。

胯 歌

一胯擎起一胯落，起落高低使用多。
下体枢纽全在此，莫把此地空蹉跎。

膝 歌

肘有尖兮膝有盖，膝盖更比肘厉害。
左右勾连一跪倒，金鸡独立法无奈。

论打法歌

直出彼棚并攀送，棚插送跺攀用擎。
刚柔相济如轮转，恰似无意燃火星。

论拦法歌

彼击左兮吾击右，何须一处苦相求？
直来横截勇如电，我承彼沉只用丢。

论头歌

头象天兮卦属乾，侧正俯仰自天然。
少阴少阳皆从此，阴阳入扶非等闲。

平肩歌

两肩擎起似运担，擎气全在肩骨尖。
前开后合天然妙，双峰对峙自尊严。

仄肩歌

一肩高兮一肩低，高高低低不等齐。
低昂迭换多变化，七楞势儿亦出奇。

内外合歌

怒动肝兮声动心，鼻纵气促发肺金。
眼泡上下约脾气，眉皱睛注肾家寻。

内外合一歌

脚手动兮心亦动，心与神动气自充。
真能内外合练法，金刚之体不难成。

单练法歌

单练之法无头着，常若对手后跟我。
前打后打因彼势，不到粘随莫扣火。

合练法歌

合练之法亦称能，数势相连一气通。
转关过气要活泼，落点之时亦坚硬。

论单合练歌

练拳之法分单合，合势自比单势多。
若不分成单合练，到底用时无处着。

呼吸纳气歌

不得门兮且莫攻，秋收冬藏自然能。
先呼后吸肺自纳，但等敌人涌来兵。

文武双全歌

自古读书最为高，修文还得习武好。
若得文事兼武备，才能世上称英豪。

中气论说四

中气论

中气者，即《仙经》所谓元阳，医者所谓元气。以其居人身之正中，故武备名曰中气。此气即先天真乙之气，文炼之则为内丹，武炼之则为外丹。然内丹未有不借外丹而成者也。盖动静互根，温养合法，自有结胎还元之妙。俗学不谙中气根源，惟务手舞足蹈，欲入元窍，必不能也。人自有生以来，禀先天之神以化气，积气以化精。当父母媾精，初凝于虚危穴内。虚危穴前对脐，后对肾，非上非下，非左非右，不前不后，不偏不倚，正居人一身之当中，称天根，号命门，即《易》所谓太极是也。真阴真阳，俱藏此中，神志赖之，此气之灵明，发为五脏之神：心之神，肝之魂，肺之魄，脾之意，肾之精与志。赖此主持。呼吸依之，吸采天地之气，呼出脏腑之气。呼自命门，而肾，而肝，而脾，而心，而肺；吸自肺，而心，而脾，而肝，而肾，而命门。十二经十五络之流通系焉。经络者，气血之道路也。人一呼气血行三寸，一吸气血行三寸，呼吸定息，共行六寸。人一日一夜凡一万三千五百息，昼夜行八百一十丈。阳行二十五度，阴亦行二十五度，共计昼夜凡五十度，遍周于身。自脏腑而出于经络，自经络而入于脏腑。从此而生两仪，乃生肾与骨。肾有左阴右阳。肾属水脏，水能生木。肝属木脏而主筋，筋附于骨，乃生肝而长筋。木能生火，心属火脏而主血脉，乃生心而长血脉。火能生土，脾属土脏而主肌肉，乃生脾而长肌肉。土能生金，肺属金脏而主皮毛，乃生肺而长皮毛。五脏以次而长，六腑以次而生。是形之成也，因真乙之气，妙合而成；气之聚也，由百骸毕具而寓。一而二，二而一，原不可须臾离也。武备知此，练形以合外，炼气以实内，内外合一，坚硬如铁，自成金刚不坏之体，则超凡入圣，上乘可登，若云敌人不惧，尤其小焉者也。

阴阳入扶论

练形不外阴阳，阴阳不明，从何练起？《仙经》云：督脉行于背之当中，统领诸阳经；任脉行于腹之当中，统领诸阴经。故背为阳，腹为阴。二经下交会阴，上会龈交，一南一北，如子午相对。又如坎卦居北之正中，离卦居南之正中，一定不易也。俯势为阴势，却是入阳气。盖督脉领诸阳经之气，尽归于上之前也。仰势为阳势，却是入阴气。盖任脉领诸阴经之气，尽归于上之后也。

入阳附阴入阴附阳说

以背为阳，太俯而曲，则督脉交任，过阳入阴，阳与阴附合也。腹为阴，太仰而弯，则任脉交督，过阴入阳，阴与阳附合也。阴催阳，阳催阴，循环无端，凡斤斗旋转势用之。

入阳扶阴入阴扶阳说

以俯势入阳气，不将阴气扶起，则偏于阳，必有领拉前栽之患。仰势入阴气，不将阳气扶起，则偏于阴，必有掀推后倒之忧。故俯势出者，落点疾还之以仰势，使无偏于阳也。仰势出者，落点疾还之以俯势，使无偏于阴也。阳来阴逆，阴来阳逆，不偏不倚，无过不及，落点还原，即是此法。推而至于屈者还之以伸，伸者还之以屈；高者还之以低，低者还之以高；侧者还之以正，正者还之以侧；以及斜歪扭摽，旋转来往，无不皆然。逐势练去，则阴阳交结，自有得心应手之妙，永无失着矣！

阴阳并入阴阳并扶说

此侧歪势也。侧势阴阳各居其半，故左侧势者，右边之阴阳并入，以左边之阴阳并扶之；右侧势者，左边之阴阳并入，以右边之阴阳并扶之。

阴阳分入阴阳分扶说

此平膊开合势也。开胸合背者，阴气分入阳分；开背合胸者，阳气分入阴分。势分两边，故气从中劈开，分入分扶之。

阴阳旋入阴阳旋扶说

此平抡势、扭摽势、摇晃势也。势旋转而不停，气亦随之而不息。阴入阳分，阳入阴分，接续连绵，并无休歇，左旋右旋，阴阳旋相入扶也。

阴阳斜偏十字入扶说

此斜偏侧身俯仰势也。左斜俯势，阳气自脊右下提于脊左上，斜入左前阴分。右斜俯势，阳气自脊左下提于脊右上，斜入右前阴分。斜劈、斜邀手用此。左斜仰势，阴气自腹右下提于腹左上，斜入左后阳分。右斜仰势，阴气自腹左下提于腹右上，斜入右后阳分。斜擢、斜提手用此。

阴入阴扶阳入阳扶说

此直起直落不偏不倚势也。直身正势，阳气不得入于阴分，阴气不得入于阳分，各归本位，上至百会穴而交，下至涌泉穴而聚。阴阳入扶，只在两头也。

阴阳乱点入扶说

此醉形势也。醉形者，忽前忽后，忽仰忽俯，忽进忽退，忽斜忽正，势无定形，气亦随之为入扶也。但乱之中，随势而布，阴阳不相悖谬，乱而却不乱也。

以上总论一身之大阴阳，其入其扶如此。至于手背为阳，膊外为阳，三阳经行于手膊之外也。手太阳经起于手小指之背，手少阳经起于手无名指背，手阳明经起于手食指背，皆上循膊外而走头也。手心为阴，膊内为阴，三阴经行于手膊之内也。手太阴经止于手大指内侧，手厥阴经止于手中指内面，手少阴经止于手小指内面，皆循膊内止于指。足背为阳，腿外为阳，三阳经行于足腿之外。足太阳经止于足小趾内之次趾背，足阳明经止于足中趾外间，别止于足大趾歧骨内出其端，足少阳经止于足大趾爪甲之端，三阳经皆循腿外而止于趾背。足心为阴，腿内为阴，三阴经行于足腿之内也。足太阴经起于足大趾内侧下，足厥阴经起于足大趾内侧上，足少阴经起于足小趾，过足心涌泉穴，三阴经皆循腿内。其脚尖之伸跷颠踏，膝胯之屈伸提落，虽用法无穷，而阴阳入扶，自有一定。形合则气不牵扯，形不合则气必濡滞。逐处体验，无遗纤悉为妙。

论 头

头圆像天，为诸阳之会，为精髓之海，为督任交会之处。统领一身之气，阴阳入扶，全视乎此。此处合，则一身之气俱入。此处不合，则一身之气俱失。其气之结聚落点，有一定之处，不可不知。正俯势为入阳气，头必俯而栽，气落额颅印堂间。正仰势为入阴气，头必仰而掀，气落脑后风府间。正侧俯势为阴阳气俱入，头必侧而栽，气落头角耳上边。斜侧俯势为阴阳气斜入，头必俯而歪，气落额角日、月间。斜侧仰势，为阴阳气斜入，头必仰而偏，气落枕骨近项间。直起势，不偏不斜，不俯不仰，为阴阳气直入，头必正而直，气落百会正顶心。

又要知催气之法，方不牵扯。如仰势入阴气，下颏掀，胸必昂，腹必鼓，手必举，足必跷，则三尖一气，阴气自入矣。俯势入阳气，下颏勾，背必弓，手必落，脚跟掀，则三尖一气，阳气自入矣。仰侧势阴阳齐入，腮必掀，肋必提，一脚颠，一脚落，一膊起，一膊插，则三尖一气，阴阳并入矣。直起势阴阳上冲，头必顶，肩必耸。脚起纵者，跷必提膝，不起纵提膝者，颠尖伸膝，则三尖一气，阴阳俱入矣。侧斜俯仰，可以类推。

论 手

吴氏澄曰：手有五指，指有三节，而大指一节隐于大指之肉内，像太极也，共十五节，两手合数，共三十节，以象一月三十日。日冬短夏长春秋平，故中指属心，主夏，独长，火也。小指属肾，主冬，独短，水也。食指属肝，主春木。无名指属肺，主秋金。二指等齐，春秋平也。大指属脾，主土，旺于四时，兼乎四德，独当一面。故四指缺其一二，尚能恃物，若无大指，则无用矣。其相合之妙，不假借，不强制，自有天然之巧。其指法，惟掩手气落小指外侧。荡手，气落后掌。此两手五指并排一片，指尖翻翘。余手俱宜五指圈撒，罗列周围，指尖勾握如弓，气方擎聚不散。如竖敌手，回勾手，大指与小指相对领气，水必合土，天一生水，得地之五而成六也。平阴手，平阳手，大指与中指相对领气，火必合土，地二生火，得天之五而成七也。仰邀手，大指与食指相对领气，木必合土，天三生木，得地之五而成八也。阴棚手，大指与无名指相对领气，金必合土，地四生金，得天之五而成九也。是金、木、水、火，一无土之不可也。知此，则指之相合，有一定不易之理，分毫有错，气即不入矣。至于用法，又有九则。直出直回，一也。仰上攉挑，二也。俯下沉栽，三也。外勾分摆，四也。内勾抱搂，五也。斜攉右上，六也。斜劈左下，七也。斜领左上，八也。斜摔右下，九也。四正四隅，兼以直出中路，又合乎九宫焉。

论　足

古人云，头圆象天，足方象地。又云，手有覆有反以象天，足有覆无反以象地。能载一身之重，静如山岳，有磐石之稳；动如舟楫，无倾仄之忧。如地之镇静而不动，平稳而难摇也。其用法有虚实，有两脚一虚一实者，有两脚前虚而后实，后虚而前实者，有左虚而右实，右虚而左实者，有一脚之尖跟楞掌应虚而应实者。总之，不实则不稳，全实则动移不利，而有倾倒之患；不虚则不灵，全虚则轻浮不稳，必有摇晃之忧。虚实相济，方得自然之妙。**有伸跷**，足尖伸而下入者，气下降而栽沉也。足尖跷而上勾者，气上升而飘浮也。**有横顺**，有两脚齐横者，有两脚齐顺者。有丁字步，一脚横，一脚顺。有八字步，两脚微往外开，如八字样也。有雁行步，两脚半横半顺，排列一样，如雁行之齐也。**有抢摆**，抢有半旋抢、侧栽抢、俯仰无底斤斗抢。摆有内摆、外摆。**有洒蹬**，洒脚后伸，蹬脚前撞。**有踢跺**，踢脚前跷，跺脚横截。**有拧捣**。拧，脚尖旋。捣，脚跟砸。能催送一身之气，身去脚不去，则牵扯而气散。何以扶助前手之力？前手之气在后脚，后脚不随，身气不入，终只半劲，气不充满。足为百骸之舟楫，一腿之领袖，少有不合，全体之气俱不入矣。步法之用，不可不细为区别。侧势前捕者，雁行步，半斜半顺也。十字步前探者，丁字步前微横，后全顺也。倒吊曳身者，亦丁字步，前步外横，后步颠顺也。小四平坠落者，八字步，尖往外开。直身上蹿者，双颠步，并齐展脚背，尖直竖也。起纵步，一脚起，一脚落。前进者，后步先动。后退者，前步先动。起要跷脚尖，落要伸脚尖。挤步侧身前进者，俱横步。挤步正身前进者，前步微横，后步全顺也。俱是后步先动，挤进前步，后催前也。抢步仄身前进者，俱横步。抢步正身前进者，前步横，后步顺，俱是前步先动，抢前携后，前带后也。拉步侧身后退者，两脚俱横。拉步正身后退者，前步横，后步顺。俱是后步先退，将前步拉回也。起纵横践者，左践先动右步，右践先动左步。起跷脚尖，落伸脚尖也。乱点无定步，两脚尖俱伸擎，点踏任意也。扭摽步、抢旋步，脚尖俱颠，落点外楞着力。推我后退，两脚尖颠擎，推我不倒。分搂前栽，弓背磕头，两脚齐颠，硬膝退践。车轮脚，伸尖直腿，不可勾脚以退气。平倘步，两脚尖猛蹬，平身直窜。略举大概，以明变化。总之，以随势顺用为妙，不乖其势，不逆其气。步法之用，斯得之矣！

论　　拳

拳者，屈而不伸，握固其指，团聚其气也。其攥法，以大指尖掐对食指第三节横纹，四指卷紧握固，一齐着力，必使分之不开，击之不散，方为合窍。此乃土贯四德，五行团聚之法也。其用法亦有四正四隅，合之中宫九法。其气亦非满铺，落点有一定之处，随势体验，不可混施。如平阴拳下栽者，中指二节领气。平阳拳上冲者，中指根节领气。侧拳上挑者，大指二节领气。侧拳下劈者，小指根节领气。不拘侧平直撞，中指根节、二节中间平面领气。明乎此，余可以类推矣。

阴阳转结论

天地之道，不外阴阳。阴阳转结，出自天然。故静极而动，阳继乎阴也。动极而静，阴承乎阳也。推而至于四时，秋冬之后，续以春夏，收藏极而发生随之。春夏之后，接以秋冬，发生极而收藏随之。阴必转阳，阳必转阴，乃造化之生成，故能生生不穷，无有止息。人禀天地之气以生，乃一小天地，其势一阴一阳，转结承接，顾不论哉？故高者为阳，低者为阴；仰者为阳，俯者为阴；伸者为阳，屈者为阴；动者为阳，静者为阴；正者为阳，侧者为阴。势高者必落之以低，阳转乎阴也。若高而更高，无可高也，势必不连，气必不续。势低者必起之以高，阴转乎阳也。若低而更低，无可低也，势必不连，气必不续。俯仰屈伸，动静侧正，无不皆然。间有阴复转阴，阳复转阳者，此一气不尽，复催一气以足之也。非阴尽转乎阴，阳尽转乎阳也。明乎此，转关有一定之势，接落有一定之气，无悖谬无牵扯矣。盖势之滑快，气之流利，中无间断也。一有间断，则必另起炉灶，是求快而反迟，求利而反钝也。

三尖为气之纲领论

凡事专一则治，以其有主宰，有统帅，虽有千头万绪之多，而约之总归一辙也。如行军，有主帅之运筹；治家，有家长之规矩，方能同心协力，于事有济。练形炼气，动关性命，其气之统领，气之归着，可不究哉？头为诸阳之会，领一身之气。头不合，则一身之气不入矣。如俯势而头仰，则阳气不入矣。仰势而头俯，则阴气不入矣。左侧俯势而头反右歪，则右半之阴阳不入。右侧俯势而头反左歪，则左半之阴阳不入。侧仰势亦然。直起势头反缩，则下气不得上升。直落势头反顶，则上气不得下降。旋转而右，头反左顾，则气不得右入。旋转而左，头反右顾，则气不得左入。三阴止于手之内，三阳起于手之背，为臂膊往来血气之道路。指法之屈伸聚散，手腕之俯仰伸翘，一有不合，则膊气不入矣。如平阳手直出者，而反掌勾手，气必不入。平阴手直出者，而反掌勾手，气亦不入。阴手下栽者，掌翘，则阳气不入。阳手上冲者，掌翘，则阴气亦不入。平阴手前荡者，腕勾，则阴气不入。平阳手栽打者，腕勾，则阴气亦不入。侧手直打者，跌手，则气不入。侧手沉入者，翘手，则气亦不入。余可类推。三阳止于足之背，三阴起于足之下，为腿胯往来血气之道路。一足之尖跟楞掌，脚脖之伸跷内外，一有不合，则腿气不入矣。如仰势踢脚，尖若伸，则阳气不入。俯势栽脚，尖若跷，则阴气不入。起势直蹿，尖若伸，则气不得上升。落势下坠，尖若跷，则气不得下降。

过气论

落点坚硬，猛勇莫敌，赖全身之气尽砸一处也。然有用之而气不去，气去而牵扯不利，未知过气之法也。盖人身之气，发于命门，气之源也。着于四末，气之注也。而流行之道路，总要无壅滞，无牵扯，方能来去流利，捷便莫测。故上气在下，欲入上莫牵其下；下气在上，欲入下勿滞其上。前气在后，顺其后而前自入；后气在前，理其前而后自去。左气在右，留意于右；右气在左，留意于左。如直撞手，入气于前，不勒后手，撑后肘，气不得自背而入。上冲手，下手不下插，肩不下脱，气不得自胁而上升。分摆者，胸不开，则气不得入于后。合抱者，背不开，则气不得裹于前。直起者，须勾其脚。直落者，须缩其顶。左手气在右脚，右手气在左脚。俯势、栽势、前探势，掀其后脚之跟也。坠落者，坐其臀。举势者，颠其足。栽磕莫跷其足，恐上顶也。踢撩勿伸其脚，虑下扯也。扩而充之，势势皆然。总之，气之落也，归着一处；气之来也，不自一处。惟疏其源，通其流，则道路滑利，自不至步步为营，有牵扯不前之患矣。

刚柔相济论

势无三点不落，气无三佇不尽。此阴转阴中间一阳，阳转阳中间一阴之谓也。盖落处佇处，是气聚血凝止归之所，宜用刚法。而间阴间阳，是气血流行之时，宜用柔法。不达乎此，纯用刚法，则气铺满身，牵扯不利，落点必不勇猛。纯用柔法，则气散不聚，无有归着，落点亦不坚硬。应刚而柔，则气聚不聚。应柔而刚，则气散不散，皆不得相济之妙。故善用刚者，落点如蜻蜓点水，一沾即起。善用柔者，过气如风轮旋转，滚走不停。必如是，则刚柔得宜，方能无气歉不实、涩滞不利之患。

十二节屈伸往来落气内外上下前后论

三尖为气之领袖，乃气所归着之处。人但知此三处宜坚实猛勇，不知落点宜全体坚硬如石，方能不惧人之冲突，不虑我之不敌也。其所以坚硬者，则在逐处之骨节。骨节者，空隙也，乃人身之溪谷，为神明之所流注，此处精神填实，则如铁如钢，屈之不能伸，伸之不能屈，气力方全。手有肩肘腕三节，腿有胯膝脚脖三节，左右相并，共十二节，乃人身之大骨节。手之能握，足之能步，全赖乎此。如石沙装袋，逐层填实，虽软物可使之坚硬。但气落随势，有前后内外上下之分。如侧身直势，双手前擂者，肘心气填于上，手腕气翘于上，肩俱脱，膝弯后凸，气填于后，脚脖伸展，气填于前，胯俱内收，气顶于内。侧身双手下劈者，肘心气填于前，手腕气砸于下，前肩脱下，后肩提起，前膝曲顶膝盖，脚脖撅填脖后，胯曲。后膝颠伸外侧，脚脖伸踏，外侧颠提，胯提。正身前捕，双手侧竖前打者，肘心气填于中，手腕气实于外，肩俱脱，膝盖前顶，气实于前，脚脖曲握，气顶于后，胯曲握。小四平势两手平托者，肘心气填于上，手腕气填于内，肩俱脱，膝分摆，气实外侧，脚脖内侧着力，胯外开。余可类推。

三尖照论

练形不外动静。动则气擎不散，静如山岳难摇，方能来去无失着。每见俗学，动静俱不稳妥，盖未究三尖之照与不照也。三尖照，则无东斜西歪之患。三尖不照，则此牵彼扯，必有摇晃之失。如十字左脚前右手前者，右手正照左脚尖，头照右手，则上中下一线，不歪不斜，必稳。侧身右脚前右手前顺势者，头照右手，右手照右脚，必稳。余仿此。

三尖到论

三尖到者，动静一齐俱到也。不此先彼后，不此速彼迟，互有牵扯而不到也。盖气之着人，落点虽只一尖，而惟此一尖之气，则在全体。一尖不到，即有牵扯，身气不入矣。自练不灵快，摧人不坚刚，皆是此失。凡练形者，须刻刻留意此三处，方为合窍。

擎停承论

此交手诀，非素练法也。擎者，未交手，先将中气吸聚中宫，满腹坚硬，全体震动，勃然莫遏。如行军之先，预将将士聚齐，号令严明，鼓其勇气，以待敌者。使气有根，非空洞虚壳也。停者，已交手也，落点不先不后，不偏不倚，阴阳匀匀停停，不多亦不少也。承者，已交手落点之后，仍还原以俟再发也。盖落点而不还原，气散而不聚，后不可继，再发无可发也。故阴势阳出者，仍还之以阴。阳势阴出者，仍还之以阳。接续不断，生生不穷，虽千手万手，气总不散。更兼内丹素成，食气不绝，即不得食，而真气充足，自无饥馁之患。历考古之名将，愈战愈猛，勇增百倍者，皆是此诀，非别有法窍也。

咽肉变色论

此炼气炼到成处，真元充足，由内达外，气聚血凝，结成一块之候也。人之生也，禀赋虽一，而得气则殊。以五行有五性，五形五色之不同也。故禀木气而生者，其形秀而长，其性多怒，其色青。禀火气而生者，其形尖而削，其性多喜，其色赤。禀土气而生者，其形短而厚，其性多郁，其色黄。禀金气而生者，其形白而美，其性多悲，其色白。禀水气而生者，其形肥而润，其性多恐，其色黑。炼气炼到至处尽处，无以复加，则功成圆满，真气充足。气一收结，气止血凝。血者，华色也。血气不行，肌肤随气收贴于骨，五行真气尽现于外，各随所禀以呈，乃有青、黑、赤、白、黄五样颜色。其有一人而五色兼见者，此五气兼禀，而色故杂见也。有遍体其冷如冰者，此真阳尽收中宫，而不达外也。知此，则明肉之咽也，随气而来；色之变也，随气而化。出于天然，无幻术也。

行气论

任他勇猛气总偏，此有彼无是天然。
直截横兮横截直，一气催二二催三。
由他滑快归远路，守我安逸自粘连。
为问是何元妙诀，只在行气一动间。

此交手认路占巧法也。手一出，气必偏着一面，不能四面俱着力。直出者无横力，我截其横；横出者无直力，我截其直；上出者无下力，我挑其下；下劈者无上力，我打其上。斜正屈伸，无不皆然。此捣虚之法，攻其无备也。我出手，他若用此法，我不回手，惟转手头，催二气以打之。他再变，我转手头，催三气以打之。此埋伏之法，出其不意也。但须占其行气，方能入彀。盖彼气方来，其气未停，我乘而催之，则可东可西，无不左右逢其源。其机只在一动。他动，我即动，他自不暇为力。若待他不动，我方动，他反乘我之行气矣。其间不容毫发，学者宜留心。

面部五行论

怒动肝兮声动心，鼻纵气促发肺金。

唇吻开撮振脾气，眉皱睛注肾中寻。

五行之气，内合五脏，肝合木，心合火，脾合土，肺合金，肾合水。外通七窍，目为肝之窍，耳为肾之窍，口为脾之窍，鼻为肺之窍，舌为心之窍。其精华注于目。其五色分于五岳。额颅为南岳，色赤；地阁为北岳，色黑；左颧为东岳，色青；右颧为西岳，色白；鼻准为中岳，色黄。又眉侧生彩，属肝木；鼻通清气，属肺金；眼聚精华，属肾水；舌司声音，发自丹田，属心火；唇司容纳，属脾土。凡一动之间，势不外屈伸，气不外收放，面上五行形像，亦必随之相合，方得气实形坚之妙。故收束势者，气自肢节收束中宫，面上眉必皱，眼泡收，鼻必纵，唇必撮，气必吸，声必噎，此内气收而形象聚也。展脱势者，气自中宫发于肢节，面上眉必舒，眼必突，鼻必展，唇必开，气必呼，声必呵，此内气放而外像开也。留心熟炼，内气随外，外形合内，内外如一，坚硬如石。方用引法，初以手掌拍之，次以拳打之，末以石袋木棒击之。由轻而重，渐引渐实，自不虑面上无气矣。俗学不悟，谓故作神头鬼脸、怪模怪样以惊人，岂通元达理之士哉？

聚精会神气力渊源论

神者，气之灵明也。是神化于气，气无精不化，是气又化于精也。盖人之生也，禀先天之神以化气，积气以化精，以成此形体。既生以后，赖后天水谷之津液以化精，积精以化气，积气以化神，结于丹鼎，会于黄庭，灵明不测，刚勇莫敌，为内丹之至宝，气力之根本也。故气无形属阳，而化于神。血有质属阴，而化于精。神虚，故灵明不测，变化无穷。精实，故充塞凝聚，坚硬莫敌。神必借精，精必附神，精神合一，气力乃成。夫乃知气力者，即精神能胜物之谓也。无精神，则无气力矣。武备知此，惟务聚精会神以壮气力，但不知精何以聚，神何以会，是以殚毕生之心力，而漫无适从也。岂知神以气会，精以神聚，欲求精聚神会，非聚气不能也。聚之之法，惟将谷道一撮，玉茎一收，使在下之气，尽提于上而不下走；采天地之气，尽力一吸，使在上之气，尽归于下而不上散。上下凝合，团聚中宫，则气聚而精凝，精凝而神会，自然由内达外，无处不坚硬矣，即南林处女所谓"内实精神"之说也。但须炼之于平日，早成根蒂，方能用之当前，无不坚实。不然，如炮中无硝磺，弩弓无弦箭，满腔空洞，无物可发，欲求勇猛疾快，如海倾山倒，势不可遏，必不能也。此练形炼气之最吃紧者，谨之秘之，切勿妄泄，以遭天谴。

得门而入论

俗云：拳有外门，非外门，乃门外也。盖拳之摧人，必近其身，方能跌出。如物之藏室，不得其门而入，纵有神手，无由升堂入室，焉能探而取之？拳之门在手，而手之门有三。手腕一也，此外大门也。肘心二也，此进一层，外二门也。膀根三也，此更进一层，三门也。进此三门，已近内院，可以登堂入室矣。故交手只在手腕者，则屈伸往来，任意变化，无穷无尽，手捷者先得，手慢者吃亏，终不能摧人，一点即倒。着意肘心者，虽进一层，未即近身，亦尚有变化，不能操必胜之权。惟一眼注定他之膊根，不论他先出手，我先出手，只在此处留心。邀住他手，粘连不离，随我变化，任意挥使，无不如意，他自不能逃我之范围。

头手二手前手后手论

外门入手相交，多失着者，以其有十失，故不能取胜。未交手不能聚气于未然，空腔无物，气发不疾不猛，其失一也。不知两手交搁胸下，以顾上下冲击，二失也。未交手先搁势，空隙显然，三失也。闪势而进，不敢直入，舍近就远，劳而不逸，四失也。进必上步，横身换势，宽不窄秀，五失也。交手只在手腕，不知近身，六失也。放过头手不打，七失也。二手救住还不打，八失也。三手、四手，方才冲打，九失也。闪躲隔位，粘连不住，十失也。有此十失，交手焉能不败？未交手，即聚气凝神，两手交搁胸下，看他哪脚在前，即贴近哪边身子，着意他膊根，制住他膊，此闭门之法，以待他之动静。我先出手，照他膊根一伸，头手即得，不俟二手。他先出手，我亦照住他膊根一伸即得，不必顾住他手，另觅打手则迟而有变矣。盖此法乃开寸离尺之巧。照他膊根，此地开一寸，则手梢离一尺矣，有截气捣虚之妙。所谓出其不意，攻其无备，疾雷不及掩耳者此也。或遇捷手，退晃打我，我不换手，不屈膊，催二气以打之。或我击打他左，他退左进右，我不回手，挪打他右膊根。或我击打他右，他退右进左，我不回手，挪打他左膊根。盖我在圈内，他在圈外，我以逸，他以劳，任他滑快，无不奇中，此前手出而前手打之秘诀。间亦有继以后手者，此用所当用，非强施也。若不当用而用，则动必横身，每见用此而迎人之打者，盖未知有此失也。

点气论

似梦地着惊，似悟道忽省，似皮肤无意燃火星，似寒浸腠里打战悚。想情景，疾快猛，原来是真气泓浓，震雷迅发，离火焰烘。俗学不悟玄中窍，丢却别寻哪得醒。此着人肌肤，坚硬莫敌者形也。而深入骨髓，截断荣卫则在乎气。气之所着，未有不痛，痛则不通，理应然也。能隔气血之道路，使不接续。壅塞气血之运转，使不流通，可以分骨绝筋，毙性命于顷刻，气之为用大矣哉！但须明其聚，知其发，神其用，方能入彀。如射之中的，正形体不偏不斜，如矢之端直，镞羽匀停。聚中气，神凝气充，如开弓弛张，弓圆勒满，而中的之神勇，可穿杨叶，可透七札，乃在撒发之灵不灵也。故气发如炮之燃火，弩之离弦，陡然而至。熟玩此词，自然有得心应手之妙，切勿作闲语略过。

卷之五

按：苌乃周著有功法理论若干篇，旧题为《调息养身法》。包括《养气说》《炼气论》《缩骨功》等功法和功法理论著作。论述外形与内气之关系，经络与脏腑之气血行度，面部五行之收摄与撒放，拳、掌之握法，足之领气，五行与五脏之关系等，由本及末，讲说详明。

调息养身法一

悟得春光遍宇宙

盖人之有生,凭空而结,吾之形体,实赖此处为之坚根也。借阴阳之气,化精以成形,形成之后,气即寓于形之中而运行。夫乃知人身一小天地,形即地也。气即地下三阳之火也。天无此火,不能有宇宙。内炼形气者,不知此处是根本。内脏脏腑之气,出会天地之气,从何处发出;外天地之气,内会脏腑之气,到何处归结。是以广罗原野,殚毕生之精力,而终身无成,不知凡几也。今集前贤《内景图说》,使人知中气之有位,脏腑各有司,经络皆有路。再将《七气》炼法条晰分明,一一解出,凡学者一见了然,殊不致乱觅糊涂,有涉海汪洋迷津失渡之苦,岂不称快。

内景图说
出《赵氏医贯》

脏腑内景,各有区别。咽喉二窍,同出一脘,异途施化。喉在前主出,咽在后主吞,喉系坚空,连接肺本,为气息之路。呼吸出入,下通心肝之窍,以激诸脉之行气之要道也。咽系柔空,下接胃本,为饮食之路。水谷同下,并归胃中,乃粮运之关津也。二道并行,各不相犯。盖饮食必历气口而下,气口有一会厌,当饮食方咽,会厌即垂,厥口乃闭。故水谷下咽,了不犯喉,言语呼吸,则会厌开张。当食言语,则水谷乘气送入喉脘,遂呛而咳矣。喉下为肺,两叶白莹,谓之华盖,盖覆诸脏,虚如蜂窠,下无透窍,故吸之则满,呼之则虚,一呼一吸,本之有源,无有穷也。乃清浊之交运,人身之橐籥。肺之下为心，心有系路，上系于肺，肺受清气，下乃灌注。其象尖长而圆，其色赤，其中窍数多寡各异，迥不相同。上通于舌，下无透窍。心之下有包络，即膻中也。象如仰盂，心即居于其中，九重端拱，寂然不动。凡脾、胃、肝、胆、两肾、膀胱，各有一系，系于包络之旁，以通于心。此间有宗气，积于胸中，出于喉咙，以贯心脉而行呼吸，即如雾者是也。如外邪干犯，则犯包络。心不能犯，犯心即死矣。此下有膈膜，与脊胁周回相著，遮闭浊气，不得上熏心肺。隔膜之下有肝，肝有独叶者，有二三叶者，其系亦上络于心包，为血之海，上通于目，下亦无窍。肝短，叶中有胆附焉，胆有汁，载而不泻，此喉之一窍也。施气运化熏蒸流行，以承脉络者如此。咽至胃，长一尺六寸，通胃谓之咽门。咽下是膈膜，膜之下为胃，盛受饮食而腐熟之。其左有脾，与胃同膜而附其上。其色如马肝赤紫，其形如刀镰，闻声则动，动则磨胃，食乃消化。胃之左有小肠，后附脊膂，左还回周叠积。其著于回肠者，外附脐上，共盘十六曲。右有大肠，即回肠，当脐左，回周积叠而下，亦盘十六曲，广肠附脊以受回肠，左还叠积下辟，乃出滓秽之路。广肠左侧为膀胱。膀胱乃津液之府，五味入胃，其津液上升，精者化为血脉，以成骨髓。津液之余，流入下部，得三焦之气施化，小肠渗出，膀胱渗入，而溲便注泄矣。凡胃中腐熟水谷，其精气自胃口之上曰贲门，传于肺，肺播于诸脉。其滓秽自胃之下口曰幽门，传于小肠，至小肠下口，曰阑门，泌别其汁，清者渗出小肠，而渗入膀胱。滓秽之物，则转入大肠。膀胱赤白莹净，上无所入之窍，只有下口，全假三焦之气化施行。气不能化，则闭格不通而为病矣。此咽之一窍，资生气血，转化糟粕，而出入如此。三焦者，上焦如雾，中焦如沤，下焦如渎。法六合而象天，运动满腔，主持诸气，即三才之全备，无纤细之不到也。故呼吸升降，水谷腐熟，皆待此通达，与命门相为表里。上焦出于胃口并咽以上，贯膈而布胸中，走腋，循太阴之分而行，传胃中水谷之精气于肺，肺播于诸脉，即膻中气海所留宗气是也。中焦在中脘，不上不下，主腐熟水谷，泌糟粕，蒸津液，化其精微，上注于肺脉，乃化为血液，以奉生身，莫贵于此。即肾中动气，非有非无，如浪花泡影是也。下焦如渎，其气起于胸下脘，别回肠，注于膀胱，主出而不纳，即州都之官，气化则能出者，下焦化之也。肾有二，精所舍也。生于脊膂十四椎下，两旁各开一寸五分，形如豇豆，相并而曲附于脊，外有黄脂包裹，里白外黑，各有带两条，上条系于心包，下条过屏翳穴，后趋脊膂，两肾俱属水，但左边属阴，右边属阳。命门即在两肾各开一寸五分之间，居人身之当中，对脐附脊骨，自上数下则为十四椎，自下数上则为七椎。《内经》曰："七节之旁有小心。"

此处乃分判两仪_{两肾}之来路，为两肾所寄之系蒂也。《仙经》所云最详。命门即太极未判之阴阳，位居中央，统帅人一身内外之形气。两肾分为阴阳，各分司人一身表里之形气，故左边一肾属阴水，为生形体之祖；右边一肾属阳水，为养神志之宗；中间是命门所居之宫，即太极也。左生左肾，为水中之真精；右生右肾，为水中之真火。所谓一阳隐于二阴之中间，为呼吸之窍，为元阳之根。明乎此，凡炼气者逆修造化，采乾坤刚大之气，归结于此，日增月盛，此处坚实则无处不坚实矣。所以《内景图说》不可不晓。

论外形之阴阳与内气之阴阳相合

老子曰："人身抱阳而负阴。"是以背为阴而腹为阳也。景岳曰："人身而前为阴后为阳。"是以背为阳而腹为阴也。今尊景岳之论为是。盖阳主刚而硬，人身脊骨居于背，为一身之大骨。又督脉行于脊中，统领诸阳经之血脉，故宜为阳。阴主柔而软，人身大腔居于腹，包内景之脏腑，又任脉行于腹中，督帅诸阴经之营卫，故宜为阴。至于内气，阳弱者不能呼，故呼气为阳。阴虚者不能吸，故吸气为阴。凡仰面鼓腹，外入阴气以实形者，必吸气以砸内气，是外阴与内阴相合也。弓背耸肩，外入阳气以实形者，必呼气以填内气，是外阳与内阳相合也。明乎此，则形气不致反用，内外不得背谬阻塞，自然顺利而滑快，坚强而结实矣。

面部五行

怒动肝兮声动心，鼻纵气促发肺金。
唇口开合约脾气，眉皱睛注肾家寻。

此炼面部以发五行之气也。头圆象天，为诸阳经血脉之聚会，总领通身之气。凡练形入身气，必要着意于头面。此处一合，则身气随势而入，无阻隔之患，虽有千变万化之奇怪，无势不入矣。五脏所属：肝为木，在卦为震，震为雷。故人发怒谓雷震之怒，动怒所以提动肝脏之气，以振勇气之根也。心为火，在卦为离，离为火，火惟燥烈，舌为心之苗，言乃心之声。凡齐势必喊声如雷，所以提聚心脏之气，以为勇气之助也。肺为金，在卦为乾兑，聚宗气于

收摄面部图　　　　　撒放面部图

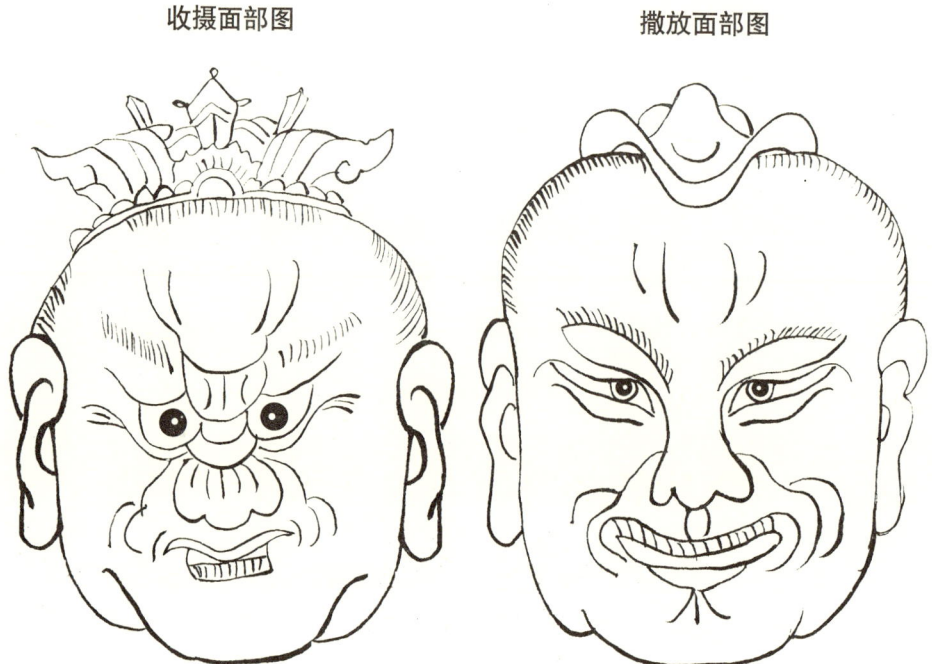

胸膈，呼吸之道通窍于鼻。故纵鼻促气，所以提聚肺脏之气，以收拾勇气而使之不散也。脾为土，在卦为艮坤，统摄心、肺、肝、肾而居中宫，运升降，为四通八达之所。窍通于唇口，形气收聚则唇为提摄，形气撒发则唇为之展，所以摄脏之气，满布勇气于心、肺、肝、肾四脏也。肾为水，在卦为坎，聚五脏之精华于目珠，以成五轮，以观万物，毫发纤细不能遮掩。故眉皱睛注，不移其处，视之专而察之微，所以提聚五脏之气，非独肾之一脏，以为勇气之督帅也。详乎此，则身形之内外，无不随势而能入矣。

手部五指五行说

造化妙生成，指亦列五行。
食肝中心火，名肺小肾凝。
大指独居脾，四德兼充盈。
明得个内趋，方是艺中雄。

吴澄曰：人手有五指，一指三节，大指一节隐于肉之内。两手共三十节，以象一月三十日。日冬短而夏长，春秋平。食指属肝木，名指属肺金，所以二指长短平等，以应春秋也。中指属心火，小指属肾水，所以中指独长，小指独短，

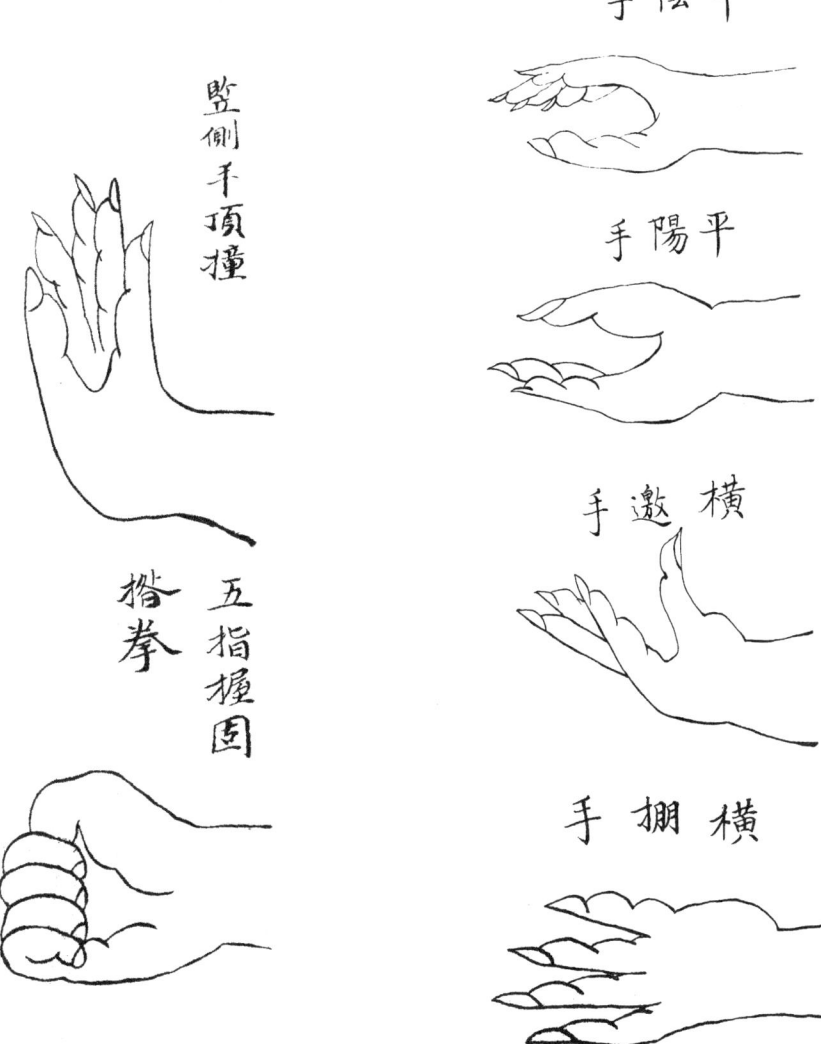

以应冬夏也。大指属脾土,以应四季各十八日,以金、木、水、火非土不成也。故四指共居一面,而土独居一面。四指若缺一二三,有大指尚能持物;若无大指,虽四指全备,终无用矣。如平阴手、平阳手直出者,大指与中指正照,地二生火,天七成之也。阴侧手、顶撞手,大指前靠,与小指照,天一生水,地六成之也。翻仰掌拧展,邀手,大指与名指拧照,地四生金,天九成之也。拧翻外仰手,顶棚拥者,大指与食指拧照,天三生木,地八成之也。大指掐住食指三节纹，握固卷攥成拳者，是土贯四德，天五生土，地十成之也。明乎此，则手领膊之气，自不致偏废一面，孤立无助，有气不足之患。

论足之领气

足方象地，能覆而不能翻，领腿之气，为下部之用，其有栽、蹳、蹬、踢、起纵、摆洒。其气有升者，必仰勾提其脚；有降者，必伸展其脚。其炼法有五：凡引平踏脚底之气者，直身正头，不仰不俯，硬住脖项，填实腿弯，吸气纵起，呼气顿落，擎聚中气，直起直落，不歪不斜，上振百会，下砸涌泉，以实脚心之气，一也。左斜身，左栽头，提左膝，掀内楞，砸外楞，以实左脚外楞之气。右亦如之，二也。左斜身，横开步，屈左膝，提右膝，伸踝右脚，一提一砸，实右脚内楞之气。换右砸左亦如之，三也。直身正势，掀脚跟，颠脚尖，纵顶百会，落砸五趾，以实脚尖之气，四也。直势起纵，落势弓身，跷脚尖，捣脚跟，一起一落，实两脚后跟之气，五也。合上三势，皆炼气引气之法。头领身之气，手领膊之气，足领腿之气，此炼形气之三领也。又脚法之用，有站立，有卧倒，用亦不辙。有迎面前踢者，须弓背搂手。有俯身跟打者，须栽头后挑。有对面直撞者，须提膝直蹬。有横脚摆扫者，须手与脚反。如脚左摆，手右抢，脚右摆，手左抢是也。有洒脚、滑拭、挪他脚跟，使之跌倒也。有底盘之用，他从脚头来，我脚开八字，一脚勾住他脚脖，一脚摽住我腿，将身一滚，他即栽倒。他从头上来，俯身栽打，我将身屈提，双脚勾跷起，以脚尖勾打他两腿。他从我肋边来，我起脚摆打他肋骨。或我仰卧，他一脚靠挨我胁肋，一脚提起照我小腹或心胸、小便踏跺，我照他靠腿一滚身跌倒。用法无穷，略举其概，随机而施，自有神化莫测之妙。

五行即五脏

人之有生，不过形与气耳。形者，脏腑、肌肉、筋骨、血脉也；气者，阴阳二气也。形有质，气无质。气附于形之中，形裹于气之外。气化于阳而催形，形成于阴而领气。气主运动而先到，形主填实而后至。二者合一，即名气力，总皆发于命门，禀先天玄灵祖气而结成也。为生息之根，为呼吸之宅，炼形气以采气者，必当审明此处，方知气发有根，气聚有处，乃可逆修造化，功夺天机。使乾坤刚大藏于玄窍，日月精华含于太虚，自然遍体坚硬如铁石，成金刚不坏之躯矣。故绘此图，使学者一见了然，知采来之气，有一定归着之处也。

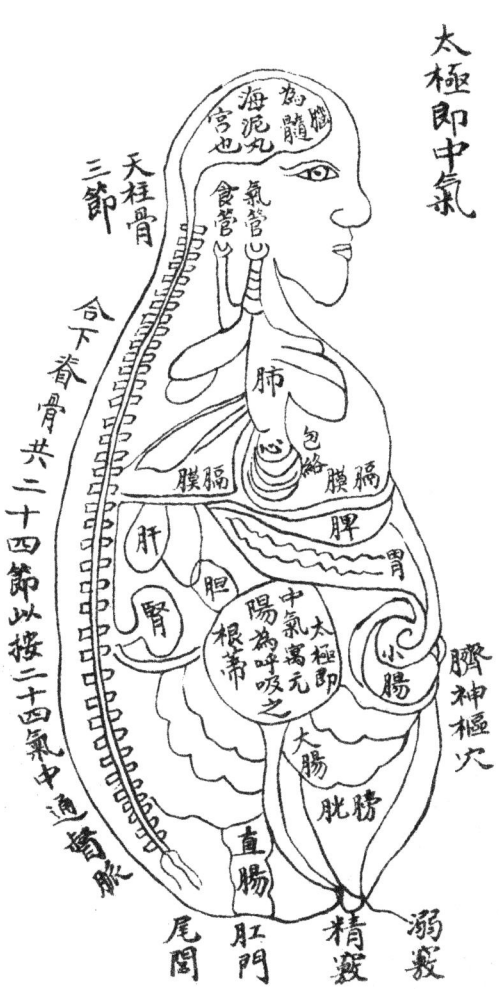

五行太极图

论经络脏腑内外气血行度

经络者外也，脏腑者内也。人身气血，自脏腑而走经络，内通外也；由经络而反归脏腑，外通内也。自今日寅时肺经起，至明日复会寅时于肺经，行子、丑、寅、卯、辰、巳六阳时二十五遍，行午、未、申、酉、戌、亥六阴时二十五遍，凡五十遍。人身一呼，脉行三寸；一吸，脉行三寸；呼吸定息，脉行六寸。一日一夜凡一万三千五百息，昼夜行八百一十丈。计算其行度，如环无端，周而复始，无一时不相流通也。但其行度，只有此数，不能添，亦不能减也。惟炼形气者，倍增而添之。循《七气》以成规，朝考夕稽，片刻不断，炼至月余，即可内气足外。

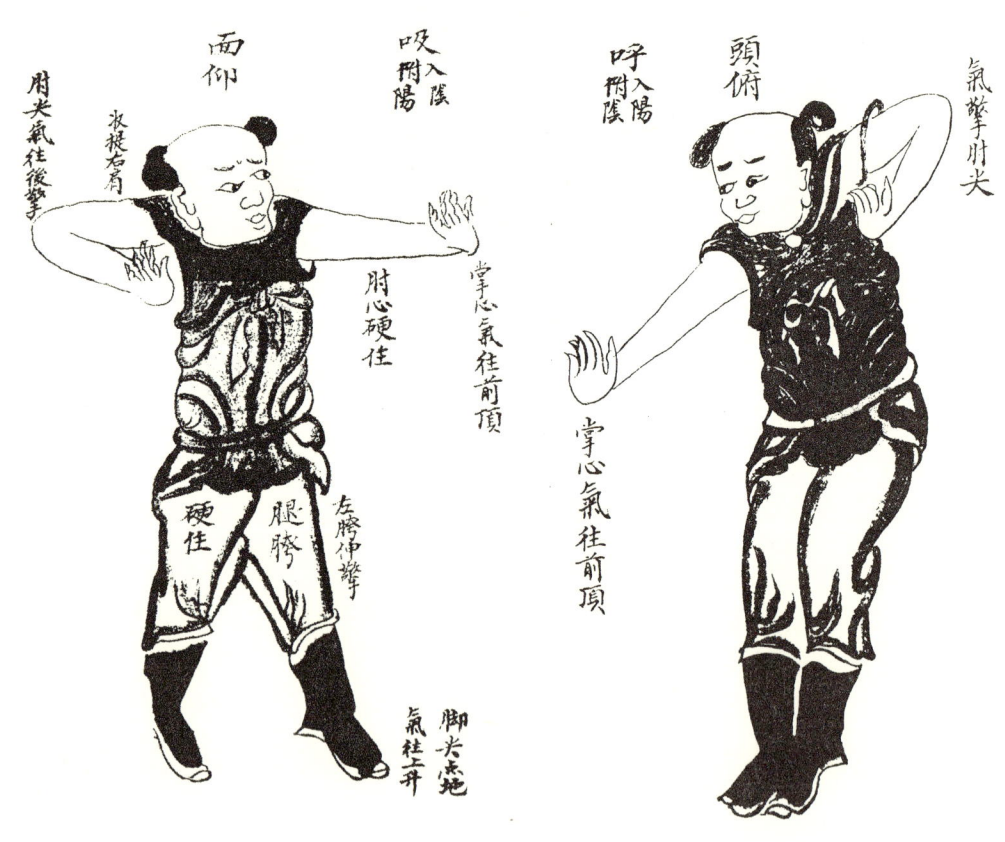

养气说

　　凡炼气，宜知采取抽添、药物老嫩、文武烹炼、结丹炼己、还丹温养、脱胎神化、本末次序。

　　凡炼气，不可不知下手处，知下手不知药苗，知药苗不知火候，知火候不知烹炼，知烹炼不知温养，皆不结丹。

　　凡炼气，必须辨明何为先天阴阳，何为后天阴阳；何为返本，何为还原；何为修性，何为了命；何为三花聚顶，何为五气朝元。

　　先天后天，即无极与太极也。无极者，鸿蒙未判，阴阳未分，天地之根，万物之母，父情母意，交媾之时，神气将应，而恍惚杳冥，即是无极也。既应之后，灵性相投，精血相包，即成太极，而五行生焉。母呼随呼，母吸随吸，十月胎足，瓜熟蒂落。囤地一声，先天气收，后天气接。

卷之六

调息养身法二

炼气论

咨真惟中,其用惟和。
气运相当,畴卦相错。
惟一惟庸,精微无多。

七气即七政,各有化气生。
内外浑合处,顺逆自分明。

炉中簇药,是为内七。
鼓巽之法,是为外七。
内外七七,性命坚固。

气道所生,如水之流。
周旋曲折,方能自由。
上下一气,循环一周。
炼过七七,身如铁牛。

惟性命各有精意存焉。心即火也,肝即风也。运火之法,在乎鼓巽,风生而火发,火发而气行,气行而神随之。神即药也,气即火也。以火炼药,即以气御神,而丹基立矣。七者,火之成数也。七七者,久而不变也。以木生火,以肝动心,而呼吸由此而生焉。火有文武,炼有阴阳,先文而后武为阳炼,先武而后文为阴炼。炼法虽殊,其归一也,总以多多益善。诗曰:

行止坐卧无非功，造次颠沛莫忘情。

皇天不负苦心人，能体天行福自生。

鼓巽所以然

　　肝有七叶，鼓巽全凭此肝。传不传之妙也。真诀自内而外，内动而外随之矣。鼓之之法，要鼻口一齐吸呼，不必拘鼻吸口呼。诗曰：

　　　　万物皆备于我身，天根月窟定其真。

　　　　风云雷雨原自有，天赋于己不少分。

　　　　子母一气是相连，如琥吸草磁吸针。

　　　　彼此感应神妙处，不言而喻神乎神。

呼吸存不存

　　常云呼吸以实内。呼吸至极，必略存片时，以凝聚不散为妙。然亦不可强制，存亦可，不存亦可，总以自然为体，无心为妙。诗曰：

　　　　软呼软吸是真机，硬呼硬吸无根蒂。

　　　　自有无心称道妙，莫加浊气在鼻息。

　　　　试看天地无言说，万物四时流不已。

　　　　学者若会浑元意，何不无心效化机。

呼吸动火

　　有用呼吸之功而多火者，此因脏腑经络素有阻滞，气道不通，骤用呼吸，致气壅不散，故聚而成热，且常用不已，必有痈疽气隔之患。又不知起火之法，骤施猛勇急促，大呼大吸，急呼急吸，致气不归道路，泛滥无收，亦足生热。起火之法，以渐而发，自微呼微吸，缓呼缓吸，使脏腑经络之气道无壅无滞，方施急大之法，乃为合窍。每见一用此功，而嗳逆不止，失气不休者，皆因内有凝结，不流通也。呼吸必俟二者俱无，内象空洞，放心行之，永无遗患。又有一用此功，而眩晕不定，头目森森，莫知所依者，此浮热在上，不能下降故也。亦必俟其火归源渊，乃敢急大。

七气合七势

七气即寓于七势之中，不可离也。盖人之有生，气以成形，形以寓气，气为形之运动，形为气之宅兆。气无形则散漫而无着落，形无气则浑然一块死物。故气催而形动，形合而气随，一而二，实二而一者也。

七气性情合乎七势

七气者，阴、阳、水、火、木、金、土也。阴性降，阳性升。人身背为阳，腹为阴。阳经皆行于背，阴经皆行于腹。阴必合阳，阳必合阴。有入附之妙。故大俯势者，入阳以附合阴也。大仰势者，入阴以附合阳也。阴阳统乎五行，大俯大仰，将五脏之气尽提而升，尽沉而降也。火性炎上，水性润下。凡高势而起纵者，火也，炼心气也。低势而坠落者，水也，炼肾气也。金性沉坠，木性飘浮，有开合之分。凡开胸合背，开背合胸，左右侧歪者，金木也，炼肝、肺气也。土性凝聚。凡旋转扭摽，不起不落，不侧不歪者土也，炼脾气也。

内炼外炼

内炼不大放，外炼不大收。

内外收放处，营卫问踪由。

营气出于中焦，行乎脉之中，如守营而居乎中也。卫气出于下焦，行乎脉之外，如护卫而周乎外也。内炼着意于收，而不留心于放，守营气为主，而不大溢于卫分。外炼着意于放，而不留心于收，填卫气为主，而不聚于营分。

武备炼气与修真不同

武备以勇利为事，故木火为主，以金水为宾，以木性猛而火性烈也。修真以沉静为业，故以金水为主，以木火为宾，以水性沉而金性静也。浮沉有异，内外有别，所同者只此，所炼者一气耳。一则以一气发而配乎天地，一则以一气摄而入乎釜中，一费一隐，所重不同。

咽内七气功

咽气之法，或盘足而坐，或直身而立，或仰面而卧。令鼻口徐徐而吸，吸极咽下，莫可骤放，令鼻口徐徐而呼。要之，呼吸总以似有似无为妙，不拘遍数。

咽气坐功

混混沌沌，两仪未分。
金木交并，水火归真。
天地接合，龟蛇相亲。
一点灵光，黄室氤氲。
龟蛇盘结，性命身心。
阴阳配合，两仪将分。
仗剑伏魔，德重神钦。

咽气立功

阴为阳根，阳为阴基。
阴阳相见，风云交际。
一阴一阳，上下同样。
呼吸天地，进退河江。

内 丹

上下一气左右同，内外攒簇三华鼎。
结成一颗如意珠，团团圆圆似月明。
二十八宿俱拱护，围定三元太极宫。
南朱雀兮北玄武，西白虎兮东青龙。
勾陈腾蛇护左右，六仪和合性命亨。

内 外
<small>即灵台丹田之地</small>

丹分内外无增减，灵灵醒醒在丹田。
知者易悟昧难行，诚与不诚隔天渊。

浑 元

天地未开混希夷，阴阳是一原非二。
入阴附阳阳附阴，浑元一气即太极。

阴 阳

昆仑大道浑无端，上通帝座下及渊。
其中玄妙无多语，明得阴阳即是仙。

圣道神明，日月同光。
提挈天地，协和阴阳。
惟彼阴阳，实冠五常。

隐乎微乎，彝何穷乎？
神乎鬼乎，谁能测乎？
恍乎惚乎，何可见乎？
天乎渊乎，两无涯乎？
文兮武兮，何可以有量兮！
浑无迹兮，冥无声色兮！

无 间

一气不住一气来，天地正气入腹怀。
今日炼了明日再，至刚至大可充塞。

与天为一通造化，随地自适而生财。

四时之行浑无二，知者炼之长久哉。

论气纵横
<small>纵横不一说，有背腹，有阴阳，有督任</small>

五行各正位，阴阳纵气列。

四时七政节，是为横气列。

日月是一大阴阳也。金、木、水、火、土，是一大五行也。竖气也，纵气也，一大中气也。督任之说也。四七二十八，一小七政也。四方各有阴阳五行也。横气也，纵横织结，阴阳交至之谓也。此义也，行生化成之道也。又曰：

七气明，剑气生。

剑势明，七气成。<small>剑即正气也，非刀剑之剑。</small>

论内外之分

夫剑非刀剑之剑。之为物也，神化而不测，无方无体，有精有神，可以登天，可以入渊，有内有外。内炼则成慧剑，外炼可以降魔。内炼自外而内，收五气为一气，名曰神锋。外炼自内而外，自一元而发乎五脏，由五脏而运乎一身。其窍外接天气，内接地气，天地合一，内外皆利。外气之入，由鹊桥入神宫，际黄房，接内气。内气之出，由尾闾，升昆仑，接外气，入黄房。是为二气。二气由黄房，升左腋，入昆仑，升右腋，自昆仑，降尾闾，入黄房。一内一外，身若金刚。

炼十二经络法

七气既明，内外咸具。更有因天时、分部所、合八卦、明气运，以全周天。周天十二分野，各有躔次。人身十二经络，与天相应，无二致也。十二经络，分阴分阳，二十有四，其气始足。炼之之诀，按月分照部位，或顺或逆，有阴有阳。如是修持，气备于身。天地发泄，日月合度，天地合德，鬼神相格，与化为一，能定未来吉凶，岂不神明乎？

一月两仪，有阴有阳，合其经络，育发天光。会合阴阳，阴阳不同，中气前后，顺逆分明。阴经前逆后顺，阳经前顺后逆，各经形势不等，须分部位，以填其气。

一经有二，一顺一逆，呼吸分道，经络要当其时。炼之有升降之术。一势分为二气，一年一周天，气足细想形势道路，若何可以填实？天机泼泼不遏，鱼跃还同鸢飞。

一月炼一经，炼持却依本经当值之时，修持尽一时之功，余时莫用。

炼有阴阳不同
阴经，自内而外为阴炼，自外而内为阳炼。阳经反是

二十四气，炼有阴阳。
阳炼精神，阴炼身刚。
一动一静，简易有常。
静是坐功，动则行行。
顺逆殊途，炼法莫忙。
道路分清，部位须当。
一点紊乱，气戾乖张。

吸新吐故以炼五脏

上吸下呼　起吸落呼　分吸合呼　开吸合呼　屈吸伸呼　颠吸落呼　阴顺阳逆　阳顺阴逆　阴附阳吸　阳附阴呼　阴吸阳呼　吸新吐故　左呼右吸　仰吸俯呼　阳吸阴呼

卷之七

调息养身法三

循环一气

循环一气

正阴阳

此二势炼阴阳气也。入首直立,调匀气息,先慢慢仰,搁入阴气势,以与阳气附合,使任脉交通于督。仰颏,气落脑后。往后栽下,鼓腹顶膝,足尖颠擎。五指勾抠,阴手转阳,仰跌,掌心朝天,伸而不攥,气落指甲。肘尖顶擎,

入阴扶阳式　吸　　　　　　　　入阳扶阴式　呼

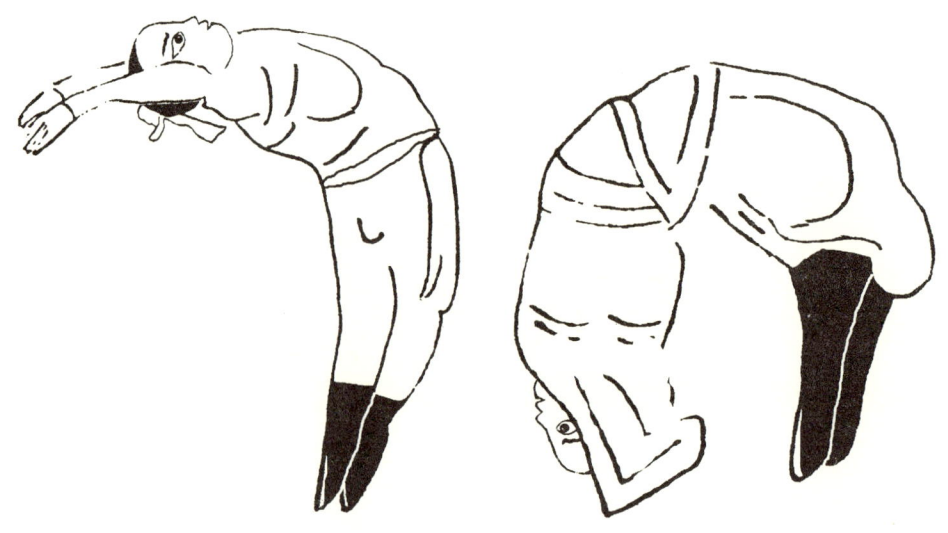

随势缓缓吸气一口,是为入阴附阳也。次,复慢慢俯,搁入阳气势,以与阴气附合,使督脉交通于任。俯头,气落额颅。往前栽下,弓背绷腿弯,足跟蹬,足尖起,阳手转阴,伸按,与足尖对,仍不攥拳,气落指肚,肘心填实,随势缓缓呼气一口,是为入阳附阴也。一俯一仰,不拘数。复抡擢三圈,吸气三口,搁仰势。复抡搂三圈,呼气三口,搁阴势。仍不攥拳。此俯仰渐疾,而呼吸渐紧也,亦不拘数。呼吸至极,搁阳势不动,方攥拳抠卷,仰伸向上,交互伸换磋磨,不拘数,呼吸随之。复搁阴势不动,攥拳抠卷,俯伸向下,交互伸换磋磨,不拘数。总以气满填胀,不可忍为度。至此,则紧之无可紧,方为合窍。

循环一气

侧阴阳

　　大开步,侧身倒栽,右肩尖靠右膝内,右手伸插左膀下。左手栽插,对照右脚尖。随势吸气一口,起身。栽左亦如之。随势呼气一口。一左一右,一呼一吸,不拘遍数。此缓声呼吸也。复抡擢三圈,随三吸。或七圈七吸,落原势。复反抡擢三圈三呼。或七圈七呼,落原势。左右侧势递换,不拘遍数。此渐紧呼吸也。复原势不起,两手向上伸扭,此上彼下,此下彼上,身随扭转,脚随拧旋,头随侧仰,呼吸随转,递换不拘数,气不出口,只在喉间,愈扭愈紧,莫要缓慢。急之又急,结成一团。稍存片时,顺其自然。此急声呼吸也。

日月平分

日月平分
低势,左中右三用

开势,直身正势,两足颠擎,两手五指撒开,曲擎硬住。仰面鼓腹,双手插后,下插数次,呼吸随意。方起俯势,阴手举高,即探手探身,开步,呼吸随意。弓背栽头,十指指地,颠足倘送,呼吸随意。左右旋扭摽如寻物状,两手转至背后,如抱物转搁面前,左手扭上,右手扭下,右手扭上,左手扭下,扭搁呼吸,不拘数。左旋亦如之。复起身,两手举上,分身,呼吸随意。落下,如抱物拿起样,颠落数次。颠吸落呼,不拘数。自慢而紧,气不出口。颠要连身纵起,落要手背打地。颠落至极,不动势,磋磨膀膊,升降不已。略擎片时,以便起势。

吸

日月平分 呼

日月平分
高势

随上势，猛力一蹿，直身仰面，伸肘颠足，拿举而上，仰手托住。随左右手，连身拧转，不拘遍数，缓缓呼吸。次，一手上扎，一手下坠，吸上呼下，左右旋转，不拘次数。次，搁仄势，两手平托，上阴下阳，此出彼缩，此缩彼出，伸缩磋磨，挤步横进，平托不已，吸缩呼出，左右递换，不拘数。次，两手脖内贴合不散，左右拧旋，身随转圈，不拘数，呼吸随意。

日月平分
中平势

随高势，开步一落中平势。先仰手分开，要开胸合背。又交叉合住，要开背合胸。交要先左手合对在右肩上，右手合对在左夹肢窝下。次，右上左下，递换不已。吸分呼合，不拘遍数。次，转阴手，开合如之。次，平胸平出，往前磋磨，左伸转上，右缩转下，右伸转上，左缩转下。俱以吸为主，而不着意于呼。左右递换，不拘数，至极方住。

螃蟹合甲

螃蟹合甲
中势

开步,直身,中平势。仍勾合抱胸,开胸合背,开背合胸。展开伸裹,背后一开一合。开吸合呼,不拘数。次,仄倒。一手虎口圈挣,悬肘而上。一手虎口圈挣,垂肘而下,随势呼吸。左右仄歪,不拘数。次,竖身直立,凹腰悬臀,两手虎口交叉对合,两肘圈挣,悬举对额频吸。一吸左右旋转不已。次,仍两手勾撮,拘肘夹胁,摇膀措胯。先频吸,次频呼。吸必至坐臀无可坐,呼必至填胸无可填。呼吸递换,不拘数。

入阴扶阳式

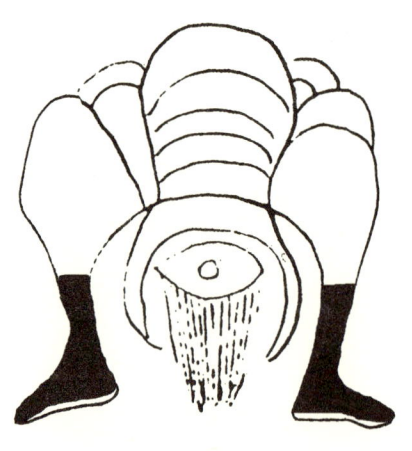

入阳扶阴式

螃蟹合甲
下势

开裆开肘,勾手撮指,收合,抱住额颅。手往内勾,肘往内收。收手栽俯,栽吸,胸气顶后心,随势吸气。次,仰身,凹腰悬臀。展肘展手,起手即抠指擎劲,圈收勾撮,还俯原势。随势呼气,吸收呼展,不拘数。次,往左仄栽,左手拧转仰上,右手拧搂阴手,如青龙出海势。右仄亦如之。左右递换,俱是吸气。不拘遍数。次,俱勾撮,插照裆中,凹腰悬臀,摇膀措胯,递换不已。先俱吸气,吸极换呼,呼极换吸。呼吸磋磨,频频不已。此频声呼吸,实肾气法也。

螃蟹合甲
上势

开势,仰面鼓腹,虎口圆挣,两手内侧并合插上,随大仰势,而渐勾向后下。次,转吸腹,非吸气。弓背,两手开分,两手勾撮,分伸转拧,随大俯势,插后,渐勾向前上,吸仰呼俯,不拘数。次,足尖颠擎,旋转扭摽,一手拧插上,一手拧插下,俱吸气,左右递换不已。次,虎口分展,合插,开合不已。分吸合呼,不拘数。次,虎口攥住不散,悬举于额,左右拧旋扭摽不已。俱吸气。次,两手勾撮向下,勾肩夹肘,摇膀措胯,递换不已。先频吸,次频呼,不拘数。

火焰冲天

火焰冲天
阴势

开裆开步，一手插裆中，直向下。一手伸肘指天，直向上。俯首看地，入阳附阴，随势吸气，左右递换，不拘数。要右手插上，颠右肋，凹左胁。左手插上，提左肋，凹右胁，方是窍。

火焰冲天
阳势

开裆开步，一手插上提起肋，一手插后下凹其胁。左右递换，呼吸随之，不拘数。仰面鼓腹，左右仄歪。

火焰冲天
低势

仰卧，脊背着力，首足跷起，一屈一伸，屈吸伸呼，不拘数。次，手足四吸展，四呼合，不拘数。次，手直伸，足直蹬。复手合插入腿当中，足跷，合勾对额。吸展呼合，递换不已。次，手足一往一来，仄身摆扳，吸呼随之，左右递换，不拘数。次，手足直伸，心腹着力，左右旋转不已，俱吸气。次，不变势，摇膀措胯，频吸不已，复频呼不已。递换，不拘数。

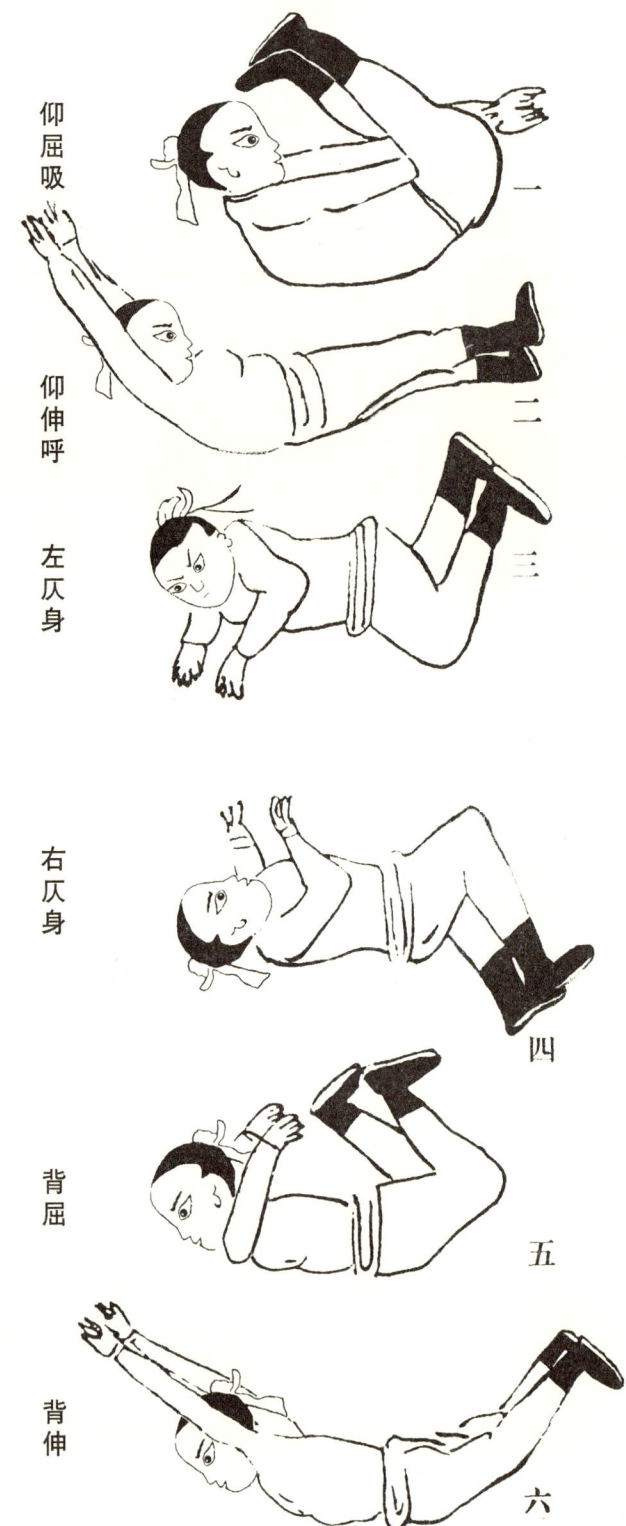

内七气
自外而内

循环一气

上下同流,一气循环。
昆仑尾间,出入天地。

日月平分

日居月诸,异道同途。
左擂右撞,朝阳钟鼓。

螃蟹合甲

带胄介士,怒合金甲。
左之右之,上下齐发。

火焰冲天

谁说廉贞,位列四凶。
三阳耸透,通天皆红。

金鸡撒膀

金鸡一动,天下文明。
前撒后撒,真气灵醒。

肩担日月

日东月西,出没不一。

两肩齐担，纪纲天地。

钟馗抹额

壮哉钟馗，阴阳斜配。
望额一抹，交互相对。

外七气
自内而外

阴阳升降

一阴一阳，有升有降。
八节递运，十二成双。

勒马听风

将军勒马，侧耳听风。
一气递换，从容无惊。

黄鹰撕兔

相彼黄鹰，捉住狡兔。
左撕右撕，精神全注。

老猴望月

老猴攀道，向日修炼。
精灵一得，二八周全。

日月轮回

金乌玉兔，上下轮回。
一往一来，照临下土。

刘海戏蟾

道士刘海，素情爱蟾。
两手交戏，虎就龙蟠。

方舟沉浮

瞻彼中流，载沉载浮。
伏仰一气，帆气悠悠。

上七气
<small>与前"内七气"合二为一</small>

循环一气

上下循环一气流，肝肾相送金木求。
收将回来家中养，刚又刚来柔又柔。

日月平分

平分日月两气停，阴阳和合中间凝。
炼得成了好好养，一点真气入黄庭。

螃蟹合甲

螃蟹合甲殊何形，肝肾两家得真情。

成了炼之左右扭，拽得真气遍体行。

火焰冲天

火焰冲天气飞扬，闪闪灼灼霓明光。
三阳耸透何处起，来回尽在心中央。

金鸡撒膀

金鸡撒膀两翅扬，上一下二交互良。
借问此势是何气，七叶物扇属东方。

肩担日月

肩担日月肺气擎，一来一往乌兔灵。
恰似梧桐一叶落，金风飘飘华盖中。

钟馗抹额

抹额钟馗何处来，斜侧阴阳自徘徊。
左右两势交换手，前后互运是奇哉。

下七气

与前"外七气"合二为一

阴阳升降

正气阴阳俯仰分，一上一下妙如神。
此事原来运三焦，莫同别势等闲论。

勒马听风

勒马听风两肾成，一来一回气自凝。
勒得六六三十六，浑身骨节自通灵。

黄鹰撕兔

黄鹰撕兔肝肺交，一左一右两相招。
招得精神两相配，送入黄房气坚牢。

老猴望月

老猴望月运两肩，坎离自然一处攒。
往来升降龙虎斗，送入黄房一处圆。

日月轮回

日月轮回二气催，冬至阳升阴又来。
天根月窟两相盈，送入土府中气成。

刘海戏蟾

木生坎兮金生水，刘海戏蟾两相美。
识得此中玄妙诀，方知两家阴阳媒。

方舟浮沉

方舟浮沉五气交，五行攒聚阴气消。
船到江心忙把持，最怕风波不稳牢。

缩骨功

此原是七十二势，五势亦可也。内落一步三佟法，
盖收之又收也。收则牢不可破，故硬如铁

仙人指路

侧身而立，左手攥拳，肘先往后一挣，右手攥拳，往前一入。肘心拘住，不可伸展。左步前，右步后，须要弓身，使气转脐中。

炮打襄阳

右脚跳前，左脚跃后。左拳转阳，渐斜压，右拳转阳，肘贴右短肋梢前，肘尖顶住左肋根。头往下俯，来回抽打。

韦陀提杵

左脚前纵，右脚后落。双阴手顺着两膝外摇，硬住往下直入，使力插地，百会穴气往上顶，心气下落于丹田中。

侧蝶戏梅

侧身后转，右脚在前，左脚在后。左拳侧入，右拳肘尖贴于软肋，前拳侧进，右拳渐仰，拳回左手，侧出右手，亦是戏法。

三星共照

两拳合并，右上左下，从右手上往后一吊，顺势进去，右前左后。再一寸步，两手转阴，往前一入，身要伏低。再一转，即是左边一势，亦明此势相对，然后再一回头，两拳侧并，两肘贴，来往心坎下，一落再一纵，转阴手往前送去。

舒筋功

此原有二十四势，只头三势亦足矣。内落一摇三摆法，
盖放之又放也。放则不可捉拿，故我活如虎

三教归一

单鞭势，阴拳展开，八字立脚，右手在前，往他左肩窝内一入，拉下一挂，左手劈打而下，再使右手一入。左边亦然。然后，两拳侧并齐抢，随分随合，不可捉摸。

一宅分两

凡用缩功后，即宜用此，以动气血，乃不至有壅滞之病。此系空诀，外人睹不知也，慎之珍之。

按：苌家拳以中气为根基，以阴阳相入相扶为核心。其风格特点：内外双修，形气合一，刚柔相济，攻防一体。所谓内外双修，即内炼中气之凝结，外练筋骨之松活。所谓形气合一，即形以领气，气以催形，形合气利，气利形捷。所谓刚柔相济，即过气宜松活而不可着力，落点宜坚实而不可怯馁。柔过气，刚落点，刚柔合宜，方得相济之妙。所谓攻防一体，即攻亦防，防亦攻，隔打一气，老少相随，中无隔断。其外形要求：头如蜻蜓点水，拳似山羊抵头，腰如鸡鸣卷尾，脚似紫燕穿林。所谓头如蜻蜓点水，即阴阳入扶，一沾即起。所谓拳似山羊抵头，即全力以赴，势不可遏。所谓腰如鸡鸣卷尾，即卷则气聚，擎而不散。所谓脚似紫燕穿林，即步法快极，腿法多变。讲究阴阳相生，动静互根。不偏不倚，无过不及。一势有一势之阴阳，势势有势势之阴阳，内气之阴阳与外形之阴阳相合。要求势无三点不落，气无三催不尽。杀势审其变化，救势详其周密。

上、中、下"二十四势拳"，"字拳"，"二十四大势拳"等，是苌家拳拳法的核心。以搂、抓、摔、按、采、擢、提、崩、挑、冲、扳、劈、栽、裹、撞、踢、赞、扫、拉、跺、插、勾、棚、洒、蹬、截为主要技法。

"中二十四势拳"，又名"青龙出海拳"，俗称"中盘捶"。此拳在苌氏十层功夫中列为第五层功夫形气合练之拳术套路。《合练中二十四势》云："中二十四，不起纵，不地盘，中平之势也。……起纵地盘，初学不能骤习，惟此中二十四势，虽不能尽中平之变化，然从此入手，可谓初学阶梯。"演练此拳要求行乎不得不行，止乎不得不止。静如处女，动若惊龙。俯仰进退，从容曲折。忽大忽小，忽高忽低。阴阳相生，刚柔相济。其柔则春风摆柳，其刚则电闪雷鸣。熔外形内气于一炉，蕴技击套路为一体。可谓体用兼修、攻防一体之拳法。

"上二十四势拳"，俗称"上盘捶"，亦称"天盘捶"。此拳在苌氏十层功夫中列为第六层炼浮气之拳法。此拳与"猿猴拳"相表里，拳势多起纵飞舞，旋转跌宕，蹿蹦跳跃，闪转腾挪，或凌空飞纵，或翻滚拧旋，或平踏乱点，或践走之玄，高而不嫌其高。身法、手法奇特多变，步法、腿法灵动快捷。

"下二十四势拳"，又称"下盘捶"。此拳在苌氏十层功夫中列为第七层炼沉气之拳法。沉气者，气沉于下，地盘滚伏，睡舞之法是也。演练此拳时，上与"上二十四势拳"相衔接，一气演练。或盘膝而坐，或捕伏撺钻，或侧捕而卧，或倒栽直竖，或滚翻纵横，或闪展腾挪，要求低而不嫌其低。击敌之时，忽高忽低，阴阳相生，纵横奇变，巧妙独特。

"字拳"，又称"二十四字拳"，是苌乃周对原上、中、下"二十四势拳"的又一次提炼和总结。"字拳"与"下二十四势拳"有部分内容相似，所不同者，"字拳"为中平之势，"下二十四势拳"为地盘之势。谱前有五言诗作《二十四字论》、七绝《二十四字诗》。每势以字为名，上绘以图势，缀以四字拳名，下注其动作要领。附四字诗句，典雅工整。复一势变八势，合一百九十二势，"纵横奇变，于此毕具"，形成"字拳"的变势。因用时多取其偏，又创偏势。"字拳"正、偏、变势，以字释拳，以势变法。正以立体，偏以行用。偏正交济，体用兼全。手法悠忽，身法纵横，技法完备。

"二十四大势拳"，又名"二十四大战拳"。苌乃周《二十四大势拳序》云："此拳童时耳闻……嗣又得传本，倍加欣赏，但细细思之，气微不贯，身微不顺，理颇欠明，窍颇欠的，转茫乎靡所适从。再欲摹仿近似，而前卷已付丙丁。"此拳苌乃周"童时耳闻"，说明此拳在汜水一带流传，或即汜水张氏、禹氏之拳法。得到拳谱以后，发现其中有许多不太合理的地方，欲做整理，而拳谱失于火。"无奈，自出心裁，力开生面……草创甫就，旋经遗失。"乾隆四十六年（1781）十月，他重新创作此谱，"不数日而解数俱备"。他自己评价此拳："其力大，其功全，其诀真，其法活。既能大，又能小；既能小，又能大。大小不拘，浑然一气。"

拳法一

中二十四势拳谱

步 法

凡言进步者，是前步在前而复往前进一步也。

凡言抢步者，是先动前步抢进，将后步携进也。

凡言上步者，是后步在后而上过前步一步也。

凡言挤步者，是后步先动，原步不变，将前步挤进也。

凡言起纵前进者，先动后步，颠落前步，原步不变。起纵后退者，先动前步，颠落后步，原步不变。

凡言倒偷步者，先进前步，将后步倒上过前步后。

凡言踢步者，先进前步，后脚撩起也。

凡言横跺步者，后步先提，斜身一落，即提跺前步也。

凡言背后蹬跺步，先倒进前步，提后步伸蹬也。

凡言摔脚步，后步跷前不落，仍摔落在后，随落前步也。

凡转身步，先提后步转过，仍先落后步，次落前步也。

凡言直起直落步，双脚齐起齐落，不先不后也。

合练中二十四势

合练之法，为练形第五层功夫，乃形气合一成功之法也。其中起落高低，侧正俯仰，斜歪扭摞各有一定合法。统其势则有七十二，以应七十二候；充其势则有三百六十，以应三百六十五度。三百六十繁而难演，惟撮其要，而为七十二。又分而三之，则有上、中、下各二十四，以应二十四气。上二十四，起纵飞舞，悬舞也。下二十四，地盘滚伏，睡舞也。中二十四，不起纵，不地盘，中平之势也。盖人禀天地阴阳之气以生，其升其降，自低而高，高而复低，三才分配，自然之理。但起纵地盘，初学不能骤习，惟此中二十四势，虽不能尽中势之变，然从此入手，可为初学阶梯，习之殊觉易易，如势练成，再将上下四十八势熟练，则奇正变化，自然生生不穷，又何必多记套数，以为岁月之累。前此练腿、练膊、练手、练足、练头、练肩、练肘、练引气、练身气、练内气、练侭气，皆是分练之法。至于头、手、足如何合法，势势转接，如何连法，宜刚宜柔，如何用法，不经此番讲究，此番磨练，则三尖不照，落不稳当；三尖不到，此前彼后。阴阳舛错，气不接续，刚柔颠倒，牵上扯下，欲求稳如泰山，捷若狡兔，必不能也。盖形以寓气，气以催形，形合者气自利，气利者形自捷，非两事不假借也。练之之法，势势究其三尖配合，动静验其三尖毕集。阴转阳，阳转阴，勿隔位而另起炉灶；柔过气，刚落点，须相济而莫失伦次。上气在下，下气在上，宜详其牵扯；前气在后，后气在前，当理其阻滞。势无三点不落，必到三点方落点；气无三催不尽，不到三催莫住手。杀势审其变化，救势详其周密。如是练去，熟极巧生，不失规矩。神而明之，存乎其人。乃世之练形者，不明此为最后成功练法，入手便用，又不洞晰此中详细，以故倒行逆施，用力多而成功少也。岂知此乃内丹根基，为天地所珍秘。非其人不传，非其时不传，非其地不传。得吾道者，大可以反本还原，超脱飞升；小可以强筋健骨，却病延年。非仅披坚破锐，成些小技艺已也。凡我同志，宜谨之慎之，珍之秘之，切勿妄泄，以遭天谴，有负授者之苦心也。

中二十四势拳歌

浑元一气

双龙扑须舞遥空　　春雷一爆起卧龙
势如长虹排远驾　　形似梨花卷残风
奋足直上青云路　　翻身伏入水晶宫
伸手欲摘天边月　　反掌连叩景阳钟
子路端拱三有礼　　脚踢猛虎七萃雄
回头一顾香烟起　　韦陀提杵显神功
轰天神车冲霄汉　　摆脱杨柳舞回风
刀劈华山杨二郎　　斧破老君程四公
马踏芳草归故里　　倒插杨柳盼孤松
暗度陈仓人不识　　飞过军栅谁与同
闪闪夜珠沉渊里　　翩翩玉燕投怀中
夜叉探海翘首望　　剑指七星透玲珑

浑元一气

此未开势聚气振势法。凡练形气与人对敌,未动势之先,横身则空隙必多,撒手则先自开门。内无中气,如弓无弦箭,炮无硝磺,空洞无物也。身不提擎,步不颠活,则进退多滞,旋转不利,先自牵扯也。练形气不勇猛,交手一触便仆。此守静之法,不可不知也。盖动起于静,静含动机,非静自静而动自动也。入手右膀向前,侧身直立。两手交搁胸下,侧身则无空隙,交搁则不开门,上下内外俱顾。吸擎满腹,全体振起,聚精会神,勃然莫遏。练形则气不松懈,交手则勇增百倍。察动静于未萌,审远近于尺寸。无方无体,神化不测。先发后发,屈伸任意,含蓄吞吐,尽在静势之中。吃紧一着,勿作闲势放过。宜勤演于平日,且留心于当前,由勉强而自然,斯得之矣。

肝起肺落心成一气图

双龙扑须舞遥空

接势过气。此出手一落三处法。随上势，左步一上，即悬踢右脚，右阴拳伸在上，左仰拳伸在下。右拳举与额平，对打鼻梁；左拳举与鼻平，对打人中。带擂撞势，右脚撩踢小便。

本势点气：弓身俯握入阳气，落点扶阴气。头气入顶下颏。两拳气顶中指根节。右脚伸跷，大趾领气，左脚颠掀，气点前掌。身如弓样，气填于脊。

三尖照：头与左拳照，左拳与右脚照。

本势过气：脊背一弓，气自分入手足。

侧转正入阳扶阴图

春雷一爆起卧龙

接势过气。此截手跺足法也。随上势，落跺右脚，随跺左脚，俱要着力猛跺，如霹雳之声。左仰手接拿，右侧拳劈下，砸照左手心，两手搁照裆内。侧俯身曲膝使。左膝顶住右腿鬼眼穴。

本势点气：侧身俯握，入侧阳气。头气落栽右额角。右拳气砸小指。左手掌心擎托。右脚气踏外楞，左脚气点内楞。

三尖照：半侧头，右额角与右肘弯照，下与右脚尖照。

本势过气：头右栽，提左肩，气自过于右拳。

正转侧入侧阳气图

势如长虹排远驾（一）

接势过气。此棚撞一气，低顶膀根，高打左眼进手法也。随上势，右拳拧棚，大指向下，抢进右步，随进左步。右虾蟆肚贴对右耳，照膀根直入顶棚，左拳竖藏膊根下，俯入撺势。

本势点气：俯身直入阳气，落点扶阴气。头气入顶额颅。右拳中指领气，左拳收贴乳上。两脚尖小趾领气。

三尖照：右拳与额照，左肘与左脚尖照。

本势过气：身一俯入，左肘一勒，左步往前一随，气自过入右拳。

侧转正入阳扶阴图

势如长虹排远驾(二)

棚挂打手

接势过气。此右挂左冲法也。随上势,右步抢入,左步跟随,右拧身,十字扭势,右膊仰挂,左拳冲打,摆右膀伸左膀使。

本势点气:仰身右拧,旋阳入阴。右膊领挂,气缩右肘尖。左拳斜冲,中指根节领气。右脚尖拧向外,左脚跟拧向外,雁行步,俱是小趾着力。仰面右拧,气旋入右枕骨后。

三尖照:左拳与右脚跟照。

本势过气:此十字扭过气法。左脚拧过气于右手,右脚拧过气入左手。

十字扭侧旋入阳气图

势如长虹排远驾（三）

劈手

接势过气。此左搂右劈法也。随上势，右步往前一进，左仰拳中指根节领气，往后一沉搂，右侧拳小指根节着力，往后一劈砸，摔过左腿外，左拳摔飘左胯后上。

本势点气：侧身俯栽，侧阳裹入侧阴气。头气落于右额角。右脚气入小趾，左脚气入大趾。

三尖照：右肩尖与右脚尖照，头右角与右脚尖照。

本势过气：栽头摔掀左膀膊，气自入过右拳。

旋侧阳入侧阴图

形似梨花卷残风

上步双冲

接势过气。此双冲手双分手法。随上势，双手一擓，即随上左步，半转身，两手再一圈擓，往上直冲，落点分撑，两拳拧裹，大指向外，仰面直冲势，颠足长身。

本势点气：昂势提身入阴气，头气落于脑后，两手分卷，小指裹擓，气旋大指，两脚尖颠擎，小趾着力，提胸硬膝弯。

三尖照：直身仰面，两膊举照两耳，下与脚照。

本势过气：仰面颠足，气自冲于两拳。

阴阳齐提直冲图

奋足直上青云路（一）

踢左脚

接势过气。此双搂手撩阴踢法。随上势，进右步，头一磕，两手往后一搂，左脚往上一踢。

本势点气：踢脚俯磕入阳气，头气落于额颅。两手气领中指根节。左脚尖勾跷，气顶大趾。右脚尖颠送，气点大趾。弓身勾头，伸玉枕骨。右腿弯伸，硬往上送颠。

三尖照：头与左脚照，两手中间与右脚跟照。

本势过气：脊背弓握，分入头足。

分入阳气之图

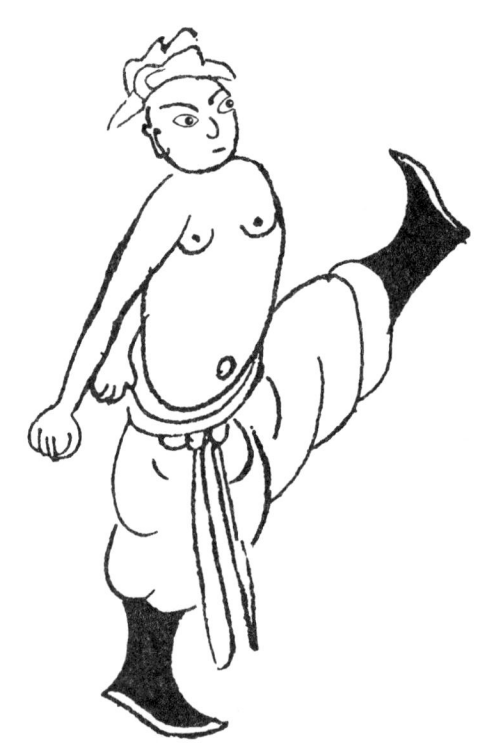

奋足直上青云路（二）

踢右脚摔手起二脚

接势过气。此脚手齐起擢踢齐用法。随上势，左脚一落，即两手齐擢起，右脚随势一踢，一气落点右步，两手往下猛一摔搂，即起右脚，两手复抡上，落右步，搁下势也。

本势点气：起右脚仰面直入阴气，起左脚摔手还入阳气。

三尖照：左手与右脚照，下颏与右脚照。

本势过气：两手猛擢，气自颠起。

脚手齐起入阴气图

翻身伏入水晶宫（一）

伏按手

接势过气。此抓抠伏按法。随上势，两手往下猛一分摔，即点右脚，踢起左脚，一气再一举抡，落左脚，伏身开裆，左阴拳按照左裆前，右侧拳飘于右胯后，屈右膝，伸左腿，凹腰悬臀。

本势点气：握身伏捕入侧阳气，扶侧阴气。头气落于左额角。左手中指领气，右手小指勾领。左脚大趾着力，右脚小趾着力。

三尖照：左肩与左脚尖照，胸与左脚尖照。

本势过气：伏身掀右膊，左拳自下。

侧阳入侧阴图

翻身伏入水晶宫（二）

打手

　　接势过气。此伏捕下打臁骨法也。随上势，进左步，左探身，左阴拳不变，直前撞打，右侧拳一伸，左膝曲，右腿直。

　　本势点气：俯身左捕，入侧阳气。头气栽入左额角。左手中指二节领气，右手气摆大指。左右脚俱小趾着力。

　　三尖照：左手、左脚与头上下相照。

　　本势过气：右转侧拳，胸一开，气自入于左拳。

伏捕入侧阴侧阳气图

伸手欲摘天边月

上步冲打

　　接势过气。此冲打下颏法也。随上势，上右步，右拳自下而上，直往上冲，左拳贴身，往下直插，侧身起势，右肋气往上提，进右步，左步随并势。

　　本势点气：头微左歪，气落左额角。右拳气顶中指根节，左拳气拧大指。肾气催脾，两足颠提，右脚大趾内楞着力，左脚小趾外楞着力。

　　三尖照：右膊贴照右耳，左拳插照左脚。

　　本势过气：左拳伸插直，右肋昂提，右脚提送，气自过于右拳。

长身颠足阴阳齐起图

反掌连叩景阳钟(一)

右手

接势过气。此扳、劈、铲、冲四手右打法也。随上势,进左步,左翻仰拳一扳,即上右步,右侧拳一劈,又进右步,随左步,左阴拳一铲,右竖拳一冲。

本势点气:侧身右冲,入右侧阴侧阳气。头气侧入左额角。右拳中指根节领气,左拳气爬入中指二节。右脚颠送,左脚伸踏。

三尖照:右手、右脚与右耳上下相照。

本势过气:提右肋,颠右脚,爬沉左拳,气自冲入右拳。

直起阴阳气图

反掌连叩景阳钟(二)

左手

接势过气。此扳、劈、锛、冲四手左打法也。随上势,进右步,右拳回抡一扳,即上左步,左侧拳一劈,又进左步,随右步,右阴拳一锛,左竖拳一冲。

本势点气:侧身左冲,入左侧阴侧阳气。头气侧入右额角。左拳中指根节领气。右拳气爬入中指二节。左脚颠送,右脚伸踏。

三尖照:左手、左脚与左耳上下相照。

本势过气:提左肋,颠左脚,爬沉右拳,气自冲入左拳。

直起阴阳气图

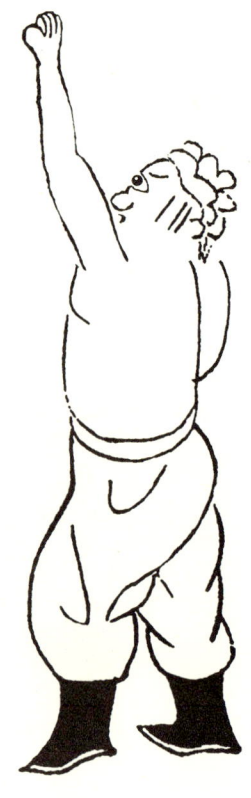

子路端拱三有礼

接势过气。此采手抓攥法也。随上势，右回正身，进右步，随进左步，伸双阴手，照人眼一扎，扎与额平，即抓住往胸下一扯，扯贴于胸，退左步，拉右步，左脚平踏，右脚颠擎。

本势点气：弓身俯探，入阳扶阴气。头气入顶下颏。两手抠卷，中指领气。右脚气点大趾，左脚气点外掌。两肘尖夹肋。

三尖照：头照右脚尖，两拳正中与右脚尖照。

本势过气：拉步填胸，气缩两肘。

正势入阳扶阴气图

脚踢猛虎七萃雄(一)

　　接势过气。此四面齐打法也。随上势,进左步,两拳齐分面前,仰拳分打两边人,悬踢右脚,撩阴踢面前人,进步跷脚,身必前移,闪躲后边人。

　　本势点气:仰面昂胸入阴气。头气落于脑后。两拳仰落,气沉中指根节。右脚尖勾跷,气顶大趾,左脚尖颠擎,气点大趾。两肘一凸,气填肘心。右膝弯气一硬,左膝弯气擎住一颠。

　　三尖照:下颏与右脚照,两拳横担相照。

　　本势过气:仰身悬脚,气自反压沉入两中指根节。

仰身入阴气图

脚踢猛虎七萃雄（二）

落点

接势过气。此躲后打前法也。随上势，落抢右步，随跟左步，左转阴拳，右转侧拳，十字势往前直撞打。

本势点气：俯探身入阳气。头一俯，气入额颅。左手直伸栽，气领中指二节，右拳拧伸，摆肩，气蹬大指。右脚栽点，气入大趾，左步随进，跟往外摆，气入小趾。右膝微曲，左腿伸直。

三尖照：额与左拳照，左拳与右脚照。

本势过气：摆右手，开胸，气自入于左拳。

栽入阳气之图

回头一顾香烟起

接势过气。此回手斜身冲打法也。随上势,拉回右步,右仰拳一扳,扭回左步,左阴拳一锛,右拳冲起,左脚悬提。

本势点气: 斜身揎冲,入侧阴侧阳气。头气顶于右额角上边。右拳斜冲,气领中指根节,左拳爬沉,气领大指二节。左脚勾送,气提膝盖,右脚颠送,气领小趾。

三尖照: 右膊贴照右耳,下与右脚照。

本势过气: 左脚提勾一送,右腿一颠耸,气自冲于右拳。

斜入侧阴侧阳气图

韦陀提杵显神功

接势过气。此退缩引战法,又沉入法也。随上势,落左脚,左仰拳一反砸,右阴拳一抢搂,再一反砸一抢搂,曲身握势,左脚往后一收,拉近右步,左仰拳往下一沉搂,手背贴近左臁骨,右拳飘后。

本势点气:握身栽头入阳气。提脊伸枕骨,气入下颏。左仰拳收靠,气擎手背,右侧拳掀飘,气卷中指。右脚往后一拉平踏,前掌着力,左脚往后一领颠擎,大趾着力。

三尖照:头与左脚、左手相照。

本势过气:掀右膊栽身,气自过于左拳。

栽入侧阳气图

轰天神车冲霄汉

接势过气。此手擢脚踢齐用法也。随上势，左仰拳不变，往上一擢，随起左脚，往上一踢，俱要高踢高擢，仰面昂胸。

本势点气：仰身颠足入阴气。头气落于脑后。左手气托手脖，右手气入中指二节。左脚气冲大趾，右脚气落小趾。

三尖照：下颏与左脚、左手照。

本势过气：仰身颠耸右脚，气自冲于左脚、左拳。

仰势入阴气图

摆脱杨柳舞回风

先右抓次左抓

接势过气。此摔抓两边开路欲走法也。随上势,落左脚,起右脚,横往左摆打,两手抓住,往右摔扳;又落右步,起左脚,横往右摆打,两手抓住,往左摔扳。

本势点气:十字扭摽入阴阳气。头气左转入右腮,右转入左腮。右脚左摆,气入右外楞;左脚右摆,气入左外楞。两脚换踏,俱是大趾点拧。

三尖照:右肩尖与左脚尖照,下颏与右肩内照,左亦如之。

本势过气:摔手摆脚,气自扭合于中。

扭摽阴阳之图

刀劈华山杨二郎

先抡后撑

接势过气。此右劈刷左伸打法也。随上势，落左步，右拳往下一刷，随悬右步，即一气抡还上，再一劈，落右步，起左脚，右竖拳往后一领，左侧拳伸膊一撑，落左步，小四平势。

本势点气：仰面分撑，分阴气入阳气。头气偏落右枕骨。左拳气顶中指平面，右拳裹送大指。直身、凹腰、悬臀，气坐臀尖。开裆摆膝，两脚外楞着力。

三尖照：头与右拳、右脚上下相照。

本势过气：开胸合背，气自分入两拳。

分阴入阳气图

斧破老君程四公（一）

左劈

接势过气。此打背后人左劈法也。随上势，右回身，左步一上，右翻仰拳一扳，左侧拳一劈，大落势，劈到底。

本势点气：左侧身俯栽，入右侧阳气。头气落于左额角。左拳气砸小指，右拳气沉手背。两脚外楞着力。

三尖照：左肩与左脚尖照，左手与右膝内照。

本势过气：提右肩，颠右胯，气自过于左拳。

入右侧阳气图

斧破老君程四公(二)

右劈

接势过气。此追进右劈法也。随上势,左回身,上右步,左翻仰拳一扳,右侧拳一劈,大落势,劈到底。

本势点气:右侧身俯裁,入左侧阳气。头气落于右额角。右拳气砸小指,左拳气沉手背。两脚外楞着力。

三尖照:右肩与右脚尖照,右拳与左膝内照。

本势过气:提左肩,颠左胯,气自过于右拳。

入左侧阳气图

马踏芳草归故里

回势进步

接势过气。此回打背后平撞法也。随上势,左回身,两手俱侧拳合并,直往前一撞,上右步,随进左步,探送势。

本势点气:回身探送,平入阳气。头气迎顶鼻梁。两拳中指领气顶送平面。左脚气入小趾,右脚气点大趾。两肘伸直,气顶肘心。

三尖照:头照两拳正中,两拳与左脚照。

本势过气:上右脚,随进左脚,探身送势,气自过于两拳。

平入阳气之图

倒插杨柳盼孤松

左转右伸跺

接势过气。此追进跺脚以退为进法也。随上势，左转身，提上右脚，横脚猛一伸跺，右膊顺插，贴挨右胯，左膊抱拦胸前，俯身捕势。

本势点气：俯转伸蹬，落点入阳扶阴。头气仰顶下颏。左膊气撑肘尖，右拳气插中指。右脚气横入外楞，左脚气拧入小趾。

三尖照：下颏照与左臂中，下与左脚照。

本势过气：左臂一撑，右拳一插，头一仰，气自入于右脚。

旋入阴阳气图

暗度陈仓人不识

左转低挑

接势过气。此滚入伏身挑打法也。随上势，落右脚，提左步，仍左转身，落左步伏捕，自下而上，左膊侧拳往上挑打。此挑裆法也。

本势点气：侧身伏转，旋入阴阳气。头气仰落脑后。左拳气挑大指，右拳气沉中指。左脚小趾一入，右脚大趾一点。

三尖照：头与左拳、左脚上下相照。

本势过气：右肩一脱，右脚一拧，左胸一提，气自过于左拳。

入侧阴阳气图

飞过军栅谁与同
左转插捣

　　接势过气。此栽拳插手法也。随上势，提右脚，左转身，右步一落，落成点脚，右拳随右脚抡栽，坐臀低势，插贴右胯，左手举对右肩，眼往右看，势成之后，再往左看。

　　本势点气：抡栽落低势，提左侧阴阳气，入右侧阴阳气。头气缩擎顶心。右拳气插中指平面，左手竖顶大指。右脚气颠脚尖，左脚气踏脚底。

　　三尖照：左腮照左肩，下与左脚照。

　　本势过气：左肩一提，右肩一脱，气自栽入右拳。

提左栽右侧阴侧阳图

闪闪夜珠沉渊里

反转抢插

　　接势过气。此反抢连劈法也。随上势，右转身纵落，提落右步，反劈右拳，悬落左步，抢劈左拳，脚手齐落，小四平势，左拳落照裆内，右拳抢落右胯后。

　　本势点气：起纵滚身，旋入阴阳气。头气领于脑后。两拳大指裹摧小指。两脚小趾提擎。

　　三尖照：直身开裆，小四平势，上下相照。

　　本势过气：起纵抢旋，气自转入两拳。

旋入阴阳气图

翩翩玉燕投怀中
踊进横撞

接势过气。此两手分扳法也。随上势，往前提落右步，纵落左步，两手翻仰拳分扳两边，凸手腕，跌沉中指根节，仍落小四平势。

本势点气：直起直落，阴阳二气齐入。仰面气砸脑后。两手气沉手背，收合两肘。两脚外楞小趾着力。

三尖照：头、手、脚上下相照。

本势过气：脱肩收肘，气自分入两手背。

起落直阴阳图

夜叉探海翘首望

践入棚敌

接势过气。此入身棚手法也。随上势，往前纵落，一拧正身，左手横棚额上，右手飘于右胯，俯入棚敌。

本势点气：仰面伏身，入阴扶阳气。头气掀于下颏。左手气飘大指，右拳拧摧小指。左足大趾着力，右足小趾着力。

三尖照：头与左手腕照，下与左脚照。

本势过气：右大指往外一拧插，左大指往前一飘入，右肩一脱，左胸仰提，气自滚入左臂外楞。

伏捕入阴扶阳之图

剑指七星透玲珑

回后三插手法

接势过气。此回后三插手法也。随上势，右回身，即使右阴拳直撞打，抽回右拳，伸左阴拳直撞打，抽回左拳，横搁对右肩下，又伸右阴拳直撞打，拉回右步，颠靠左脚前，右拳俱从左拳上抽换，左拳下伸出，坐臀凹腰，俯搁小势。

本势点气：收步坐臀，入阳扶阴气。头气掀填下颏。右拳气入中指二节，左拳气收大指。右足气点脚尖，左足气踏脚底。

三尖照：头与右手、右脚上下相照。

本势过气：仰面凹腰，收左臀，气自过于右拳。

坐势入阳扶阴气图

拳法二

上二十四势拳谱

大闹天宫诗语

浑元一气

猿猴养性在山中　摘取蟠桃看果红
闲时跳出水帘外　拨云望日采精英
抓风闻信纵身去　野马提铃谁敢攻
玉环连步鸳鸯脚　美女退洞盘丝行
丹凤凌空穿云起　浮槎误入斗牛宫
入穴探子岂易得　裹横抹眉右曲肱
一摇三摆纺车转　伐鼓撞钟一齐鸣
翻江搅海波上下　跨虎登山涉万重
一起五岳自分崩　双手攀枝两足擎
上杆缘木急急走　大鹏展翅万里程
飞岸走壁轻如鸟　下涧逾沟鞠躬凝
践云乱践之玄路　斤斗连翻莫暂停

凡打猴拳，前腿要曲，后腿要直，一打十跳，遍身着力，步步进前，天宫大闹。

浑元一气

此入手聚气振势法。心者，当心也，即所谓中，非心肺之心也。人身之中对照天枢穴，号曰命门，即是天根，为阴阳交会发源之所，肝脉绕阴器，横束诸经；肺司宗气，为呼吸之门户，肝起者，提玉茎，撮谷道，以束在下之气，使不得下泄，塞住下口也；肺落者，吸精华，闭会厌，以收在上之气，使不得上出，实住上口也。肝起提气归于命门，肺落吸气亦归于命门，两相迎合，交结一处，正在人身之当中，故谓心以成之，是成于正当心也。此势先预擎以实中气，为发势根蒂，不至空洞无物，无气可发也。须明动势之后，即随势而转，不必专在此处。每见交手势不稳当，气不猛勇，盖不解此诀也。学者切宜留心。

肝起肺落心成一气图

猿猴养性在山中

接势过气。此制双插手一分一搂法。随上势，双手从面前一抓分落点，大指小指勾擎，搂靠胸前，两肘夹挨肋，一气起左脚，纵起右脚。落点：左脚脖横搁右膝上，弓背、耸肩、仰面。

本势点气：开背合胸，入阳扶阴。头气仰砸风府。两手勾大指、小指，气缩肘尖。左脚气入小趾，右脚气踏前掌。

三尖照：下颏正照两手中，下与右脚照。

本势过气：弓背勒肘，勾大小指，气自回勾手腕下。

入阳扶阴之图

摘取蟠桃看果红

接势过气。此上擢下踢法。随上势,纵起落左脚,即踢起右脚,勾脚尖。双手抡擢,仍勾落眼前。两肘内收,仰身俯头。

本势点气:仰身拘肘,入阴扶阳。头气俯入额颅。两手气掀肘尖。右脚气踢大趾,左脚气点大趾。

三尖照:额照两手中,前与右脚照,大指与中指撮照。

本势过气:颠左脚,气入右脚尖;掀肘,气过于中指端。

入阴扶阳之图

闲时跳出水帘外

接势过气。此三起三落法。随上势，两手一分搂，摔落靠两胯，即摔落右步，退落小势，复往前递换纵起圈搂二次，坠落二次。直身小势，两手勾靠两胯边。

本势点气：直起直落，阴阳并入扶。头气起擎顶心。落砸臀尖，两手气阴阳转入，落勾中指。两脚尖点踏，气入大趾。

三尖照：下颏照两膝正中，下照两脚当中。

本势过气：起拔顶，坠坐臀，直身不斜，气自上下不滞。

直起直落阴阳之图

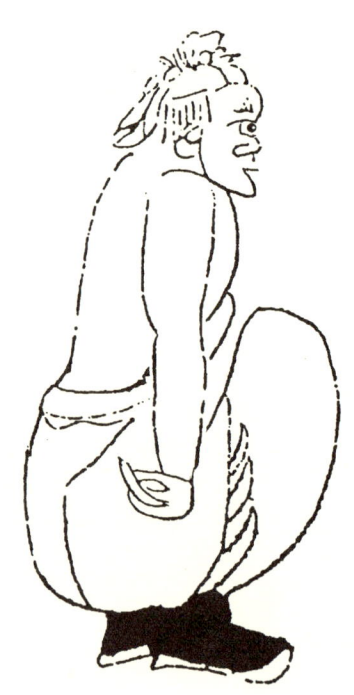

拨云望日采精英

接势过气。此手背递换棚打法。随上势,往左纵右脚,棚打右手。落右步,纵左步,勾回右手,棚打左手。落左步,勾回左手,仍棚打右手。右手举过额,左手勾贴左胯后,仰面十字势。

本势点气:昂胸仰面入阴气。头气掀顶下颔。右手气顶手背,左手气勾飘中指。右脚气颠大趾,左脚气入小趾。

三尖照:额与右手鱼际大指根有肉处。照,下与左脚照。

本势过气:脱左肩,插左手腕,仰面左拧身,随进右步,气自顶于右手腕上。

仰入阴气之图

抓风闻信纵身去

接势过气。此旋转采抓法。随上势，往右上右步，纵转采抓右手。又上左步，纵转采抓左手。落点将左步一收，两手抓回勾手。两肘夹贴两胁，昂胸勒肘使。

本势点气：起纵旋转，阴阳旋入。落点俯头入阳气，落额颅。两肘气勒肘尖。两脚气点小趾。

三尖照：头照两脚中。

本势过气：俯身拧步，勾卷中指，气自缩入肘尖。

旋转阴阳互入之图

野马提铃谁敢攻

接势过气。此抓提法。随上势,往左一纵,落左栽小势。两手栽抓左脚边。复往右一退纵,抓提大势。复往左一摔抢,退右步,左步往后一拉,仰身一挣,双手抓住往右上一提,提过右肩上,仰面右斜。

本势点气:颠足昂左胸,入左侧阴阳气。头气落右枕骨。右手中指领气抓提,左手亦中指领气抓举。左脚尖颠送,右脚平踏。

三尖照:左腮与左肩尖照,下与左脚照。

本势过气:昂左胸,伸颠左脚,右侧仰面,气自提入两拳。

侧入左阴阳图

玉环连步鸳鸯脚

左踢

接势过气。此左抓摔连踢法。随上势，往左纵起右脚，双手猛一抡摔，即落右步，踢起左脚，一气摔落左脚上，俯身颠右步。

本势点气：左摔踢相合，阳气分入。头气俯栽额颅。两手气摔按五指。左脚大趾领踢，右脚大趾颠点。

三尖照：头照两手中，下与左脚照。

本势过气：弓脊吸腹，气自分入头脚。

左摔踢入阳气之图

玉环连步鸳鸯脚

右踢

接势过气。此右抓摔连踢法。随上势，往右点落左步，纵踢右脚，双手猛抓一摔，摔按右脚上，俯身颠左步。

本势点气：右摔踢合一，阳气分入。头气俯栽额颅。两手气摔按五指。右脚大趾领踢，左脚大趾颠点。

三尖照：头照两手中，下与右脚照。

本势过气：弓脊吸腹，气自分入头脚。

右摔踢入阳气之图

美女退洞盘丝行

接势过气。此退抓握撅法。随上势，落退右步，挤退左步，抓回左手，伸抓右手；又退右步，抓回右手，伸抓左手，挤退左步；抓回左手，伸抓右手，又退右步，伸抓左手，挤退左步，伸抓右手，落握身小势，两手握攥照裆内，左脚平踏，右脚拉颠。

本势点气：握身坐臀，入左侧阳气。头气落于右额角。两手气收小指，缩入肘尖。右脚小趾领颠，左脚平踏。

三尖照：右额照于右拳，下与右脚尖照。

本势过气：凹右胁，提左胁，栽头，颠右脚，气自沉入小指。

侧退入阳扶阴之图

丹凤凌空穿云起

接势过气。此双踢法。随上势，先踢左脚，随踢右脚，一气使。两手齐打右脚上，俯身磕头。

本势点气：弓身俯磕，阳气分入。头气俯栽额颅。两手中指领气。右脚气顶大趾，左脚气点小趾。

三尖照：额颅照两手正中，与右脚尖照。

本势过气：弓脊吸腹，气自分入手脚。

起纵二踢入阳气之图

浮槎误入斗牛宫

接势过气。此回落低势自下而上挑打法。随上势，落点右步，悬落左步，落坐低势，摇伏捕搨，自下而上，左攥竖拳，往左撩裆挑打，右拳飘于右胯后上。

本势点气：摇身侧势，入左侧阴阳气。头气仰砸右枕骨。左手气挑大指，右手气飘小指。右脚外楞点踏，左脚颠送。

三尖照：左额角照左拳，下与左脚尖照。

本势过气：右拳下插，昂左肋，右歪头，气自过于左拳。

摇身入左侧阴阳之图

入穴探子岂易得

右栽打

接势过气。此右栽钻入下打法。随上势，上右步，往右一栽，右脚栽踏，左脚悬提，伸钻右拳，左手扳摸右膊上，捕钻栽打。

本势点气：捕钻栽身带醉形，入阳气。头气入右额角。右手气领中指平面，左手气排掌心。右脚小趾栽点，左膝提擎。

三尖照：右额角照右拳，下与右脚照。

本势过气：提左脚，右栽头，气自入于右拳。

栽钻入右阳气之图

入穴探子岂易得
左栽打

接势过气。此左栽钻入下打法。随上势,往左落进左步。右脚悬提,伸钻左拳,右手扳摸左膊上,捕钻栽打。

本势点气:左捕栽身带醉形,入阳气。头气入左额角。左手气领中指平面,右手气排掌心。左脚小趾栽点,右膝提擎。

三尖照:左额角照左拳,下与左脚照。

本势过气:提右脚,左栽头,气自入于左拳。

栽钻入左阳气之图

裹横抹眉右曲肱

接势过气。此裹横打耳法。随上势，左手一采，即旋上右步，右拳平裹抡横打，裹抱胸前。又横抡左拳，又横抡右拳，迭换裹抱左胸前。弓身俯探势。

本势点气：迭换裹打，旋阳入阴。头气右旋入左枕骨，左旋入右枕骨。手气右裹，右手气勾大指，左勒左肘尖。左裹，左手气勾大指，右勒右肘尖，两脚气右裹拧向左，左裹拧向右。

三尖照：耳照肘尖，下照脚尖。

本势过气：裹肘旋臀，拧脚转身，气自旋入。

旋转平阳入平阴图

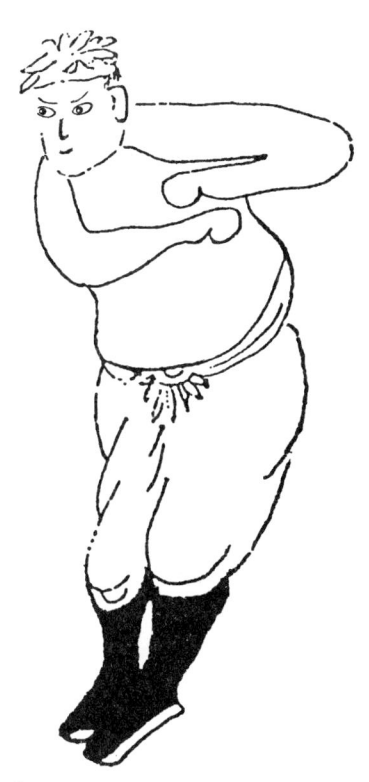

一摇三摆纺车转

接势过气。此交抢劈打追法。随上势,往左拔步举膊,退后一闪,即进右探身挤步前追,右拳下,左拳上,左拳下,右拳上,十字迭换,抢劈三点,落单鞭一字势。

本势点气:摇膀晃身,阴阳交入。头气左抢上旋入右,右抢上旋入左。两手俱阴拳,中指领气。两脚气左侧左脚小趾着力,右脚大趾着力。右侧反是。

三尖照:头照两手十字交关处,下与左脚照。

本势过气:摇膀晃身,气自低昂交入。

低昂不定阴阳交入之图

伐鼓撞钟一齐鸣

接势过气。此反抡旋转连扳连打进法。随上势，进右步，右仰拳一反扳，即纵上左步。左仰拳一反扳，又上右步。右仰拳一反扳，落左步，左阴拳一栽撞，右阴拳一栽撞，交落左拳上，俯入势。

本势点气：右转俯栽落入阳气。头气俯入额颅。两拳气栽中指二节，左脚小趾着力，右脚大趾着力。

三尖照：额照两手十字交关处，下与左脚照。

本势过气：开背合胸，气自入于两拳。

纵转阴阳互入之图

翻江搅海波上下

接势过气。此递换冲打法。随上势，右进先往上冲打右拳，次换冲打左拳，次换冲打右拳，落点抢步随进，仰面昂胸。

本势点气：低昂冲打，左右阴气换入。头气右冲栽左，左冲栽右。两手气领中指根节。右脚气入大趾，左脚气入小趾。

三尖照：头与右手、右脚上下相照。

本势过气：昂胸低膀，气自冲入上拳。

递换冲打入阴气图

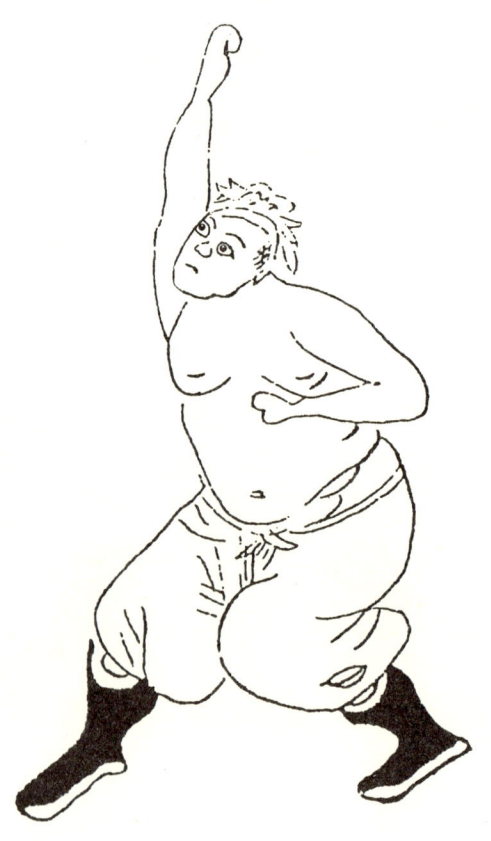

跨虎登山涉万重

接势过气。此退搂横跥法。随上势,退左步,随退右步,先搂右手,次搂左手,次复搂右手,落撑两拳。左斜身,纵落左步,悬提右脚,横脚一蹬。

本势点气:退搂落斜侧身,入右侧阴阳。头气斜入左额角。两拳气俱拧入大指。左脚前掌点踏,右脚外楞着力。

三尖照:头照左手并与右脚照。

本势过气:身斜,分伸两拳,气自撞入右脚。

递换退搂侧入阴阳之图

一起五岳自分崩

接势过气。此纵起擂冲法。随上势，往右上左步，左侧拳一挑打，即双手连纵连抡擂二次，落坐臀、蹲踞势。

本势点气：起擂坠坐，直入阴阳。头气起去仰落枕骨，落下俯入额颅。两手气起转入中指根节，落转按中指二节。两脚气起勾脚尖，落跌脚尖。

三尖照：头照两拳中，下照两脚中。

本势过气：起要跷脚，落要缩项。

直起直落仰入阴气之图

双手攀枝两足擎

接势过气。此上抓下踢法。随上势,双手往右抓,踢右脚。双手往左抓,踢左脚。复往右抓,起踢右脚。左起右落,右起左落,迭换不定。

本势点气:左右换抓,阴阳换入。头气左抓栽右,右抓栽左。两手俱中指领气。脚气,踢,大趾着力,落,前掌着力。

三尖照:肘尖照踢脚,头照肘尖。

本势过气:左抓勒左肘,右抓勒右肘,气自旋入。

抓踢递换扭合阴阳之图

上杆缘木急急走

接势过气。此缘走悬空窄路法。随上势,往左一抓按,硬膊硬腿,两脚颠擎,挤步往左颠跑数步。又双手往右一抓按,硬膊硬腿,两脚颠擎,挤步往右颠跑数步。

本势点气:提肩颠足,阴阳直擎。头气擎于顶心。膊气擎于肩。手气擎于掌。脚气擎于尖。

三尖照:直上直下,不歪不斜。

本势过气:颠足长身,提肩按手,一派颠擎。

长身按手阴阳齐起图

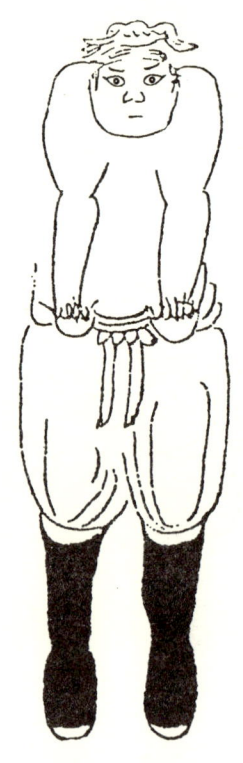

大鹏展翅万里程

接势过气。此飞坠架空法。随上势，猛一纵，落小四平势。双手翻仰手，分扳两边，又往右半圈纵，双手转合手，分按两边，仍落小四平势。

本势点气：仰俯纵落，仰坠阳气，俯坠阴气。头气仰砸脑后，俯入额颅。手气仰沉手背，俯入掌心。脚气仰入大趾，俯入小趾。

三尖照：十字俱照，不偏不倚。

本势过气：仰填丹田，俯实肾腧，气自擎聚。

坠势分展阴阳分入图

飞岸走壁轻如鸟

接势过气。此凌空飞跳法。随上势，往左旋上右步，转上左步，平展两膊，左抡旋转，落摽十字。又往右旋上左步，转上右步，平展两膊，往右抡旋，落摽十字。

本势点气：平抡旋转，阴阳旋入。头气左抡转左，右抡转右。手气左抡左手脾催肾，右手肾催脾，右抡反是。两脚俱是大趾颠拧。

三尖照：直身不曲不斜，左步拧旋，头身随照左。右步拧旋，头身随照右。

本势过气：直身提擎，气自旋催。

阴阳旋入之图

下涧逾沟鞠躬凝

接势过气。此坠跌凝擎不伤法。随上势，纵起，两手一圈搂，落坐拘挛，气一起擎，脚尖颠提，猛力一点，耸提二次，连身起落。

本势点气：拘挛凝擎，气聚中宫。头气缩入项。膊气耸于肩。肘气勒夹于尖。手气拘于大小指。脚气颠于尖。腿气提于膝。

三尖照：头照手脚正中。

本势过气：三尖齐束，气自团聚于中，结成一个。

坠落阴阳擎聚之图

践云乱践之玄路

接势过气。此涉险乱践法。随上势，纵起单脚践踏，斜横乱践，左右迭换。左践抓向左，右践抓向右。弯环曲折，践走之玄。

本势点气：左践右践，阴阳随入。头气左践栽左额角，右践栽右额角。两手俱中指领气。脚气左践左脚小趾着力，右践右脚小趾着力。

三尖照：左践头照右手左脚，右践头照左手右脚。

本势过气：提擎劲。左践提右脚，左栽身，气自点踏左脚。右践提左脚，右栽身，气自点踏右脚。

起落不定乱点阴阳之图

斤斗连翻莫暂停

接势过气。此滚翻抡打法。随上势，右翻身，摆上右步，抡扳右拳，即旋上左步，抡栽左拳。又翻身拧旋右步，抡扳右拳，即旋上左步，抡栽左拳。如是三次。左翻滚亦如之。

本势点气：斜侧滚转，阴阳旋催。头气左滚左旋，右滚右旋。两手气左滚左手肾催脾，右手脾催肾。右滚反是。脚气点拧。

三尖照：落点左滚头照右脚，右滚头照左脚。

本势过气：滚身猛抡，气自旋催。

斜势滚翻旋入阴阳之图

拳法三

下二十四势拳谱

下二十四势歌

接浮气末势

蟠桃献寿礼拜恭　犀牛望月一片明
双虹驾彩金钩屈　仙人捧盘掌上擎
猿猴献杯饮玉酒　倒提战杵设伏兵
白鹅亮翅仰面看　美女钻洞匍匐行
双龙入海探渊底　霸王举鼎气上冲
飞燕投湖背双剑　昆吾切玉听无声
千斤坠石如绳引　双手推山脚蹬空
直符送书手按地　猛虎探爪频翻睛
仙人侧卧大睡觉　野马滚地任纵横
秦王搠碑头居下　狮子衔花古路通
渴龙饮泉高卷尾　流星赶月倒栽葱
猛虎负嵎出林麓　金猫捕鼠爪玲珑

蟠桃献寿礼拜恭

接势过气。此仰手接抓退拉握栽法。随上斤斗势,上左步一分攉,再一接抓,攥住往后退,伸左步,跪左膝,一退坐,坐于左腿上。右足横颠,右膝外摆,右肩右肘藏于右膝内。头俯磕,拳仰犇,相合一处。

本势点气:退坐伏捕,倒入阳气。头气俯栽额颅。两手气卷中指二节。右脚气踏小趾,左脚气捕脚背。

三尖照:头照两拳中,后与左脚照。

本势过气:坐臀退左步,气自卷入两手中指。

伏捕入阳气图

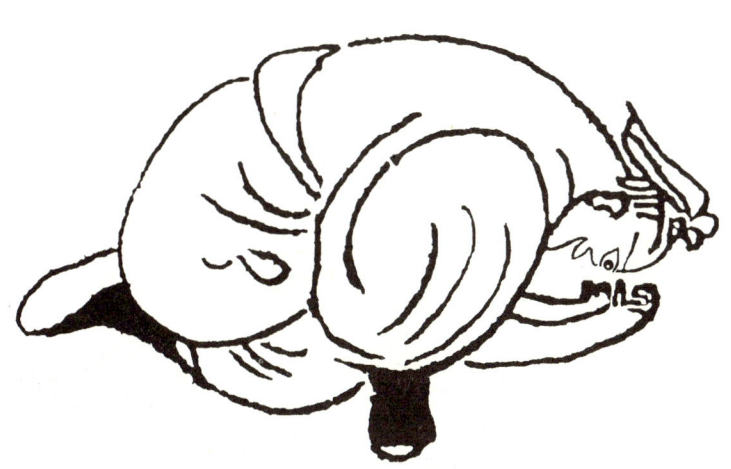

犀牛望月一片明

接势过气。此头往后打法。随上势，右脚猛一伸蹬，头往后猛一挣仰，两拳转阴伸插，仰身坐左腿上。

本势点气：仰身后栽入阴气。头气仰砸脑后。两拳伸膊卷按中指二节，与头分挣。右脚气伸入大趾，左脚气擎脚背。

三尖照：头与左脚照，拳与右脚相照。

本势过气：仰身伸卷两拳，直伸右脚，气自仰栽脑后。

分撕入阴气图

双虹驾彩金钩屈

接势过气。此手背棚打法。随上势,左转身一颠纵,双阴拳不变,一抡棚,伏身蹲入,一气棚打过顶,勾大小指,落交腿盘膝。

本势点气:上棚下坐,分入阴阳。头气掀入下颏。两手气顶手背。两足外楞着力。

三尖照:头照两手中,下照两腿交处。

本势过气:凹腰坠臀,举膊上顶,气自分入两手。

手棚臀坐分入阴阳图

仙人捧盘掌上擎

接势过气。此反压沉手法。随上势，右转身一起纵，两阴手一抡搂，再一抡，翻仰手，跌手指一沉勒，两肘夹靠两肋，仍落盘膝交腿，仰面昂胸。

本势点气：勒肘昂胸入阴气。头气仰落脑后。两手气跌中指，勒入肘尖。两脚气点外楞。

三尖照：头照正胸，下照两腿交处。

本势过气：跌手勒肘，仰面昂胸，气自沉入手背。

勒肘反压沉入阴气图

猿猴献杯饮玉酒

接势过气。此摇伏用食指冲打法。随上势，左转身，一起纵，两手一抡攉，再将食指、大指圈对，摇身伏势，往上用食指二节一冲打。落屈左膝，右膝跪伸，仰身猛冲。

本势点气：伏蹲上冲，仰入阴气。头气仰落脑后。两手气冲食指二节。左脚小趾着力。右腿气顶膝盖。

三尖照：头照两手中，下照左脚。

本势过气：仰身仰面，气自举冲两手。

俯捕上冲仰入阴气图

倒提战杵设伏兵

接势过气。此分搂使头栽打法。随上势，左转身一起纵，两手一摔一抡，落腿扭摽，俯身栽头，两手勾爬背后。

本势点气：俯栽弓背，阳气分入。头气俯入额颅。两手气勾大指小指。两脚外楞着力。

三尖照：头照两腿交处。

本势过气：俯身弓脊，气自分入头脚。

伏身曲握阳气分入图

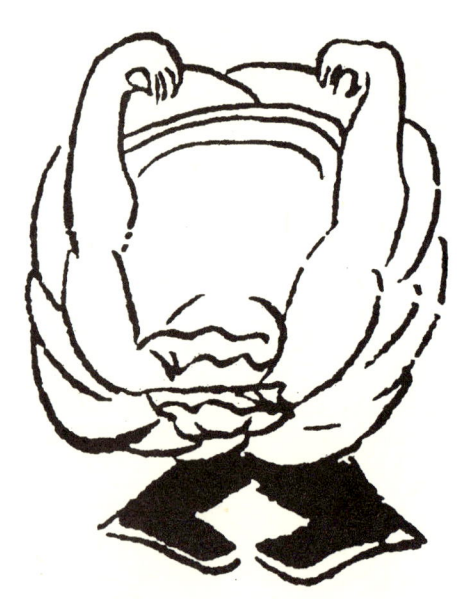

白鹅亮翅仰面看

接势过气。此仰面分扳两边法。随上势，右转身一起纵，两手一分攉，一分扳，往上一擎，两腿扭摽，两掌平掇，仰身仰面。

本势点气：仰势拿擎，入阴扶阳。头气仰砸脑后。两手一扳，往上一拿，气擎掌心。两脚外楞着力。

三尖照：头照两腿交处。

本势过气：分扳一沉，复一托，气自擎入掌心。

仰势分扳昂入阴气图

美女钻洞匍匐行

先俯退后仰进

接势过气。此爬下洒脚蹬后，次掀擢钻入上扎手法。随上势，绽腿一俯势，即使左脚往后一蹬，两手往下一爬，插入地。次往前一纵，一掀擢，还手再一插扎，仰手撒指，五指圈擎，落仰面捕钻势。

本势点气：伏身仰钻，飘入阴气。头气仰缩脑后。两手五指撒擎，中指领气。右脚大趾着力，左脚小趾着力。

三尖照：头照两手中，下与右脚照。

本势过气：凹腰仰面，气自飘冲两手。

伏捕前插入阴气图

双龙入海探渊底

先擤后搂

接势过气。此退搂插进栽打法。随上势,两手往后一勒,往上一擤,再往后一纵倒退,两手还上,往下一插,俯身栽势。

本势点气:倒退搂插,俯入阳气。头气栽入额颅。两手气入中指根节。右脚大趾着力,左脚小趾着力。

三尖照:头照两拳中,下与右脚照。

本势过气:俯身栽头,气自入于两拳。

退搂俯插入阳气图

霸王举鼎气上冲

先右旋平抡，次左旋平抡

接势过气。此旋转平抡落点冲打法。随上势，起身两脚颠拧，俱阴拳不变，往右平抡打两圈，次往左平抡打两圈，末纵起一抡攉，落摽脚盘坐，两拳往上冲举，小指并合。

本势点气：抡旋攉冲，仰入阴气。头气仰入脑后。两手气裹催中指根节。两脚外楞着力。

三尖照：头照两拳中，下照两腿交处。

本势过气：仰面昂胸，气自冲入两拳。

往上冲举入阴气图

飞燕投湖背双剑

接势过气。此头打前,脚打后,两手分搂两边敌四面法。随上势,往前一纵栽,两手一分搂,再一分搂,勾爬背后,头俯栽向下,左脚掀跷向上,大俯栽势。

本势点气:掀脚栽头,俯入阳气。头气勾入下颏。两手气勾大指、小指。左脚卷勾趾尖,右脚平踏。

三尖照:头照右脚,两手照左脚。

本势过气:右脚踏稳,头脚自然低昂。

俯栽掀脚入阳气图

昆吾切玉听无声

先仰擓后俯切

接势过气。此侧手劈砍法。随上势，左脚不落摔踢前面，两手往上一擓，再一抡擓，落左脚踢起右脚，复点右脚纵起，两手一抡砍到地。俯身侧手，右腿曲踏，左腿蹬直。

本势点气：伏身劈砍，栽入阳气。头气俯栽额颅。两手气砸小指。左脚大趾着力，右脚小趾着力。

三尖照：头右额照右肩内，下照右脚。

本势过气：俯身栽头，外摆右膝，气自落于手。

仰擓俯切落入阳气图

千斤坠石如绳引

接势过气。此牵令倒栽法。随上势,起势伸两手抓攥,往右一拉,坐左腿,曲右腿,伸直踏地。又起势,伸两手抓攥,往左一拉,坐右腿,曲左腿,伸直踏地。又起势,往右纵起,坐地一叉,猛力一拉,握撅,使之下栽。

本势点气:坐地握撅入侧阴阳。头气落栽额角。两拳侧攥,脾催肾指。一脚直伸,勾起脚尖,一脚曲握,外楞着力。

三尖照:头照膀根,下照前脚。

本势过气:展前腿,坐后臀,俯身栽头,勒两肘尖自稳当不倒,气握两小指。

退势坐牵入侧阴阳气图

双手推山脚蹬空

接势过气。此仰倒上蹬法。随上势,先悬上步一蹬,次二踢,随势仰卧,两手反按地上,即曲腿猛力一伸,两脚朝天,连身带起,往上蹬撞。

本势点气:朝天伸蹬,阳气分入。头气栽顶心。两手气按掌心。两脚气顶脚尖。

三尖照:头照两膊中,上照两脚中。

本势过气:伸项展身,气顶两脚。

倒势伸蹬阳气分入图

直符送书手按地

接势过气。此俯势蹲踞猛蹬背后法。随上势,弓身卷落,两脚着地一拘挛,随两手按地,双脚往后一伸蹬,平身悬起。

本势点气:平身悬蹬,仰入阴气。头气仰入脑后。两手气推掌后。两脚气伸脚尖。

三尖照:头照两手中,后照两脚中。

本势过气:头猛仰,腰猛凹,腿猛伸,气撞两脚尖。

仰身伸蹬阴气分入图

猛虎探爪频翻睛

接势过气。此左右滚翻双腿撂打法。随上势，如左滚，左手先按地，左腿脚扳打。合俯，右手按地，右腿臁骨随打。往前滚进，不拘数。右滚打亦如之。

本势点气：滚打追赶，阴阳旋入。头气随势滚转。两手硬膊按掌。前脚后跟着力，后腿臁骨着力。

三尖照：头左滚，仰滚照右脚，俯滚照左脚。右滚反是。

本势过气：着意滚势，气自旋入。

左右撂扳旋转阴阳图

仙人侧卧大睡觉

接势过气。此倒卧勾腿法又勾住截腿法。随上势，屈一腿，伸一腿，俯身扫堂一圈。再换势，回扫一圈，即趁势屈腿猛蹬一蹿，侧身平卧地上。屈一肘，伸一肘，屈一腿，伸一腿。

本势点气：侧身平卧，阴阳擎点。头气擎于上枕骨。屈肘擎于尖。屈腿擎于膝。伸腿擎于小趾。伸肘擎于大小指。

三尖照：屈肘照屈膝，伸手照伸脚，头照伸手。

本势过气：蹬伸猛蹿，气擎下膀尖。

侧身蹿卧阴阳侧入图

野马滚地任纵横

接势过气。此滚地不定,伸缩纵横,脚手齐上打法。随上势,仰身拘挛,脊中着地,一伸一缩,随势滚旋。两拳贴耳,曲如弓样。

本势点气:伸缩纵横,缩入阳气,伸入阴气。头气伸入脑后,缩入额颅。两手中指领气。两脚缩勾。

三尖照:头照脚、手正中。

本势过气:弓脊正中着地,一伸一缩,自能旋滚不定。

伸缩旋滚屈阳伸阴图

秦王挪碑头居下

接势过气。此闪躲法。或前栽竖起,或后栽竖起皆可。随上势,起身合俯猛栽,将两腿撂起,两手分按,与头踏成鼎足。直身硬腿,自然竖起。

本势点气:直身硬擎,阴阳分入。头气擎于顶心。两手气擎于五指。两脚气伸蹬脚跟。

三尖照:不歪不斜,上下直照。

本势过气:硬项蹬脚,气自擎凝。

演法:贴墙而栽,慢慢试擎。

竖身倒栽阴阳直入图

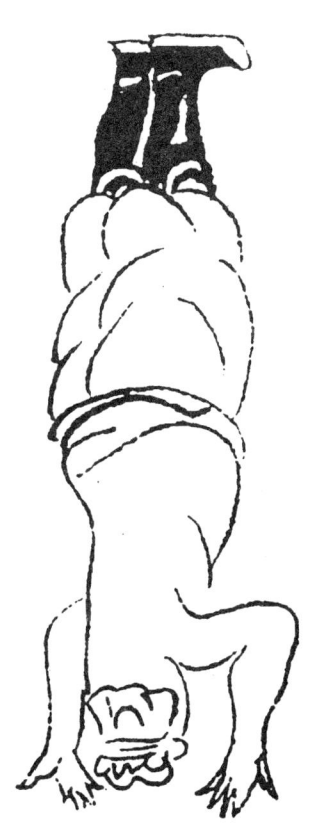

狮子衔花古路通

接势过气。此仰跌窄坎不能展舒旋转迎敌法。随上势,卷身落脚,盘膝而坐,臀尖着地,左手攀右脚,右手攀左脚,摇肩晃身,左仄右歪,旋转不定。

本势点气:摇身晃膀,阴阳递换。头气随势摆入。两手攀脚,中指勾领,两脚尖勾抠。

三尖照:头照两手中,下照脚脖交处。

本势过气:曲身如丸,臀尖点地,自然摇晃旋转不定。

摇肩摆旋阴阳晃入图

渴龙饮泉高卷尾

接势过气。此俯栽跷脚打后法。随上势，合俯猛栽，两手指尖点地下插，前膝贴搁心窝，后脚高跷撅背。

本势点气：俯身倒栽，倒入阳气。头气栽入额颅。两手气插五指尖。前脚尖点踏，后脚尖勾抠。

三尖照：头照两手中，下照前脚。

本势过气：撅后脚栽身，气自栽入。

栽身跷脚阳气倒入图

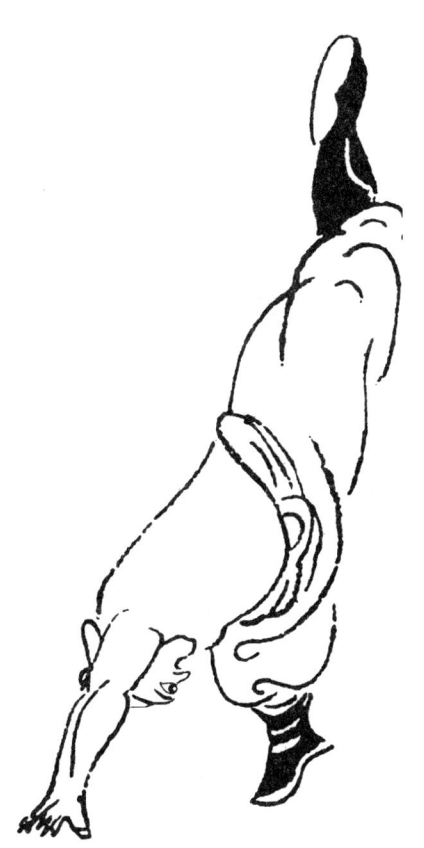

流星赶月倒栽葱

接势过气。此滚栽滚打法。随上势,曲腿弓身,反卷栽过,两手按地,硬住两肱,头往下栽,栽须开裆,方不顶挨。一连五七个,有正有反,有反有正。

本势点气:拘挛滚栽,旋入阳气。头气勾俯额颅。两手气顶于掌。两脚勾抠。

三尖照:头照膝中,下照脚中。

本势过气:握身勾头,气自旋转。

卷身滚栽旋入阳气图

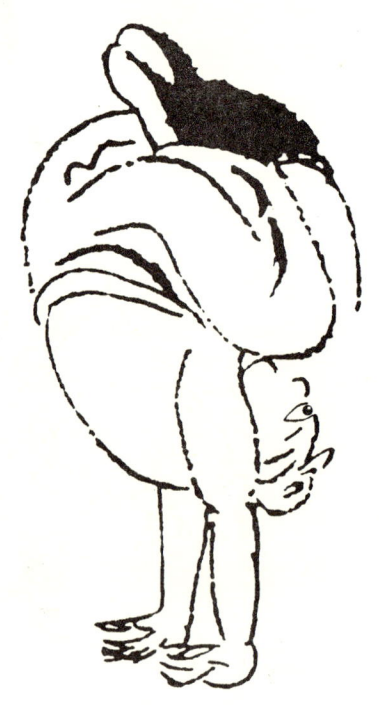

猛虎负嵎出林麓

接势过气。此侧身轮腿打法。随上势,起身侧势,两掌按地,往前一轮,如车轮旋。一连两三轮,回轮如之。腿弯直伸,不可俯弯。

本势点气:侧身轮转,入侧阴阳。头气随势催旋。两手掌着力。两脚尖着力。

三尖照:头侧与手脚照,不可偏斜。

本势过气:猛栽猛起,气自旋入。

侧身栽轮阴阳侧旋图

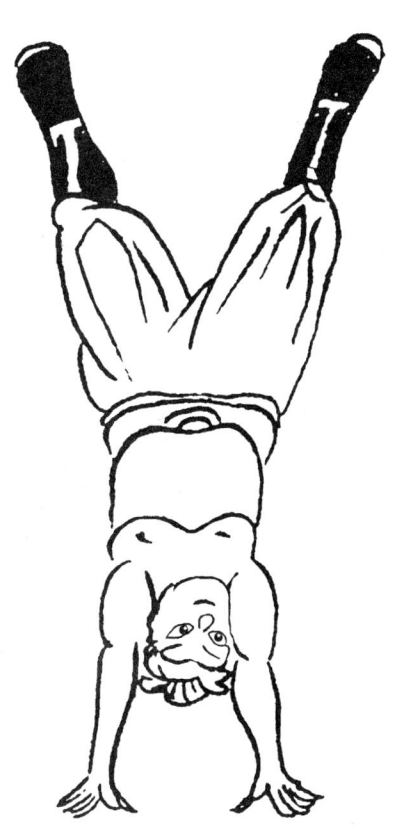

金猫捕鼠爪玲珑

接势过气。此抓抠捕按法。随上势，两手一抓，捕按于地，即将交盘，又两手抡旋，脚尖点擎，随势转圈。一起一伏，抡抓捕按，两手掌按地，头微侧仰。

本势点气：旋转伏捕，起入阴气，按入阳气。头气仰栽脑后，俯栽额颅。两手指尖勾按。两脚外楞着力。

三尖照：头照两腿交处。

本势过气：脚楞点送，起伏不滞。

旋转捕按起阴入阳图

卷之十一

拳法四

二十四大势拳谱

序

此拳童时耳闻，心常不忘，关切切如是。后观情形，正觉可爱，于焉趋慕者久之。嗣又得传本，倍加欣赏。但细细思之，气微不贯，身微不顺，理颇欠明，窍颇欠的，转茫乎靡所适从矣。再欲摹仿近似，而前卷已付丙丁。无奈，自出心裁，力开生面，虽当溽暑，挥汗如雨，弗顾也。乃草创甫就，旋经遗失，徒为扼腕耳。兹值四十六年十月之初，偶尔心闲，不数日而解数俱备，妙义环发，其力大，其功全，其诀真，其法活，既能大，又能小，既能小，又能大，大小不拘，浑然一气。然非专心学道之士，焉得获其万一？彼门外汉子，少见多怪，转笑其阔略而无用也，不亦难哉？

大清乾隆四十六年岁次辛丑十月朔庚午日记 种竹翁 五十七岁书

点 石

拳之命名，皆有取意。名下四句，俱有关合。后两录诗，内有元窍。学者苟能深思而得，启发无穷。必求一一注解，反落糟粕。自古诀贵口授，不载之于纸草，惟在字字领略，何如乎？

一吸便提，气气归脐。

一提便咽，水火相见。

二十四大势咏词

绝技闻来已有年,几番演习不周全。
中藏一打三条路,外括三门一道栓。
莫说猿猴无大势,竖成直兮横成圆。

目 录

单刀赴会	莲花转枝	大火烧天	顺手牵羊
二郎劈山	泰山压顶	蛇入雀巢	滚牌挨进
湘子扛篮	凤凰点头	双燕衔泥	白鹅亮翅
海底捞月	鹞子穿林	单鞭救主	泥里拔葱
白虎靠山	青龙探爪	返剑击石	庄周化蝶
野马分鬃	夜叉探海	月下追信	韦陀提杵

单刀赴会

大刀关公,万古英雄。

子敬设计,探虎穴中。

右阴手打他左腮,他棚,我右手一沉,左拳劈下,右手照肋一入。

莲花转枝

宛转青莲,气柔心绵。

举手攀援,节节绞缠。

他攀,我右手随他手一转,仍使阴拳打肋。

大火烧天

杨任学渊,道德真传。

五火扇子,光焰烛天。

他挑,我左掌将他左手往外一拨,转右手冲打他面。

顺手牵羊

触藩羝羊,牵则牧放。

退后一步,绳儿放长。

他搂,我左手拉他左手,使右手牵住他手脖往后一捞。

二郎劈山

杨氏二郎,白马长枪。

华山一劈,雷霆怎挡。

我右手一起,左手从下往他心坎上一冲,再使右拳劈下打手。

泰山压顶

北海超过，泰山移挪。

法力压下，降妖伏魔。

他右手来，我右手反抢，上左步，左手抓他右手，右拳盖打他顶心门。

蛇入雀巢

白蛇低头，疾如水流。

登巢食子，摆尾悠悠。

他左手架，我挪右手阴拳，伏身闪下打乳旁，再撒左手，横打其肚。

滚牌挨进

滚牌将军，扬风拨云。

侧肩而入，孤雁出群。

他拦，我左手仰抢，转上右步，仰右拳送打其心腹，要硬住肘心，再伸双拳一入。

湘子扛篮

毛篮等闲，拳头一般。

指法妙诀，掌握中间。

他按，我伸左掌心将他左中指尖一折，右手往下一压，他自跪在地下。

凤凰点头

五彩凤鸣，天下和平。

头儿点点，鼓簧吹笙。

起去仍打他面，他架，我使右中指根尖往下一点，如凤之点头。

双燕衔泥

元鸟翱翔，定巢画堂。
前者入户，后来栖梁。
他拦，我右手往外一开，左手入打其脐，他左手顾，我右手从后打其脊。

白鹅亮翅

山阴白鹅，右军爱它。
书罢笼去，翅儿婆娑。
我打他面，他架，我仰右手，将他左肘尖掇住，左手打他肋，他夹，我右手砍打其面。

海底捞月

海水无边，月落深渊。
一手捞起，仰面朝天。
他拨，我伏身闪下，使右手拿其左脚跟，往前一捞，彼即仰面跌倒。

鹞子穿林

飞隼出岑，智勇深沉。
铁膀一束，霜落彩禽。
他右手来，我右五指往上一撩，左手一插，伏身穿入，连膀齐进，右脚在前。即右手一格，左手打肋势。

单鞭救主

水磨钢鞭，玉柱擎天。
打落雄信，救主回还。
他按，我左手吃住他左手，抽右手劈打他手腕。左手右下一入，右手再一劈打，要疾快。

泥里拔葱

耳后生风，脚底翻空。
玉门拔槊，泥里抽葱。

他闪，我伏身，两手下抓其左脚脖子，往上一提，使之倒栽葱跌去，再伸右拳一入。

白虎靠山

豹眼睁圆，虎须倒悬。
张牙舞爪，靠山而眠。

他架，我右手一刷，纵起身子，上右步，使背靠打，身往后仰，两手指齐伸。

青龙探爪

小小青龙，埋头潜踪。
神爪探去，景阳鸣钟。

他推，我俯身弓脊，伸右手指，往上抽打其小腹，再使右脚往后一蹬更妙。

返剑击石

东吴石头，挡住汉刘。
背剑返击，双股齐抽。

他下顾，我右手返击其面，左手阴附前肘心上。他拦，我滚右手直撞其心，右脚复往后一蹬。

庄周化蝶

忆昔庄周，蝶梦悠悠。

飞来飞去，两翅不休。

他手拦，我右手在前，左手往前肘心上拍打其左肱，右边亦然。此是群法，不可小视。

野马分鬃

野马似龙，争驱入冲。
竹批双耳，直登三峰。

他挑，我两手往上一抡，从他下边双手一分，进右步，再上左步，两拳并冲其胲。

夜叉探海

海上夜叉，蓬松如麻。
下探绿水，茫茫无涯。

双手猛往下一丢，使之吃惊。再使左手按下，右手阴拳插打其小腹，使之力入地中。

月下追信

月夜光辉，韩信逃归。
萧相乘马，风追云飞。

他上打来，我双手阴拳往上一擢，再纵起前进，使伫势，撞打其心腹，内带追字步眼。

韦陀提杵

瞿昙仙方，指地成刚。
张奎着杵，命丧黄粱。

回头左手在前，右手在后，左脚在后，右脚在前，十字单鞭势。他照左手，即使右拳提打其肱。他照右手，即使左拳插打其小腹。

猿猴拳谱

猿猴拳歌

猿猴养性出洞中　跳天缩地如转蓬
仙人指路分左右　高公观星仰苍穹
直下东海擒龙子　苏秦背剑起长虹
抹额钟馗周前后　二换策脚摧罴熊
鹏搏万里遮日月　暗弩射雕显良工
抡爪飞舞人难顾　玉女捧盘震崆峒
跨虎登山九牛力　金鹅抱卵惊儿童
野马提铃双耳峻　翻身跳涧看果红
扫尽尘埃清根柢　倒插杨柳入花丛
闲来偷上人参树　火焰穿心谁敢攻
敬捧蟠桃献王母　六鹢退飞迥不同
二郎上到凌霄殿　铁牛耕地喜年丰
广寒宫里霜杵动　独占鳌头望海东
齐赴通天迷津渡　行者探路耳听风
八戒敛口藏怀内　蹑脚蹑手伏窝弓
五行山下一声响　嘴儿尖尖真悟空

猿猴养性出洞中

垂手并足而立,双脚微向前一纵,十指往下一搂,阴搁胸脯前。身弓头俯,再向上一分手,然后猛纵前去,两手指撮向头,肘尖向外,眼看缝中。

跳天缩地如转蓬

两手分摔,双脚猛纵起,连摔连纵,如此三次。将身一弓,十指屈抠握腹上,头要俯。

仙人指路分左右

横向左边一跳,双手挽一花儿,落下步眼。左五指前出,后五指亦阴附于左肘心间,再搂两搂抓面,向右边去。

高公观星仰苍穹

横颠一步,入中长起身子,左手竖起,五指勾向下,右手五指勾向下,对心坎。脚尖立地,两目仰视。

直下东海擒龙子

落下身子,向右边颠一小步,左脚尖点地。右手伸开,左手随之,阴势下向裆内入去,以打他小便或抓外肾。

苏秦背剑起长虹

左右手一扭分开,作一跨虎势。右脚一跳立地,左脚前伸,尖勾向上。右手阴指抠搁于天平,左手仰指抠贴于左胯边,如负剑者。

抹额钟馗周前后

左脚落地，右脚提起前进，右脚前，左脚后，顺势搂抓其面。再转身子，左手前搂，右手爬下。左脚在前，往后一颠，左手拳回，贴左乳边，右手指勾作高探马势。

二换策脚摧罴熊

高探马势闪一门户，他若照我右手，我右手一撂，右脚往裆一踢诳去，然后飞起左脚着小腹蹼入。

鹏搏万里遮日月

右脚落地，左脚亦降，身子往前一进，作长势。左手伸起五指勾向下，右手拳曲搁抚心坎上，眼往前看，再一退。左边亦如之。

暗弩射雕显良工

左手在前，右手在后，向他左边肋内一入，遂上右步，右拳顺左手脉槽中一出，撞打肋窝，疾不可防。

抡爪飞舞人难顾

一拳打到，他若拦时，我左手不动，右手绕圜，侧身退步抡爪，以右指尖肚抓其面，点其手脖，真是飞舞而难顾者。

玉女捧盘震崆峒

回来左膀在前，侧身进去，两手阴勾，十指合搂两三圈。左脚跺地，右手掌开，左手掌往上一迎，作捧盘势，要与脚震齐响。

跨虎登山九牛力

拳起右脚，左脚立地，右手掌展开，往右胯边尽力一刷，右脚猛力一蹬跺腿。转左边亦然。再转右边朝后一刷一蹬，非九牛之力而何。

金鹅抱卵惊儿童

他下顾脚，头必一栽，我使右拳仰打其面。他拦，我左手往下一搬，右拳再往胸脯打入。如天鹅之放卵，惊杀儿童不小。

野马提铃双耳峻

他正势来顾，我双手从下一绕，步眼挪到他身外左边去，十指勾提，竖于右耳边，如野马提铃而双耳竹批之峻者。

翻身跳涧看果红

他入左手下打，我双阴手往下一落拍在前肱上。下带右脚一踢，再一跳，使左胯一撞，蹲一小势，右脚尖前颠。侧仰右身，两手勾曲，抱头仰看。

扫尽尘埃清根柢

他从右边来打，我右手自内往外一挽，右步跟一小步，左手再一搂，从左胯边搂向外，使左脚往前一扫，扫他右脚跟，仰面倒去。

倒插杨柳入花丛

我翻身背立，他照后边打来。我倒回左脚，左手翻起一仰，上右步前跟，他照左手，我右拳从下一提，打他麻肘儿。

闲来偷上人参树

回一寸步，右手搁在胸前，左手曲擎左鬓边，作一闲势。他右手来入，我右手一领，践起左脚，使左手纵身抓他左目。

火焰穿心谁敢攻

他照我左手，我左手回来一搂，抽左步，换右步，使右拳打他心坎。此系半势，最难学者，盖气一断绝则不联了。

敬捧蟠桃献王母

右手往后一抽，蹲成小势。他来打，我双手回搁心坎，张开十指，擒住虾蟆肚，纵起往前一捉。

六鹢退飞迥不同

他若闪过我身外右边，或我故纵过他身右边，用左手往后一指，左脚照他左腿肚尽力一蹬。

二郎上到凌霄殿

趁势飞起我右脚，跟住他臀尖蹬空而上，再使双手顺腿往后一搂，如二郎之直上凌霄殿然。

铁牛耕地喜年丰

我右脚飞起，背后空虚。有人偷来打者，不管是谁，两手顺腿往下一按，右脚尖着地犁去，或脚面或脚指甲，掀翻跌栽。

广寒宫里霜杵动

我脚朝后犁去,他腰一弯,头一拾。我右手翻身抓住他左手,践纵上左步,使左肘曲搠捣下。

独占鳌头望海东

右脚后退一步,左腿盘膝横搁于右膝上,左指勾抱小腹,右手勾指曲擎右耳边。他来,我放左脚尖踢回。

齐赴通天迷津渡

他顾左脚,我趁势左脚落地,右脚飞起,使旋风策脚裹打他耳门关,再回脚挂面一踢,倒去。

行者探路耳听风

右脚平落,左脚颠擎,脚尖点地。左手勾指,顺挨裆中,右手勾指提于右胯边,作听风探路状。

八戒敛口藏怀内

他劈面右手打来,我腰往左一扭,左手往左一走,右手一邀,五指勾朝怀内,露出眼来,十字步法。

蹑脚蹑手伏窝弓

他打来,我右脚往前一踢,右手背往我脚面上一摔。回头左脚蹟踢,左手顺腿一撩,气着脚尖上最毒。

五行山下一声响

他顾，我纵右步前上。使右拳撞打他小腹，回头右拳从下冲起，使金刚捣碓势一跺，如五行山崩者。

嘴儿尖尖真悟空

左右手交叉攀搂三次，往后一退。左脚收颠，右脚着地，右手曲擎右额角，左手将口一摸，呈雷公鸡嘴尖势收住。

大罗汉拳谱
（第一种）

大罗汉拳歌

十八罗汉参禅堂
金刚捣碓震八方　　玉女捧盘朝上苍
火焰钻心猿猴忙　　二龙戏珠左右翔
刷袖子一脚踢裆　　二郎担山赶太阳
掩住手势破胸膛　　拗步势戏水鸳鸯
掇肘尖救母陈香　　夺巢窝丹山凤凰
作飞柏换柱抽梁　　李存孝蹬塌楼墙
鹞子抓肩任徜徉　　佛顶珠藏露明光
军青护膝白鹤亮　　如雷声五虎群羊
退步儿金鸡撒膀　　拉七星剑锋难当

十八罗汉参禅堂
金刚捣碓震八方

右拳仰手照左手心中一打，右脚跺地，要脚手相应，较次脚用力微轻，然起势，右手先一撩，次插左手，右手顺左手腕冲打鼻，右脚踢裆。

玉女捧盘朝上苍

左仰手照右手心一迎，左脚跺地，较前脚甚重。回身使右拳仰挂，左手一攀，右手冲打其面。

火焰钻心猿猴忙

左手一挑，右手阳，伏身掏打心坎，微进右步。

二龙戏珠左右翔

左手阴拳一横，平打心坎，右手一曲，拦于左乳，右手往后回打，左手亦如之。步法：后脚随前，前脚随后，蹲身小势。

刷袖子一脚踢裆

左手一扳，右手一栽，右脚踢二起，撩裆跌去。左手一扳，顺步右手一栽，上右步直身而立，然后踢二起脚。

二郎担山赶太阳

平落身子，两手阴拳展开单鞭势，直入胁窝，要带侭法，再接抡三拳，然后接下势，气方圆满。

掩住手劈破胸膛

右手一扳，上右步，跟左步，左手按住右手，右手掩打胸脯，然须先抡三拳，后上掩手，觉圆满些。

拗步势戏水鸳鸯

云顶，回身斜行。右脚前，左脚后，十字单鞭势，入胸打乳头。他拦，我左手抓住他左手脖。

掇肘尖救母陈香

右手旋，打右肘尖，左手旋打面，上左步，再上右步，蹲身势，打其手脖。

夺巢窝丹山凤凰

闪出面来，他右手打，我右手在下一挑，左手下插，右手一仰，上冲打口鼻，要欠起些身子来，拳是大指肚摄食指甲，盖上一节顶冲。

作飞拍换柱抽梁

右手一扳，拳回再一扳，上右步，使右手一爬，反仰手冲打其面，拳要直伸，方是真诀。头扳阴手打胯，二扳阳手打手腕儿。

李存孝蹬塌楼墙

我右手伸直，他来打下边，我右手一刷，纵起身子使右脚踢他左腿，左右拳一撕，右拳刷打拦马。

鹞子抓肩任徜徉

纵起，上左步，双手抓住左肩，往后一坐，使之栽倒。

佛顶珠藏露明光

左手摔扳，右手劈下，长起身子，左拳贴左耳，往上一冲打面。左拳往下一摔，打右手。横拳往左一抡，打耳腮。

军青护膝白鹅亮

右脚一悬，右手掌贴胯，往下猛力一刷，左手掌往上一亮，再一转身，左跨虎，方接下势。

如雷声五虎群羊

右手打左手心，左脚转身往下一跺，两手合抱胸怀，他来打，我双手往头上一分，上右步双拳从他额下冲起，后脚往前一蹬，跌出。

退步儿金鸡撒膀

双手往下一刷，飞起左脚，撩裆踢之。

拉七星剑锋难当

双手一掩。一掩，左脚颠立，右脚踏地，两拳交叉，搁于膝上，他若来，我使小二起脚踢他臁骨。落地上，使双掌推他膀肩，使之仰面跌去。

诗曰：
　　二九一八原无多，一波未平又一波。
　　层层次次神变化，练成人间一大罗。

白虎拳诀

曾啸六合应金精　　负隅旷野莫敢撄

铁材猝遇熊罴士　　左顾右盼洵有情
一飞冲天流羽翼　　几度登山听风声
穿巢直入虎穴内　　玉环鸳鸯虎子倾
急急麋鹿衔花走　　怒捕猿猴不转睛
出林过岭掀石壁　　翻江搅海舞长鲸
藏牙露爪千人惧　　剪尾退洞百兽惊
力趓群羊柔毛死　　插翅跳涧气纵横
目视眈眈欲逐逐　　何年沧州更留名

黑虎拳诀

猛虎翻身电目睁　　利爪推倒穴外峰
转身复回三山上　　双足连环两不停
拨云望月观故里　　步步登高上天庭
仙人指路云端里　　蟾宫折桂上九重
仰面托梁把柱换　　伏首盘桓依孤松
猛虎翻身烈风起　　摆动杨柳似箫声
侧耳听风一转瞬　　飞燕翻身入怀中
背靠岸下发其哨　　饿虎捕食急如风
老僧倒坐山门外　　忽听炮打襄阳城
庙内童子来拜佛　　飞虎跳涧已腾空
玉女捧盘连环步　　十字端立在门中
更有岑彭来献刀　　拨动路草长蛇惊

拳法五

四十八法
四十八字拳中要握

目　　录

知己而扶晓　一动而千化
变用而格直　通道而飞走
脑下而非等　赶随而合勇
开门而进破　进门而抓吃
一动而百进　稳稳哉
高亮而明登　低打而难破
入户而难走　抓抓也
格格然　　　破破晓
隔隔愁　　　破破犊

知己而扶晓　我之意唯自知道，人未动手之先，我预知之。
一动而千化　我身一动，滑快无比。我身一动，千变万化，无穷无尽。
变用而格直　可用之时必当使上，一怒而更加使力。
通道而飞走　通其道路，破破，走走，比比。见其手足有空，如飞而进。
脑下而非等　手如片，脑其头而按之于地，将手一抖，等他再来，可用勾手。
赶随而合勇
开门而进破　他开我手，我仍破了打他，加上功夫，如石一般。

进门而抓吃	他进我门，便一抓抓住将他丢过。须用身法，变用方能抓之。
一动而百进	一出手祯顺左右，有百般打法。奸与滑三战俱在一动之内。
稳稳哉	稳者，闭眼动心也。我不动手，你也不能打我，我者大战小战俱在。
高亮而明登	
低打而难破	
入户而难走	见手一颇，将他丢倒，加五行之勇气。
抓抓也	不拘左右手。
格格然	
破破晓	
隔隔愁	兄使一二三破也。
破破犊	

第一势　知字功夫

前手虎口与鼻平，后手曲与口平，左有三挤步，右有三挤步，气有三佷，两肩提起扣着，莫要沉肩，以后仿此。

知字打手

中路打手，右手抓他左股虾腹。他右手打来，将己之左手翻为阴手开之，他若右进，将右手翻为阳手劈之。中路打手，随机应变。

知字

知字
左右
跑步

第二势　己字功夫

前阴手抓落于丹田，后阳手挨于胯边，以直步而进，挤后脚抓于前脚中心。

己字打手

他左手来，我长身，左手搭他手膊，后沉之，右手不拘。他若右手从上来，我左手一棚而敌之，右手不拘。他或以左手或以右手入，我抓沉而进之，打手不拘。

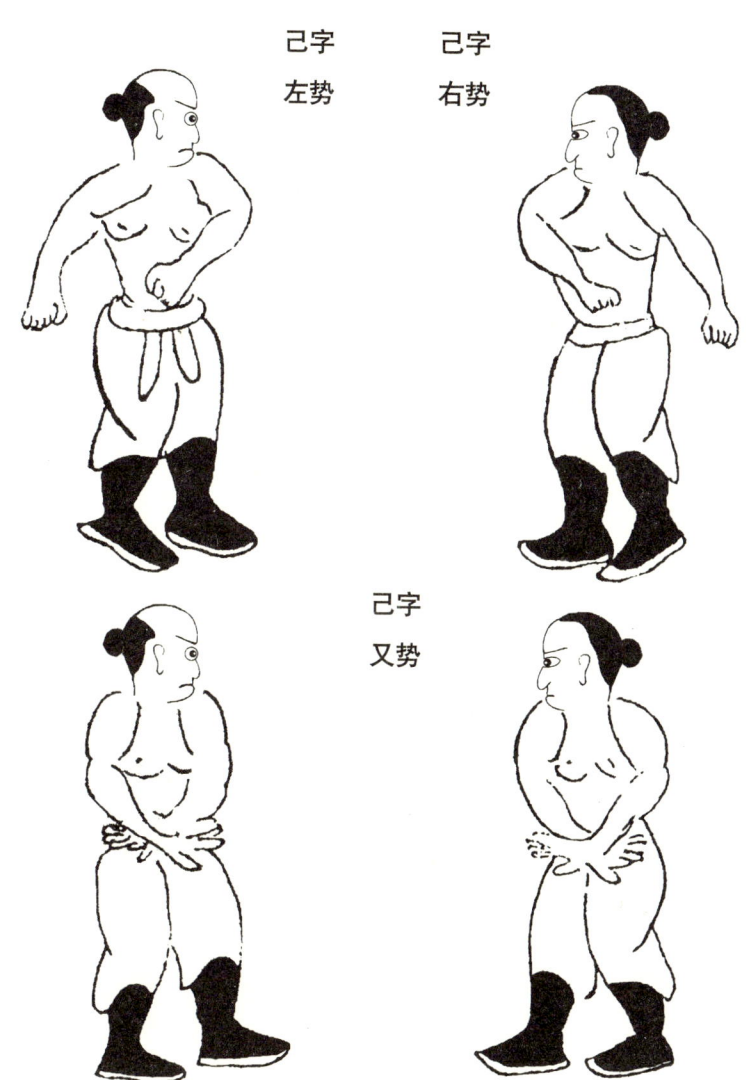

己字左势　　己字右势

己字又势

第三势　而字功夫

前手曲与膀平,后手粘于乳下,而虎口与前手大指、食指相对,其力在后手,粘于乳下。

而字打手

中路打手,右手披面一掌,可有勾手,左手以胸平而发出。左进,我右手发起,他若来格,用右手一勾,左阳手从他右肋打出。右进,他右手一棚,我左手一邀,左手阳于颈下,任意打之。

而字

第四势 扶字功夫

两手双起,而后手与前肘相对,其足前平后仄。

扶字打手

中路,双手一起,往下一缩,双手打出。左进,他右手一来,我左手一格,右手打出。右有三提,两边提,一棚抡,打出可也。

扶字

第五势　晓字功夫

前阳手曲与膀平，两拳与咽喉相对，后手曲与后乳相对。

晓字打手

中路，双手俱是阴手，阴手双出。有捉手者，缩身落为阳手。左进，以左肘顶棚，右阳手发出。右进，遇大力者右手托他左膀，左手在上，栽拳而进。

晓字

晓字
又势

第六势　一字功夫

前手阴而举于头上，后手粘于胯边，而大指与胯相对。

一字打手

中路，左阴手在前，将后手向上一提，前手发为阴手。右进，将左手一搂，或沉或扒，右手发出。右进，将左手翻为驼，挤步，上于他左边，右手发为阳手，打手不拘。

一字
左势

一字
右势

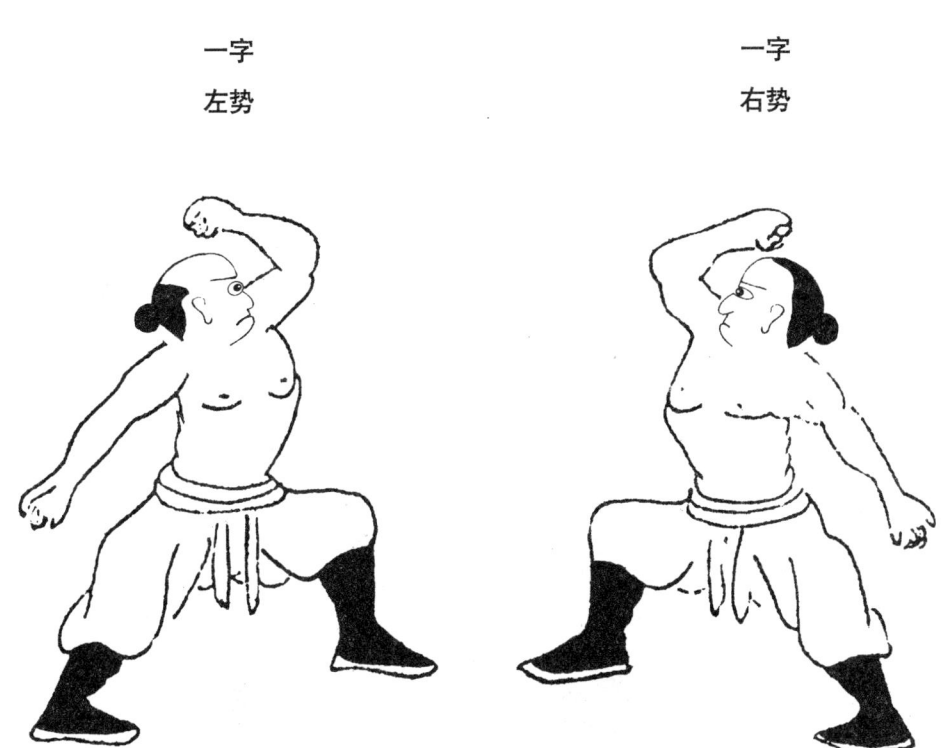

第七势　动字功夫

双手双重，而大指皆对于胯，八字步站立，眼往前视，其功为沉。

动字打手

沉，翻为驼而进，他从右来，将前脚一挪，双手翻为阳手，而即使阴手上右步，右手往上一棚而进之。

动字

第八势　而字功夫

步与动相对，两肘皆曲，肘心对于天，两手阳驼。

而字打手

中路，迎门而进，右手斧劈。左来以驼而进，右手中劈。右进右腿在前，左手在前，不拘阴阳手，右手脑起以劈而进，俱是闲足步。

而字

第九势 千字功夫

两手皆阴,顺手横胸,两肘前后皆直。

千字打手

中路,左手在前为阴手,右手从上向下一打,以为晃手,右手不动,将身一缩,左手一展而打出。左手先发,他右手一拦,我将身一颇,颇在左边,右手犯他右手上沉下,右手横打其面。其右路左手一领上步,右手发出,他若左手一架,我将右手一沉,左手横打他面。

千字

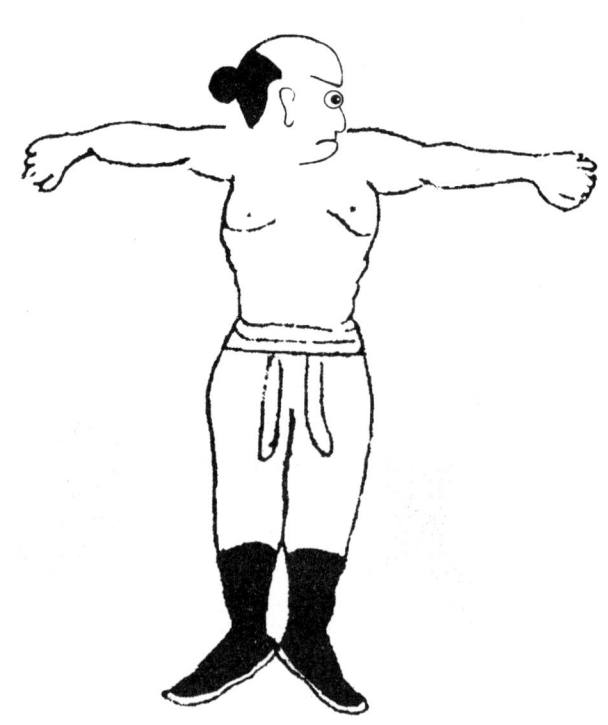

第十势　化字功夫

缩身颠脚，前仄后平，左腿在前，右手与左膝相对，大指向里，左右相同。

化字打手

中路，右手左腿在前，左手抱于左胯边，右阴手一崩发出，左手顺肋下栽膀发为阳手。左进，左手仍抱于左胯边，他以左来，我以阳拳发出，左手亦阳手顺膀发出，俱是挤步。右进，右手亦翻为阳以敌而进，左手顺膀发出。

化字

第十一势　变字功夫

缩身，前足仄，后足平，前肘按于膝，后手飘于胯边。

变字打手

中路，他左手一来，我左阴拳敌他，他手一动，我手变为阳，一直发出，右手不拘高低，攒拳发出。左进，他右手一来，我左手一崩而进之，右手不拘。右进，左右手俱是从上直劈而进。

变字

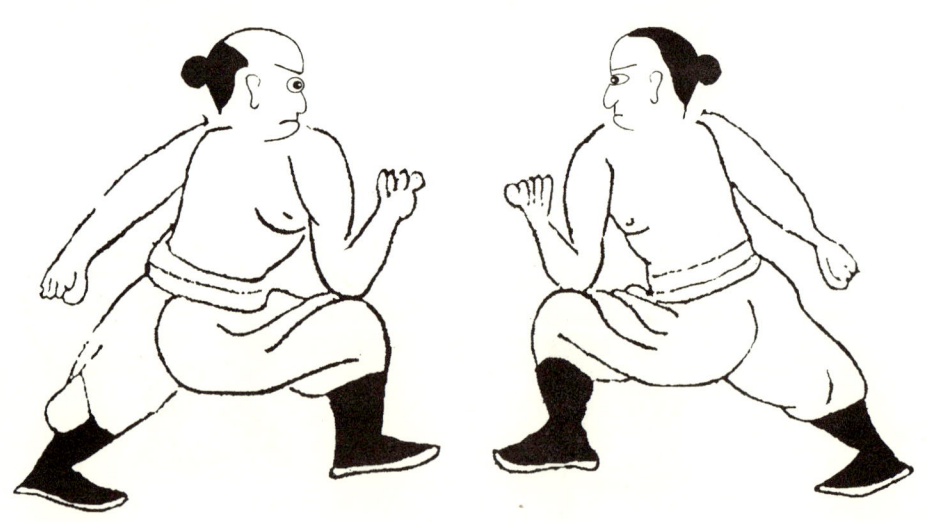

第十二势　用字功夫

前肘横，而肘下对于口下，拳心对于额，前足平，后足仄。

用字打手

中路，他左手一来，我左手一拨，右手发出，他将手一动，我左手按于他面上，右手抓他左肘心。左进，他右手一来，我左手顶崩而进，双立拳发出。右进，他右来，我将右阳手一邀，沉手，左拳阳手发出。

用字

第十三势　而字功夫

缩身横立，外足平，内足仄，外肘心与头相对，而内手心与肘相对，眼向内视。

而字打手

中路，他左手一来，我右阴手一探，我左手虎口贴于右肘心前翻打，大拇指向下，束身一直而进。左进，他左来，我双手崩出，左手在上，右手在下，仄膀埋头而进。他右来，我将身一跳，双抓而进，他将手一拿，我起左手抓他脑后，右手按他鼻上。

而字

第十四势　格字功夫

格字步眼与而字步眼相同，立为横身，两肘皆曲，两手心对天。

格字打手

中路，他左右手来，我硬崩而进，以为驼劲。他左手来，我将左手一搂，右手不拘而发出；他右手来，我右手一顾，左手不拘而发出。右进，他左手一来，我左手扒于他左手肘，将身一颇，颇在后边，打法随便。

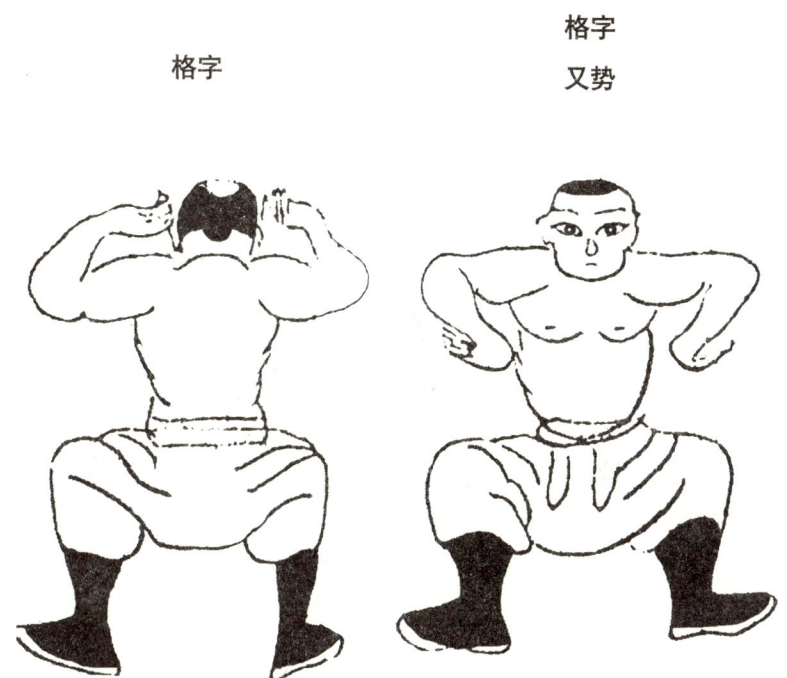

格字　　　　　　格字又势

第十五势　直字功夫

步眼与动字相同，两肘皆曲，两手背与目平。

变　势

前手与鼻平，后手与咽喉相对，跑势。

直字打手

直字，和以直而进之，顺脚横胸，手一上一下，不拘左右，落为点气，他若翻手从上来，以棚而进，永不变势。

直字

直字
又势

第十六势　通字功夫

前阳手起高，其肘心与额角相对，左手抱胸前，左右相对，俱是小势。

通字打手

中路，俱是立手，右手一搂，落为沉手，左手发出。左进，他右手一来，我将身往后一闪，双手扒他右膀，挤步送之。右进，他左手一来，我以马腰势，双手一撮，往前一领，往后一送，方能丢倒。

通字

第十七势　道字功夫

左足仄，右足平，左手与心口相对，右手腕于乳下，掌心向外，亦是小身法。

道字打手

中路，前阴手一沉，后阳手往上一提，他右手若动，我将左手翻为阳手，挤步进之。左进，我身一颇，颇在他身后，将左手一沉，右手打出。右进，不拘他左右手来，我将手一分，落于他咽喉，俱是阳手。

道字

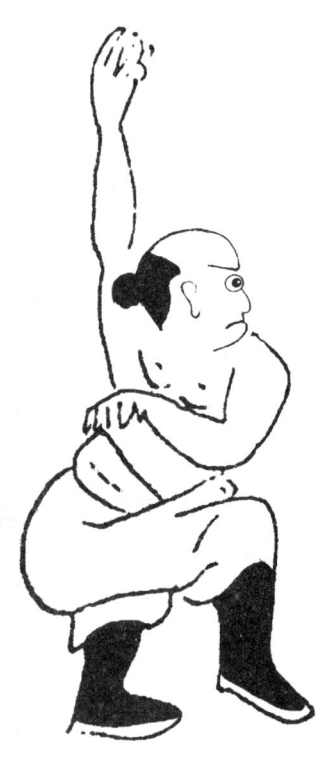

第十八势　而字功夫

左手起于额上，右手飘于胯下，前足平，后足仄，跑势，两手心向外。

而字打手

他左手来，我右阳手挤他，左阳手发出。他右手来，我左阳手挤他，右阴手发出。

而字

而字
又势

第十九势　飞字功夫

前手托直，后手曲于口平，而与手头脚跟俱对，亦是小势。

变　势

前手托直与额平，后手捧于乳下，前足仄，后足平。

飞字打手

他若将我领子撮住，我左手按他右手于我胸，我右手右腿在前，我右手在他左膀外边，他若打我，我将面背过，他右手在前，我右手在前，他左手在前，我左手在前，俱是与他相顺。

飞字　　　　　　　　　飞字又势

飞字又势

第二十势　走字功夫

左腿在前，右手照额，左右十字相对，俱是小势。

走字打手

十字撩阴脚，他右手一来，我左手拦拨，用脚踢之。左右打同。

走字

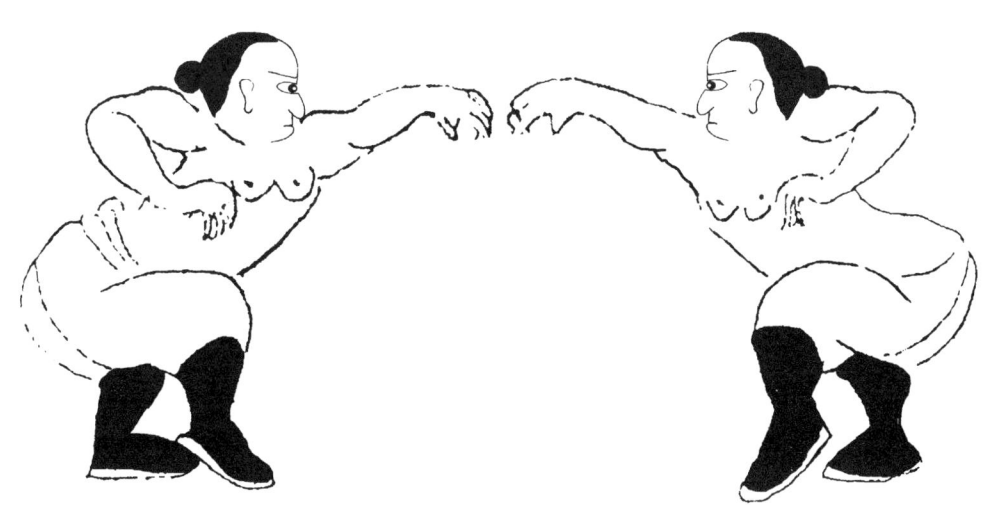

第二十一势　脑字功夫

挤步上左脚，左手在前，顺势，左手右足在前，而左手前发，左有催气，右有催气，以上俱阳手。以反为阴手，挤步双挡，可有勾步，步眼与动字相同。

脑字打手

中路，他左手来，我右手一搂，左手打出。他右手一来，我左手一搂，右手打出。左进，将身一缩，藏头仄膀，双手打出，他若拦我手，我身往右一闪，抖而进之。右进，藏头仄膀，我右手将他右手一拨，我左手打他小腹。

脑字　　　　　　　　　　脑字又势

第二十二势　下字功夫

以阳手双丢横胁胸,丢为阴手,横者连足带手一变为顺手,前手硬,颠与中,阴手与鼻尖相对。

下字打手

中打,横胸横脚,他右手来,我左脚踢。左手来,我右脚踢。他左手来,我右手抓,将我身跳在他身外。他右手来,我左手抓,我身跳在他身外,打手随便。

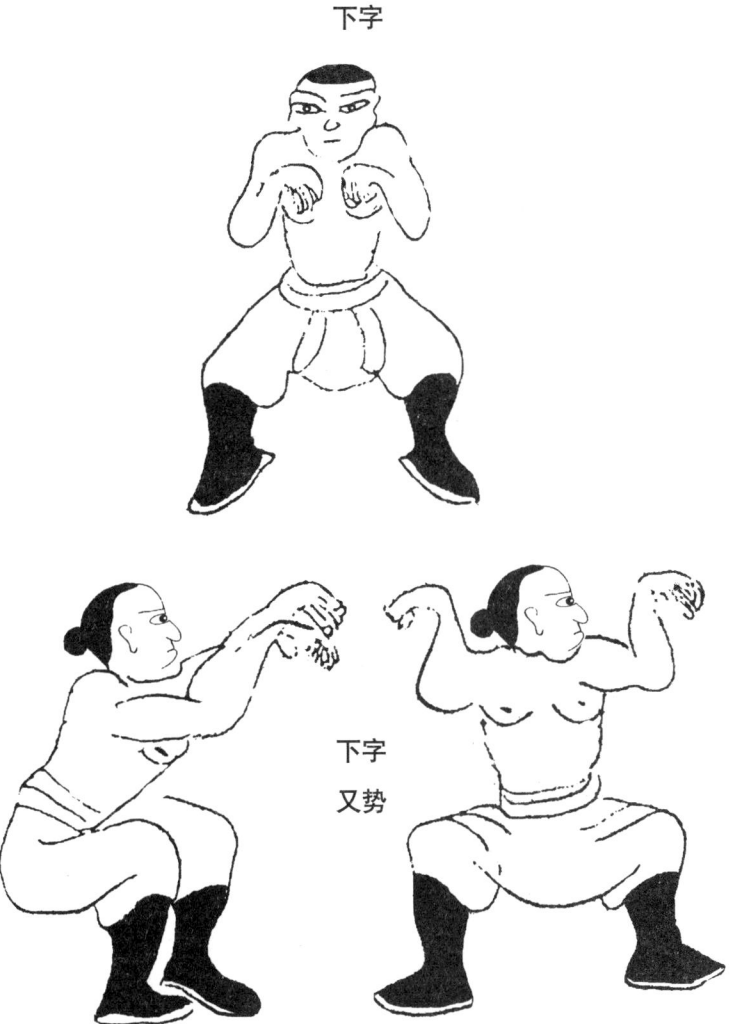

下字

下字
又势

第二十三势　而字功夫

后脚横践一步，内有三挤步，前脚倒践，回来仍有三挤步，缩身三抹，两肘夹于两胁，俱是阳手。

而字打手

我将左手扳出，他手棚，我手以驼劲沉之，右阳手发于他咽喉。我右手抓于他肘心，左阳手翻为阴手，落在他目上。他若右手搂住我左手，我一按而出。

而字

而字又势

第二十四势　非字功夫

阴手变为背阳手，脚步身法与而字相同。

非字打手

背阳手一插而进，虎口在他咽喉，右手落于他胸下，他若右手来，我左手一扒，将身一颇，颇在他身后，右手横打，手心朝后。他若从右边来，我右手一扒，左手横打。

非字

第二十五势　等字功夫

横胸左手与项平，横出为阴手，右手放于左肩下，亦是阴手，前足仄，后足平。

等字打手

他左手来，我左手抓；他右手来，我右手抓；他两手来，我十字加肘劲，挤步一棚而跌之。他若右手一打，我将右手一掠，右腿一上，右手落在他额上，左手落在他后腰，右手一按而跌之。他若左手一打，我将左手一掠，挤步，左腿在前，左手落于额上，右手落于他后腰，左手一按而跌之。

等字　　　　　　　　　　　等字又势

第二十六势　赶字功夫

两手与胁相对，分阴阳手，左脚仄，右脚平。

赶字打手

中打，左手阳沉，右阳拳冲出，左手与右脚在前。他若左打，左手一棚，右手反膀而出，步眼与中路打同。右来右手阳拳格住，左亦阳拳发出。他若反手，双手翻为阴，以为沉，挤步双手推出。

赶字

第二十七势　随字功夫

左手置于心窟平，右手置于胁下，俱系阴手，步眼与脑字相同。

变　势

前阳手曲与眉平，后阴手曲与口平，前足平，后足仄。

随字打手

中路打手，他右手来，我左手在上，右手在下，以滚而进，挤步小势。左手来，我右手在上，左手在下，以滚而进。左进，他右手一打，我将双手一抖，他若反手，我将手一搜，落小势，双手阳出。右进，他左手一来，我双手一顶，合手而出。

随字

随字
又势

第二十八势　而字功夫

前阴手曲与鼻平，后阳捶与前肘尖相对，前脚平，后脚仄，直身。

而字打手

中打，他左手一发，我左手一低，加上沉力小势，以侭而发出。他右手打，我将左翻为阳手，一顶而发出。左打，他若左上，我左手抖，右脚一上，右肘发出。右打，他左手来，我左手一掠，右腿一上，上在他左后边，右手扳于他额上，按之于地。

而字

第二十九势　合字功夫

前阳手曲与鼻平，后手飘于胯下，前足平，后足仄。

变　势

前掌心与眼应，后手飘于胯下，前足平，后足仄。

合字打手

中打，两手右阴左阳相对，抱为顺势，加上肘力一棚而出，遇力大者，将左手一拨，右手托他肘尖送出，左手打手不拘。左进，他从左来，将右手右腿一上而冲进。右进，他从右来，双手一领，将步一挤，右肘横打。

合字

第三十势　勇字功夫

前阴手托直高扬，后手飘于胯下，前足仄，后足平。

勇字打手

中打，他以右手来，我左阳手插上。他以左手来，我右手插上，左手一搂而出，我劈面扬手打去。他若格我，我以沉而进，左手按于他面上。他右手来，我右手一邀。他左手来，我左手格。左手打法不拘，十字步眼。

勇字

第三十一势　开字功夫

双阴手与肩平,足前仄后平,身系小势。

开字打手

中路,我右手打他,他左手一棚,我右手一沉,左手发出,挤步,两手俱阴,左右手相同。他以左进,我将两手一阴一阳棚起,双拳按出。他若右进,我两手双开他手,双手按出。他若左手将我双手拦住,我双脚一跳,双拳劈打,落为小势。他若右手拦,我打手相同。

开字

开字又势

第三十二势　门字功夫

前手托直，掌心向外，后手与前手膀根对，足前仄后平。

门字打手

他若左手来，我以右腿右手在前，双手抱于膝前，左阴右阳，我以右阳拳起去，以开他左手，以我左手十字发出，亦是阳手。他若右手来，我以左手左腿在前，我以左阳手开他右手，我右手阴拳发出，亦是阴拳十字发出。

门字

第三十三势　而字功夫

前阳手曲与口平，后手曲与乳平，足前平后仄。

而字打手

两手放于两肋边，他左手一来，我右手一拦，左脚一踢。他右手一来，我左手一拦，右脚一踢。他两手一犯，我两手皆为驼，驼又翻为沉，沉以为挤步小势。

而字

第三十四势　进字功夫

两阳手曲与咽喉平，手累手，肘累肘，足前平后仄，跑势。

进字打手

左腿左手在前，以左阳拳发出，右手撇下，上边有手，右手一撇而起，左手以直而发出，起去仍与头一势相同。这把和的名色，能打千百家杂拳，不拘哪一门。

进字

第三十五势　破字功夫

两合手托直与口平，前足平，后足仄。

破字打手

左阳拳，右阴拳。我左拳打他，不拘他左右手敌我左手，我这手和我这腿将我这功夫练在一处，如石一般，他或左或右来，我这一只左手，上下左右都能敌他。右手打法不拘，俱是挤步而进。

破字

第三十六势　进字功夫

右手高举，左手放于右乳，足左平右仄。

变　势

右手高举，掌心向上，左手曲与膀平，足前仄后平。

进字打手

他左来，我右手拦住，左手按他面上。他右手从下来格我，我左手一沉，右手按他面上。他右手拦我右手，我手往后一带，左手发在他胸上。此手打人看一个高低粗细胖大，彼人高大，我扳他手，他将我手挑起，虽然勾挂不离，左手长身发出。遇矮人胖大，我手拦他手，他将我手挑起，随劲而跳起，双手抓在他顶上，一手携他发，一手按住他额，方能将他丢下。

进字

第三十七势　门字功夫

右手托直，左手曲与乳平，足前平后仄。

变　势

右手曲与膀平，左手与胯弯对，足前仄后平，跑势。

门字打手

他左手一来，我右手一推而抓之。他右手再来，我左手抓住，将膀力、颈力一齐使上顶势，又栽膀打出。他以左手来，我以右手抓他，横顺左右一齐抓他。左右一势。

门字

第三十八势 而字功夫

右手高扬,左手斜与膝应,大步眼,前平后仄。

变 势

发手背,为阳手,胸向前,驰足,前平后仄。

而字打手

前脚直,后脚横,身向后曳,右手在上,右腿在前,左手在于领下,横胸不拘。他左右手来,一扒到底,不拘软硬手法,左右闪法,钩挂手法,一齐打他。

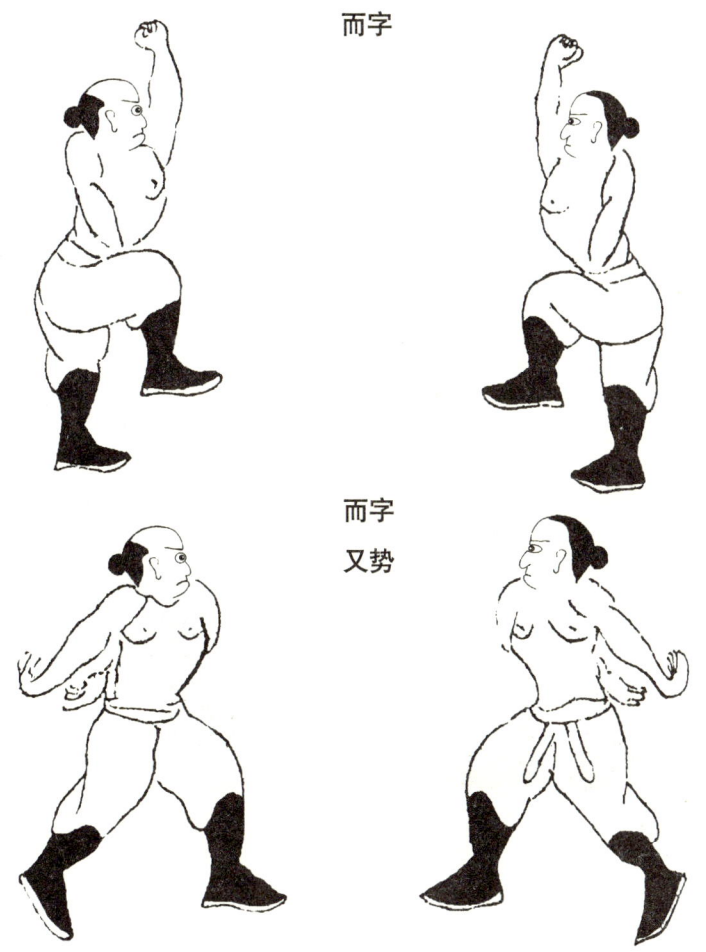

而字

而字
又势

第三十九势　抓字功夫

缩身小势，左手与右膝相对，大指向里，左右相同。足前平后仄。

抓字打手

抓是知字步样。我左手左腿在前，我右手背于后，左膀向前射他。我若扳手，他来搂我，我将身一缩，低膀尖顶棚他心。有搂手，并不能搂我身，以我之功夫控他。

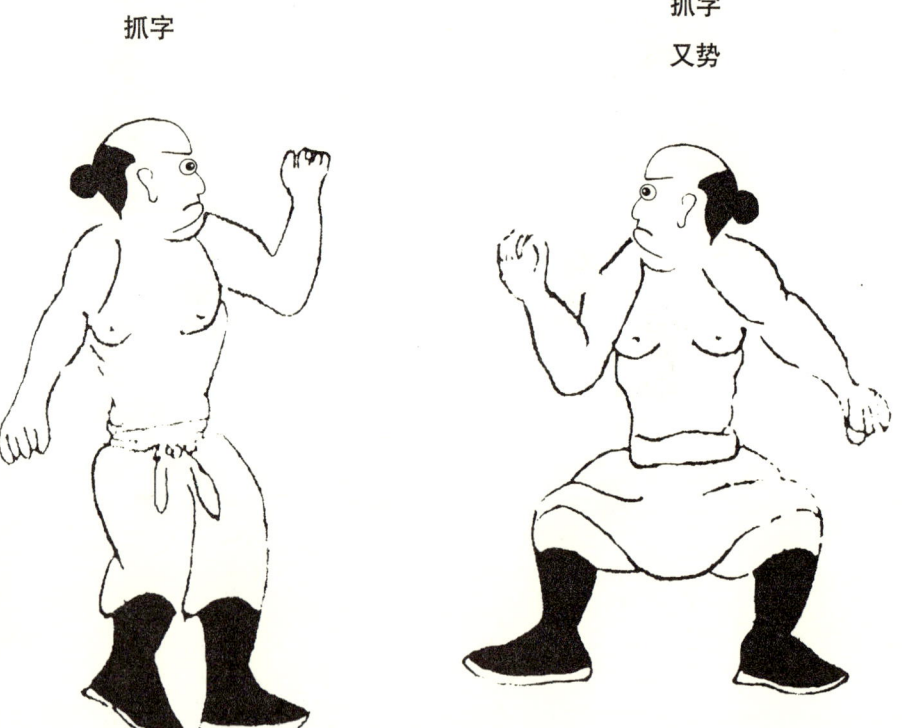

抓字

抓字又势

第四十势　吃字功夫

右手曲与膀平，后手飘于胯边，步眼与动字同。

变　势

左手曲与喉平，后手飘于胯下，足前平后仄。

吃字打手

左手、左腿在前，双阴手发出。他若左手棚我，我双手劈，挤步而进。他用右手打我，我右手翻上，亦挤步而进。遇大力者，将我左手一回，以为避身，将我右手发出，左右当避就避，避法相同。

吃字

第四十一势　一字功夫

右手高扬，与头顶相对，后手落于胯边，足势前平后仄。

变　势

左手与左膝相对，前足仄，后足平，右手飘于胯下。

一字

第四十二势　动字功夫

右阳手曲与额平，左阳手落于胯边，足前平后仄。

动字

第四十三势　而字功夫

前手曲与膀平，后手与胸平，足前平后仄。

而字

第四十四势　百字功夫

左手与左膝相对，右手曲与耳平，足前仄后平。

百字

第四十五势　进字功夫

右手曲与耳平，左手藏于胯边，右足平，左足仄，身势斜样，面向后。

进字

第四十六势　千敌滑战

步眼十字势

左手、左腿在前，他左打我，我左避遮；右打我，我右避遮；他脚踢，我拳落，我步眼俱照着他裆。他上我退，便为滑战。

第四十七势　奸　战

左手在前，身是直身，脚是顺脚，前手直，后手抱于后肋边。他若右手上来打我，我将右腿一剪，我右手一发，照他面上打他一拳，他若棚我右手，将身一颇，我左手还照住他面。

第四十八势　急奸战滑战

或使奸战，或使滑战，他打我无处躲藏，将我急战韬去，将身一束，不拘左腿、右腿在前，将两手抱于脐下，俱是阳手。他若右手在前，我落为左势；他若左手在前，我落为右势。我左势起左手，右势起右手。左手起去，右手、右腿一齐发出。右手起去，左腿、左手一齐发出，驼之手法。

拳法六

字拳谱

序

　　虎牢张八,年三十,学艺刀枪剑戟,靡有不精。其神拳二十九势,世无知者。嗟呼!人知之未必果高,而高者不求人知,且惟恐人知。即间有知者,亦无异于不知也。余成童嗜武,读书之暇,他务未遑,专以舞蹈为乐。虽先兄屡训,私爱终难自割。徒以传授无门,东支西吾,劳而罔功,深愧无成。后十年,遇河南府洛阳县阎圣道指点一二,颇觉进益。又数年,得《字拳》四十法,臆续三十二件,积为七十二则。但繁多莫记,乃约归二十四,命以名,示以窍,使学者便于服习。然恐胶柱鼓瑟,苦其拘执不化。兹于冬日清闲,就二十四而扩充之,每一分而为八,共合一百九十二。纵横奇变,于此毕具。世有知者,不见可喜,假令湮没,终身亦所不怨也夫!

乾隆四十二年岁次丁酉辛亥月辛酉日未时书

二十四字论

阴阳字之祖,应为气之先。
阳者耸乎上,其势不可攀。
阴者伏乎下,如云之覆山。
莫作呼吸论,只以升降言。
承者承乎上,停者气不偏。
擎者不可动,沉者气下攒。
开倪如荡舟,入者如水淹。
倪者多回转,崩势炮飞烟。
创倪势猛勇,劈倪如刀砍。
牵势似牵绳,推势如推山。
敌者直不屈,吃势似运钳。
粘者即不离,随者如星赶。
闪势多旁落,惊如弩离弦。
勾者势多曲,连如藕丝牵。
进者不可遏,退者如龙蟠。
次序休紊乱,大势须分辨。
嘱语后学者,此诀莫滥传。

明心堂山人记

二十四字诗

阴字诗

阴气主伏亦主进,脚法前心后属肾。
肝往上起眼必翻,阴拳须参阳拳论。

阳字诗

阳气主起亦主进,脚法后心前属肾。
肺往下落鼻要皱,阳拳须参阴拳论。

承字诗

自下而上为之承,身似低入气似迎。
足尖地搁须着力,耸肩隘顶有虎形。

停字诗

拳有顿挫力乃足,静处不稳动处失。
勇气若能留得住,哪怕力量用不出。

擎字诗

气力欲落休落尽,留下一点作转身。
学人神明此中意,手脚灵动有分寸。

沉字诗

心气下落手用阴,大指任气重千斤。
若还有人支架住,定是五行未联神。

开字诗

打拳须要先打门，门户不开路不真。
手未离身空缠绕，离远还迟难及人。

入字诗

动形纵身气早无，临身无力气亦浮。
手到着力精神聚，才算鬼神不测谋。

佭字诗

佭法不着争有限，再还还手势嫌慢。
全副精神只一抖，他人有计不得变。

崩字诗

气盈内发勇莫遏，固结千层不难攉。
我形一动人势散，冲开云雾走妖魔。

创字诗

轻身快马赴战场，一往莫御勇难挡。
势如破竹谁敢敌，触山开路鬼神忙。

劈字诗

大劈究似泰山压，纵有神力难擎架。
双手如举生金斧，两腿着力足下踏。

牵字诗

接手随力往后拉，身就无妨气落胯。
趁势自省无穷力，迎风打去法更佳。

推字诗

双手着力力更大，总宜低身气猛发。
万一落空须留气，反上反下好变卦。

敌字诗

拳功大道敌为先，不拦不架妙难传。
迎刃而解不劳力，见收奇功在眼前。

吃字诗

欲要吐气必先吃，拦时进步须着力。
只要双手拿得稳，料想他人无变计。

粘字诗

离合之法须要明，不能近身怎成功。
手靠手兮腿靠腿，如漆似胶才算能。

随字诗

形影相随总不差，船头动时舵已发。
上下左右随机变，灵活追风在心甲。

闪字诗

拳要善躲气要含，或左或右或后边。
人来我闪落空走，撼山大力胜亦难。

惊字诗

梦里合眼忽着惊，皮肤不意燃火星。
药投炉中势难禁，疾雷掩耳亦闻声。

勾字诗

揪留之法须要活，似挽行人莫放过。
形如话别情难舍，人欲脱身无奈何。

连字诗

此势须与彼势联，藕虽断兮丝犹连。
接续有法用不尽，转关过气亦偶然。

进字诗

欲得虎子入虎穴，逾沟跳溪总莫慊。
养成风发涌泉气，渴马奔泉不肯歇。

退字诗

不能伤人莫被伤，眼看有失走为当。
猫儿捕鼠必善缩，此是拳功第一长。

字拳正势名目

阴 蟠桃献寿	**阳** 犀牛望月	**承** 双虹驾彩	**停** 仙人捧盘
擎 猿猴献杯	**沉** 双飞燕子	**开** 白鹅亮翅	**入** 美女钻洞
侭 双龙入海	**崩** 霸王举鼎	**创** 飞雁投湖	**劈** 宝剑双股
牵 猴儿牵绳	**推** 双手推山	**敌** 直符送书	**吃** 猛虎探爪
粘 钟馗抹额	**随** 暗弩射雕	**闪** 白虎靠山	**惊** 双峰对峙
勾 螃蟹合甲	**连** 童子拜佛	**进** 蝴蝶对飞	**退** 金猫捕鼠

阴　蟠桃献寿

阴手出，阳手收入口下，气落肘尖。右前左后。
二士入园，蟠桃取来。
仰手捧定，头献瑶台。

阴字八势

海外蟠桃几千春	阴手双出，用轻力。
平明摘来带露新	阳手收入口下，用重力。
气暖林园花拂面	左手攀，右手仰打面。
风吹枝干叶依人	左手压，右手劈贴裆中。
谁能偷取东方朔	倒肘势，右手打小便。
岂是食余矫驾臣	七星势，下往上转，打口。
恭敬捧持瑶池上	转右步，阳拳顶起额上。
喜向王母献寿辰	一丢双拳合住，束胶下。

蟠桃献寿

阳　犀牛望月

转阴手一推,头往后仰,气落枕骨尖。右前左后。
犀能分水,直伸两蹄。
抬头一望,玉轮挂西。

阳字八势

犀牛生来本通天　　献寿势,两手阳收。
仰望明月一气连　　双阴手一推,头往后一仰。
喘时不劳丙吉问　　一收阳,一放阴,频呼吸。
骑去曾伴老君眠　　吃左手,右腿骑肱上。
华元领兵披坚甲　　两手勒住,贴左肋间,昂胸。
温峤燃角照深渊　　右足站,左足跷,身前俯,仰前拳,阳后拳。
影射寒潭冰轮静　　卧牛摆头势。
分开水府利无前　　两手下扒,双拳直入。

犀牛望月

承　双虹驾彩

两手钩背，搁眼角上，气顶手背。左前右后。
祥光忽起，瑞满长虹。
五彩驾定，双桥凌空。

承字八势

老子骑牛函谷东　望月势，两手直推。
紫气腾辉满长空　本身势，阴手贴太阳穴。
仙人指路云归岫　知字手，十字势。
鹤驾冲天鸟出笼　片胶入麻雕鸟势。
高公观星验斗杓　左手高提，右手背顶胲下。
苏秦背剑分雌雄　转步俯身，右手前，左手后。
软手提炮烟火起　钩手背，提打下胲。
门内推月落彩虹　双手猛推，跌出，仍拳胸前钩住。

双虹驾彩

停　仙人捧盘

阴手落阳，肘后抽，气压两手背。左前右后。

老祖赴坛，光满玉盘。

仙手捧住，内有金丹。

停字八势

仙驾遥临降彩云	驾彩势，阴手屈钩，贴眼角。
彼此会合岂无因	弓身合手势。
夫子三拱筵贵客	两手前拱，作让客之状。
戏珠二龙拂埃尘	两手横拂，作净几之状。
单挎毛篮韩湘子	右手拿住，左手掇肘，他身必长起。
斜背宝剑吕洞宾	跨虎势亦可，不如背他背膊为妙。
金盘捧定丹药味	仰手往胸脯一插。
一粒入腹气长春	两手一掩，往脐上一轻拍。

仙人捧盘

擎　猿猴献杯

两手抠如酒杯，端于鼻下，气环大指食指。右前左后。

饮此玉液，献尔金杯。

劝君更尽，如泥一堆。

擎字八势

捧着盘儿进酒来　捧盘势，两肘后掣，伸掌。
左右秩秩筵席开　两手一分，阴气外开伊。
敬尔已经把二盏　两手冲起打鼻子。
劝君更自尽三杯　转身再冲打口。
曾向瑶池吞玉液　仰面往口中一吞。
陟彼高岗酌金罍　双手举至头上。
墙头浊醪过去否　掩手打头。
闻香下马亦快哉　挽袖势，作拴马状，打面。

猿猴献杯

沉　双飞燕子

身伏，手垂，指抠，头低，气颠脚尖。转身两足齐。

燕儿展翅，两翼低垂。

不是浮水，恰似衔泥。

沉字八势

燕子乘春双双来　献杯势，双手插起，打面。
其羽差池次第开　本身势。
山头青云初试剪　交叉手推胸，仰面跌出。
海底紫霞任取裁　下插势打裆。
王谢堂前定巢去　蛇入雀巢势，斜打喉。
江湖岸上衔泥回　衔泥势，左手阴，右手阳。
穿花落水翩翩舞　双飞燕势，两手齐搅，落沉佧。
清秋飞飞玉投怀　驼势，仰手打肋窝。

双飞燕子

开 白鹅亮翅

两手一分，两拳上仰，气颠两脚尖。脚尖双颠。

沙上群鹅，纷纷白云。

飞起展翅，爱煞右军。

开字八势

雪白鹅儿卧沙边　　燕子势，伏身两手一分。
展翅欲飞冲上天　　本身势，冲打鼻口。
两膀平分张羽翼　　驼势，两手一分。
双足跳跃落掌拳　　纵起，双拳往下插。
丹凤修翎朝晓日　　十字提门势，右挑左打。
紫燕入户避湘帘　　穿林势，左手一格，右手打肋。
等闲书得黄庭就　　劈华山势，右手下一拉。
右军笼去一群还　　用阴阳二手撕兔势。

白鹅亮翅

入 美女钻洞

伸臂下插,低头而伏,气滑后脚尖。右前左后。
洞门有石,钻之弥坚。
美女来此,束手而前。

入字八势

翻手仰看石壁悬　　亮翅势,两拳分驼。
中有小小一洞天　　两手交叉,伸二指高指。
大将猛勇不见项　　一丢,两手插裆,头下看。
淑女窈窕应无肩　　往前一推,面要仰。
鹞子穿林身欲进　　上步插手,打咽喉。
六鹢退飞恨不前　　倒斜脚蹬,回手撒。
抬头忽遇宽敞地　　跳涧势,转身单鞭。
姝子倘佯任安眠　　本身势。

美女钻洞

侭　双龙入海

双手猛回来一撞，气顶中指尖。右前左后。

　　　　僧繇画龙，破壁飞去。

　　　　双双入海，谁能挡住。

侭字八势

龙德阳刚下潜藏	钻洞势，头伏，左脚后蹬。
苦海无涯水茫茫	探海势，左掌阴，右掌阳。
点睛飞去留不住	往右一侭，目一睁睛。
腾甲跃来莫敢挡	往左一侭，膀一摇，面前一转花，然后侭去，方得诀。
奋爪直上青云路	打一策脚，手一拍。
掉尾犹带碧波扬	卷蝎子尾，脚尖一踢。
夜叉倒坐千山动	坐地一叉两手按地。
旋风一脚接上苍	旋风策脚带单鞭。

双龙入海

崩　霸王举鼎

双手一挑，脚尖站立，气领中指节。
　　　　　鼎峙千秋，重于山河。
　　　　　霸王举起，往上一擂。

崩字八势

楚国霸王一世雄　入海势。
仰面叱咤已生风　双手搁胲下，头往上看。
覆手按来力入地　两手下按。
翻手分去势凌空　双手举至头上。
左转三匝如拾芥　左边一擂举起。
右退二步似飞鸿　右边一擂举起。
乌云罩顶中间走　平抡旋转。
八千子弟尽效忠　往上一举，眼往下看。

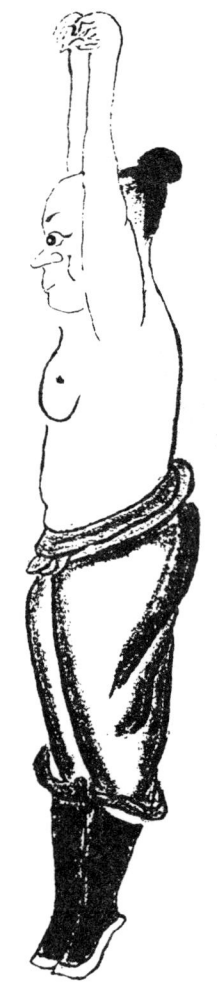

霸王举鼎

创　飞雁投湖

头下栽，手后背，气射顶门。右前左后。

鸿雁于飞，在彼空中。
上下一扇，投入洞庭。

创字八势

冥冥展翅排雁行　　举鼎势，如雁之高飞。
五湖寄迹水苍茫　　手一分，头栽下，右脚前。
饥鹰侧翅逐凡鸟　　左手提打裆，用手背佭。
丹凤修翎朝当阳　　右手劈下，夺巢势冲起。
白鹭探爪瞧鱼子　　闪身，献掌势。
花鸭低头啄稻粱　　一践，右手下按，头下伏。
惊寒声断衡阳浦　　践回，倒上桥势。
投向洞庭乐平康　　栽头炮势，前手低，后手高，伸直，斜平身势。

飞雁投湖

劈　宝剑双股

左膝顶起,两手分拍,气归一处。左前右后。
　　　　　　　　孙权发怒,劈破书案。
　　　　　　　　刘主拔剑,石分两段。

劈字八势

苏秦游说背得回　投湖势,两手后背,头伏。
宝剑出匣双股开　本身势,两手劈开,打下。
项庄劝酒岂无意　云顶势。
樊哙切肉信有才　劈山势。
仲谋怒劈龙书案　二起策脚,骗马势。
夫人喜挂梳妆台　虎抱头,十字势。
石分两段刘先主　双手一拍,策脚。
青釭还随子龙来　摇山伏剑势。

宝剑双股

牵　猴儿牵绳

两手采头往怀一栽，气抠指尖。左前右后。
头上有绳，拉拉扯扯。
猴儿牵着，倒栽一跌。

牵字八势

宝剑劈开两双手	双股势，两小指用力下砍。
项上绳儿牢牢拴	本身势，采住两耳一攀。
直如朱弦飘飘动	接住手腕，往前一栽。
软似红绒密密悬	左边再一栽，用坠佟。
修绠岂能终日系	知字手，左抓面，起纵势。
千里偏是一线牵	闪过，两手采手往前按。
悟空拉定猪八戒	两手一顿，点头而退。
一步一跌见金蝉	攀住头一栽，过项，飞过去，再一坐窝。

猴儿牵绳

推　双手推山

手出心下，上按胸脯，气催手心。右前左后。
动也不动，稳如泰山。
双手推之，猛往上掀。

推字八势

顺手牵来天柱折　　牵绳势，猛往前栽。
脚跟无线怎扶持　　本身势，双手一推。
推倒一世之豪杰　　左边捉膀臂，带沉佟。
开荡万古之心思　　右边推胸脯，合掌一分。
谁道泰山摇不动　　虎捕势，右冲左按。
偏如朽木焉能支　　回身攀撂，打飞仙掌。
鸿门闯帐甲士仆　　左掌直推，右掌后展。
岳家军令真可师　　转步，双手频推之。

双手推山

敌　直符送书

两手交叉，伏头，尽力一送，气侭中指。左前右后。
奇门谁知，直符随时。
即刻送到，阴阳二书。

敌字八势

遁甲之书书可疑　推山势，身往前探，看书。
此中元妙有谁知　双手一叉，向前推。
吉日忽遇直符到　左边一送。
后边还有直使随　右边一送。
阴阳顺逆看二至　上步一践，双龙入海势。
日月星光分三奇　光字三势左右中。
闲来静心仔细玩　右掌侧，左掌伸，目近视。
料得鬼神也难欺　叉手一顶，空中露面。

直符送书

吃　猛虎探爪

转身接手，往下尽力一按，气插手心。两脚并立。
猛虎翻身，力用全副。
下插入地，即时立仆。

吃字八势

地下百兽虎为尊　　送书势，叉手往前一入。
饿来捕食镇山门　　本身势，两手伸直下按。
怒逐麋鹿伸玉爪　　两拳一阴一阳斜冲。
渴饮清泉露金盆　　两手一阴一阳分张。
负隅旷野人丧胆　　转身挒肘，左手屈砸下。
剪尾退洞尽惊魂　　倒坐窝，右胯一顿。
力倘群羊齐伏首　　两手攀头，左膝上顶。
更使游子不敢言　　手一挽作招人之状，仍是探爪势。

猛虎探爪

粘　钟馗抹额

右拳仰，左拳搁心坎上，气落项门上。右前左后。
钟馗镇宅，两手磋磨。
神额一抹，吓退邪魔。

粘字八势

镇守中宫意气昂　探爪势，怒目瞪睛。
魁梧奇特露神光　本身势，一手上，一手下。
绕趋金阶诛虚耗　左手竖起，右手横胁。
收回玉箫并香囊　当头炮势。
曾向凌霄朝帝阙　抹额势，身俯，左上右下。
封为阴司状元郎　魁星提斗势。
绿袍列下仗剑势　倘身，两手举头上。
定教恶鬼抱头藏　虎抱头势。

钟馗抹额

随　暗弩射雕

右手下滚，左手上冲，气擦脉槽。右前左后。
空中飞鸟，惟雕难射。
暗弩一发，它防不住。

随字八势

搭起凉棚偷眼瞧　抹额势，眼往上看。
空中摩天一黑雕　本身势，用槽手法上射。
右手舍矢矢如破　冲天炮，左攀右打鼻子。
左手推弓弓既调　斧破老君势，右劈，左推胸。
大鹏展翅难逸去　窝弓炮，上右步打冲面。
高埔射隼落彩毛　再上左步，打掩手。
十枝连弩齐放起　回头猛虎翻身势，知字手。
就是飞虎也难逃　怀中一收，仍归原势，以打火箭穿心。

暗弩射雕

闪　白虎靠山

两掌一展，身子往后仰，气闪背后。右前左后。
　　　　　白虎洗脸，舍身倒转。
　　　　　两手一仰，泰山压卵。

闪字八势

伏下窝弓待猛兽　射雕势。
白虎一跳入深山　本身势。
翻身直站高岗上　两手一撩，使背一压。
低头俯瞰碧水湾　右脚倒插，右手抠打腹。
展开飞翅添羽翼　转身跨虎登山势。
合住斗口露斑斓　两手一拍，虎口合住。
张牙舞爪倒退洞　转身一践，左右分张。
扭项抱头非等闲　转身斜行，收炮拳势。

白虎靠山

惊　双峰对峙

双肘齐起，往怀中一顶，气点肘尖。右前左后。
玉门古渡，双峰豁然。
肘尖竖起，打中心坎。

惊字八势

背负太行望玉门　　靠山势。
双峰对峙势自尊　　本身势。
陈香劈斧华岳破　　右手砍肘，左手冲打。
班超入关渡口存　　左肘一拐，上左步贴身靠法。
月明九秋捣霜杵　　上右步，右肘栽按。
山头半夜啼猿狖　　一践纵起，采耳，往后攀。
天造地设留胜迹　　挑肘，白虎洗脸势。
万古千载乾与坤　　两肘摇动，辘轳转势。

双峰对峙

勾　螃蟹合甲

两手绕外，合打太阳穴，气催中指。右前左后。

螃蟹拱手，金甲一对。

合在中间，脑骨粉碎。

勾字八势

螃蟹吐沫不露头　对峙势。
一世横行只自由　双手大战，往右入。
右带狼牙雕翎箭　右手一劈，一通臂势。
左跨角弓月九秋　上左步掩手，再一开弓。
裹边炮子先打耳　左手打左，右手打右。
阴阳磨儿转悠悠　舒掌打耳腮，回捎鼻口。
遇着对家齐拱手　双拳合打头耳。
浑身甲胄总无忧　收入心坎，仍是合甲势。

螃蟹合甲

连 童子拜佛

滚手插鼻口，两手背相靠，气顶十指尖。右前左后。

善财童子，礼拜观音。

南无陀佛，红火出林。

连字八势

罗刹女儿是红孩	合甲势。
大士点化成善财	两掌合住，打稽首势。
跪下俯首地户闭	手下分，双拳下插，膝脚右跪左竖，右拳捣脚面。
起时顶珠天门开	转身合掌冲打面。
左顾文殊左边走	随字势，左转身合掌。
右盼普贤右边来	右转身合掌。
一片火云空中舞	合掌往上一分一分。
二十四拜拜莲台	合掌频点头势。

童子拜佛

进 蝴蝶对飞

手背靠住,伸指捣胸脯,气催十指尖。右前左后。
穿花蛱蝶,款款飞来。
庄周一梦,对对相戏。

进字八势

莫嫌蛱蝶气力微　　合掌打胸。
终朝采绿伴金扉　　叉手一入。
春入河阳花先满　　右手扳,左手挑,右打腹。
雨打秋江叶正肥　　上右步劈打。
儿童嬉戏齐拍手　　上左步裹耳,右掌拍打。
羽翼蹁跹自忘机　　转身双手拍打。
惟有庄周清梦好　　手从心中往外分。
时时刻刻共飞飞　　往下一扳,合手背一插。

蝴蝶对飞

退　金猫捕鼠

旋风交腿，双手外钩，气注两眼。伏身叉立。

子乃真鼠，终日畏猫。

金尾三摆，有命难逃。

退字八势

金猫金尾金睛黄　　对飞势。
金眼捕鼠鼠辈忙　　双手竖起，下打左耳。
十字劈来胸怀破　　双手一刷，再一打胁。
顺势搂去肩背伤　　抓右肩，往下一坠。
翻身直跳西邻院　　转身一跳，看果势。
爪尖又扫东家墙　　跨虎，左脚一扫。
当头奋击群耗死　　折身当头炮打。
从容退食任彷徨　　三转步，动字势收住。

金猫捕鼠

二十四字偏势名目

阴	刘海戏蟾	阳	顺水推舟	承	软手提炮	停	老农旋箕
擎	蛇入雀巢	沉	浊水求珠	开	二姑把蚕	入	虎穴探子
伲	双龙牧马	崩	石破天惊	创	紫燕穿林	劈	拔剑斩蛇
牵	猛虎负嵎	推	铁扇闭门	敌	走马推刀	吃	白蛇缠葛
粘	金刚扭锁	随	朱衣点头	闪	观音现掌	惊	金钩挂玉
勾	牵牛过堂	连	张飞骗马	进	暗度陈仓	退	花山看果

此虽偏势，却不可废。盖讲理先求其正，用时多取其偏，以正者多板，而偏者多活，正者多宽，而偏者多仄，且利于进退，便于转换。故附录于末，以供采择。

乾隆四十二年仲冬种竹翁苌洛臣志

卷之十四

按：苌家枪法，继承了明末汜水虎牢张八和汜水禹氏的枪法而又有发明创新。在苌乃周之前，汜水一带即以枪技出名，苌乃周在《双剑对枪序》中说"汜邑枪法驰名，外来方技多不敢与之比试"。苌家枪法套路有系苌乃周创作者，有系改正旧势者。计有《四枪》《八枪》《六零奇枪》《飞云八势》《二十一名枪》《二十八枪》《花枪》《锁枪》《三十六枪》《张夫子蛇矛谱》等单练、对练套路。

苌家枪法理论非常丰富，《择人》《十戒》《三箴》《七试》等阐述练武的基本道德规范，《两教》一篇，说明对不同之人要因材施教。以《四大纲领》为枪技之根本，以《八大条目》为基本技法，以《十二通变》为脱化巧生之路。作二十四则《枪法要言》述枪之来历，论枪之布置，讲枪之节次。以《侧正三练》为入门之选，以《七练》为循序渐进之路。讲《八要》，述《六路》，论《尺寸》，解《持法》。要求枪法要窄秀，要勇猛，要有准头，要神化莫测。练习时外形之阴阳无错，内气之刚柔合宜，挨身之高低无偏，行气之机宜不失。讲究势无三点不落，气无三催不尽。强调头领身之气，手领膊之气，脚领腿之气。交手着重三照、五到。这些理论著作昔多散置谱前，今则移出单独成卷以便读者。

苌家枪法以抽卷、粘随、进退、起伏、提撺、崩打、搋按、挑撩、扛靠、顿领、勾挂、搂翻、拨托、勒压等为主要技法。演枪，先吸擎满腹，将中气团聚于中宫，从容铺下，以静制动，暗藏杀机。演练之时，忽进而忽退，忽高而忽低，如蛟龙之入海，似虹影而飞腾。或上起，或下注，或撩手，或捣足，浑身似爪牙，往返而不空。进进退退，虚虚实实。打头劈肩，刺喉扎面，取耳剜心，凛凛然直撄其锋；或搂或剪，或布或翻，或截或拦，或领挂，或戏缠，变化多端。

《四枪》《八枪》有枪势之流传而未见文字之说明，此乃苌家枪法之基础，今有于志钧整理之《桓侯八枪》出版流传。

《三十六枪谱》，又名《桓侯枪谱》、《三十六名枪谱》，是苌乃周在古传《锁枪》《二十一名枪》基础上与王守一共同创编，共三十六势。该枪形神兼备，神理为先。要求身械合一，疏而不漏。既善于变化，又从容不迫。主张枪中有棒，枪棒互用。讲究先发制人，后发先到。直截了当，往返不空。连绵不绝，一气贯通。每枪下一枪又分为六枪，即《三十六枪》之变枪。流传下来的抄本中有前十八势为赵云持枪图像，后十八势为张飞持蛇矛图像者，读者多不解。实此三十六势既可以单练，又可以对练，前十八势为上枪，后十八势为下枪，并可循环往复进行演练，故画赵云像、张飞像以示区别。亦有抄本将后十八势变为前十八势者，复有以对练形式录枪之三十六势名称者，读者宜知之。

《张夫子蛇矛谱》，又名《张公蛇矛谱》，是一部枪法专著。芇乃周在《张夫子蛇矛谱序》中说："枪传成皋，沿袭已历五世，脉按汜水，断绝仅留一线。"汜邑枪法之渊源，大致轮廓如此。芇乃周发现流传下来的枪谱，"变化神明，看来有转无结；含蓄吞吐，到底有心无为。精益求精，并非蔑视前辈，审又加审，实欲指路后人"。他指出了原枪谱的弊端，并对该枪谱进行补正说明。该谱为芇乃周与王守一二人在原谱之基础上整理而成。芇乃周写有序言一篇，王守一写有《枪论》一篇。整理后的本子，更多融进了芇、王二人之经验与体会。详其道路，扎崩劈砸，擢按挑撩，勾闪抽布，领勒搠搅，无不毕具；验其身法，起落高低，斜歪扭摽，进退俯仰，旋转起纵，滚翻长缩，异彩纷呈；审其接落，一线串成，规规矩矩，一丝不乱；神其变化，根梢俱用，绝处逢生，应进忽退，应退忽进，忽高忽低，忽前忽后，忽抑忽扬，忽开忽合。枪谱之绘，姿雄健劲，衣带飘逸，是一幅幅绝妙的人物素描图。

枪法一

枪论一

十二成法

凡好勇者，多肯支吾，不知武备必有文事，文所以偃武也，偃武则艺弥高。

凡浅学者，多效占毕，不知文事必有武备，武所以辅文也，辅文则学愈深。

凡学技者，弗讲经络，不知外丹必借内丹，内所以通外也，通外则气不隔。

凡修道者，弗练筋骨，不知内丹必借外丹，外所以固内也，固内则精日强。

凡贪多者，俱是患寡，不知无中可以生有，有所以还无也，还无则靡穷尽。

凡势硬者，俱是过刚，不知专气乃以致柔，柔所以克刚也，克刚则归和平。

凡艺精者，人不侮己，己不侮人，此即免祸之道，祸所以自消也，自消则福德隆。

凡德盛者，只知卑己，不知卑人，此即远怨之法，怨所以用希也，用希则誉望重。

凡求教者，要得真诀，方能脱去俗气，俗所以不染也，不染则入圣域。

凡深造者，必通元窍，方能变化入神，神所以不测也，不测则多妙境。

凡传道者，必须择人，始免逢蒙之患，羿所以有罪也，有罪则人不端。

凡受业者，终久尊师，不愧武穆之风，死所以犹生也，犹生则道长存。

乾隆四十五年岁次庚子六月二十日洛臣题

四大纲领

步　眼

步法不合，周身之累。扭歪斜摽，难进难退。
宽窄适中，丁八雁行。前虚后实，动则灵通。

手　法

两手之用，须分死活。前后收放，屈伸委蛇。
前把走路，后把随之。周身有气，打扎有力。

身　道

身为主帅，五官是将。不能调遣，自取灭亡。
身气催运，头目手足。动静一家，灵快雄壮。

头　面

四肢百骸，头为领袖。此处不合，全体俱休。
譬之兵将，惟首是从。首所不至，众安所用。

八大条目

敌 扎

不拦不架,闯然而入。迎机直上,方是正路。
吊开则路远,力微则不济,发迟则不及。

惊 战

梦里着惊,无意燃火。不见有人,哪知有我。
养成浩然之气,灵通之体,触着即发。

粘 随

如漆似鳔,彼到我到。任你脱壳,走他不了。
气机不灵,身法不随,火候不到,如何可得。

滑 脱

见硬而软,见动而转。如虎力大,空往空还。
不能形气合一,人己一元,哪得凑巧。

起 伏

扎枪之法,不尽中平。忽高忽低,矫若游龙。
无高低,则阴阳不转。无开路,则门户不清。其中金针在此。

进 退

知机之士,绝无硬撞。谁敢扎死,杨家六郎。
知进知还,活动不滞。绰然有余,不入死巷。

崩　打

枪之起落，非上则下。往返不空，低崩高打。
有捎带，则遍体皆枪，浑身爪牙，敌人极难措手。

提　擢

他起我提，他提我擢。将计就计，的是妙着。
趁势能省力，敌人无变机。行气借得稳，一发命归西。

十二变通

随　中

他扎我拦，他过我过。不得翻身，总无奈何。
似粘非粘，似脱非脱。即离之间，他摸不着。

使　中

我过之时，他未之见。猛力扎来，恰中机关。
彼方扎来，我杆已到。眼明手快，法力玄妙。

摁　按

前掌着力，脱肩下沉。直落为按，耸则为摁。
摁微前走，按直向下。其中劲气，毫厘之差。

挑　撩

腾空而起，在他杆下。挑不离枪，撩则崩炸。
挑则随之，撩则离开。一刚一柔，应发时来。

掇　托

两肩俱松，双肘下沉。捧盘而入，内有分寸。
翻仰而起，一掌一随。一样扎法，劲气不同。

扛　靠

肩膀着力，铁扇闭门。一则抖开，一则硬进。
硝磺急火，连人皆板。杜门而入，沉托为先。

顿 领

镇地不动,引他入窍。内有陷阱,哪里知道。
力不能截,引入战场。机动势转,自投罗网。

钩 挂

钩分上下,挂别内外。前后手间,俯仰扭摽。
硬钩软挂,阴阳分明。手腕掌楞,错了不行。

合 掌

阴手下沉,阳气扶之。催力直进,不令他起。
非阴不重,非阳不活。相济而用,名曰沉托。

搂 翻

阳入阴迎,阴转阳跟。翻江搅海,震荡乾坤。
搂用猛抽,翻用猛顿。陡起陡落,阴阳之分。

勒 压

似退非退,似前非前。中气下砸,沉落他杆。
阴勒,脱前肩,沉后肩。阳勒,沉前肘,竖后肘。

抽 卷

长能用短,直能用横。随机应变,心灵身净。
能抽则善偎者反危,能卷则善制者反伤。

无纲领则大本不立,无条目则妙用不行。体力用行而少变化,则滞而鲜通。此二十四说,所宜急讲也。更能神而明之,物来顺应,方见生生不已之妙。

大阴大阳

习枪法功从何下？先平扑拈杆猛扎。
半侧身拧足扭胯，阳旋入阴后手扎。
左右手落点仰拿，随后步抢即中把。
身上提气往下砸，蟒穿林直劲枪法。
问降劲又何习练？耸右肩胯胁上颠。
手按杆后抽微掀，左肩脱胯胁隆落。
膊前伸推按猛滚，足下踏前掌力发。
阳转阴中气下砸，此即是降劲枪法。

托枪式

侧身分虚实，凝神气如虹。
左松右抽满，杆梢向下垂。
静能三尖照，动则六合齐。
灵活摧坚硬，刚柔自相济。

降　手

须借行气方妙。不然，我一降，彼一转，又到我杆上矣。或曰：降手如砸势落点一般，必十分吃住他杆，他不能转，方可用。

枪法唯有降手难，刷敲斜砍遍人寰。
识得破时微微笑，只将前势仍还原。
自上而下谓之降，高山坠石不可当。
气势还原身法进，斩关夺隘鬼神忙。
一人敌，不为工。垓下战，项重瞳。
长坂坡，赵子龙。百万军，如童蒙。
一杆枪，似蛟龙。落上发，气下攻。
击乎西，声乎东。低扫堂，高云顶。
崩摇摆，摧挑惊。腰背胯，赛旋风。
出没变化影无踪，虚实实虚谁能定。

岂必触山与扛鼎,如临大敌逞英雄。
知此方为精。

刀与剑,无双单。欲成功,则善攒。
闲用硬,忙用软。步要随,器要粘。
头手足,贯相连。腰膀胯,务灵便。
不近身,总不拦。彼自忙,我自闲。
识化功,永无难。为问其中玄妙理,
仍是斜行与单鞭,万殊一本贯不贯。
丈夫由来不寻常,浩然之气胸中藏。
劝君养成刚大体,充塞宇宙万古强。

枪拳要以神气为先,机势次之,专讲力量斯为下矣。

人人有路通玄关,灵活容易化则难。
人有无处我无有,人还去时我去还。
劈提崩打任火药,手足膀胯如云烟。
过此便是蓬瀛客,三而一兮一而三。
长敌短,不要抢,短敌长,不用忙。

枪法要言

神 理

一点妙诀，活懈为先。凝神聚气，顺其自然。
活则相生，懈则不滞，凝聚则不散。

身 道

直躬侧立，不可横身。顺转头目，对面看人。
侧立则身不横，头转则看得清。

枪 诀

中平托枪，交转阴阳。擎杆靠腹，架海金梁。
中平则格上下来路，靠腹则得力。

式 样

蛇矛丈八，中间三停。根余尺许，手敏心灵。
三停则均匀得宜，留把则便于倒根。

步 眼

前后脚步，一竖一横。如土委地，字儿成丁。
丁字步则立地稳妥，不至于摇动。

指 法

阴阳之手，十指周流。上下提按，二三添抽。
周流则有变通，抽添则有松紧。前二指松则三指紧，后二指紧则三指松。

放 活

枪棒驰名，举手留情。杨家六郎，扎死不行。
留情则有活路，扎死则无生机。

还 元

合浦还珠，游子归家。本来面目，到底无差。
还元则不失门户，他再来，我再应。

捷 近

三尺短剑，丈八长枪。长能用短，短即是长。
用长则出之太尽，用短则有余不尽。

对 针

旁面躲闪，终是畏人。迎枪直上，神理才真。
躲闪则宽泛而远，迎枪则仄秀而近。

清 晰

直接了当，流利疏爽。琐碎烦扰，葛藤缠杖。
琐碎则必拉拽，爽利则甚顺适。

周 密

恢恢天网，疏而不漏。八卦安排，五行有救。
安排则有空而无空，其中埋伏有救，能疏而不漏，方称周密，非密匝也。

好　暇

从容安详，绝无矜张。会家不忙，幽燕老将。
从容则不急迫，安详则不粗疏。

占　先

先发制人，后发先到。如矢离弩，如火点炮。
后发则人不防，先到则人不料。

善　变

有转无竭，竭则难转。阴阳各半，连环不断。
阴极则必转阳，阳极则必转阴。

自　悟

大道无私，不可使知。能自得师，神而明之。
得师则能悟，神明则不穷。

阅　历

义理无穷，元妙不尽。学则不足，教后知困。
学则自己长，教则彼此相长。

及　时

闲时用功，几时是闲。转瞬已过，日落西山。
用功就是闲，不用功就是不闲。

趁　闲

忙中办事，偷学武艺。休说不好，使着得济。
使不着丢了，使着迟了。

深　造

口头说了，脚跟不到。到底说出，表里共照。
见到则说得好，造到则比得好。

耐　久

万里须到，休生烦恼。走尽歧路，方归正道。
曾子能力行，子夏是多学。

居　业

圣贤之学，文武之道。功夫成就，件件都好。
圣贤一个人，文武岂是两道？

深　藏

大勇若怯，大智似愚。被褐怀玉，套里裹珠。
无实者沽名，有本者责实。

公　论

大风何扬，有麝自香。你说紧好，人看不强。
俗云满瓶不响，半瓶晃荡，信然。

上八诗讲枪之来历。来历不知，则源头混淆，而大本不立，胸中毫无主张。

中八诗讲枪之布置。布置不知,则规矩错乱,而大用不行,手中哪有作为。

下八诗讲枪之节次,节次不知,则声名虚浮,而本领不济,学精不精,业广不广,大言欺人,亦只是惊愚饰知而已,一遇高明,不觉消沮避藏,曾何有得心应手之妙乎?后之学者,其亦留心于斯道也夫。

卷之十五

枪法二

枪论二

择 人

此艺之传，原非一家一人所独得，但须择人而授，不可一概滥教，漫无界限。苟非其人，背师忘本，逆礼犯分，小则丧生，大则亡家，不可不慎也。须将《十戒》《三箴》《七试》之条，一一律之，犯其一者，即不可教，庶不致妄传匪人，追悔无及。此择人为首务也，各条列左。

十 戒

一戒顺妇逆亲以及讪慢师尊。

二戒重财轻义以及不睦兄弟。

三戒邪淫乱色以及动心起念。

四戒谈闺笑阃以及窃视私评。

五戒奸取谋害以及利己损人。

六戒恃强凌弱以及健讼生嗔。

七戒狼戾自得以及赏罚不明。

八戒暴殄天物以及侈靡自营。

九戒好赌好博以及无益胡行。

十戒食牛食犬以及非礼宰烹。

三 箴

一不得始信终疑生退悔心。

二不得厌常喜新生贪得心。

三不得颠言失语生泄露心。

七 试

武侯先师曰：夫知人之性，莫难察焉。美恶既殊，情貌不一。有温良而为诈者，有外恭而内欺者，有外勇而内怯者，有尽力而不忠者。然知人之道有七焉：

一曰问之以是非而观其志。

二曰穷之以辞辩而观其变。

三曰咨之以计谋而观其识。

四曰告之以祸难而观其勇。

五曰醉之以酒而观其性。

六曰临之以利而观其廉。

七曰期之以事而观其信。

两 教

此艺之精，要灵活，要勇猛，要刚柔相济，斯为得窍。但人生性情不一，筋骨亦不一。有好用力而失之于强硬者，必不能灵活捷便。有好滑快而失之于软弱者，必不能坚硬勇猛。皆不知过气宜松活而不可着力，落点宜坚实而不可松懈，偏一为害也。教之之法，过刚者宜令其松活，惟落点之一硬，庶无满捕其气有牵此扯彼之患。过柔者宜令其坚实，即过气亦着意，庶无软柔松懈不振之弊。此学艺之大关窍，首宜讲究。若不明此，用力多而成功少，至于神明变化，必不能也。

阴 阳

天地间万物不外阴阳。此艺之学，动关生死，阴阳顾不论哉！盖人生督脉行背，统领诸阳，督为阳经之首，故背为阳。任脉行腹，总帅诸阴，任为阴经之首，故腹为阴。两胁为阴阳交界之所，故为半阴半阳。用法须要阴阳交会，阴阳转结，方无偏驳之失，有自然之妙。故入阳者，必扶之以阴。入阴者，必扶之以阳。阳转者必乘之以阴，阴转者必继之以阳。庶生生不穷，神化莫测，无牵扯，无阻滞也。

正阴阳

俯势入阳气，落点将头一仰，扶起阴气，阳与阴会，谓之入阳扶阴。仰势入阴气，落点将头一俯，扶起阳气，阴与阳会，谓之入阴扶阳。

侧阴阳

左侧势入右阴阳，落点将头往右一侧，扶起左边阴阳，右与左会，谓之入右扶左。右侧亦如之。

直阴阳

直起势，入在下之阴阳，落点将臀一坠，扶起在上之阴阳，下与上会，谓之入下扶上。直落势，将在上之阴阳下入，落点将顶一顶，扶起在下之阴阳，上与下会，谓之入上扶下。

旋转阴阳

左旋入者，落点右旋以扶之。右旋入者，落点左旋以扶之。

分合阴阳

分入者，落点扶之以合。合入者，落点扶之以分。

内 外

《内经·论脉》有"内而不外，外而不内"之说。以人仰掌而观其气口，靠气口之内边者为内，挨气口之外边者为外。枪论身法之内外，大抵仿此。故以臂而论，靠肋者谓之身内，臂以外谓之身外。所以有左身内、左身外，右身内、右身外之说。明此，则阅谱不致混淆。

步 眼

凡左步在右步后，右步在左步后，而右过左前，左过右前，谓之上。左在右后，右在左后，而左退右后，右退左后，谓之退。左步在后而仍退后，右步在后而仍退后，谓之谢。右步在前而仍前进，左步在前而仍前进，谓之进。起纵步，一先一后落也。颠换步，左换右位，右换左位，齐起齐落也。八字步，脚尖外摆，形如八字也。丁字步，一横一顺也。雁行步，一行斜排也。鸳鸯步，两脚并齐也。拧旋步，一脚颠拧也。悬踢步，脚尖跷而身俯也。抢前步，抢进前步，携进后步也。挤进步，先进后步，挤催前步也。退拉步，先退后步，拉回前步也。倒偷步，右步倒上在左步后也。扭摽步，扭绞臁骨，脚尖相对也。

手 法

凡言合手者，手背向上也。仰手者，手背向下也。侧手者，大指、食指齐向上也。卷手者，五指裹攥，竖肘卷对肩也。内仰手者，肘尖拧靠肋也。外仰掌者，膊背拧对身也。摽手者，左手合搁右膊上，右手仰塞左膊下，交抱一处也。盘手者，右手侧塞左膊下，左手合按右膊上，亦交抱一处。丢手者，丢后而前，凡交撇不顺者用之。如赶月手，扭锁仍变扭锁手是也。换手者，仰换合，合换仰，不移其处，如舞花交抢，风轮旋转，根梢还打劈之类用之。捋手者，前手回而后手送。抽手，后手蹬而前手展。皆要左松右紧。按手，按下打砸，五指伸跷，左掌心按于杆上。运手者，捕进倘扎，五指伸夹，左手拭杆伸运也。双合手，左右手背俱向上。竖手者，五指竖起向上也，担柴右手之类是也。

三 点

势无三点不落，气无三催不尽，此理势之必然，亦不得不然者也。盖天地之道，阳极者变阴，阴极者变阳。而其极也，以渐而进，不辄极也。即以四时论之，其立春也，必小寒、大寒过，而方到立春。其春分也，必雨水、惊蛰过，而方到春分。余可类推。盖不如是则气不足，气不足则气不尽，气不尽则气不极，而气不变也。人禀阴阳之气以生，无处不与天地相合。其气之收放，势之屈伸，顾不论哉！故屈必落屈，而中必间之以伸，此三点也，而气方尽。伸必落伸，而中必间之以屈，此三点也，而气方尽。必如是，而气无半收半放，势无半屈半伸，门户谨而出手密也。

三 领

起落高低，侧正俯仰，斜歪扭摽，进退闪挪，外也。然必有内气以催之，方能活动不死。而气无领袖，必散漫而不归一，其何以同心协一，众擎易举，此不可不知也。其统领督帅，盖有三焉，所当详为分析。

一曰头。头为诸阳之会，象乾而法天，统领一身之气。头合者，身气自随，头若不合，身气枉用力矣！故欲身气俯入者，头必俯合。身气仰入者，头必仰掀。侧入者，头必歪斜。旋转入者，摇曳其首。起入者，必拔其顶。落入者，必缩其项。余可类推。

二曰手。手可屈伸反覆，有天之象，统领全膊之气。手合者，膊气自随；手若不合，膊气枉用力矣！故上入者，手必翘上。下沉者，手必勾下。环抱者，手必勾内。分展者，手必外摆。余可类推。指法亦当详辨。指分五行，大指属土，土兼四德，而与四指皆能配合，独当一面，必不可少，少则四指无用矣！食指属木，中指属火，无名指属金，小指属水。象五脏，大指属脾，食指属肝，中指属心，无名指属肺，小指属肾。列四时，指有纹，各三节，大指一节隐于肉内。两手共三十节，以象一月三十日，日冬短夏长，春秋平。土旺四季，故食指属春，中指属夏，无名指属秋，小指属冬，独短。其屈伸反覆亦要相合，故宜全屈而一伸者不合，宜全伸而一屈者亦不合，应一屈而全伸者不合，应一伸而全屈者亦不合。余可类推。

三曰脚。脚可覆而不可反，有地之象，统领全腿之气。脚合而腿气自随；脚若不合，腿气枉用力矣！故俯入者，脚必掀跟。仰入者，脚必勾尖。起入者，脚必颠擎。落入者，脚必点踏。旋转入者，脚必颠拧。侧入者，脚必楞掀。余可类推。

三　照

内气以催形，外形以领气。内外合一，全体团聚，方可临敌而无失着。演习有成规，自有动如飞鸟之捷，静如泰山之稳。故三领明，知气之分管。三尖照，达气之浑元。此三照之不可不知也。三照不知，动必摇曳不稳。故头照，脚手不照，不稳；脚手照，头不照，亦不稳。总之，东窜西走，气不归一也。

五　到

形气合一，内外齐到，方能捷便勇猛，无此先彼后，阻滞迟慢之患。人但知形之三尖宜到，而不知内气之心神尤为紧要也。盖神者，心之主宰。神动而役心，心动而役气，气动而役形，由内达外，一气流通，有何阻滞迟慢？惟心动而神有疑惧，则神凝而气滞，气滞而形阻，斯有迟慢不疾不勇之失。故头到、手到、脚到，而更要紧则在乎心到、神到也，此谓五到。

六　路

前来者，随势变化以敌其前。后来者，随势变化以敌其后。前后齐来者，挑前打后，攉后劈前。外来者，外以敌之。内来者，内以敌之。内外齐来者，横走颠跑，圈搅扫搂，左右摆打以敌之。此六路扎法也。至于八方群围，则旋转起纵，或高或低，步无双落，势无久停，亦不过随机应变敌之，切勿缠捉一人以误事。盖人虽多，而近身者少，自隔自己，挑攉一枪，自闭数枪，敌之无难事也。

八　要

外明阴阳之入扶，内辨中气之转结，练之于素。一要也。
提擎中气令聚，颠振形骸令活，用于临时。二要也。

先出后出，着眼行气，不待气停。三要也。

取手近身，或上或下，挨杆不离。四要也。

粘连不离，邀截随我，总无脱失。五要也。

刚以制柔，彼退我进，柔以制刚，彼进我退。六要也。

刚以制刚，彼进我亦进。柔以制柔，彼退我亦退。七要也。

久战失食，吞咽精华，不饥不渴，精神倍增。八要也。

十二失

形气不练之于素，动则生疏牵强。一失也。

提杆不知聚气，空洞无物，发无所发。二失也。

不知行气，劳逸不明，机宜全失。三失也。

不知取手，发无定则，闭门不住。四失也。

转结不明，阴阳乖错，接落扭捏。五失也。

杆不挨身，出入摇摆，准头不稳。六失也。

杀救两势，另换一气，不得疾快。七失也。

粘连不住，随法不明，闪露枪眼。八失也。

满把攥住，指法不明，出入不利。九失也。

直不横截，横不直截，直撄其锋。十失也。

过杆隔位，躐等而上，扫路不清。十一失也。

气尽力绝，任其疲敝，不知重整。十二失也。

七 练

初记点，以晰其道路，使无遗漏。一练也。

次清势，以正其阴阳，使无差谬。二练也。

次明气，以辨其领袖，使无漫散。三练也。

次分练，以熟其形气，使之满足。四练也。

次对练，以连其接落，使无错误。五练也。

次生枝，以活其机神，使其巧生。六练也。

次夜练，以结其神志，使能专一。七练也。

七十二手法

短手，左手紧而右手松，根往后出。
换手，阴阳换与左右换，前后反覆。
拐手，右手外推。
勾手，左手内勾。
攉手，顺杆攉起，自下而上也。
卷手，卷杆坠砸，自上而下也。
撞手，迎势推撞，哪惧他之硬进。
劈手，一直劈下，扫清我之路径。
任他左右上下齐来，惟圈手缠搅而不露。
由我东西南北可去，赖抡手旋舞而有济。
逼手，逼近他身。
领手，领过我体。
砸手，反砸外，因外用。
切手，合切上，因下使。
合手，滚合下翻上。
降手，侧刷上落下，俱取手腕。
开手，横滚领勒面。
展手，直扎迎势出，一样开杆。
栽手，斜栽，仰身侧头。
捌手，直捌，俯势磕额。
盘手，救穿枝穿袖。
摞手，隔扎心扎喉，两手交抱一处。
捕手，用刷杆刷脚。
脱手，躲打膊打手，双臂分展两边。
进捕手，双足践进。
退绞手，单脚换退。
闭手，梢闭，闭过身左。
隔手，根隔、隔过身左。
剪手，滚剪外下，顾臁骨崩打。

抱手，挑抱外上免脖搂。

跌坑齐搠，恃旋手以拨隔。

舞花交抡，左右前后一齐顾。劈山搅势，东西南北双挑打。

狮子衔花，交舞面前开出路。

猛虎翻身，滚转地下滑搠扎。

指路手，仰面伸肘两分挣。

遮箭手，左缠右转齐拨抡。此七十二手法也。

尺　寸

此短枪，非大枪、长枪之比。盖大枪、长枪，长丈有余，旋转不便，屈伸不利，惟众军对敌，并排而出，直往直来，继以短兵，乃可用之。此枪随人高低，量膊长短，横分三停，每停各二尺五寸，合之共七尺五寸。根梢俱用，放可使之长，收可令其短。可以抡舞，旋转无滞，非专用尖，取其窄而利也。

持　法

初持杆时，执中为则，不必拘定留把不留把。不可满把攥死，五指不活。又须着眼行气，粘随恰当不易，勿太过不及之失，方能把握在我，得含蓄吞吐之妙，乃可生生不穷，变化莫测。路有上下前后左右中，惟居中乃可八方俱顾，故持杆中，而身即居乎中矣。

侧正三练

势有千变万化，而撮其要，不过侧正两势而已。枪母烦多，乃所以穷世态之变，详气化之接落也。苟侧正不熟，形气亦难以变化接落。故侧正首宜摘练，必使之极熟，极自然，乃可演习枪母，内气外形，不费重整顿矣。其势有三：

一曰锁口枪，即拦手而进步。侧身直势，持杆抽满，俱侧手，自下擢上，进左步，随右步，即抽刷下，开进左步，左右俱合手，食指理杆，前顶食指尖，后蹬右肘尖，左大指伸裹左外，右大指拧转右外，分挣开弓劲。头随右肘右摆，头角左裁，斜扭势，侧身右转。即送扎出去，进右步，正身仰势，左右俱仰手，右送左手后即抽回。开进左步，如前抽势即送扎进，随右步如前送势。如是正转侧，侧转正，照常演习，极熟极自然，搁杆无心即是，乃为有得。大四平正侧递转练法。

一曰攉劈扎，起落三点，颠换步摇曳势。提杆侧身，即挤进右步，催悬左步，身往左曳，送入正身，右手送对左乳，自下而上攉起，此为侧转正。随落下左步，身往左栽，转侧身，抽勒右手，提起右步，合按左手，自上而下，刷劈到地，此为正转侧。随落进右步，挤进左步，送落小四平，正身，右手送过脐左外，照中扎脐，落点即抽回，此谓侧转正。如是常练纯熟，则起落颠换，正侧递转身法，不费整顿矣。

一曰圈搅滚转，直身大势。侧身提杆，内圈杆走上，右圈搅，进左步，跟往右拧，身往左裹，两肩合拘，开背合胸，左手往右合搅收挓，右手仰推，送靠左夹肢窝，此谓侧转正。杆走下，左摆搅，进左步，跟往左拧，身往右转，两肩分开，开胸合背，左手摆对胯，大指勾摆，杆挨左肋，右手竖对右肩，食指勾理，大指伸架，此谓正转侧。如是往前圈搅不已演之。外圈，杆走下；右圈搅，照圈内上，右身法。杆走上，左圈搅，照内圈下左身法。如是往前圈搅不已演之。此开合滚拧，侧正递转身法，亦宜练熟。

准　头

准头中的而不易者，着他人之身也。而其所以中的不易，则不在他人之身，却在乎吾之身。盖杆不离身，离则不稳，人皆知之。至于上下有一定之法，左右有不易之则，则不知也。不知左右在身法之侧正，上下在膊手之起落，而身势之俯仰，手法之仰合，随势合宜，亦在吃紧。故不宜左而左者，侧转正也。不宜右而右者，正转侧也。偏左者手仰使也。偏右者手合用也。应左而不左者，正转侧也。应右而不右者，侧转正也。不左者，手合使也。不右者手仰用也。宜上而不上者，左手未起，右手未落也。宜下而不下者，左手未落，右手未起也。偏上者，右手侧而垂也。偏下者，左手侧而按也。宜中而不中者，身势之侧正合宜，手法之仰合反用，故不照也。杆之挨吾身，出入亦有一定。故欲扎他目者，杆送挨我左乳之上。欲扎他口者，杆送挨吾下颏之下。欲扎他喉者，杆送挨我咽喉之下。欲扎他胸者，杆送挨我乳。欲扎他心者，杆送挨我心窝。欲扎他胁者，杆送挨我胁之上。欲扎他脐者，杆送挨我脐之上。欲扎他小腹者，杆送挨我脐。欲扎他小便者，杆送挨我大腿根。欲推打他臁骨者，斜提杆，左手对照我小便。欲扎他脚背者,斜提杆,左手对照我左膝上。至于离身,杆亦有一定准绳。从下擢上者,侧身分摆,右膊送挨我乳,手对左夹肢窝。从上劈下者,正身合勾,右手掀对左肘心。上平出扎他心窝者,直膊勾手,两手举对我口。举此以例其余,则内体正,外体直矣。故不可不急讲也。

演法考验

扎法,他来我去,两相敌对,此一定之理也。然必见他杆从何处来,我杆从何处去,方能中的不易,粘连以随之。从未见瞽目能觉此者。然余常考验,初学时照式演习,有何不见而竟是迷目,看不清他杆之来,我杆之去,每日百回,专演五日,方能看清。夫乃知教者不可躐等,学者不可省功,七层练法,缺一不可。所谓"欲穷千里目",必须"更上一层楼"者此也。彼不用专功而坐谈武艺者,其亦知此否?

枪式说

先贤云:枪法之妙多端,无穷,如水之流不息;难近,如山之巅特立;轻妙,如鸟之飞翱翔;变化,如星之光不定;滑快,如火之燃迅疾,加以含蓄吞吐,无余蕴矣。然此不过浑言其总理,若无成规可寻,服而习之,何以得此中之玄窍?从未见外规矩而巧生者也。故约其成数,则有三百六十势,以合周天之度;而极其变化,无穷无尽,又何止于三百六十?但点数虽多,而阴阳之理则一。一势有一势之阴阳,势势有势势之阴阳,然而,势势之阴阳,即一势之阴阳,无二致也。知一可以知百,知百可以知千。今摘其三分之一,得一百二十势有奇,以为后学之楷模,不必贪多而难演。详其道路,内有扎手三十二,刷劈砸共十七,擢撩挑共十一,圈搅共八,夹夺、掇缠压各二,推拨、抡舞各五,勾闪、抽布、搅脱各一,丢换交盘各四,执硬逼近共七,领勒回环十二,合按八,搂手三,冲扎三,背搠三,横崩二,斜摆扫打三,裁扎二,直搠一。验其身法,起落高低,斜正扭摆,进退俯仰,旋转起纵,滚翻长缩,无不毕具。审其接落,一线串成,规规矩矩,一丝不乱。而神其变化,根梢俱用,绝处逢生,应进而忽退,应退而忽进,忽高而忽低,忽前而忽后,忽抑而忽扬,忽开而忽合,低宜起高,而更益之以低,高宜落低,而更进之以高,闪闪灼灼,耀如九日之齐落，灿灿烂烂，落乎五色之顿迷，阴阳相转，既浑合乎一气，奇正相生，更玲珑乎八面，详审熟视，枪中有棍，棍中有枪，所谓天花乱坠，直有无穷如水之流，难近如山之巅，轻妙如鸟之飞，变化如星之光，滑快如火之燃，神出鬼没，变化不测，可以心会而不可以言传，艺至亦神矣哉！学者演其形状，抽其神情，执一势而熟练其阴阳，合两势而勤摩其接落。凡势一小气应换更，凡势一大气必催到，执之不可，离之亦不可，以意逆志，斯为得之。果能练时讨势中之精华，点参势外之神妙，朝考夕稽，勿懈勿怠，自有得心应手之奇，何忧乎斯艺之不精也？

枪点应机

夫必胜之术，合变之利，非知者孰能与于此乎？见机之道，莫大于不意。猇虎失险，童子曳戟而进之；蜂虿入袖，壮夫徊徨而失色。故出其不意，因辨虚实也。详审枪点，无不皆然。掩卷而思，此势应进而却退，彼势应退而却进，应改换也。接一势而仍然，应不易也，添一势而即变迁。奇奇怪怪，出乎意料之外；混混沌沌，不在谋算之中。如韩信之陈仓暗度，实者虚之；如武侯之西门弄险，虚者实之。皆出乎不意以制胜也。故神物之运化，非俗子所能窥；异授之脉续，岂庸夫所能得？名曰异传，良有以也。

枪法三

三十六枪谱

序

古有勒马枪,枪之传也久矣。明季虎牢关张氏者善枪,邑志所载,稍稍可考,习闻得自关帝庙中,盖所谓神物也。五世而至禹门,余幼慕之,冀学一二,即可满志。及长而访问,罕见其踪。弱冠后,遇人演《二十一名枪》,名不称实,鄙怀未惬。于是,静心揣摩,就原势而更进一层,易宽为仄,易斜为正,易远为近,觉汩然稍有趣味焉。乃细阅解数,尚多缺略,详按脉络,不大贯通。与守一王子,彼此比较,共成六六,绘以图样,加以注疏,身法、手法、步法、指法,无不全备。从此扩充,思之靡尽,执此终身,亦堪立名,岂尘埃间所常有者哉!若舍是而别开门户,妄作聪明,任意支吾,以为吾获实传,而无知之辈,且信而好之,奉为至宝,窃恐坠入荆棘之丛,而乏出头之日也。噫!洛臣叙。

续 说

三十六势,至矣,尽矣,蔑以加矣。而杨六使有曰:每枪下各有六枪,算来共得二百一十六数。其中节目,无烦议解。因此识彼,贲若草木,可以类推。再遇闻一知十,则其触发更无穷矣,岂不富哉!顾不知其真,而故为附会,既多浮光掠影之谈,疑其为富,而私自经营,不免生吞活剥之病。于是,言枪者众而枪转晦,习枪者纷而枪不明。百家争鸣,于何处置喙?然毕竟有真佛家,自有一种真棒子,不毁不磨,长存世间。第得此诀者,心可以知,口不可以言,即言之而人亦不解，乃称妙谛。从此储之秘室，藏之秘函。后有能者，取而授之，气类可以不孤；后无学者，静而按之，珍玩亦堪怡悦，岂以见知不见知为荣辱乎！再叙。诗曰：

相离方寸地，隔却万重山。

正直一条路，行人去拐弯。

曲、曲、曲，艰、艰、艰，

不知氾水县，怎到虎牢关！

乾隆四十五年岁次庚子夏六月二十日丁卯苌洛臣题

三十六枪歌

第一潜龙最为尊　　白云盖顶直向空
刀取颜良关圣公　　饿虎捕食意气雄
刘海戏蟾妙用精　　玉女穿梭勤女红
猿猴开锁闹天宫　　双双开锁显奇踪
雷出地奋震苍穹　　渭水垂钓老姜翁
秦王披甲打利兵　　一木能支木自荣
怀中抱月信有情　　事事如意满怀中
打草惊蛇毒物倾　　靠山潜龙不见形
劈山棒破更峥嵘　　针探沧海点化工
金刚现纂吓幽冥　　当面劈打疾如风
二郎摘草便争功　　马上使剑掣霜锋
饥鹰侧翅下九重　　鹞子翻身雀鸟惊
青龙摆头甲乙东　　乌龙展背波涛生
羽王拔戟谁敢争　　玉女捧盘露仙容
霸王举鼎施神勇　　勒马听风风有声
急三枪急人难封　　凤凰点头听和鸣
身外右枪小四平　　脚底鼓枪足下行
劈头棒打泰华峰　　神龙掉尾意无穷

三十六势名称

铺地潜龙	白云盖顶
关公取耳	饿虎捕食
刘海戏蟾	玉女穿梭
猿猴开锁	双 开 锁
雷出地奋	渭水钓鳌
秦王披甲	一木能支
怀中抱月	事事如意
打草惊蛇	靠山潜龙
劈头棒破	针探沧海
金刚现纂	当面劈打
二郎摘草	马上使剑
饥鹰侧翅	鹞子翻身
青龙摆头	乌龙展背
羽王拔戟	玉女捧盘
霸王举鼎	勒马听风
急 三 枪	凤凰点头
身外右枪	脚底鼓枪
劈头棒打	神龙掉尾

铺地潜龙

<small>潜者，伏而不动也</small>

　　　　潜龙阳在下，未出东海炉。
　　　　盘踞待阳春，雷出地中如。

侧身小四平势。

将交枪，把杆擎托膝上，头直胸昂，目微斜视，八字站步，前手仰，后手合，拿小四平势。

气擎周身，静以制动。

第一再解

　　　　潜龙勿用莫先争，两手托枪膝上擎。
　　　　表正形端分八字，可高可下可中平。

起手、撩手、转手、打手，右扎脚膝，返高使起手枪扎面，随中使中。

又铭曰：

　　　　初潜龙，居正中。
　　　　一太极，万象空。
　　　　隐未见，德最崇。

是一个抽佟。

　　　　如履平地，如静握固。
　　　　如月微斜，如人泥塑。

体会潜字。

探珠：上扎喉，摇膀使。

钻心：中扎心，后手仰。

指裆：挑扎便，阴手使。

噬脐：对扎脐。

刮目：点扎鬼眼穴，侧手使。

摄足：按扎脚大趾，刷手，阴手使。

总名曰阳气潜藏。

　　　　明月藏海底，贞下起元功。

老子犹龙妙，退一步法中。

无影又无踪，无臭又无声。

藏而不肯露，行而未之成。

莫漫愁无用，变化谁不惊。

中平托杆，并足而立。他现篡势，起去扎膝，我将后步一谢，平抽杆子拦住，我中平托杆照他怀中一扎。他开滚扎我裆，我可使潜龙势方妙。我中平托枪，照他前手一斩，他现篡，我托中平，宜将杆子捻转，后手仰，分心刺去，不拘内外皆可。

第一潜龙最为尊　抽在后兮　气擎周身静以制动

白云盖顶

盖者，覆而不露也

岭下多白云，布满在阳春。
刷刷疾风起，长空降甘霖。

半侧身前探势。

他当面枪劈打我手，我将手转成阴手，左右脚尖俱微斜向前，脚跟微拧向后，弓身挪步，头往里穿，杆照鼻梁，点他头上。

气射顶门。

第二再解

白云出岫向遥空，阳转阴移点化工。
卓立群峰千仞上，山山尽在笼罩中。

望面扎，落下先打后手，返者左右棒打手。

又铭曰：

白云起，直向空。
盖顶上，一阵风。
任翔鹤，亦可笼。

是一个出佉。

封中忽起，无心出岫。
置身题上，万物在宥。

体会盖字。

露芽：扎口。

荡胸：扎心。

入洞：扎脐。

埋壑：扎裆。

出岫：扎膝。

抱石：扎脚。俱用阴手。

总名曰含盖万有。

峻起山根下，幽石抱几层。

一阵西风起,封中直上升。
一阳初在下,冉冉向遥空。
牢笼百态外,含盖一切中。
片云头上黑,耳后欲生风。
他当面劈打,退避不及,我即迎枪进步,藏头直盖其顶。

白云盖顶直向空　出在前　气射顶门

关公取耳

<small>取者，袭而不知也</small>

关公出阵前，大刀至今传。
前胯后手合，颜良丧黄泉。

正身偏右捌势。

他摘草将我杆顺手一刷，闪出脊背，我上右步点足，左脚放正向前，左手仰托，右手高举，大随手平取其耳。

气点百会穴。

第三再解

停刀勒马劈黄巾，倒竖蚕眉倍有神。
冷艳飞来风入耳，独行千里更无人。

抽枪扎咽喉，挂者随势扎胁窝，返者绞手扎手。

又铭曰：

颜良头，插标卖。
关公取，大刀快。
冷艳钜，刈草芥。

是一个捣佺。

关圣帝君，武艺超群。
薄言采卷，子仲无闻。

体会取字。

内取：降杆高扎耳。

外取：落杆斜扎耳腮，前手高后手低。

挂取：上左步挂打手，后手高前手低。

推取：仰手推割手。

搂取：上右步提杆扎裆。

捣取：退右步挂杆捌脚。

总名曰轶伦超群。

赤兔胭脂马，青龙偃月刀。

颜良头去取，吓杀奸曹操。

河北兵虽勇，卖标插上头。

未解白马围，先将黄巾收。

不有关圣帝，曹瞒终日愁。

他一摘，我即翻后手，仰前手，捣扎其耳门，出俋杆子，两手相见，方是元窍。

刀取颜良关圣公　捣在根兮　气聚百会穴

饿虎捕食

捕者，出而不放也

　　猛虎出林泉，威风不可言。
　　前践足离地，一捕命难全。

正身束势往左拧翻势。

他使剑来闭，我左小指往前卷，右小指往右胯一拧，左膝悬提，脚跟一蹬，右足站地，脚尖正向左，闭勒他杆，即顺杆落势，平打他手。

气会枕骨而微侧。

第四再解

　　飘飘耳后已生风，卷爪藏牙不露踪。
　　饿虎添翼求食急，震惊咆哮满林空。

返高使执手棒打，落搂枪势，使返左挂开打头，返右按枪扎胸。

又铭曰：

　　饿虎瘦，捕食急。
　　藏其头，摇其尾。
　　践丈二，百兽避。

是一个刷佽。

　　啸则风生，吼则雷鸣。
　　饿则求食，捕则无声。

体会捕字。

左捕：外打手。
右捕：内打手。
前捕：阴打手。
后捕：仰打手。
上捕：外高挂打手。
下捕：外低打脚。
总名曰猛虎出林。

　　猛虎小者真，饿则下山寻。

张牙舞爪去，一捕活吞人。

虽从右耳下，却在左肩理。

理时斜树帜，捕时虎添翼。

前打有丈二，后退倒拖戟。

他使剑打手割项，我悬左腿，卷左小指，往外一开，将他杆一理，顺杆打手及足，一气到地下。

饿虎捕食意气雄　刷在边　气会枕骨而微侧

刘海戏蟾

戏者，恋而不取也

足下飞金钱，一出勒上前。
戏得蟾不去，妙用对谁言。

侧身后勾势。

他使翻身扎我手，我将手抽勒一合，微退小步，左脚尖顺向前，右脚微横，将他杆擎压。左食指按枪杆，枪梢少斜，对他虎口。是擎侪，非真狠按也。

气栽左额角少斜下。

第五再解

金蟾出水吐云烟，一道长虹着线牵。
游戏通神三味巧，戏来刘海掣金钱。

前丢手，后牵手，高扎面，低扎手，仰扎胸。

又铭曰：

蟾三足，毒无比。
金钱洒，刘海戏。
觅长绳，打不离。

是一个牵侪。

刘家一子，戏弄海上。
任你脱壳，只是不放。

体会戏字。

左戏：往外一抽。
右戏：往内一抽。
上戏：往下一抽。
下戏：往上一抽。
平戏：往后一抽。
绕戏：再一卷拦。
总名曰游戏入神。

刘氏一孩子，无知小幼童。

金风蝉先觉，戏住不落空。

扳下钩和线，着意在于蟾。

飞来吞玉背，钩去戏金钱，

如胶更如漆，彼此自流连。

他侧翅闪扎我前手，我将他杆往后一勾戏住，使他不得回去。

刘海戏蟾妙用精　牵要勾兮　气栽左额角少斜下

玉女穿梭

穿者，直而不曲也

织女渡银河，来往似穿梭。
七夕称佳期，会得牵牛么。

侧身左进势。

我留住他杆，即顺势擎伫，直扎他手虎口，左脚微进，尖顺向前，右步横放。左手擎住，右手送扎。

左食指领气。

第六再解

此中机杼有谁知，称物平施在寸丝。
玉女穿梭来往走，日成五匹尚嫌迟。

仰手合手，枪扎人虎口。

又铭曰：

织美锦，抛玉梭。
牛郎渡，织女过。
浮绣针，奇巧多。

是一个直伫。

黄莺跳跃，仙府制造。
日月交会，催得人老。

体会穿字。

穿肠：一勒扎腹。

穿胸：扎心。

穿梭：扎口。

穿指：外扎手。

穿袖：扎肱。

穿膀：扎夹肢窝。

总名曰珠穿九曲。

杼柚在怀中，神梭欲生风。

天孙来织锦,虎口一点红。
自其西陵教,家家重女红。
伸手疑弄玉,穿梭欲化龙。
往来浑不厌,锦绣应无穷。

我一戏,他未抽杆,我即顺手扎其虎口。不可晃,不可粘,晃则离却,粘则侵头,惟平直方妙。

玉女穿梭勤女红　直要连　左食指领气

猿猴开锁

开者，启而不闭也

天地混沌始，无人发其匙。

猿猴善能开，封锁而启之。

俯身扭势。

他使摆头拿我杆，我即上右脚，扭右胯尖，左脚尖点拐向左，右脚尖踏扭向左，左手往他杆下一推，割取他食指。

气落左额角。

第七再解

收却银钥锁猿猴，火焰钻心岂肯休。

行者者孙神变化，雄关开放复何愁。

起前手，仰后手，返者合手使。

又铭曰：

拴意马，炼铁锁。

心猿开，混沌破。

入水帘，洞一座。

是一个割佇。

混沌凿破，若虞机张。

寻着五帝，露出三皇。

体会开字。

乘间：竖杆下捣脚。

抵隙：还根下劈打手。

敲梆：还根上扎口。

摇铃：推根打左耳。

斩关：使根挂杆往身右一开。

夺隘：还梢上左步斜打手。

总名曰凿破混沌。

四壁不透风，锁住凌霄宫。

猿猴腰带钥，一开天门通。
天险号二百，青龙第一关。
四壁风不透，三簧锁难扳。
猿猴开得妙，玉女著锦牵。
他摆头，我即上右步，使胯刺扎他手。

猿猴开锁闹天宫　割要摩兮　气落左额角

双开锁

双者,进而不已也

既开天上关,又开地下泉。
机动收不住,打破汉阳天。

半侧身下按势。

他使展背扎腿,我即拧右胯,颠左脚,右脚平踏,尖拧向右,左脚点颠。枪尖向下,直扎其足。

气点食指尖。

第八再解

金锁洞开十二楼,俯看山下碧波流。
重门掌开谁留住,银钥双点夜不收。

后靠胯,转左步,按前手,高点心。

又铭曰:

猴子去,猴儿来。
双管下,重门开。
称妙手,真奇才。

是一个按佽。

桃园谨锁,花儿重开。
兄弟三个,双双进来。

体会双字。

复送:一搂外扎脚。

夹路:一剪外扎脚。

重门:返内再扎脚。

叠屋:撩手再一砸杆,劈打手。

双管:上右步,上推手,杆梢向下。

齐下:上左步推手。

总名曰力开生面。

天上开三门,地下列四户。

一层进一层,一步紧一步。

金锁重重闭,此关谁再开。

门辟户复合,猿去猴又来。

钥匙频频点,可称二贤才。

他展背扎我腿,我即上左步,按扎其脚。

双双开锁显奇踪　按要坚　气点食指尖

雷出地奋

<small>出者，去而不留也</small>

伏下地中雷，一烘出青烟。
山震大块碎，奋起似涌泉。

半侧身上撩势。

他搂枪扎我脚，我即点起左腿，勾左脚尖，前手小指往上一擢，后手往下一捱，顺杆撩其前手，挑其小便。

气领左食指尖。

第九再解

百里震惊动地来，一声霹雳九天开。
饶君掩耳终无及，飞起黄金石脚摆。

撩手，打手，鼓腹上挑裆。

又铭曰：

黄金棍，雷震子。
飞起来，岐山碎。
藤甲军，丧火内。

是一个撩伕。

鸣雷伏地，出来正疾。
奋乎百世，闻者俱起。

体会出字。

震雷：往上挑裆，使之震动。

沉雷：按下扎脚面。

顿雷：半挑半按，如雷之有顿挫然。

走雷：返外阴手滚扎脚，如雷之走去然。

电雷：往面一抡，仍使仰手扎脚，在内使。

疾雷：猛往上一挑手。

打雷：往下一劈，打手，连上共是一势。

总名曰平地一声。

火烧葫芦峪,司马无地藏。
雷震盘谷内,藤甲丧黄粱。

潜龙伏地下,抬头势冲天。
欲扬而先抑,未起而先穿。
迅雷欲震出,烈火冒飞烟。
他一拨,我即顺杆往上一撩打手。

雷出地奋震苍穹　撩宜疾兮　气领左食指尖

渭水钓鳌

钓者，提而不著也

执我狼牙棒，一起似青烟。
落在太华峰，有命恐难全。

侧身上挑势。

他缩手回去，我即将前手食指往上一领，后掌心往上一推，乘空而起，斜抱杆于左肩窝内，刷打他肩膊。

气落枕骨上。

第十再解

渭滨流水激清湍，独占鳌头钓石磻。
谁愿上钩谁用命，兴周八百一纶竿。

挑杆，推根，打胸，落梢打头，再擂手。

又铭曰：

姜公手，执钓杆。
鱼儿上，渭水寒。
丝伊缗，功业完。

是一个挑佭。

伊得其钓，渭水一篙。
斜挑春色，独步金鳌。

体会钓字。

探水：下扎足。

拂草：再拨杆扎足。

执竿：撩手。

下钓：劈手。

提浮：进步挑杆。

捕鱼：执手棒打手。

总名曰鳌头独步。

担柴是武吉，背剑是苏秦。

挑起钩和线,打中后边人。

涓涓渭滨水,巨鳌自潜藏。

姜公垂金线,河鲤出沧浪。

千顷波涛起,提杆日月长。

他捧盘扎脚,我杆头一攉,使纂一推,将他杆推回,使梢下来一打。

渭水垂钓老姜翁　挑宜捐　气落枕骨上

秦王披甲

披者,刚而不馁也

英武属秦王,临阵意气昂。

披起黄金铠,敌人谁敢当。

侧身下打势。

他来接扎,我颠送后手,按前手,左脚尖一点,望面打两肩膊。气落左额角上。

第十一再解

身披重铠是秦王,左右陈行气倍扬。

坚甲利兵皆可打,世充建德入黄粱。

转手,根梢棍望面打,两肩膊落下打手。

又铭曰:

小秦王,大披甲。

秦楚兵,皆可打。

使制梃,只一下。

是一个砍伢。

身披铠甲,日月光华。

秦王上马,打成一家。

体会披字。

披左:合手打。

披右:仰手打。

披脚:落下打。

披裆:挑打便。

披头:上打面。

披胸:挑杆打下颏。

总名曰披坚执锐。

秦楚多坚甲,披上无大差。

跣足持白梃,左右怕三打。

英武说秦王，组练迥无双。
合手打左肩，仰击右肩旁。
坚甲兵何用，会见曳兵亡。

往下打头。

秦王披甲打利兵　砍宜专兮　气落左额角上

一木能支

支者，隆而不挠也

天作栋梁材，独出深山中。
能支大厦倾，妙处在一擎。

身微横，平擎势。

他一勒，按下我杆，我即把后手往心口上一仰，前手背隐隐往上挑擎，粘合不离，好收起手。

气擎手背。

第十二再解

玉柱擎天天自在，金梁架海海无忧。
乾坤旋转经纶手，大厦将倾一木求。

擎杆，闪杆，下打脚，低砸手，仰扎大腿根。

又铭曰：

泰山压，累卵破。
大厦倾，一木托。
千斤重，稳无堕。

是一个承侳。

悬门力托，换柱抽梁。
转祸为福，能胜者强。

体会支字。

干霄：扎头。

蔽日：扎目。

塞海：扎口。

架梁：仰手擎扎胸，在前使。

竖柱：冲天势扎鼻。

支床：平杆下扎脚。

总名曰横担一梁。

方寸原渺小，一木怎能擎。

夜来窗前月，隐映老干横。

一木虽微小，老干独横空。

压来千斤重，擎去半分轻。

栋隆栋不挠，露盘承金茎。

他一勒，我杆擎住一承，不令其脱。

一木能支木自荣　承宜紧　气擎手背

怀中抱月

抱者，收而不启也

青莲醉参禅，闲到海边玩。

双手托明月，乘鲤入深渊。

侧身左右卷势。

他使急三枪扎我面，我即曲前手，竖肘尖，收杆贴左肩窝，落左脚，直刺其咽喉，右步微横，左步微顺。

气催左肩尖上。

第十三再解

独步文星占鳌头，抱来明月汉宫秋。

长空一扫浮云净，望尽江南十二楼。

连枪带棍，措手不及，静扎咽喉，动扎胸脯。

又铭曰：

广寒月，抱上来。

收得住，常在怀。

莫空对，飞玉杯。

是一个收佅。

桂林可折，一枝称怀。

广寒宫内，连月抱来。

体会抱字。

赶月：放手扎心。

带月：勒杆举起高扎头。

望月：偷右步抱杆斜扎面。

奔月：上右步勒杆斜扎咽喉。

圈月：圈枪挂扎面。

拜月：拱手凤点头扎脚。

总名曰月满长空。

急雨过头上，浮云扫天空。

满月飞明镜,尽在怀抱中。

电光闪碧天,一往实无前。

入怀须抱月,起手要藏肩。

颔下明珠在,望君着意穿。

他扎面,我使起手将他杆收住,须要仄秀,不可闪出左耳来。

怀中抱月信有情　收须卷兮　气催左肩尖上

事事如意

如者,顺而不拂也

老君金击子,世称为如意。

怀宝不轻放,恐传凡人体。

横身左带势。

他使凤点头扎我肩窝,我即将杆斜布左肩窝,后脚横,前脚顺颠,刷打他手。

食指中节挑气。

第十四再解

红杏出墙似酒家,太平挑起一杆斜。

老君抱定金如意,如意钩来事事嘉。

布杆,挂杆,刷手,推乳,挂则返内点打头。

又铭曰:

如意钩,称至宝。

李老君,怀抱好。

冗杂事,一概扫。

是一个带佴。

事事通利,才叫如意。

怀其至宝,脱然无累。

体会如字。

上挑:推根打手,在外使。

下按:连梢打头。

左支:左小指一开,刷手。

右屈:右肩一入,推杆刷手。

前进:左绞手竖杆,进刷手。

后退:右绞手竖杆,退刷手。

总名曰万事亨通。

谁家能无事,凡事怎如意。

如意只一钩,钩去一气迄。

头上风已过,怀中月送来。
大蟒穿林麓,祥光接天台。
如意钩如意,宝贵任取材。
他扎肩窝,我往外一布。

事事如意满怀中　带须骞　食指中节挑气

打草惊蛇

惊者，走而不顾也

左枪妙难言，打蛇在草尖。
下去留不住，毒物命弃捐。

半横弓身平剁势。

他右枪扎我左腿，我即顺势摔打其杆，上后脚，横前脚，退半步颠擎，前手心按气。

以外打为顺。

第十五再解

草内飞蛇草上行，刘王按剑疾风生。
中间首尾虽相应，打到常山吃一惊。

上左腿，枪尖对手扎，他扎身外，我劈心一枪。

又铭曰：

蛇无足，草上飞。
惊此打，毒虫稀。
七寸信，一指挥。

是一个剁佇。

长者鞭打，马腹不夹。
高祖按剑，东西白蛇。

体会惊字。

外打：顺杆刷手。

内打：仰手卷打或阴手按打。

挂打：撩梢挂打，杆梢自下而上，在外使。

镖打：上右步，右手仰，左手阴，交手砸打手，在外使。

绽打：退右步，仰手斜打，在内使。

纵打：蹲起一退，使拨步量天尺势打杆，在外使。

总名曰莫打死蛇。

莫效猪八戒，偏要打死蛇。

　　　　轻轻敲伏草，当教直棍斜。

他坐枪破头劈打下，我杆反上往下一按，按到地下，即仰手滚里扎脚。

　　　　右之右既有，左之左亦宜。

　　　　起手足虽跛，脱身肩自随。

　　　　莫说心花开，燕剪势还奇。

他扎胯，我即蹲身小四平剁其杆，两相粘擎，方得其妙。若打在地下，便不粘了，打在手上，他便滚了。

　　　　打草惊蛇毒物倾　剁须平兮　以外打为顺

靠山潜龙

靠者，依而不离也

苍龙出海渊，盘屈靠碧山。

山脚为何碎，只因欲飞天。

侧身上提势。

他脚底鼓扎我脚，我即抽转杆梢一闭，前脚尖往前一入，后手提高扎其足。气闪左胁下。

第十六再解

武侯六出祁山边，依水靠岩地利先。

一自南阳高卧起，潜教五虎下西川。

连扎带救势。

又铭曰：

龙出水，潜靠山。

头一点，鳞难攀。

飞上天，咫尺间。

是一个提侼。

卧龙一跃，出祁山边。

筹策借箸，风云护焉。

体会靠字。

里靠：接杆靠扎脚，在内使。

外靠：剪手打杆，在外使。

上靠：提杆贴左肩靠住，拦他打手。

下靠：低右手现纂往左一扫，拦他扎右脚，在外使。

滚靠：左转身，竖杆贴身拦他中扎右边腰胯。

压靠：两手按杆，上右步，将他杆压住，动则使梢推咽喉，使根挑打他手指。

总名曰龙多思靠。

潜龙龙不见，靠山山内藏。

渴饮泉下水，虹影落高岗。
鼓角正喧天，忙步而直前。
提高遮云汉，伸手探水泉。
南阳卧龙子，六出在祁山。
他扎脚，我进左步，提杆靠扎其脚，在架中只能对其脚，急切不得不扎也。

靠山潜龙不见形　提须还　气闪左胁下

劈头棒破

破者，解而不收也

飞来金弹子，落在云山峰。

虽然无痕迹，发发似疾风。

半侧身长压势。

他使棒打我头，我将后足往前略上，右步横，左步微横，身子长起，绞后手，掩前手，使杆劈打他头。

气点食指尖。

第十七再解

乌龙摆尾劈天门，几度云雷欲出屯。

棒喝当头清梦破，何须掌血与条痕。

夜里偷桃破。

又铭曰：

水浇背，棒喝头。

打破了，脑浆流。

天灵盖，迸如油。

是一个覆保。

打头开顶，石破天惊。

谁家棒子，这样灵醒。

体会破字。

破头：盖顶劈打带长身势。

破口：转仰手架杆扎口，长身势。

破胸：转阴手落下，按扎胸脯。

破腹：降杆，仰手左栽身扎腹，探身势。

破足：转阴手点扎足趾。

破脑：转上打手，往背后抡，上使摘瓜势，打枕骨。

总名曰打破疑团。

你会我也会，你能我也能。

欲出人头地，更自上一层。

扎脚我扎脚，打头我打头。

乍闻雷地奋，已见银浆流。

更有东方朔，夜里把桃偷。

他打头，我亦使棒劈打其头，须要后发先到为妙。

劈头捧破更峥嵘　覆于山兮　气落食指尖

针探沧海

探者,定而不移也

天河定底针,藏在海中心。
忽遇花果佛,运展实通神。

侧身左栽势。

他伏地枪扎我腿,我两脚尖横颠擎起,随势将前手转为阳手,使手背往下一犁,后手从头上往前一送,擦闭其杆,以备当面劈打之用。

气勒擎手背。

第十八再解

大禹流传有一针,光芒万丈气森森。
一旦运通花果子,定底天河永不沉。

捣膝点脚,返高降下,打仰手,钉脚,阴手打头。

又铭曰:

沧海里,水滔滔。
神针探,定底牢。
波浪涌,棒不摇。

是一个柱仅。

中流砥柱,在海之滨。
金针普度,留于后人。

体会探字。

穿针:蹲身穿扎裆。

纫针:转上扎口。

按针:返劈打他手。

定针:仰手打扎脚面。

擢针:顺杆撩打手。

转针:返上一按,滚手在外撩手扎脚跟。

总名曰金针不度。

天河定底针,不比凡间金。

中流称砥柱,定封出步林。

神棒冲烟起,天河水无边。

仰手探海底,吸水出寒泉。

下有鲤鱼子,摆尾不敢前。

他掉尾,我即仰手下搠其膝盖,虽猛烈不可扎死,若入地下则难起矣。完时,他未动,我一撩扎他膝,他使潜龙,我使现纂,周而复始。

针探沧海点化工　柱于渊　气勒擎手背上

金刚现纂

现者，显而不秘也

金刚运神威，现纂降提魍。

不肯轻抬起，恐吓幽冥鬼。

侧身仰势。

抬起杆子，右步横，左步顺颠擎，后手往上抽，前手侧拿，枪头注下，斜布胸前，以为扎脚膝之计。

气靠胸脯间。

第一再解

佛家八大说金刚，威风凛凛现毫光。

宝杵高提头不起，管教魑魅尽潜藏。

上打头，中扎胸，下戳脚，阴手使。

又铭曰：

    金刚大，貌峥嵘。

    现出纂，鬼魔惊。

    把山门，禅院清。

是一个吊侳。

    四大金刚，貌似不扬。

    纂儿现出，恶鬼奔藏。

体会现字。

缩地：闪捣脚，侧手使。

卫足：外捌根，拧手使。

拨草：外撩手，阴后使。

撩衣：内提便，仰手使。

把门：上扎口，转后使。

镇山：上扎鼻凹，再转手使。

总名曰金刚护体。

不念金刚咒，就念金刚经。

纂现幽冥里，鬼脸亦著惊。

金刚又金刚，金刚意气昂。

一缕翻金线，双目闪电光。

等闲头不抬，吓尔恶鬼藏。

他中平分心而扎，我使杆头往后一拨，即拧后手，下扎他左膝盖。他斩手，我将杆往上一提，即进步使侧手撩其左膝，用半俦。斜提杆子，他中平托杆，我起去扎他左膝盖。他好后退，铺地潜龙势。此是发端处，不可不知，而知者谁乎？我亦中平托枪，他劈心来，我往后一开，然后滚仰手扎裆。

金刚现纂吓幽冥　吊其睛矣　气靠胸脯间

当面劈打

劈者，分而不合也

春风拂柳絮，当面二目迷。

惊杀天尊子，如风来得疾。

半侧身微探势。

他铺地潜龙静待，我微进左步，欠右脚后跟，使杆若下扎其膝状，却转阴手送打其面，如风之疾，不可拦挡。

气点前食指尖。

第二再解

长枪大戟敛霜锋，摆尾摇头欲化龙。

奋地出雷虹影起，翻云覆雨落巫峰。

降枪落下使，返者劈头棒打。

又铭曰：

当面枪，望面来。

劈头打，躲不开。

风骤至，禹门雷。

是一个送佟。

既是君子，何羞当面。

只恐劈打，你看不见。

体会劈字。

扎耳：仰推右耳。

打腮：合手打左。

打胸：扎心。

打腹：扎肚。

打膝：扎膝。

打腿：与上是一势。

打脚：下按打脚面。

总名曰当面试活。

小人已退步,君子当不羞。
红尘来拂面,船行风打头。

打人莫打脸,防他暗处点。
除去脚与手,而后望面飑。
但闻风声响,疾雷哪得掩。
他铺潜龙抽开,我即转阴手,返上劈打其面,如风之疾,不能躲闪。

当面劈打疾如风　送其头　气点前食指尖

二郎摘草

<small>摘者，弃而不取也</small>

　　二郎探龙宫，吓去九头虫。
　　寻得灵芝归，弄环水晶宫。

伏身走佧势。

他使白云盖顶，我即将身往后一伏，前脚跟一拧倒后，左手一按，右手一抽，回目而视，如锄草之状，是一个砍佧。枪抽靠左胁下，气顶下颏，两脚尖俱拧回向前。

两脚跟向后微斜。

第三再解

　　昨夜天台雨乍飞，万紫千红斗芳菲。
　　佳人拾翠回头看，系得王孙意不归。

按下扎胸，挂开扎面，扎顺手枪，次则美女穿洞。

又铭曰：

　　杨二郎，显神通。
　　摘芝草，闹龙宫。
　　锄非种，谁争功。

是一个回佧。

　　粪堆以上，却长灵芝。
　　一锄砍去，不扭头儿。

体会摘字。

牵摘：后抽拉手。

推摘：扎胸回手。

闪摘：分割手挂开势。

顺摘：滚扎胁。

重摘：打头。

偷摘：架扎腹、扎胸脯。

总名曰手摘星辰。

休笑二郎神，二郎神却真。
除去灵芝草，龙宫间无人。

觅得芳草地，终朝掬已盈。
却顾翻无意，摘取洵有情。
功成身已退，毕竟有谁争。

他盖我顶，我身往后一伏，将他杆摘下。此处原有回手，但在架中，不可扎他。

二郎摘草便争功　回其锄矣　气顶下颏

马上使剑

使者,去而不阻也

马上意悠悠,使剑复曰求。

敌人追何急,一动命难留。

斜伏身侧头要回转势。

他取耳,我将左脚往前斜上一步,抽后手,挑前手,侧面斜理其杆,眼往后看。

左额角挑气。

第四再解

曾记当年战虎牢,三人合力逞英豪。

饶他吕布方天戟,跨马追风剑怎逃。

挂开扎手,硬者自带枷,返高使拦手进步,低者杀手下,撩手使。

又铭曰:

三尺剑,吹万重。

马上使,疾如风。

长坂坡,赵子龙。

是一个拨伶。

谁家带剑,马上使之。

吹毛过去,一刎难支。

体会使字。

挂剑:往左一拨扎手。

推剑:顺杆推割脖项,在上使。

跨剑:上右步抽杆割手,在内使。

反剑:云顶扎打左耳腮。

提剑:上右步提杆扎腹。

按剑:上右步按杆割手,前高后低势。

折剑:起手势一收一放,扎胸。

总名曰公孙舞剑。

出袭荆州城，后面有追兵。

抽下双股剑，回首使青龙。此是外青龙摆头势。

飞身上马去，回头掣霜锋。

练影才三尺，吹毛过万重。

不得欧冶器，哪收风胡功。

他取耳，我杆往后一略，推打前手，扎面割项。在枪架内只可一略即是。若推去，下面"饥鹰侧翅"不大顺便，故留手拦路使用。

马上使剑掣霜锋　拨其筹　左额角挑气

饥鹰侧翅

侧者，斜而不正也

鹰下九重天，侧翅曰翩翩。

欲扬而先抑，凡鸟不敢沾。

斜伏横身。

他捕食，顺杆刷打我手，我上右步，回左步，两足走归一条路，左脚尖颠踏，脚跟向后，腿弯绷直，左膀尖往下一栽，身往前一伏，将他劈打滑躲。

气闪左肩尖上。

第五再解

饥鹰束翅下原田，倒侧歪斜不看天。

众鸟翻飞应急去，金瞬玉爪不空拳。

压下，起打脑后，返左，低则退步扎腹，高则悬脚扎胸。

又铭曰：

鹰逐鸟，侧翅忙。

身先抑，而后扬。

拂羽下，燕雀藏。

是一个闪俊。

饥者易食，双爪搏击。

膀儿一束，侧身掠地。

体会侧字。

插翅：滚手回扎脚尖。

挑翅：顺杆撩手。

捕翅：返上降杆打手。

展翅：云杆打耳腮。

冲翅：撩手冲扎鼻。

刷翅：闪下蹲身刷打脚。

总名曰黄鹰撒膀。

文家有正宗，得力在偏锋。

粗中藏细密，岂是落后松。

苍鹰情何急，回顾下田塘。

斜飞落燕子，戢翼卧鸳鸯。

奋击会有待，埋头且自藏。

他捕食打手，我左膀尖往下一栽，躲过他杆子，回杆闪扎其前手。

饥鹰侧翅下九重　闪夷栽矣　气闪左膀尖

鹞子翻身

翻者，转而不滞也

饥鹞出深林，翻身正惊人。
纵有百般力，一倘五岳分。

侧身左点势。

他杆打下落空，我翻身而起，右脚横，左脚尖顺点微进，以杆回扎其手虎口。

气攒食指尖。

第六再解

欹彼晨风郁北林，愁看鸟雀出高岑。
开睁展翅搏霜爪，鹞子翻身落彩禽。

侧身使枪，返高者使棒打胸，落下打手。

又铭曰：

铁膀鹞，落深林。
翻身动，拿雀禽。
嘱浦鸥，早惊心。

是一个击侟。

翻身鹞子，铁膀千斤。
穿林而出，四裂五分。

体会翻字。

侧身：顺杆撩手起。

横身：偷脚碾步按杆，横截手。

转身：望头云杆，打耳腮。

倒身：上右步伏身，杆夹右胁下，左手仰，右手按，挑他手。

退身：退右步，绽手捽打他杆落地，使杆拨他枪，往外一开。

仰身：偷上右步，高提手搠扎小便。

总名曰翻身鹞子。

铁鹰侧翅去，饿鹞翻身来。
穿林疾于鸟，鸟雀一齐摧。

鸱彼飞隼鸟，漫说骤骎骎。

拂羽初掠地，翻身已出林。

此日燕雀子，应自畏鸷禽。

我侧翅躲开他杆，即回扎其手，要猛要疾，方像鹞子之势矣。

鹞子翻身雀鸟惊　击夷投　气攒食指尖

青龙摆头

摆者，按而不起也

青龙身如虬，伏屈意不留。

尔有百尺穴，只怕一点头。

长身外靠势。

他穿梭扎虎口，我右步略横，左步拉颠，抽后手，滚前手，外靠闭他杆。

气贴左胁下。

第七再解

信吐白蛇尚未休，青龙回首忽悠悠。

左宜右有逢源取，变化无穷着意抽。

顺手使，转手使，左枪谨防，靠枪扎打。

又铭曰：

甲卯乙，小青龙。

头三摆，气从容。

骄兵计，一战功。

是一个交侪。

你也有头，我也有头。

我一摆头，你难抬头。

体会摆字。

仰摆：高提手，仰扎手。

按摆：低后手，按前手扎手。

外摆：侧仰手挂杆推扎手。

内摆：转阴手扎手。

圈摆：杆往里一圈拦住。

战摆：猛力一按，使之吃惊。

总名曰群龙无首。

东方小青龙，温和又从容。

头尾只一摆，烟花一万重。

欲入白虎穴，先摆青龙头。
时来仍时往，似去又似留。
识得真诀窍，摆头不摆头。
他扎我手虎口，我即抽杆摆住，闪身外一大空，方是真诀。

青龙摆头甲乙东　交夷错矣　气贴左胁下

乌龙展背

展者，放而不拘也

  乌龙出北海，长虹何处来。
  放尔项下珠，一展谁敢开。

仰侧身大势。

他开锁割取食指，我右步横，左步顺颠，前脚微进，身往后仰，枪往前探，转阳手，提杆照鼻准，挩扎他小便。

气栽顶门上。

第八再解

  乌龙摆尾伏长河，逆水倒流出碧波。
  纵有金针神钓手，翻身展背葛山坡。

靠枪扎小便，伏下侧身扎后手。

又铭曰：

  正北方，是乌龙。
  展开势，背玲珑。
  剜心枪，谨避封。

是一个插倥。

  青龙之头，乌龙之背。
  八爪一展，苦了蝉蜕。

体会展字。

穿裆：转外阴手，摇膀拧扎小便。

剜心：返上仰手撞扎胸脯。

摘胆：仰手高提叩扎腹。

入洞：返上转阴手扎口。

抓耳：落下打手，云顶打耳。

挩脚：仰手移扎足。

总名曰大展经纶。

  乌龙未展爪，奋臂先舒甲。

但看十一腊，定把猿猴抓。
乌龙翻碧渊，青龙摆头先。
藏来疑缩背，触处起飞泉。
谁敢开这锁，一展命难全。
他开锁扎我手，我即转阳手，仰扎其右大腿。

乌龙展背波涛生　插夷挡气栽顶门上

羽王拔戟

拔者，利而不碍也

羽王持大戟，临阵自无敌。
双手抱得紧，威势似钓鱼。

身半横头俯势。
他转腿扎脚，我即拨步抽杆，右步微横，左步拉顺颠擎，搂住杆头。气靠右胯。

第九再解

项王铁戟世无双，信手拔来可独扛。
虎视眈眈睛不转，神威赫赫镇乌江。

扎脚，打手，送扎胸脯。
又铭曰：

使画戟，楚霸王。
拨则获，谁敢当。
战垓下，赤泉藏。

是一个粘倸。

方天画戟，用备不虞。
抽身而退，拔茅连茹。

体会拔字。

掷戟：扎脚。

托戟：外滚扎腿。

提戟：梁杆推割手，在外使。

持戟：拦手内扎心。

射戟：闪外举杆上扎目。

矛戟：摇膀扎咽喉，亦在外使。

总名曰倒拖画戟。

把钓临江岸，俯视不转睛。
伏下窝弓势，专待猛虎行。

画戟挑两边,拔来信手牵。
殿则非敢后,往而利无前。
猛虎倒退洞,威风满山川。
他双开锁扎脚,我一退,伏身抽杆,拨住他杆。

羽王拔戟谁敢争　粘则挂矣　气靠右胯

玉女捧盘

捧者，端而不偏也

　　　　玉女捧金盘，三杯项下传。
　　　　献去尔莫饮，无福消受难。

正身住势。

他撩手，我即退左步，拳左手，顺杆捋回，双手合在一处，仰面而立，两脚尖颠擎，俱仰手。

气鼓小腹。

第十再解

　　　　美女婵娟捧玉金，三杯项下伴何斟。
　　　　劝君莫饮花中酒，醉倒玉楼不自禁。

捋杆摇膀顶扎项下，落打脚，挪扎小便。

又铭曰：

　　　　右玉女，捧金盘。
　　　　饮斯酒，心胆寒。
　　　　张邰败，中机关。

是一个摇佺。

　　　　盘内有酒，笑中有刀。
　　　　眼看玉女，醉倒春醪。

体会捧字。

覆足：仰手扎脚。

护膝：仰手扎鬼眼穴。

纫针：仰手扎小便。

捧心：仰手平扎胸。

探喉：仰手上扎喉。

锁口：仰手上扎口。

总名曰玉女守门。

　　　　曹豹不识此，恰中回马枪。

周善油江口，难免顺水亡。

婵娟推玉女，从容捧金盘。

捧持双手托，仰视一柱观。

接尔三杯酒，令人心胆寒。

他撩杆打手，我将左手一捋，右手一仰，斜扎他脚。扎左脚方是。一来侧秀，一来留空，好叫他右边使根撩推。

诗曰：

怪道怪道，这个不料。桃花寻着，张口大笑。

谁对你说，你怎知晓。阴阳相隔，玄妙玄妙。

奇巧奇巧，人间至宝。口儿朝天，脚底梭跳。

三句道尽，不再讲了。放着式样，问他去讨。

领教领教，徒劳徒劳。笑而不答，惹下烦恼。

劝君莫噪，地设天造。功夫一到，一学就好。

此一势枪极难扎，皆因那边披甲利害，不敢近前，然以阴阳妙理体会，彼往上挑，我自应往前进，方得元窍，若以退后，则精神不联。前言侧身侧上亦奇变之格耳。细心测揣，他披甲起，我拳左手，伸右膀，进步下扎脚，他悬左脚推根一挡顾住，还梢打我头，我右手一捋，回来举鼎接住。如此方不至于两撅。但学至此而艺弥高，论至此而讲益深，习至此而迷顿作，疑至此而悟辄开。正而微侧，侧而仍正，是在善学者心领神会之而已矣。

乾隆四十五年六月初五日午时洛臣识

玉女捧盘露仙容　摇则收　气鼓小腹

霸王举鼎

举者，擎而不坠也

霸王施神功，千斤鼎能擎。
双手仰托住，勇气动处生。

侧身面微斜仰势。

他若执手劈下，我即进左步，仰左手，竖右手，面微斜仰，似举鼎势，斜棚其杆。

气顶两手心。

第十一再解

惟有霸王意气饶，千斤铜鼎只轻挑。
巨灵一背神仙掌，撑起汉天柱两条。

上棚下砸，返高劈面，降打长身，仰面推去，扫打脚。

又铭曰：

千斤鼎，非等闲。
万人敌，力拔山。
无轻重，都一般。

是一个顶偿。

霸王神勇，无物可挡。
鼎分三足，称起栋梁。

体会举字。

得中：双落手砸杆，以拦挑杆扎胸。

上行：猛力一举，棚住打头。

大烹：按下扎腹。

折足：落下扎足。

革耳：返上扎耳。

颠趾：上右步倒根，将他杆按下，使不得起。

总名曰力能扛鼎。

宝鼎是重器，运掌托天空。

进步终有益,退后便无功。
天生霸王勇,猛虎翻金睛。
鼎势千斤重,手举一芥轻。
云际生古木,银汉接凤城。

他打头,我将杆仰手一抽,棚住他杆。他撩根推,我往前进步,将杆斜抱怀中,杆头拾下,左肱一卷,把头入在他杆下。

霸王举鼎施神勇　顶则进矣　气顶两手心

勒马听风

听者，踌而不前也

古有勒马枪，人多不能防。

看风而变化，运机实为良。

身微斜倒退势。

他打披甲，我一接住，即顺势往后一抽，勒压他杆，两脚尖立地，长身，目微斜视。

气按胸脯上。

第十二再解

勒马冲锋自古强，随风变化最为良。

胸中十万兵戈在，铁膀一摇勇莫当。

回马外阴手扎耳，扎肩，内仰手扎胸，扎便，返高降下扎咽喉，脱下扎胁，扎脚。

又铭曰：

勒住马，且听风。

虎须竖，豹眼睁。

当阳桥，曹瞒惊。

是一个压佯。

勒住奔马，勇冠三军。

侧耳听风，压顶乌云。

体会听字。

左勒：抽杆牵过，拦他打内。

右勒：拨杆挂过，拦他打外。

中勒：靠上势一提，拦他扎脚。

上勒：返上降杆，拦他扎面。

下勒：挑杆一震，拦他扎脚。

谨勒：再着力一勒，拦他再扎。

总名曰勒马观兵。

泰山覆累卵，梨花压海棠。
迎风多变化，勒住回马枪。

将马奔涛惊，驰骋耳生风。
直前星赶月，追后似流星。
双镰忙勒住，丈八蛇矛横。
他打披甲，我举鼎接住，转阴手往后一勒。

勒马听风风有声　压则抽　气按胸脯上

急三枪

急者，往而不遏也

我有急三枪，一动谁敢当。

直扎气不停，妙处在撒膀。

侧身猛扎势。

他披甲打手，我即接住往后一勒，右步横，左步颠送顺点，直扎其目，不容少缓。

气催左额角。

第十三再解

桓侯自古称豪强，倒拔蛇矛隐电光。

声若巨雷惊夏侯，虎牢三战奉先忙。

连枪带棍借手使，内外上下一气勒送，倪到底而不懈。

又铭曰：

猛回首，急三枪。

鸡撒膀，人难防。

取上将，如探囊。

是一个猛倪。

迟则不及，敏则有功。

急急如律，三阵东风。

体会急字。

一急：盖顶一杆。

二急：刺喉一杆。

三急：劈胸一杆。

四急：劈腹一杆。

五急：扎脚一杆。

六急：返高扎腿根。

总名曰三分定鼎。

粗中却有细，忙里去偷闲。

雨打残花破，烈火烧荒山。
急则何能择，三战气倍扬。
入川严颜释，出褒许褚伤。
可怜曹瞒将，闻风丧当阳。

他一擎，我即猛扎其面目。

急三枪急人难封　猛莫敌矣　气催左额角

凤凰点头

<small>点者，指而不送也</small>

　　凤凰落丹山，梧桐枝上眠。
　　不肯轻点头，点头出大贤。

侧身外枪势。

他收起手，我即闪身上右边，抽杆直扎其肩窝，前手微侧而仰，后手低，名曰自带枷。

气点食指尖。

第十四再解

　　梧桐老干长朝阳，闻道丹山落凤凰。
　　五彩和鸣天下晓，同声相应在高岗。

拨杆内扎面，挂杆推项，返高布者顺手扎胁，降下打手扎胸脯。

又铭曰：

　　凤凰至，鸣岐周。
　　高岗上，齐点头。
　　出褒地，刺虎侯。

是一个入侸。

　　丹凤朝阳，和鸣笙簧。
　　头儿一点，吹裂翠岗。

体会点字。

一点：返内扎喉。

二点：内外扎耳。

三点：盖顶返内上扎头。

四点：闪高提手，长身扎肩窝。

五点：落下小四平偷扎裆。

六点：返上硬扎腹。

总名曰凤凰三点。

　　碧梧堪栖凤，凤凰自有头。

头儿点一点,竹实信可求。

丹山何处是,于彼有朝阳。

萋萋生梧桐,喈喈落凤凰。

暗中点一点,和鸣晓八方。

他收起手,我即抽杆,往身外扎其肩窝,要带摇膀而佟,落下小四平势方有力。

凤凰点头听和鸣　入莫休　气点食指尖

身外右枪

右者，右而不左也

右枪妙难言，势平而托杆。
谁曰气不舒，一点见涌泉。

侧身小四平势。

他使布手打手，我即闪身向右跨，扎他腿根，后脚横，前脚尖颠擎，杆擎膝上，扎其左胯。

后手直送势。

第十五再解

急风骤雨过关西，雷电交加二目迷。
忽见残虹归陕北，平铺浊浪板桥低。

托枪伏身扎膝，滚扎便，降手扎胁。

又铭曰：

不宜左，偏宜右。
身外枪，须照后。
是以似，维其有。

是一个停伫。

陟则在巚，复降在原。
平平无奇，妙不可言。

体会右字。

跨枪：迎杆扎右腿根。

缠枪：摆头扎右腹。

提枪：返外挂扎左腹。

回枪：转内降手扎心。

偷枪：闪外上右步扎肩窝。

倒枪：换右手勒杆扎咽喉。

总名曰左右逢源。

外内合一道，法儿学分身。

平平无奇处,谦谦能下人。
已经破壁去,点睛又飞来。
射矢须蹲甲,疾走似衔枚。
纵有霸王勇,能不困下垓。

他布,我即伏下,托扎其腰胯。

身外右枪小四平　停莫忙矣　后手直送势

脚底鼓枪

鼓者，震而不宁也

扎脚不扎脚，扎脚还是错。
到得落点时，方可云扎脚。

侧身微斜斜拧势。

他左枪打我杆，我即将前手转阴，往左边按扎其内踝骨，大抵以滚手扎脚为顺。

气按食指尖。

第十六再解

穿林大蟒抵山腰，秋水横空一座桥。
挡路白蛇山脚舞，风吹涧底小松摇。

滚手扎脚，搂拔步量天尺扎手。

又铭曰：

脚底下，鼓儿喧。
一声响，出涌泉。
张果老，撑铁船。

是一个戏佟。

足下何有，平地一雷。
鼓舞震底，红绽肥梅。

体会鼓字。

点鼓：在外扎脚。

敲鼓：在内扎踝骨。

提鼓：顺杆撩手。

击鼓：返上劈打手，送扎腹。

摇鼓：倒根在外刷打脚。

伐鼓：梢根低打脚，在内使。

总名曰鼓角动地。

你有急三枪，我会洒地锦。

箭射花鼓响，板铁钉得稳。

足下何所有，击鼓自冬冬。

欲捞海底月，须听耳后风。

捷言庆忌子，哪得避行踪。

他剁杆，我即往内滚下扎其脚，须用擎佇。不可太狠，亦不可太飘，飘则必游，狠则难回。

脚底鼓枪足下行　戏莫留　气按食指尖上

劈头棒打

打者，迅而不宁也

何处落玉峰，直打山巅崩。
不似人间棒，花果枝中生。

半侧身上轰势。
他靠山打我脚，我即转阴手上绞打其头。右脚微侧，左脚顺点擎。气俯食指尖。

第十七再解

九二阳刚方在田，藏头露尾伏深渊。
雷霆乍起潜龙跃，一道长虹飞上天。

崩枪梢，冲天势。
又铭曰：

当头炮，人人怕。
出山棍，难擎架。
凡间棒，焉有那。

是一个晃佟。

铜头铁额，棒打不开。
花红满地，天外飞来。

体会打字。
挑打：转手擢杆，崩打他左手。
劈打：抽后手，按前手，打胸。
挂打：后手高，前手低，拉打脚。
栽打：蹲步上右脚，使根夹右胁窝下，打腿。
仰打：右夹肢窝夹杆，右手一挑，仰打右耳腮。
横打：左手攀，右手一推，打胁。
总名曰打开后壁。

举头出天外，岩峣俯咸京。
华山劈半个，三峰削不成。

我有出山棒，惊尔毛发寒。

下扎涌泉穴，返上塞泥丸。

龙门点额者，已上钓鱼竿。

他靠山扎脚，我即转阴手上绞，高扎其头。

劈头捧打泰华峰　晃难捉矣　气俯食指尖

神龙掉尾

<small>掉者，余而不尽也</small>

云行雨施了，飞下九重霄。
虽然归苍海，掉尾意不挠。

侧身坐势。

他棒破打我头，我身微往后坐，左腿伸，右腿屈，擎杆脚尖上，扎臁骨，仍还原势。

气擎左脚尖。

第十八再解

甘霖沛降满长空，阳气潜藏大海中。
用九群龙无首吉，微茫一点见神功。

伏下一叉，返高冲天扎咽喉，落低扎脚，仍返上扎手，扎腹。

又铭曰：

龙无头，不见角。
掉神尾，没捉摸。
影射着，觉后觉。

是一个伏佟。

龙归大海，虎卧深山。
末后一段，首尾一般。

体会掉字。

剪尾：外剪杆扎腿。

摆尾：内摆杆扎腿。

竖尾：倘身穿扎下颏。

拔尾：往后一拉挂扎腿。

摇尾：往外一拨扎外臁骨。

扫尾：一云，扫打脚后跟。

总名曰有头有尾。

神龙不见尾，神龙不见头。

无头又无尾,掉尾亦掉头。

神龙点睛去,变化有余情。

探爪生云雨,掉尾隐形踪。

阳气潜藏下,沧海吐微萌。

他打头,我即坐地一叉,伏扎其臁骨,杆须搁自己左脚尖上。

神龙掉尾意无穷　伏难求　气擎左脚尖

此枪不下注解情

阴符三百字,道德五千言。

伏羲画八卦,圣人只一贯。

我有下下势,夜半待心猿。

这枪件件精,到处尽知名。

强解人不解,不学自然成。

他探海,我仍使潜龙势拦住,以为白云盖顶之计。一旦豁然自己明。

天地本混沌,混沌实混沌。

混沌发混沌,混沌不混沌。

混沌任混沌,混沌终混沌。

体用无不具,表里无不通。

寻着杨七郎,一一问张公。

他一拦,我仍使当面起去,循环一气,并无端倪。岂不可豁然自明乎?然所谓不下注解者,盖指下句诗而言耳。

枪法之妙多端,如水之流不息,如山之巅特立,如鸟之飞翱翔,如星之光不定,如火之焚迅疾。加以含蓄,而吞吐无余蕴矣。此诗不过述其形状,描其精神,以意逆志,斯为得之。执之不可,离之不可,语中讨其精华,言外想其光景可也。其点满三十六,足二八之数,元足气贯,内寓铅汞一斤之数。

乾隆四十七年七月初二日丁卯五十八岁识

国家出版基金项目
NATIONAL PUBLICATION FOUNDATION

苌家拳全集 中

(清)苌乃周 著

陈万里 陈万卿 陈万刚 整理

中州古籍出版社
海燕出版社
·郑州·

枪法四

二十一名枪谱

第一种

此枪分析详明,多方比喻,聊以训诂耳

第一潜龙最为尊

潜龙勿用莫先争 未交枪时，从容铺下，不可张皇失措，争先扎人，是静以制动之理。

仰手托枪膝上擎 预为盖顶之计。

表正形端分八字 身要直，脯要昂，档要分，步站八字势，后脚横，前脚竖，丁字样儿。

可高可下可中平 上中下俱可扎人也。

当面劈打疾如风

长枪短剑敛霜锋 枪杆虽长，拿来往后一抽，犹如短剑一般，浑浑不败露其锋芒。

摆尾摇头欲化龙 杆头往下一低。

奋地出雷虹影起 从下撩手而起，如雷之奋而出地，龙潜忽跃，虹影顿起也。

翻云覆雨落巫峰 阳手转阴，往上劈打如风。

白云盖顶一阵风

白云出岫向遥空 枪从他人两腿中间对着，反上而起，犹如云之出岫而直向空中去了。

阳转阴移点化工 阳转阴手，中有神妙不测之机。

卓立群峰千仞上 停身而站，犹如立于高山之上，下临乎千仞者。

山山尽在笼罩中 已伏下降枪落手之势。

二郎摘草便争功

昨夜天台雨乍飞 他当面劈打我头，犹如天台山上落下雨点一般。

万紫千红草芳菲 看他杆子势法多端，似草之茂盛。

佳人拾翠回头看 身法往后一伏，似美人弯腰拾翠而回头偷看者然。

戏得王孙意不归 走而不走，去而不去。

关公便把颜良取

停刀勒马劈黄巾　　我使盖顶如勒马停刀而大破黄巾一般。
倒竖蚕眉倍有神　　落下降手，直刺咽喉，神气逼人。
冷艳飞来风人耳　　转手扎耳，如冷艳钜之飞空而来，其风直入耳门关内。
独行千里更无人　　提起右足，左足悬空而立。

马上使剑疾如风

倒托画戟意峥嵘　　二郎摘草如吕布败虎牢而走，倒托画戟仍是意气豪强。
虎视眈眈不转睛　　睁目直视其杆，不少转眼。
跨马登山从此去　　提起左足往后退步，如登山从此而去了。
回头一剑疾风生　　回杆扎其前手，疾风忽生。

打饿虎捕食

飘飘耳后已生风　　我使关公枪扎耳，则彼之脑后早呼呼风响矣。
卷爪藏牙不露踪　　将小指往外一开，左足往上一提，如虎捕食。
饿虎添翼求食急　　用力顺杆猛往前打，左足着地，只可及手而止，过则失门，起不及矣。
震惊咆哮满林空　　从头打至足跟，然此非枪之正架。

鹞子翻身

䎃彼晨风郁北林　　我使马上使剑割其前手，如鹞之望林而穿也。
愁看鸟雀出高岑　　看他捕打到我前手之上。
饥鹰侧翅搏霜爪　　捕食来猛，须侧身摇膀，伏地一丢，两手如搏霜爪然。
鹞子翻身落彩禽　　反上扎他前手，然在正架，只可杆梢少接其枪。

玉女穿梭

此中机杼有谁知 我捕食平打,他翻过来身子,即前扎其手虎口,其中机关甚妙。

称物平施在寸丝 步宜少宽,则得其平,若仄必顶起身子来了。

玉女穿梭来往走 穿梭而去,彼若摆头,我一拦可以仰手而扎,再一拦亦可以合手而扎。

日成五匹尚嫌迟 扎入虎口,犹恐不快,总以疾为妙。

青龙摆头

信吐白蛇尚未休 我使鹞子翻身,如白蛇吐信,直向前扎,原不可休也。

青龙回首忽悠悠 穿梭而来,忽然回首而掣,气却悠悠。

左宜右有逢源取 拦在杆梢上面正中,不粘不脱,方可左边扎小便,右边扎大腿。

变化无穷着意抽 全在后手顺势一抽,总要翻身时接杆为妙。

猿猴双开锁

收却银钥锁猿猴 他摆头时逼仄之甚,闭住门户,如锁心猿一般。

火焰钻心岂肯休 展背剜心,不肯放松一着儿。

行者者孙神变化 将杆竖起,先提右足,往前扎足用捯佟直捣,亦有用胯上右足自杆下拭手者甚妙。

雄关开放复何愁 他展背,次提左足扎脚。

乌龙展背

神龙掉尾伏长河 我使青龙摆头,如神龙之掉尾,伏于长河而欲入水。

逆水倒流出碧波 迎手顺势扎其小便。

纵有金针神钓手 他若老开锁,大梁枪扎我前手,一时闭闪不及。

翻身展背葛山坡 我即使仰手扎其大腿,然非正架。

打秦王披甲

身披重铠是秦王　趁开锁落下左足,阴手拿杆,用小腹力连裆尽力往上一挑。
左右陈行气倍扬　落下左足,望面打来。
坚甲利兵皆可打　即合手打左,仰手打右,落下打手之说。
世充建德入黄粱　言挡之者无不破败也。

张公急三枪

桓侯自古称豪强　自下接杆,如斜挑旗帜,勇猛之气凛凛,令人不敢逼视。
倒拔蛇矛隐电光　回头一煞,虎须倒竖翻金线。
声若巨雷曹操恐　用正面阴阳,豹眼圆睁,大声疾呼,如虎啸深山,百兽为之震恐。
虎牢三战奉先忙　望面一下,剜心一下,刺喉一下。

起手枪破

独步文星点鳌头　我使秦王披甲,左足站地,望头一打,如点鳌头一般。
抱来明月汉宫秋　将杆双手向怀一收。
长空一扫浮云净　收住,他急三枪从面上一扫而过,如浮云向空净者然。
望尽江南十二楼　起手扎咽喉,以人之气管为十二重楼也。

身外右枪

急风骤雨过关西　我使急三枪劈面而来,如急风聚雨之忽过关者然。
雷电交加二目迷　我之目力心气交加,彼已昏迷了。
忽见残虹归陕北　忽然落下,脱肩扎胯,如残虹之挂陕北者然。
平铺浊浪板桥低　小四平,八字步,端端正正。

左枪破

抱月怀中两手停	我使起手，双手一收，其势若少停而其实不停。
桂香落子走雷霆	撒手一放极其迅速。
毕离缠疲滂沱雨	彼再一压扎进，亦可再收连打，但稍收即放，比此又加疾矣。
细点穿窗湿锦屏	披他心一扎，然本势只可放在杆上。

脚底鼓枪

穿林大蟒抵山腰	我使身外右枪，直扎他腰，如大蟒穿林钻入山腰之孔者。
秋水横空一座桥	彼左枪一坐，如桥之横秋水而平去一般。
当路白蛇山脚舞	滚手扎脚，如白蛇之舞于芒山下者然。
风吹涧底小松摇	扎脚则底不稳，而五趾动摇也。

靠山潜龙破

武侯六出祁山边	我使身外左枪打在他杆上，粘连不离，如武侯出兵常在祁山。
依水靠岩地利先	下贴小腹，上靠乳头，枪尖射地。
一自南阳高卧起	右手将杆往后一拔，足往前一入，如卧南阳而忽欲起来。
潜教五虎下西川	往下直扎其五脚趾。

劈头棒打

九二阳刚方在田	我使脚底鼓枪，枪刃之利如阳刚之在田地。
藏头露尾伏深渊	使挪佯撩裆扎其小便。
雷霆霹雳潜龙起	从下撩手，冲天而起，如潜龙之闻雷霆升腾者然。
一道长虹飞上天	劈头一打，不啻飞来的一般。

劈头棒破

乌龙摆尾劈天门　他使劈头棒打，如乌龙摆尾，欲劈天门者然。
几度云雷欲出屯　他杆将到，然后我杆从下而起。
棒喝当头清梦破　打头则必吃惊，如人方寐，大呼而使其梦破乃觉也。
何须掌血与条痕　自是不比掌打条摔。

第二种

此枪脉胳贯通,一气呵成,亦第因前人之旧规而僭易之耳

潜 龙

第一潜龙最为尊　　提杆先往面扎他一枪，即缩下身铺潜龙势。
盘古开辟混沌分　　他当面扎来，我在他手下偷扎小腹。
仓颉象爪造文字　　他一低，我反上打手。
神农树艺五谷均　　他一压，我一勒，扎胁。
洪水横流怀襄陵　　他往内一合，我反外扎胁。
飞龙何须雷电巡　　他往外一摆，我顺他杆下撩手扎胁。
霹雳一声蛰虫启　　我劈面一打。
姑养鳞角待桑霖　　我滚手仰手下扎他胸。

当 面

当面对敌把阵冲　　凤点头势，用寸步使阴手打面。
魑魅诡计驾妖风　　闪伏扎胁，仰手挨杆使送倰。
金陵一炮鄱阳破　　他左，我反上打面。
海底捞月菩萨灯　　他把面一仰，我伏身打臁骨。
火烧新野攻魏武　　他剪，我提杆反内仰手扎便。
泰山压顶声名雄　　他搂，我反上打头。
直入沙漠探虎子　　他起，我顺手扎胁，须要竖肘方是。
攀山附陵任从容　　他降，我反挂打手，顺势推杆，直扎其面。

盖 顶

白云盖顶一阵风　　迎枪寸右足，埋头钻身，使凤点头。
二虎盘磨演武厅　　他拦，我上寸步，往后扯杆，借手扎喉。
汉升定军排阵势　　他压，我随手闪外，使仰手扎乳。
飞马流星是岑彭　　他摆，我闪内使阴手撞倰，扎小腹。
昆阳奇勇井木犴　　他搂，我反上扎胸。
大破汉水赵子龙　　他拦，我闪伏扎胯。
威镇西平马孟起　　他左，我反上扎面。

八战八克归广平　　仍勒下，使上下棒打手。

摘　草

灵芝青青产昆棚　　回头斜身，将我杆往后一抽。
樵夫难攀近尖峰　　借手上势扎咽喉。
忽遇八九元妙子　　他翻，我使大梁枪扎乳。
言刈其蒌兼程行　　使合手枪风身法往内撂手。
蓬头大仙难割舍　　他压，我闪外扎手。
转战角武潼关城　　他拦，我闪内直扎胸。
猿猴仗剑助战威　　他压，使老开锁势提手。
立劈华山建奇功　　他起手，我上步使执手棒连头劈打。

关　公

关公便把颜良取　　抽杆降手，悬右足，外扎左耳。
黄河水战戮秦琪　　滚手直推打他手。
古城一怒斩蔡阳　　他摆，我闪内将他杆打下，梢起打他左耳。
虎牢华雄魂孤息　　他合，我仰手砸杆，推打面。
夜袭车胄破曹胆　　他起，我反内扎胸。
南陂文丑丧沟渠　　他拦，我闪下扎胯。
大破黄巾建勋业　　他左，我背面倒身下扎足。
至今千载叹绝奇　　他搂，我长起身子，用横推走马刀势，打太阳穴。

使　剑

马上使剑快如舟　　侧目倒视，足往前走，杆往后去，用分阴阳势。
奉先月夜夺徐州　　伏势，回左足，内打小便。
炮打襄阳施奇计　　他拨，我反上打头。
立拔祝阿武阳侯　　他使谢势，我即使高提手，仰杆扎他小腹。
飞马带剑奎木狼　　他搂，我反上扎胸。

剑劈十贼展奇筹　　他起，我即使青龙摆头扎面。
枪尖一点敌魂落　　他拦，我使外崩手抢扎咽喉。
万古千载魂悠悠　　他拦，我闪内顺手扎胁。

捕　食

饥虎捕食势甚勇　　用肾气使布手打。
虎视眈眈窥群雄　　他闪前肱，我直扎胁。
卞邑伸爪施英武　　他合，我反外打手。
峨帽山前驾黑风　　他摆，我反内直扎后手。
负嵎隐藏冲天翅　　他欲摆，我伏身把后手一抽，离地不高，使梢面压住，望面一扎。
河东啸虎数文炳　　直冲起，后低前高，上扎面。
尾尖焰烈起三尺　　他起，我即扎他脚尖。
山虞早已拜下风　　他搂，我即反上扎大腿根。

翻　身

鹞子飞腾出林泉　　伏势上步打手。
搏雀求食度光闲　　他一缩，我吊后腿，在他杆下拭手。
翻身一似鳌鱼动　　他搂，我反上扎面。
侧身又似盗果猿　　他摆，我反外打手。
网罗入洞高张幕　　他摆，我闪内扎面。
白蛇吐信透水泉　　他合，我上右足铺枪仰面扎咽喉。
燕子搏戟左边走　　他反，我扎穿袖。
展翅入右命难全　　他摆，我上扎穿身袖。

穿　梭

玉女穿梭勤女红　　顺手擎杆扎虎口。
两手悠悠杼柚空　　他摆头，我使蛇手中平扎胁。

八骏雷走追日月　　他谢势，我外扎手。
张公打阵哮龙吼　　他摆，我滚内点头势扎目。
左边吓杀天蓬子　　他合，我左棒打。
右边又惊角木虫　　他摆，我使右棒打。
上下八洞齐服倒　　他拦，我下扎足，冲高起扎面。
威震清虚第一宗　　他拦，我抽后手用开侭扎左耳，仍是关公格势，在内扎。

摆　头

青龙威镇甲乙东　　顺杆扎虎口。
潜伏炼真水晶宫　　摆杆外扎小便。
左爪开山宣化斧　　滚杆仰手内扎便。
右爪高攀摘心钟　　他搂，我反上扎乳。
翻身自中太极室　　他起，我一压，闪下扎膝盖。
顾下又中满天星　　他左，我反上扎面。
虚掩难遮无影箭　　他拦，我托枪短手吊后脚侧身打其耳腮。
回头倘枪丧残生　　他起，我闪下小四平扎左胁。

开　锁

猿猴生养盘古间　　提仰后手，低前手，扎他手背。
妙采天地炼真元　　他剪，我上右足，掩手点扎他足。
曾向西天拜王母　　他搂，我撩裆直起。
花果施威闹群仙　　他缩，我落下打手，打头，仍反外扎手。
大战长沙拖春秋　　他摆，我滚内扎膝。
兵阻孟津谁敢先　　他搂，我上右脚，扎其前足。
太岁魂挂封神榜　　他搂，我上左脚，扎其后足。
此是大圣露心传　　不等他搂，即勒打他前脚，他一缩，我即使点头扎他心坎。

开锁有上、中、下三势。上势提后手，仰前手，滚外扎手；中势跨马上右足，用腰侭，斜割他手；下势，竖起杆子，直捣他足。诸卓皆好，惟俟其人之神明而已。

展 背

乌龙展背下陈塘　　靠枪扎小便。
干戈磨荡万里霜　　他一隔，我用沾杆半提手。
开路先锋夜叉子　　他一缩，我就劈面。
百鸟朝凤在肩旁　　他拦，我伏身擦手，扎其胁窝。
越裳单凭指南车　　他摆，我上步阴手拭手扎左胁。
劈山救母是陈香　　他一缩，我劈面打。
大胆班超探虎子　　他左，我上右步，挎剑势扎面。
乳虎母子剑下亡　　他翻，我使大梁枪势，外扎胁。

披 甲

秦王披甲赴战场　　合手打面。
邢公围射王伯当　　抽后手擦手，外打面。
米粮川下收猛士　　他压，我滚手下扎足。
知节斧劈老君堂　　他左，我反上劈手打。
叔宝观象临潼阵　　他合，我反外拭手。
玉门拔槊敬德强　　他拦，我滚内扎腿根。
天降紫微百灵助　　他梁，我反上扎鼻。
一扫群雄受命长　　他起，我使倒搠碑捣其足，仍推梢扫腿，若长杆，只可以打臁骨，不必换梢也。

急 三

桓侯猛勇不可当　　望面一枪。
威风凛凛镇荆襄　　不等他拦，往外咽喉再一枪。
曾下西川降颜子　　他欲拦，即仰后手扎小便。
桥头一怒战当阳　　他搂，我内压，外扎大腿根，要带摇膀势方好。
大战张郃人懦惧　　他翻，我随势上挂面。
蛇矛单中许褚膀　　他合，我伏身送势，反外扎肩窝。

葭萌凭此战孟起　他摆，我反内直扎咽喉。
万古千秋姓名香　他拦，我勒下脱手扎左胁。

起　手

起手搏戟不非凡　竖肘往前一收，射住咽喉。
幽王悦姬戏狼烟　将杆一展，打他前手。
两手抱月擎天柱　他合，我仍收起手。
铁骑横冲雷万年　乘势，即硬扎他面。
李愬雪夜擒元济　他压，我伏下扎小便。
甘宁百骑劫曹瞒　他拦，我使反外扎足。
单人负戈平方腊　他剪，我梢起滚手打头。
妖气一清满山寒　他合，我使铺地锦打脚面。

右　枪

身外托枪藏妙元　小四平，仰面往上掇肘扎。
雷电光彩闪碧天　他左，我跨身照他小便一指。
后羿神手射天日　他搂，我反上扎眼。
果老扯帆撑铁船　他压，我使赶船势压杆上扎胸。
火烧赤壁卧龙子　不等他拦，我即上左足，仰手下扎便。
泰岱却被二郎担　他搂，我披面打下。
造父御骏追王驾　他起，我使漫头过耳。
再拜王母瑶池边　他架，我反外使马上使剑势，打他手。

左　枪

左枪骗马入战场　往手一打。
勒马听风关大王　他拦，我反外将他杆一压。
伸手欲摘天边月　他勒，我下扎足。
先凿龙门透汪洋　他搂，我上扎其口。

夜度昭关伍子胥	他拦，我扎小腹。
泸水悠悠芦中藏	他拦，我下扎足。
非是义士申包胥	他搂，我往面打。
三战入郢楚国亡	他拦，我中扎腹，下扎足，仍上扎胸。

脚　底

雀入大水变鲸龙	提杆直下扎足。
翻身复入水晶宫	他搂，我反外扎足。
只知牛耳三点妙	他外剪，我又反内扎足。
却被方朔盗仙童	他搂，我顺杆挪佟上扎便。
曹宝收去定海珠	他谢势，我反上扎乳。
八仙又醉醉翁亭	他压，我反外悬左足，占右足，仰手扎左耳。
鹏搏万里遮日月	他布，我下扎脚。
敌兵含泪洒西风	他拦，我即反上扎眼。

靠　山

潜龙出水一条鞭	提后手，伸前手，直扎他足。
五虎奉敕下西川	蹲身，上扎小便。
七擒七纵服孟获	他搂，我使金刚小现纂，以根捣其足。
忠肝义胆出祁山	他剪，我上左步，将身一转，还梢连手打下。
子龙单枪战泸水	他左，我反上打头。
汉升箴斩夏侯渊	他起，我仰手推杆，扎咽喉。
鱼腹少泄神机妙	他压，我使阴手下打拦马。
吴将拱手服英贤	他搂，我使凤点头扎胸。

棒　打

神棒冲起指朝阳	冲天起，上打头。
五王八侯随战场	小四平外扎胯。

托肠救主贾太守 他梁，我滚手扎足。
一醉八百不老长 他搂，我反上打手。
南下不毛创帝基 他摆，我下扎足。
北平朔漠开土疆 他搂，我反上扎鼻子。
海底一炮人难量 他起，我伏身送打臁骨。
阵前立见敌兵亡 他搂，我撩手仍打劈手。

棒　破

劈头棒破非寻常 反上开杆打头。
二郎担山赶太阳 他拦，我使根从身外打下。
前肩挑尽泰山土 不等他合，我即使根往外一刷，还梢打他头。
后肩又挑北海茫 他起，我使根撩起一略，略到身右，从他杆下伏身进左腿，还梢挑他小便。
摘心夜叉来探海 他搂，我反上扎胸。
神荼郁垒抱头藏 他摆，我即上右步，使小偷枪，靠右肩，单撒手势，扎自带枷。
乌龙翻江浑大海 他使伏身小偷枪打腿，我即上转勾脚，抽右手，用金鸡独立将他杆搂住。
大战沙陀李晋王 他起，我随势扎他小便。亦有用布手而刷下打手者。

第三种

此枪变化不拘,聊以慰好奇者之心,非敢争能前人也

其 一

无踪亦无影　斜手扎前膝。
无臭并无声　转手扎胸。
隐而未之见　身外扎胯。
行而未之成　身内顺手扎胁。
莫漫愁勿用　勒手下扎足。
变化谁不惊　点手上扎头。

其 二

打人莫打脸　上扎面。
防他暗处点　下扎腹。
除去脚与手　连手连足一齐打下。
而后望面飑　上打头。
但闻风声响　从杆下撩起，擢打他手。
疾雷哪得掩　执手连头打。

其 三

一阳初在下　靠山扎足。
冉冉直向空　上扎面。
牢笼百态外　身外白云盖顶。
含盖一切中　平打脚面。
片云头上覆　上打头。
耳后欲生风　使偷脚碾步扎耳。

其 四

觅得芳草地　扎胸。
终朝掬已盈　回杆使头梢在内勒扎前手。

却顾翻无意　他摆外扎手。
摘取洵有情　梁杆，反内仰手撩手。
大功虽不居　上扎面。
毕竟谁与争　落下打手。

其　五

颜良兵虽勇　扎面。
插标只卖头　大随手扎耳。
未解白马围　闪内扎胯。
先把黄巾收　下扎足。
不有关公将　上打头。
曹瞒终日愁　寸步，托短杆扎喉。

其　六

飞身上马去　在外扎手。
回首掣霜锋　滚手回脚内扎足。
练影才三尺　上扎胸。
吹毛过万重　下扎便。
不得欧冶器　上扎面。
哪收风胡功　一停战佯扎手。

其　七

虽从右耳下　上右足在内扎耳。
却在左肩理　在内捕食。
理时斜竖帜　在外捕食。
捕来虎添翼　再用肾气开杆外捕食。
前打丈二远　收起手，仍内捕食。
后退倒拖戟　侧身后托势。

其　八

惊隼飞空下　出杆打手。
漫说骓骎骎　一降仍扎胸。
拂羽初掠地　扎足。
翻身已出林　扎口。
此日燕雀子　提杆仰手扎腹。
应自畏鸷禽　摇胯仍扎腹。

其　九

自其西陵教　扎虎口。
家家重女红　杆下穿指。
伸手疑弄玉　反上扎手。
穿梭欲化龙　摆头仍扎手。
往来浑不厌　在外扎手。
锦绣应无穷　反内仍扎手。

其　十

欲入白虎穴　扎虎口。
先摆青龙头　他摆，我往后一抽。
时来仍时往　一摆一扎。
似去又似留　反外一摆一扎。
识得真诀妙　在内扎手。
摆头不摆头　一摆仍扎入虎口。

其十一

金锁重重闭　直前扎手，即穿梭势。
此关有谁开　外提手扎手。

开时钥乍启	他一开，低后手，推手。
猿去猴又来	仍提手，外扎足，一剪，仰手反内扎足。
空前兼空后	他剪，我直扎他前脚，一搂，上左步扎后脚。
双双二妙才	不等他搂，我吊后脚，撩裆挑起。他拦，我反根照头打。

其十二

乌龙翻碧海	直扎小便。
青龙摆头先	低后手一摆。
藏来疑缩背	望面一抡杆。
触处起飞泉	仰手梁杆扎小便。
纵有开锁者	他搂，我直扎他后手。
一展命难全	他摆，我勒打前手，一回仍扎胁。

其十三

英武说秦王	上打头。
组练迥无双	伏下扎腹。
合手打左肩	劈打前手。
仰击右肩旁	仰手扎其后手。
坚甲终何用	他摆，顺势使阴手，劈山棒打手，在身外。
会见曳兵亡	他外摆，我上左足，还梢劈打，在身里。

其十四

急则何能择	望面即扎。
三战气倍扬	落下扎足，反外又扎足，反内又扎足。
入川严颜释	上扎胸。
出褒许褚伤	外扎穿袖。
可怜曹瞒将	反上扎眼。
闻风丧当阳	连枪带棍借手直撞动心气，摧其后倒，须上左右足。

其十五

电光闪碧天　望面一晃。
一往实无前　一合扎面。
入怀须抱月　收起手,推杆往面一扎。
起手要藏肩　低手下扎乳。
颔下明珠在　反上打头。
任君着意穿　他摆,我使仙人倒上桥环中纫针扎咽喉。

其十六

已经破壁去　下扎腹。
点睛又飞来　上扎眼。
射矢须蹲甲　小四平外扎胯。
疾走似衔枚　滚手扎足。
纵有霸王勇　反上打手。
能不困下垓　勒杆,使阴手送佇,扎小便。

其十七

右之右既有　往下一打手。
左之左亦宜　反外打手。
挂杖胫先叩　滚手打踝子骨。
劈斧山不支　反上打手。
漫夸指南车　略吊后足,扎指挡势。
燕剪势已奇　外剪手打腿。

其十八

足下何所有　靠打头。
击鼓自冬冬　下扎足。

欲捞海底月	上扎小便。
须听耳后风	上打耳。
捷言庆忌子	打手往后坐身。
哪得避脚踪	铺地扎足趾。

其十九

鼓角正喧天	上打面。
忙步而直前	下扎足。
提手遮云汉	一提，撩手。
伸手探水泉	掩手扎足。
伏下潜龙势	上撩裆。
逸气满山川	反上劈手，送势扎胸。

其二十

我有出山棒	顺手往上挑手。
惊尔毛发寒	上打头。
下扎涌泉穴	即脚底鼓。
反上塞泥丸	上扎便。
龙门点额者	上打头。
已上钓鱼竿	落下打手腕。

其二十一

扎脚我扎脚	下扎足。
打头我打头	上打头。
乍闻雷地奋	下扎足。
已见银浆流	仍打头。
更有东方朔	下扎便。
夜里把桃偷	使拔步量天尺打手。

第四种

此枪亦系一气

伏 潜

起手他扎手。撩手我转手他低，我阴一转。打手，我打他手。右扎脚膝，我滚手扎他足。反高他使起手枪扎面，随中使中。

起 当

降枪落下使将他杆用力打下，仍用阴手，在他杆下一扎。反者劈头棒打。他往下一低，我即反上打手。

直 盖

望面扎，落来先打后手，反者左右棒打手。望面一扎，他起，我即伏身往前打他后手，不等他合，即勒打前手，他摆，我使左右棒打他手。

回 草

按下扎胸，我借手。挂开扎面，在外。扎顺手枪，次则美女钻洞。冲天势起，仍劈下。仰手在杆下扎胸。

随 关

抽枪扎咽喉。外降手，随上右步，倒杆扎他咽喉。他挂，我随势扎他胁窝。反者绞手打，不还手，后手放低，滚手扎进，落枪一气到底。

走 剑

挂开扎手，硬者自带枷，反高使拦手进步，反低者杀下，撩手使。

刷 捕

反高，使执手棍打。落，搂枪使。反左，挂开打头。反右，按枪扎胸。

点 翻

侧手使枪_{伏身侧势}，杆头射下。反高者，使棒打胸，落下打手。

侧手使枪伏身侧势，杆头射下。反高者，使棒打胸，落下打手。

穿 梭

仰手，合手，枪扎人虎口。

摆 龙

顺手使，转手使，左枪谨防靠枪扎打。是使左枪防他在外扎我手。他若扎手，我转手仰杆靠枪，扎打他腿。

开 锁

起前手，仰后手，反者合手使。滚手靠右胁，上右腿，使寸步刷手扎胁，他起，我使合手。

擦 展

靠枪扎小便，伏下侧身扎后手。他一搂，我即进步提扎他后手，仍反上扎喉，落下打手。

纵 披

转手，根梢棍望面打两背膊。合手打左，仰手打右。落下打手。阴手往后勒打，要一气，要防低，以其下空也。

进 急

连枪带棍借手使。凡扎急三枪者,要一气扎到脚底,直冲起砸下,方是窍。

收 起

连枪带棍,措手不及。

闪 右

托枪伏身扎膝。

推 左

上右腿,枪尖对手扎,他扎身外,我劈心一枪。

滚 鼓

滚手扎脚。

梁 靠

后手放高,进步靠山,连扎带救势。

劈 打

崩枪梢手,冲天势。

飞 破

夜里偷桃破。

第五种

一阳初复

我铺潜龙，他抬手，我即扎他小便。扎便必窥他抬手时，照上忽下，且他手遮住他的眼目。他铺潜龙，我当面一扎，他即扎我脚，要防。须使落下打扎手。上扎要照住他的手。亦要防他撩手使偷枪，看住些。他铺潜龙，我劈头打，他就起，我压住扎咽喉。要送势扎，亦有硬压住，捻杆走手寸步扎喉，亦有我一压，趁他翻势，闪外使随手扎喉。我铺潜龙，他当面一扎，我即照他前手一扎，仍缩回。他铺潜龙，我当面一扎，他就起，我右上步，迎势扎胸。是在内伏势胯使。他铺潜龙，我当面一扎，他起高，我伏身闪他身外，由他手扎胸，仍一勒捻扎喉。一气使，后一势要带寸步。他铺潜龙，我当面一扎，他起高，我使左右棒打。往下一降，他就摆，我使左右棒打。他铺潜龙，我当面扎，势近他方起，我捻枪寸步扎胸。他铺潜龙，我当面一扎，他起高，我闪势架枪下扎胁。他打头，我使上下棒连执手棍。我使潜龙，他当面扎，我趁他扎势，撩打他前手。我使潜龙，他当面扎，我即寸步直撩肘扎胸。

贞下起元

他铺潜龙，我当面扎，他起高，我伏身闪外架枪扎胁。架枪却不沾他杆。他铺潜龙，我当面扎，他起高，我上大梁枪直扎胸。后手放高，仰手扎胸。他铺潜龙，我当面扎，他起，我使进步中平扎面。上左腿左步。落下打手。顺手使。

光满太虚

我使盖顶，他一压，我就上大梁势外扎胸。他压扎我头，我反内寸步快硬扎他喉。他使绞手，我直劈打他手。要斩手使。

意随人缘

他使二郎枪，我压下扎大腿。他摘草，我即扎咽喉。我在身外一挂，扎他喉。我使盖顶，他摘草，我闪外架枪扎他胁。我摘草，他使关公，我伏身展背扎他手背。他拔右腿反低，我直扎他胁。我摘草，他使关公枪，我使瞒天不露雨扎面。送枪势，在他杆下要快。

雁翎常悬

我使关公，他使使剑，我将他枪往外一开扎咽喉。要寸步。我使关公，他使使剑抽枪扎胁窝。我往前一坐，把他枪坐住谨防。趁过时，伏身滚手势。我使摘草，他使关公，我即摇前肩，反内扎面。他使执手，我即吊后腿按下扎胸。我摘草，他关公，我即伏身迎势右扎脐。我摘草，他关公，我即使顺势颜良扎喉。我使使剑，他关公挂开扎我喉。我上左脚，伸前后手，外扎他喉。我摘草，他关公，我随势伏身使执手棍打前后手。是在外。

长虹倚天

他使关公，我将枪用力一开，上右步，伏身扎脐。我摘草，他关公，我即随势闪外，上步架枪扎胁。他关公，我一挂，他一捕食，我借势进步刷打他手。

猛虎出林

他捕食打手，我伏身随势扎他肚。我捕食，他翻身，俟他杆方闪开，我直扎他胁窝。我捕食，他迎势扎我小便，我上右腿，使根看住。他起，我还梢打下。他反高，我进步使执手棍打。进步乃进左足也。

身轻一鸟

我使剑一挂，他捕食，我把杆一低，反内使劈头棒打。他就开锁，我反上打胸。他就拦手，我使执手棍打。我使翻身，他穿梭扎手上，我将右腿前颠，送后手，迎势扎他胁。我翻身，他使仰手一救，我吊后腿，压扎他胁。我翻身扎进，我闪步使换手扎他手。我翻身，他穿梭，我执手棍打手。

化龙飞去

我使翻身，他穿梭，我闪外迎势架枪扎胁。我穿梭，他使高提手扎手，我伏身闪外扎他肘。我提手，他顺杆打手，我把枪一低，顺手扎胁。我翻身，他穿梭扎手，至近，我把后手一低，压刷他手扎胁。我穿梭合手扎进，他摆，我闪外直扎手，硬者自带枷。他谢势一摆，我即玉女脱裙。他搂，我即反上连头带手打。我扎穿梭及反外扎手，他用曳手一按，我即反步低打他臁骨。他使根一迎，我硬扎膝。他穿梭及反外扎手，我迎势把后手一低扎他便。他穿梭及反外扎手，我闪势架枪内扎脐。他搂，我压扎大腿根。他反上，我反挂打他手。

干霄直上

我摆头，他就开，我反上扎胸胁。我一摆，他就开，我伸手就提他手。我一摆，他就开，我反内顺手扎胸。我摆，他开，我把后手一低，上擦他手。反者闪势架枪扎胁。他压，我使绞手棒打胁。我摆，他顺势开进，我即吊右腿扎他膝。起者，我反挂打手，仍推打面。他伏身布手，我低扎脐。他一左，我执硬扎便。

心猿难锁

我开锁，他扎我胁，我上左腿，用力往前一推，使执手棍打。我一开，他扎胁，我进步使下棒打他手。我一开，他就提我手，我即用双提手。（打他后手）他把后手一低刷我手，我即吊后脚，按下扎胸。

展布如意

我展背，他起，我伏身扎脐。我展背，他即使披甲，我上右腿架枪扎胁。反高使反挂开，上左腿，压扎胸。我展背，他就披甲，我伏身闪外，伸前后手，扎他手。我展背，他就沾杆起，我随势一提，撩手、掇肘、扎胸。我展背他随手就是披甲，我伏身闪外低扎便。他打头，我使下棒打手，连执手棍。

组练秋浦

他披甲，我伏身抽枪外打他手。他反内打我后手，我伏身随肚一枪，他即使根看住，我即仰手滚内上扎面，他披甲，我闪外扎脐，他左枪下，我执硬扎小便。

枪呼万人

我使急三枪，他收起手，我伏身脱枪扎肩窝。我急三枪，他收起手，我随势使执手棍连头带手打。他用力一压，我上大梁枪扎胸。他反上打头，我反内勒扎胸。他一压，我绞手棒打扎胁。

影收元气

他收起手，我抽枪扎胸。我使急三枪，他收起手，我即将他枪挂开随他枪扎乳。急三枪竖肘变手法扎乳。我使急三枪，他收起手，我即闪势上步扎他面。起手枪，要连枪带棍打枪扎胸。

美女脱肩

我扎身外，他左枪下来，我跨身照他小便一枪，我扎身外，他劈心一枪，我送势掇肘扎胸。我扎身外，他往下一坐，我反上劈手。

双手推月

他扎身外，我劈手一棍。他扎身外，我劈心一枪。他扎身外，我劈肩头一枪。他扎身外，我劈头一枪。他扎身外，我仰杆提手一撩。他扎身外，我使剪子手开杆打腿。

地中有水

我使脚底鼓,他一搂,我即使拔步量天尺打手。我扎脚底鼓,他一搂,我随势上步执硬扎便。

山下出泉

他扎脚,我一搂,他起,我随势拧右肩闪外扎面。他扎脚,我一搂,他起,我随势送枪撩手扎胸。他扎脚,我一搂,他就拔步量天尺打,我伏势侧身扎后手。他若使扎后手势,我把后手靠住小便,往后一抽,上左腿,侧身直扎胸,要快些。

出人头地

他起,我顺势撩手刷打。他力压,我闪外硬压扎胸。他起,我挂开扎喉。他反内,我使执手棍打。

更上一层

他劈打,我顺手扎小便。他劈头,我执手棍打头。他劈打,我使朝天一炷香扎他喉。他劈打,我使跟头棒打脑盖,仍使撩裆棍挑小便。

枪法五

锁枪谱

序

锁枪之来,不知沿自何时,或曰前辈旧传,或曰后人流设,纷纶不一,莫可究诘。然细观其步法讲究,迥非寻常所能,但神气尚觉未贯,有此势而忽有彼势者,有一势而更兼两势者。虽广传原自无方,而初习当此,欲入无所传由,又何以出奇而制胜乎?兹以诗文之余,闲中时索,少有所得,即因而更正之,使之一气呵成,在我不加,在人不得不应。庶乎客主分明,施受清楚,杆头日进,技艺亦自是而上臻矣。若曰妄作聪明,思驾往古而顿高其身价,岂不失之远哉!锁枪大文既明,小能亦清。但其中有身法、手法、指法难以显言者,若必一一而书之,则不胜其书矣!亦在学者引而申之,触而长之可也。枪法之妙,总要阴阳相配,上下相生,奇正相兼。若必执古而律之,曰此与昔人所传不合,试思昔人谁传之者,岂复有二人?胶柱鼓瑟,守株待兔,君子谓之愚矣。

铺地潜龙

第一潜龙最为尊　我望面扎一枪，缩回潜龙势。
盘古开辟混沌分　他往里一拦，我小四平，身外扎左胁，闪下伏身扎小便。
仓颉象爪造文字　他落下打手，我返上打手。
先农树艺五谷分　他往里一合，我勒降扎胸。他压，我勒杆直扎乳。
洪水横流遍宇宙　他又往里一合，我返外扎胁。
飞龙何须雷电巡　他往外一摆布，我侧身直势扎小腹。
霹雳一声潜龙起　他搂，我返上打面。
姑养鳞角待桑林　他往里一拦，我双仰手扎胸，此高大梁势，侧身上前步，携后步。

通身只做得一个潜字之神理。系原本所传。
　　　　六爻皆乾性刚强，一画在下气潜藏。
　　　　地中有山谦亨吉，南阳先生卧龙岗。

白云盖顶

白云盖顶一阵风　凤凰点头势一盖打。
二虎盘磨演武厅　他拦，我借手扎喉。
汉升定军排阵势　他压，我仰手扎乳。
飞马流星是岑彭　他又压，我滚后手扎小便。
昆阳奇勇井木犴　他搂，我返上扎胸。
大破汉水赵子龙　他压，我闪下伏扎胯。
威镇西平马孟起　他左，我返上扎打面。
八战八克归广平　他拦，仍勒下打上下手，我勒下他亦打下。

通身只做得一个盖字之神理。系原本所传。
　　　　白云山下抱石根，悠悠向空覆昆仑。
　　　　风流云散归何处，三花聚顶镇乾坤。

关公取耳

关公便把颜良取　　劈头一杆，就往后抽。
黄河水战戮秦琪　　闪外边，大随手扎耳根。
古城一怒斩蔡阳　　他拦，我滚前手，刷打手。
虎牢华雄魂孤息　　他摆，我返内打手捎耳。
夜袭车胄破曹胆　　他压，我返外打手扎胁。
南陂文丑丧沟渠　　他拨，我内打手送扎腹。
大破黄巾建勋业　　他合，我侧身下切脚。
至今千载叹绝奇　　他搂，我点打太阳穴。

通身只做得一个取字之神理。系原本所传。
　　　　关公神威佐西蜀，平生志气吞曹吴。
　　　　青龙一过便取耳，先教袁绍失良图。

饿虎捕食

饿虎捕食势甚勇　　劈面打一杆，落到手上。
虎视眈眈窥群英　　他闪前肱，我直扎胁。他拦，我返外将杆一拨扎胁。
卞邑伸爪施英烈　　他合，我返外扎手。他布，我返内扎手。须使降伫。
峨嵋斡旋驾黑风　　他缩，我返内扎后手，三卜出杆，不等他拦，我仰前手。
负隅隐藏冲天翅　　他打我后手，我伏身把后手一抽，返上捎面，他一摆，我即伏身抽杆，低后手，上扎面。
河东虎啸数文炳　　他起，我一压，直冲起扎面。他拦，我即抽杆上右步扎咽喉。
尾尖焰烈起三尺　　他栽，我降下扎打面，下扎脚尖，亦是仰手。
山虞早已拜下风　　他拦，我仰手上步，撞枪势，扎他杆外乳胸。他搂，我返上扎大腿根。

通身只做得一个捕字之神理。系原本所传。
　　　　猛虎出林碧山头，剪尾翻睛势不休。

饿来捕食风生耳，力趋群羊气吞牛。

刘海戏蟾

曾抱阿斗怀中眠	阴手照胁盖一杆。须加战佮。
长坂当阳迟相还	仰手扎小便。
孙权安排钓鳌计	返上劈心一杆。
周善驾定万里船	一勒在杆下，摇膀外扎胁。
箭射蓬绳称妙手	返上打手，带射佮捎面。
枪拨雕翎落江边	返外一拨，将杆打飞扎胁。
一跃登舟携幼主	他摆，践步滚手下扎脚。
刘海步步戏金蟾	返上一勒一送，扎胁。

通身只做得一个戏字之神理。系后来所增补。

　　　刘家孩子到江边，一步一步戏金蟾，
　　　妙处何用长绳系，如胶投漆一串钱。

玉女穿梭

玉女穿梭勤女红	我使穿梭，顺手擎杆扎入虎口。
两手悠悠杼柚空	他使接手扎进，我使展手中平。再一摆，蛇手中平扎胁，仰势。
八骏走追日月电	他卸势，我外扎手，返外扎目，仰手长身高势，先使返挂妙。
张仙弹打哮犬中	他外接手扎进，我滚内运掌扎胁。返内扎口。阴手探头徜身。先要打手妙。
左边吓杀天蓬子	他合，我左棒打。返外左棒打手。先下来捎打手妙。
右边又惊角木虫	他摆，我左棒打。返内右棒打手。
上下八洞齐惊倒	他拦，我外扎胁。挑下棒，盖上棒打。
威镇清虚第一宗	他搂，我返上打手，滚手一扎，打耳。

通身只做得一个穿字之神理。系原本所传。

　　　　　织女渡河一汉横，夜来天桥鸟填平。
　　　　　金梭跳跃龙飞去，会得牵牛佳期成。

猿猴开锁

猿猴生养盘古间	望手一棍，亦是开俗。他往里一摆，我上右步使杆下割手。
妙采天地炼真玄	他提杆展背扎腹，我须滚后手，按前手扎他足。须转左步。
曾向西天拜王母	他往里一搂，我撩起打手，上挂面。
花果施威闹群仙	他往里一拦，我返外扎面。
大战长沙拖春秋	闪外竖肘扎胁，高提手势，必得挨住他杆子方妙。
兵阻孟津谁敢先	他往外摆，我滚手扎脚。
太岁魂挂封神榜	他搂，我上右步扎后脚。
此是大圣露真传	他缩，我即使杆点扎心窝。

通身只做一个开字之神理。系原本所传。

　　　　　楼台深锁不自由，混元一气何处求。
　　　　　心花怒开人间锁，名山古洞任尔游。

又双开锁

神针探海掉寒泉	偷步下扎足，带猿势方是真诀。
或跃在渊又在田	上左步撩起扎便。
金锁何来疑无缝	返上扎后大腿根。
银锁开出信有权	仰有捌足。他搂或用力一拨，然后扎下。
大闹天宫饮玉酒	返上扎口。
摘取蟠桃会群仙	落下扎便，返打手捎耳。
八卦炉火封不住	绞手棒外手扎胁。
一怒打破汉阳天	返内绞手棒，打手扎头。

通身只做一个双字之神理。系后来增补。

秦关百二重重还，汉家三十处处连。
打破人间花世界，上赴瑶池下水帘。

雷出地奋

地中伏下冲天雷	下扎足。
时至春阳气早催	一蹲身扎便。
青烟蔽日凌空起	上扎面目。
红火退洞坐低回	下扎足，铺地坐入势。
一条金蛇惊不定	外剪手，催打臁骨。
数声连珠真可畏	返内将杆往外拨，扎膝腿俊。
更是霹雳难掩耳	顺手撩起，打手上捎耳。
纷纷碎碎震大块	铺地锦打脚，用点伫。

通身只做一个出字之神理。系后来所增补。

襄阳埋伏禹门雷，群阴振动地户开。
鸿钧一转钧窑成，风来鸣条土破块。

渭水钓鱼

黄发皤皤渭水边	下扎足，往上撩打手。悬左足，下使根搠足。
姜公独占钓鱼磐	往下一刷打手，再往上一挑，仰手打手，再阴手打手。
谁愿上钩谁愿去	再往上一撩，伏身低头打脚面，使杆望面一云，仰手撩小便。
的是长生不老仙	仰手下扎足。他左，我一伏拧杆滚手扎后足。
放下殷纣亿万旅	他搂，我撩上打手。苏秦背剑脑后打人，根掇打手。
挑起周家八百年	他挂，我再下扎足，摔棒板线势。他搂，我外打足。
江湖亦多垂纶客	他剪，我内打足。
谁师尚父八百年	他再搂，我再往上一撩打。

通身只做得一个钓字之神理。系后来所增补。

渭水垂竿一线微，法儿这样甚奇稀。
时来何用浮先动，掣得金鱼就地飞。

秦王披甲

秦王披甲赴战场　劈他头一打，沾杆即直刷下。他一拦，我闪势扎胯。
邢公围射王伯当　他左，我返内打手。他随势绞手棍，我压住。
米粮川下降胡汉　他扎腿，我上步提扎便。
知节斧劈老君堂　他搂，我返上打手。他合，我返外打手。
叔宝观象临潼阵　他摆，我返内仍劈打头。劈头一杆，再一扎面。
玉门拔槊敬德强　他压，我闪架高上扎耳。要他一摆，我滚手下扎脚。象肘字势。他搂，我返内打手。
天降紫微百灵助　他合，我返外拭手，再返内打手。他一提，我滚内扎小便。前手仰，后手高，是进势。
一扫群英延国长　他搂，我返上打额头及鼻准。他拦，我闪下推打臁骨。

通身只做一个披字之神理。系原本所传。
　　　　甲锁黄金大放光，披来四海尽平康。
　　　　建德世充来底事，安民仍是小秦王。

一木难支

大厦垂危势将倾　盖一杆。
千斤担子有谁擎　转手在下挑打他杆。
左边拆倒颓檐瓦　合手打左肩。
右边推塌滴水棚　仰手打右肩。
通天玉柱难任重　返上勒扎面。伏身斜高上扎喉，往前猛出方与下势相生。
架海金梁自若轻　闪下小四平扎腹。
磊落奇才经有用　返上扎面。
扶持一世定太平　借手一抽扎胸。

通身只做得一个支字之神理。系后来补出。

　　　　泰山乔木天生成，铜盘贮露号金茎。
　　　　日月星辰曾何系，秋河耿耿一汉横。

怀中抱月

起手搏戟不非凡　望头一棒，是阴手，杆头吃力。
幽王悦姬戏狼烟　一收，展开打前手，要快些好。
抱月以似擎天柱　他拦，我倒上右步，将手一收，往里深入，往怀满收，方得诀。
铁骑横冲雷万年　上左步望面一放扎出。横杆扫左耳间。望头一云，与下相生。
李愬夜擒吴元济　他合，我返外扎面须闪，伏身从他杆下闪过左边，方是夜间光景。
甘宁百骑劫曹瞒　他布，我落下外滚手扎脚。是低势。
单人负戈平方腊　他搂，我倒提撩杆，上右步作荷戈之状。
妖氛一净满山寒　上左步，双手攀杆，用力一摔打。上右步使根提，用担柴势。

通身只做得一个抱字。系原本所传。

　　　　一口吃了菱花镜，你心明来我不明。
　　　　杨戬取去照妖鉴，梅山七怪尽知名。

事事如意

白马取经西天涯　望头一杆。
镇元大仙事早知　在外打头。
清风捧定人参果　横压杆子，往怀一收，两足立。
唐僧只当活小儿　上右步劈面打下。
悟空偷掌金击子　望头一云，身往后伏，作倒拖戟状。
老君号为铁如意　绞手往后一刷，打他杆子。后去即前也。以上之偷枪言耳。

怀宝不敢轻放下　右手一推，左手一挑，收入肩窝布住，即执手棒势。
凡胎俗骨体难支　落下打手。

通身只做一个如字之神理。系后来补出。
　　　　罢罢罢了休休休，莫把俗人做对头。
　　　　大圣耳边金箍棒，老君怀抱如意钩。

打草惊蛇

左枪骗马入战场　望手一打，外扎起手推面。他拦则滚手内扎眼，闪则滚手扎胁。
勒马听风关大王　他搂，则返上扎眼。两足并立，将杆斜竖左肩上。
伸手欲摘天边月　他扎胸，我合手劈面扎目。
先凿龙门透汪洋　他压，我仰手送扎小便。
夜度昭关伍子胥　他搂，我盖顶打头。
泸水悠悠芦中藏　他拦，我低扎鬼眼穴。上右步戳马蜂，猿势更妙。
非是义士申包胥　他搂，我返上使急三枪。
三战入郢楚国亡　他拦，我中扎腹，下扎足。

通身只做得一个惊字之神理。系原本所传。
　　　　雍州土地产白蛇，两头七寸毒更加。
　　　　芒砀山下三尺剑，寄奴原来是刘家。

靠山潜龙

潜龙出水一条鞭　他中平枪，我中平枪捎手下扎脚。他一搂，我往外又一勒，扎后脚。
五虎奉敕下西川　他往里一搂，我扎前手。他又往里摆，我又一降扎胸。
七擒七纵服蛮夷　他一拦，我即上右步单手扎乳，左右手俱伸直。此是过他杆外。
忠肝义胆出祁山　他往外一布，我急上右步，伏身扎便。

子龙单枪战泸水　他往下搂，我返上扎面。
汉升鐵斩夏侯渊　他一拦，我即上右步，将前手丢开，攀住后杆，使云顶打头。
鱼腹少泄神州机　他往外一布，我仰手仰身，使小提手，直扎便。
吴将拱手服英贤　他一搂，我返上打手扎胸，是凤凰点头。

通身只做一个靠字之神理。系原本所传。
　　　　南阳诸葛卧龙时，出水靠山似云屯。
　　　　功盖三分安社稷，名成八阵定乾坤。

劈头棒破

劈头棒破非寻常　他往头一棒，我上左步，亦望头一棒。
二郎担山赶太阳　他即下右步斜拦，我上右步使根打他头。他让手扎我右胯，我使根落下，从外隔杆，身法不变。
前肩挑尽泰山土　两手扭摽推梢仍打他头。此是虚势不打。
后肩又挑北海茫　他起上扎我面，我右手随他起，我掇上左步，扎他小腹。
摘心夜叉来寻海　他一搂，我返上扎心。
神荼郁垒抱头藏　他一留，我将从他前手过他杆外，随杆上右步，两手扭摽左胸前，使怀中抱月，扎他乳胁。
乌龙翻江浑了海　他闪滚在下，直扎我脚。我即上左步，退右步，使脚抢靠势，急救带扎。
大战沙陀李天王　他收前步，上打我头。我在下尚未起，即猛力将杆往上一布，直将他杆擂飞。

通身只做得一个破字之神理。系原本所传。
　　　　忆昔黄帝战蚩尤，触破天柱倒不休。
　　　　花果山上飞金棒，水帘洞前碧波流。

针探沧海

沧海茫茫若无崖　望头一点。
砥柱中流遥望斜　下扎足，仰手使。
一道长虹飞天上　返上打顶。
万缕金光落彩霞　闪下，小四平扎便。
哪吒八背混水府　下扎足，合手使。
张骞几回从浮槎　返上扎胸。
神针定底称至宝　仰手扎足，吊后腿，使前上步。
展布灵妙花果家　使盖顶打头。

通身只做得一个探字之神理，系后来增补。
　　　　　波涛汹涌满天涯，汨没尧春十万家。
　　　　　神针底定通玉柱，管教苦海受叶麻。

金刚现纂

动天摇地是金刚　撩裆起去上打头。
翻江搅海是金刚　返上打手，望头一云。
搜山提鬼是金刚　下扎脚。
呼雷闪电是金刚　闪外打手，送扎胁。
佛说本护是金刚　落下捎打脚后跟。
佛说护身是金刚　他搂，我上右步一扫捣。
有人持念亦金刚　上左步，推梢剪打手。
天光地光昼夜光　撩起劈下打手，连三势。

通身只做一个现字之神理。系后来增补。
　　　　　佛家护佐说金刚，倒提降魔一纂长。
　　　　　等闲立却山门下　魑魅魍魉远遁藏。

当面劈打

当面对敌把阵冲　我望面一打。
魑魅鬼计驾妖风　他往里一拦,我竖肘侧身,揣肘扎胁。此是大梁枪势。
金陵一炮鄱阳破　他落下打手一挂,我返上打头。
海底捞月菩萨灯　他起,我落下打臁骨。
火烧新野攻魏武　他前脚一提,用杆将我杆往外一搂,我返内扎小便。此是乌龙展臂势。
泰山压顶声名宏　他往里一搂,我即返上打头。
直入沙漠探虎子　他起,我顺手扎胁,小四平势。此枪不扎。
攀山抚岭任从容　他往下一打,我返挂下,使小四平身子。

通身只做一个劈字之神理。系原本所传。

　　　是何意态杰且雄,当面劈打疾如风。
　　　山雨欲来惊骤至,迷却二目赫天蓬。

二郎摘草

灵芝菁菁产昆棚　望后一抽杆子。
樵夫难攀近尖峰　接手上势,直扎喉。
忽遇八九玄妙子　他拦,我大梁势扎胸。他往内一挡,我合身扎后腿。
言刈其囊兼程行　他布,我合手上略他手。他往内一搂,我外扎胸。
蓬头大仙难割舍　他压,我返外扎手。
搏战角武潼关城　他摆,我返内扎胸。
猿猴伏武助战威　他压,我上开锁,杆下割手。他转背扎腹,我合身用执手棒,照手对面撩起,又用劈山棒打下。
力劈华山建奇功　他起,我上步用执手棍,劈头打。

通身只做一个摘字之神理。系原本所传。

　　　摘去芝草二郎公,玉鼎门下讲元工。
　　　三尖两刃骑白马,按扎直透九龙宫。

马上使剑

马上使剑快如舟　在外一领，往前一扎。
奉先月下夺徐州　他布，我回左足扎脚。
炮打襄阳施奇计　他搂，我返上打头。
立拔祝阿武阳侯　他谢步拦我，我高提手扎便。
飞马带剑奎木狼　他左，我返上冲扎胸。
剑破十贼展奇筹　他起，我摆头扎面。
枪尖一指敌魂落　他拦，我使外崩枪扎喉。
万古千载魂悠悠　他布，我返内扎面。

通身只做一个使字之神理。系原本所传。
　　　　伏山乌骓走战场，神矛丈八无影枪。
　　　　四方使起桃木剑，哪个追来哪个亡。

饥鹰侧翅

饥鹰直上九重天　望头一杆。
双爪搏击草芊芊　一勒，按下扎胸。
耳后生风来何疾　闪外耳根一杆。
鹰起鹊落不空拳　返外下打手，起去扎面。
金晖掠地秋毫爽　滚手下扎脚，须用剪伐。
白蛇蹭蹬肠已穿　撩起返上打手，左脚微悬。
飞山越岭扬牧野　漫顶过耳，伏身下栽势。
眼看凡鸟不敢前　他杆扎背，我身迎上，瞪目，前扎小便，在外使，内藏外摆方妥些。

通身只做一个侧字之神理。系后来增补。
　　　　猛虎出林先伏地，饥鹰侧翅不上天。
　　　　做意撇下三榜势，令看飞扬着高骞。

鹞子翻身

鹞子飞腾出林泉　　伏势上步扎手。
搏雀求食度光闲　　他缩手,我吊后腿,在杆下拭手。
翻身一似鳌鱼动　　他搂,我返上扎面。
侧身又似盗果猿　　他摆,我返外猴势,偷打手。
网罗高张人洞死　　他挂,我返内上扎面。
白蛇吐信透九泉　　他合,我上右步,铺枪仰面扎鼻孔。
燕子搏戟左边走　　他返,我扎穿袖。他合,我扎穿袖之回枪。
翻身人右命难全　　他摆,我扎穿身袖。

通身只做一个翻字之神理。系原本所传。

　　　　鹞子飞腾迥不群,转身覆雨更翻云。
　　　　饥来穿林铁膀过,斜吹彩毛落纷纷。

青龙摆头

青龙位镇甲乙东　　顺杆扎虎口。
潜伏炼真水晶宫　　摆头外扎便。
左爪开山宣化斧　　仰手滚扎便。
右爪高攀摘心钟　　他搂,我返上扎乳。
翻身自中太极室　　他起,我压下扎膝盖。
顾下又中满天星　　他左,我返上扎面。
虚掩难遮无影箭　　他拦,我倒上桥托杆,侧身打耳腮。
回头徜枪丧残生　　他收,我闪下扎他左胁。

通身只做一个摆字之神理。系原本所传。

　　　　东方之气丕温柔,从容和顺小龙头。
　　　　摆来摆去连三摆,大雨滂沱虎口流。

乌龙展背

乌龙展背下陈塘　　仰手靠杆，下扎小便。
干戈磨荡万里霜　　他一逼，我沾杆半提手。
开路先锋夜叉子　　他一缩，我劈面打。
百鸟朝凤在肩旁　　他拦，我伏身擦手扎胁窝。
越裳单凭指南车　　他摆，我顺手下扎左腹。
劈山救母是陈香　　他左，我返上打面。
大胆班超探虎子　　他压，我上右步，挎剑扎喉。
乳虎母子剑下亡　　他翻，我上左步，大梁势扎割手。

通身只做得一个展字之神理。系原本所传。
　　　　　子龙养珠正北方，摇头摆尾隐明光。
　　　　　神背展施探爪去，开锁猿猴吃惊惶。

羽王拔戟

自古英雄是霸王　　劈心一杆。
临潼持戟勇莫挡　　一勒，再扎胸，若外，扎后胁更妙。
怒发冲冠称樊哙　　他拦，我仰手照鼻准，下扎裆。
剑光射斗属项庄　　返上扎面。
力能扛鼎人皆惧　　架杆扎胸。
气可盖世我独强　　他压，我上盖顶。
十面埋伏韩信计　　下挂，打脚面。
斩将搴旗犹流芳　　他拦，我返上打下，梢起挂耳。

通身只做一拔字之神理。系后来增补。
　　　　　霸王英雄世无双，信手拔戟抽金釭。
　　　　　蹲身屈下钓鱼势，神威赫赫镇乌江。

玉女捧盘

赔了夫人是孙权　　望头一点。
入穴探子下西川　　仰手扎面。即伏身平扎亦可。
常山子龙截阿斗　　返上扎面胸。
涿州燕人去赶船　　一勒，上右步扎面。
扬帆顺流来何疾　　上左步返外扎手肋。
推波助澜恨不前　　返内再上右步推手，再进左步按杆前徜栽。勒杆扎面亦可。
油江提定丈八矛　　漫顶过耳，下挂脚，再提起杆子，仰面站立。
大胆周善怎消遣　　猛截一杆，使之不防。他若扎胸，我即顺杆立扎其胸，快快。

通身只做一个捧字之神理。系后来增补。
　　　　河梁赴会关圣贤，击盏周郎不敢前。
　　　　油江手提丈八橹，至今人人说赶船。

霸王举鼎

霸王英雄谁敢争　　下扎便。
乌云罩顶出江城　　返上打头。
千斤铜鼎力能举　　架杆并足上挑杆子。
一杆画戟使得精　　转阴手挪步按扎腹。
吴中豪杰惮才气　　转面花，倒根打手，下带偷步才快。
八千子弟尽峥嵘　　上右步，劈山打下。
埋伏十面藏垓下　　使左枪一扎，用仙人倒上桥势，伏身下扎脚，再使根捣脚或打扫堂。
叱咤风云人马惊　　上左步劈山打下，再一挑，喝声打头。

通身只做得一个举字之神理。系后来增补。
　　　　霸王神勇天生成，力能扛鼎草芥轻。

万道长虹凌空起，千里暮云一日平。

勒马听风

勒马停鞭盼高岗 外借手压扎胸。
单骑平敌郭汾阳 他摆，我伏，顺手扎胸。他低，我冲上扎面，即落下势。
留侯暗度陈仓道 他压，我撞枪返外扎乳。他摆，我伏势跨扎便。
力擒绝海王彦章 他搂，我降下扎他鬼眼穴。他又搂，我返上转手扎胸。勒住杆，望面一扎。
披荆斩棘名樊哙 闪外大梁扎胁，伏下小四平扎胯。返上打头，返外悬左足打手腕。
昼伏夜行漂水旁 他摆，我落左足，伏身跨马势扎便。
翻身飞马追骄虏 他搂，我返外阴手一按，扎鬼眼穴。
莫遣匹马在沙场 他剪，我仰手滚手送扎腹。

通身只做一个听字之神理。此系原本重出挪借者。
　　　　虎须倒竖豹眼睁，听风运筹蛇矛横。
　　　　跨住良鞍勒金辔，虎牢关前定成功。

急三枪

桓侯勇猛不可当 他劈头一杆，我顺手接杆，横膀斜势，直进扎喉。
威风凛凛镇荆襄 他拦，我闪外扎喉。
曾下西川降颜子 他摆，我仰手仰身下扎便。
桥头一怒战当阳 他搂，我俯身合手，扎大腿根。
大战张郃人懦惧 他卷，我返上横划面。
蛇矛单中许褚膀 他拦，我闪外扎肩。
葭萌凭此战孟起 他摆，我返内扎喉。
万古千秋姓名扬 他拦，我降勒，仰手扎腹。

通身只做一个急字之神理。系原本所传。

虎须倒竖翻金线，豹眼圆睁起电光。
饶君能战三二合，软似鼻子浓似浆。

凤凰点头

虎牢关前列战场	望面一杆，要带点佐。
青龙偃月吐寒光	关公势，在内取耳。
双股宝剑齐飞舞	悬左足上步打手。
丈八蛇矛谁敢当	返上盖顶。
大蟒穿林风入耳	上右步，勒杆扎耳。
喝桥倒水震当阳	上左步大梁扎便。带抢脚方是倒字势。
义释严颜西川破	返上勒杆送扎面。带急势。
落凤坡前代主亡	返外扎肩窝，名曰自带枷。

通身只做得一点字之神理。系后来增补。

梧桐生在高岗间，和鸣集上在丹山。
朝阳不住点头叫，落凤坡前救主还。

身外右枪

身外托枪藏妙玄	在他身外平杆腿根上一扎。
雷电光彩闪碧天	滚左扎脚。
后羿神手射天日	他搂，我返上扎眼。
果老拽帆撑铁船	他压，我往下一坐，拽杆冲起扎面。
火烧赤壁卧龙子	仰手扎小便。
泰岱却被二郎担	他搂，我劈面打下。
造父御骏追王驾	他起，我漫顶过耳。
西拜王母瑶池还	他起，我马上使剑打手，落下右脚，倒右手扎肋窝，一抽回来。

通身只做得一个右字之神理。系原本所传。

身外右枪奇更奇，倒行逆施小人去。
打草惊蛇蛇惊去，杨家七郎喜滋滋。

脚底鼓枪

雀入大水变鲸龙　提杆下扎足。
翻身伏入水晶宫　返外扎足。
只知牛耳三点妙　他外剪，我又返内扎足。
却被方朔盗仙童　他搂，我顺手挪佟上扎便。
曹宝收去定海珠　他谢，我返上扎乳。
八仙又醉醉翁亭　他压，我返外悬左足，仰手打左耳。
鹏搏万里遮日月　他布，我下扎足，上打面使根。他拦，再扎脚，他往下返挂，上推面妙。
敌兵含泪洒西风　他搂，我返上打面或横打鼻梁，使之洒泪。

通身只做一个鼓字之神理。系原本所传。
　　　　莫教举止觉心高，足下茫茫溅雪涛。
　　　　风吹鼍鼓千山动，低撑鱼船水一篙。

劈头捧打

神棒冲起指南阳　上打头。
五王八侯随战场　我缩小四平勾外扎胯。
托肠救主贾太守　他拦，我滚手扎脚。
一醉八百不老长　他搂，我返上打手。
南下不毛创帝基　他摆，我下扎足。
北平朔漠开土壤　他左，我上打鼻。
当头一炮冲将军　他起，我伏身送扎臁骨。
阵前立见敌兵亡　他搂，我撩起劈手打。

通身只做一个打字之神理。系原本所传。

空中飞起雷震子，一棍打破岐山巅。
依稀不似人间宝，西天路上护金蝉。

神龙掉尾

龙跃龙池吐云霓	合手扎足。
龙飞天上无与齐	返上打头。
忽见残虹挂陕北	一勒打手上扎面。
定知急雨过湖西	闪外直扎耳。
雷碾空山巫峡动	外摆头一开扎肋。
平铺湘水板桥低	返内一摆头，扎胸。
摇头摆尾藏大海	下扎足。
直待春深掩凄凄	劈头棒打。

通身只做一掉字之神理。系后来增补。

西子潜身五湖湾，姚平仲入青城山。
后来形影无人见，只在神尾一扫间。

枪法六

花枪谱

序

盖闻天地有阴阳，日月有经纬，而光华弥著于宇宙；江河有支派，而波澜以壮于古今。仰观俯察，要皆造化之妙道精义，而人日游于其中，而不自知者也。即如枪棒，枪有一定之路，其器长，其头锐，其数奇，其途窄；棒无一定之势，其器短，其头齐，其数偶，其途宽，是以迥异而不同之甚者也。然其用虽殊，而其体则一；其流虽别，而其源则同。何则？天地有阴阳也。乃世之习枪者曰："吾枪极利，牢锁正门，棒必彷徨而难入。"则以为棒不如枪。世之习棒者曰："吾棒极猛，滚身侧进，枪且婉转而不灵。"则以为枪不如棒。孰长孰短，莫可究诘。以余观之，惟有宋杨门花枪，不可以明言相罄者耳。其用枪也，谓之枪；其用棒也，谓之棒；其枪棒互用也，谓之有枪有棒；其枪棒浑用也，谓之非枪非棒。忽高而忽低，忽前而忽后，忽抑而忽扬，忽开而忽合。闪闪灼灼，耀如九日之齐落；灿灿烂烂，茫乎五色之顿迷。阴阳相转，几浑合乎一气；奇正相生，更玲珑乎八面。详审熟视，使人指为枪而不得，指为棒而不得，不得已，故始名之为花枪。花枪者，天花乱坠之说也。夫言枪者必推桓侯，言棒者必称大圣矣。若花枪之变化无端，神妙不测，不又合桓侯、大圣之枪棒而兼有之也夫？故曰天地有阴阳，不可执一而论也，不其然哉！

大清乾隆四十七年八月汜邑苌洛臣记

上八势

华岳三峰天然成　霸王举鼎万人惊
雷碾空山开云路　大蟒穿林耳生风
横担银枪罗士信　出褒刺褚属张公
倒插杨柳遮双目　一炷香烟朝帝京

中八势

斩手中平人难敌　勾心斗角是真机
乌龙摆尾头先进　白猿转身变化奇
翻江搅海鲸出水　火焰钻心夜猿啼
暗度陈仓谁能识　明修栈道疾更疾

下八势

一篇锦绣铺地成　神针探海镇龙宫
埋伏窝弓等猛虎　飞燕投湖向水中
铁牛耕地三月雨　拨草寻蛇一阵风
鹞子翻身雀鸟惧　扫得边庭灰尘空

华岳三峰天然成

中平托杆,上右步,打他左手。他退步使根一打,我上左步,摆打他右手。他谢右步,使梢劈打我面,我使挤步打他头。

霸王举鼎万人惊

他拦,我闪外架肘,推打胸。

雷碾空山开云路

他闭,我翻身内,劈面晃一杆。他拦,我落下打脚。他搂,我反上打手。他返压,我翻上打头。

大蟒穿林耳生风

他拦,我返外打耳。他布,我返内打手,再使梢打耳。

横担银枪罗士信

他拦,我返外一挂,推打面。

出褒刺褚属张公

他布,我返内打手,梢起扎面,漫头过耳。

倒插杨柳遮双目

他拦,我上右步,换根外打手。他挂,我上左步,换梢内打手。

一炷香烟朝帝京

他拦，我上右步，跪左腿，返根上冲，直扎其面。在他杆内。

斩手中平人难敌

他脱前手，谢步将杆一抽，我随势劈下。他返上打我手，我上左步，换梢照他手一展。

勾心斗角是真机

他拦，我返外扎心。他布，我返内打头。

乌龙摆尾头先进

他拿，我外打手。他挂，我返内扎胸扎手。

白猿转身变化奇

他拦，我上右步，使根打手。他还梢打我手，我翻身使梢翻打他手。他还梢打我手，我还根打他手。

翻江搅海鲸出水

他翻身使梢打我手，我仍使根翻外打他手。他返压，我还梢打他手。他还根打我手，我滚手送扎他小便。

火焰钻心夜猿啼

他使根一看，我返上扎心。

暗度陈仓谁能识

他退步使梢打我手,我闪外扎他软肋。

明修栈道疾更疾

他靠,我返内打手,即送扎胸。

一篇锦绣铺地成

他拦,我退步在外,使劈山棒打手至脚跟下。

神针探海镇龙宫

他滚手扎脚,我上左步压杆,外扎脚。他剪杆,我推根撩打踝骨。

埋伏窝弓等猛虎

他搂,我执手棍劈下。

飞雁投湖向水中

他一靠,使刘海戏蟾。我践步进去,倒抡根,栽头伏身,打他左臁骨。

铁牛耕地三月雨

他退步反上打我头,我使根夹在右肋胸内,往外一摆,打他杆,即上左步,使梢下捣他脚。

拨草寻蛇一阵风

他搂，我上右步，使根转外，顺杆撩打他手。他剪，我上左步在内，使梢撩打他手。

鹞子翻身雀鸟惧

他退，我滚手转外，使小四平势扎鬼眼穴。他拨，我反内扎膝。

扫得边庭灰尘空

他搂，我返上打杆。云顶退步扫打脚跟，再云再扫，收成三尖势儿，以观动静若何。

马上枪谱

出马一条枪

横扭杆儿，他劈心扎，我当面打下，一勒扎面。

朝天一炷香

他拦，我滚他枪下，冲扎其面。

凤凰展翅亮

降杆打手，起去云打耳腮。他拦，我返身外挂打他手，推去打面。他布，我返身内绞手打杆，再推打其耳。

左三枪右三枪

根打右边，倒梢扎左边，根打左边，倒梢扎右边，如此者三。

背后三枪人难防

左肋下一杆，右肋下回杆再一搠，左肩上回杆后一打扎，前有人来，再往下一劈打。

六零奇枪谱

屹立燕然万仞山
横担燕山

直身直腿，并足而立。他劈胸一枪，我上左步，劈面打下，他返上扎头，我竖杆往上一带，推根撩打手，仍还梢劈下打头。

雁门三关锁重环
杨家锁口

他拦，我仰拧后手，上右步，滚扎口及咽喉。此枪神妙，极难拦挡，以其迎杆而上也。

七窍玲珑比干体
斜挂三星

他起，我后手转阴，往外一拉，再滚仰手左栽捣扎心坎。

丹凤栖彩朝阳间
凤鸣高岗

他压，我微进步，转阴手，头往后一仰，腹往前一鼓，点扎其脐。

昆吾按剑切泥玉
一刀两断

他一摆头扎我手，我待他杆将到，前手往右一按，点扎其胸脯。

走马转灯虎牢关
倒托画戟

他合，我转上一压，漫头过耳。他架，我闪外挂杆，推扎其面。他起，我转内使杆一勒，往头一云，伏身而退，右腿屈，左腿伸。他扎肩，我合手返上打面，下扎胸。他扎背，我进步穿外，小四平势，撩杆扎手。他扎腿肚，我转脚尖向前，摇膀在外，回杆滚扎其脚趾。他剪，我抡杆外打耳，仍照倒托画戟势败走，以诱其来追。

解曰：枪之有六，何谓也？夫治历者，闰余成岁，占卦者，以奇归扐，算账者，无零不整。盖有正有奇，自然之理也。但六枪似闲而实急，似冷而实热，如游武陵之溪，忽睹桃源，使人精神顿爽，眼界辄新，其所谓"山尽水穷疑无路"，而"柳暗花明又一村"者，可知山阴道家，使人应接不暇。彼得一二而即足者，其亦可以深愧矣！

飞云八势枪谱

直往直来如射箭

我现纂势托杆,他劈胁一杆,我进步迎枪,杆头起去,撞扎他胸。他欲摆,我即使降手,顺杆顶扎他左胁。

半明半暗比穿梭

他摆头,我即往后一勒,将他杆开过外边,从他杆下阴手往上一揭掀,扎他小腹。

忽缠忽绕真飞电

他低顾,我转上扎胁。他按,我闪外使绞手棒打杆扎胁。他布,我转内再使绞手棒打杆扎胁。他摆,我闪外使偷枪扎胁。

或低或高似逐波

他外压,我进步滚杆,拧扎他脚。他搂,我反上扎头。他拦,我再一勒,使急三枪猛扎面。

连劈连推龙展爪

他一按,我上右步,使根劈手打下。他滚手扎脚,我使根一挂,上左步还梢打头。

顿前顿后虎登坡

他退拦,我使杨家锁口枪扎嘴。他顾,我往后一抽,猛力再扎口,转成左枪,他一摆,我再转成右枪,仍扎口。

近是风沙迷目转

他左扎，我杆从他杆下往右边一拨，搅三搅，丢杆扎其左目。他布住，我返里使杆一按，搅三搅，丢杆扎其右目。他合，我一勒，仰手扎脚。

一群螺蠃又旋窝

他下搂，我使剪子手，将杆搅起，再一云顶，换手使梢拦腰一棍。他上右步，使根往左一挡，我上左步，使根拦腰一棍。他退右步，再使根一挡，即使梢劈打我头，我摽手使梢从他身外劈打他手。他圈枪点头扎我胸，我退右步，抽杆一摆交住。

此八势乃随手使用去，然能熟练数着，亦可以得心而应手也，但一气流转，停而不停，颇觉难耳。

二十八枪谱

潜蛟出壑

中平托杆,两翅侧,食指伸。他扎手,我后手内滚仰,进步,平推其口,前高后低。

金龙缠柱

他扎,我后手转阴,使两翅削杆,再合手平推其手。

土貉拱地

他摆,我后手一抽,侧内翅,钩拉他脚脖。

玉兔捣碓

他搂,我侧翅回捣小便。

西狐拜月

他提,我返上拱手,平推他心坎。

猛虎出林

他压,我滚外长身,高提手,竖翅顶推他膀背。

元豹隐雾

他布,我伏下进步架杆,小四平势,平推他胁。

神獬束冠

他左，我返上合手，平推他顶门。

卧牛摆头

他拦，我收起手，侧翅卷抱，放开推胸。

五福临门

他按，我勒杆云推左耳门。他架，我返外挂杆推右耳门。

穴鼠穿墉

他布，我滚手下铲脚脖。

春燕剪罗

他搂，我转上按枪，使他杆不得起。

野猪跳涧

他挑，我纵起倒篡打手。

黑猢翻浪

他揭，我上右步，使篡撩手，再上左步，从裆攉扎。

青犴把门

他按，我一勒杆，顺手平推腹脐命门穴。

羝羊触藩

他摆，我上右步勒杆，使挎剑势，平推胸脯。

香獐眠竹

他拦，我勒杆上左步，左栽身，下捌脚膝。

恶马提铃

他搂，我进步撩裆挂起。

麋鹿衔花

他顾，我将他杆往外一拨，右手推纂打左腮，左手推杆打右腮。

惊蛇绕电

他合，我合手挂脑后割脖项，再返外拉挂脑后割脖项。

蚯蚓上堂

他布，我进步蹲身滚翅竖杆冲顶，他双手使其杆高举朝天。

苍狼毳尾

他退步使根挑撩我手，我伏身往后滚翅挂住他脚后跟，一拉仰面跌倒。

黄狗过峡

他悬左腿搂住，我滚阴手，按推膝盖。

山雉舞镜

他外剪,我进步侧手竖翅,扎他乳头。

金鸡撒膀

他谢,我合手握膀,拧扎他外大腿根。

月乌啼霜

他卷杆戏住,我抡手漫头过杆挂面。

白猿教刀

他架,我上步倒纂按打手,再使纂往下挂,侧翅砍他右胁,摽手使。

红猴看果

他杆一布,带过我后小指底,上挑起他杆梢,上左步撩裆挂便,小四平势,再转上一勒竖翅中平收住。

仅二十八势耳,初何足以厌夫学者之心?然举动有象,既不涉于空虚,包孕无穷,更可任夫搜讨。子曰:"执御乎?执射乎?"盖圣人不贵多,如此。苟能专心致志,虽一端取之不尽,又奚事斗靡为哉!

龙虎斗（一）
扎枪龙形，抵枪虎体

扎枪不见枪，并不见手，而且不见身。扎枪不分上下，落点上下要清。扎枪不走里外，里外亦要落点。凡艺皆如此。

常人云：枪长剑短，使枪者胜使剑，枪乃有益于剑也。岂知枪长剑亦长，枪之有余，剑非不足。一枪可敌百万剑，二剑可挡百万枪。总是艺之高下，以定胜负，不以器之长短分优劣也。枪法以手为君，剑法以身为君，拳法以腿为君。

战枪无名，战法无规，大放不拘，心无所倚，而内凝其精神，外得其安逸，则前后左右，无不周密。故能千合勇战，而无衰败之患。凡艺皆如此，而岂独枪乎？

枪尖利体，故尖毒无形，响声不见。

人练马，马练人。人练枪，枪练人。十枪练一枪，以己之枪，练人之枪，千人之枪，练一人之枪，千万人之枪，亦练一人之枪。千练万练，总一练也。十八般武艺皆如此。

枪法七

张夫子蛇矛谱

张夫子蛇矛谱原序

枪法之传，由来久矣！上古之世，削竹木为之。至于黄帝大战蚩尤而复用金为锋锐，后世利之，悉遵其制，而其法始于岐伯、风后。当是时也，神机传自玄女。玄女者，开辟天地之神也，后其法不传者千余年。至于周武王而枪法复出，盖太公得之玄女者也，其后又失传。至于汉代，云台之将，五虎之英豪，皆得其旨而擅雄名。由晋及隋，又复失传。厥后唐之太宗，宋之太祖，明之洪武、永乐，其精工不一，其人要皆授之有自来，非可强求而得之者也。故曰神物得之有命，不得亦有命。得人弗传，后世不昌，传非其人，七祖受殃，可不谨欤？孔子曰："可与言而不与之言，失人，不可与言而与之言，失言。"故其教人也，因材而施，不以聪明而授焉。得其传者，颜、曾而已。故子贡曰："夫子之文章可得而闻也，夫子之言性与天道，不可得而闻也。"岂无谓哉！岂无谓哉！至于枪棍，皆凶器也，又非文章性道之比。君子得之安邦，小人得之好乱；君子得之固体，小人得之轻命。苟非其人，宁可缄而藏之，勿干天戒也。秘之！是为序。

张夫子蛇矛谱序

桃花放春三，结成亘古之义；蛇矛长丈八，敕封显王之神。威镇虎牢关，吕布拖戟而走；智破蒙、荡寨，张郃攀葛而登。喊声如雷，喝当阳夏侯落马；

探囊取物,擒上将曹操寒心。入川释颜,断头将情愿投降;出襃刺褚,巍虎侯甘拜下风。擂鼓三通,古城头蔡阳授首;交马一合,武陵郡金旋丧生。骑乌骓马大破黄巾,虎须倒竖翻金线;挑红灯笼恶战黑夜,豹眼圆睁起电光。是盖勇猛雄壮,不比三姓家奴;而其正大光明,但知一日兄弟,直而无私,堪称桓桓夫子;粗中有细,必真蔼蔼吉人。枪传成皋,沿袭已历五世;脉按汜水,断绝仅留一线。寻坠绪之茫茫,专赖文人学士;溯玄窍于渺渺,敢望俗子凡夫。变化神明,看来有转无结;含蓄吞吐,到底有心无为。精益求精,并非蔑视前辈;审又加审,实欲指路后人。盖天下道理无穷,进一步才得一步;况人生聪明有限,过一层还隔一层。伯玉行历五十,而知四十九年之非;夫子寿诞七旬,而志一十五岁之学。执蠡测海,难与言茫茫之深;坐井观天,岂真是昭昭者小。念名枪传自虎牢,超出寻常,原非草草完事;乃神蛇著于广武,直同戏玩,转觉平平无奇。是以利占断金,愿结同心之侣;因之情深伐木,不惮友生之求。辩难质疑,几似扭股而别膀;赏奇惊异,顿觉得手而应心。何意穿凿之流,杜撰胸臆,既自矜为独得;更兼村俗之辈,志陋趋卑,共且视为罕稀。守缺抱残,不过数目短少;矫揉造作,久则差谬更多。使其苟且因循,必至流入恶道;急为斟酌至当,庶几不失真传。劝学者朝考夕稽,务究阴阳之妙;俟异日心灵手敏,渐获变化之神。本本源源,一星半点,尽属我所应有;奇奇怪怪,万绪千条,竟成人所绝无。行看步武循踪,前后如出一辙;即令分门别户,彼此亦可同归。

时大清乾隆四十七年岁次壬寅季春甲辰月榖旦 成皋剑斋纯诚苌氏谨识

枪　论

世之言枪者,靡不曰枪为军器之王,言凡器皆与枪对,敌之最难,惟枪为独尊也。又为军器之贼,言其神出鬼没,变化莫测,令人难以捉摸也。其出其入,扎滚头之精,丝毫孔隙即变,要窄秀、要勇猛、要有准头、要神化不测。而究其势,何以窄秀不宽？气何以勇猛不慊？准头何以中的不易？变化何以神妙不测？则茫然不识也。不知窄秀在外形之阴阳无错,勇猛在内气之刚柔合宜,准头在挨身之高低无偏,神妙在行气之机宜不失。明此四者,枪之神奇得其纲领矣。其中有《三领》《三照》《五到》《六路》《八要》《七练》《十二失》,看《七十二手法》,学者所当详辨,须知弃取,一一如式练去,方能洞晓一枪有一枪之当然，一枪有一枪之所以然。服而习之，永久不辍，始而勉强，继而自然。外规矩而巧生，无方无体，神化不测，得之心而应之手，乃可全性命、保身家、扶危持弱、除暴救残。万马军中，如入无人之境；枪刀林内，俨若平坦之地。逞英豪于万人之上，居虎口似泰山之安。切勿厌常喜新，得半辄止，以至半途而废，胸无一得，逢人夸耀，轻泄秘传，必获天谴。毙性命于顷刻，自暴而自弃也。然斯艺也，实有主司，授必择人。不得以私亲而无隐讳，不得以交疏而尽弃置。必详察其祖父无失德，本身无败品，然后以次授受。又须反复审试，勿辄倾囊吐尽，恐怀诈反目，追悔无及。果能确守《十戒》《三箴》，毫无干犯，乃为可授之器，传道得吾徒也，不妨尽泄其秘。总之，斯艺为天地之所秘，为鬼神之所珍，非其人不传，非其时不传，非其地不传，真不世出之物，千金所不易也。详其道路，有者还无，水尽山穷疑无路；神其变化，无者生有，花明柳暗又有村。庸夫俗子，不能窥其万一；俗学浅见，哪得晓其一二？南林处女曰："吾艺之精，非受之于人，乃忽而有者也。内实精神，外示安逸，不动如处女，搏之似猛虎。"得吾艺者，一可当百，百可当千。夫乃知天地间非常之艺，出之有其时，授之有其人，非可以智取利诱，妄意贪图而能得也。盖天泄其秘，乃所以报有德，达有功，辅助天地之不及者也。故大以成大，小以成小，自有心领神悟，鬼神通之之奇。彼存奸心，怀欺诈，犯《十戒》而不顾《三箴》者，安敢妄希天授，以获异传！愿同志者珍之秘之，勿轻泄露，致获罪戾。

时乾隆四十七年岁次壬寅四月乙巳书于万和斋 古宛静斋守一王氏谨识

张夫子蛇矛谱目录

上		下	
第一潜龙	上虚势	第一潜龙	下虚势
飞龙在天	上擢手	云从龙飞	下擢手
双龙入洞	上六扎手	浪卷浮萍	下六圈手
拨荆觅路	上崩手	六鹚退飞	下倒搠手
铺地潜龙	上刷按手	六根清净	下提搂手
潜龙沉渊	上退步搂手	巨鳌翻浪	下挑手
无心出岫	上随挑插入膊内手	翻花舞袖	下旋舞撩手
风卷梨花	上随旋舞撩手	当面劈打	下藏两滑劈手
白云盖顶	上藏内圈劈手	二郎摘草	下合手
白练悬空	上横崩手	单人负戈	下背搠手
顺势颜良	上领拨手	倒拔灵芝	下按手
关公刺良	上掇手	狮子撅尾	下背捣手
金刚扭锁	上盘手藏手	马上使剑	下圈压藏二手
扭锁隔劈	上换手	反压擎他	下还根劈砸手
任他奇变	上换手劈打手	白蛇缠葛	下缠压推割手
猛虎出林	上领擢手	伏弩暗射	下挪扎手
饿虎捕食	上进劈手	饥鹰侧翅	下横滚手
金猫捕鼠	上纵劈手	鹞子翻身	下退翘手
铁膀穿林	上卷扎手	江猪滚浪	下退翻身合抽手
野雀穿枝	上纵换步扎手	回马刺豹	下退扎手
刘海戏蟾	上反搅手	金梁架海	下架手
反剑击石	上反切手	双虹落彩	下搅合手
展手中平	上硬扎手	木门射郃	下硬扎手
玉女穿梭	上回还扎手	青龙摆头	下还扎手
千里牵线	上逼手	吕布夹戟	下夹手
猿猴开锁	上掇手	神龙掉尾	下背摆打手
打草惊蛇	上前摆打手	乌龙展臂	下栽打手

双开金锁	上劈手	羽王拔戟	下抢摆打手
秦王披甲	上执硬擢手	玉女捧盘	下抢转搐扎手
仰手打左	上反坠手	项下传杯	下合扎手
合手打右	上合劈手	更进一杯	下硬扎手
双手推山	上推手	渭水钓鳌	下勾手
美女钻洞	上拨按手	铁扇闭门	下领合打手
收起手	上逼近回还扎手	急战三枪	下勒领回还扎手
更上一层	上逼手	直上天台	下执硬逼手
金茎承露	上棚手	千斤坠石	下坠手
老人结草	上推按手	朝天一炷	下冲扎手
霸王举鼎	上举手	孤树盘根	下扫打手
扫尽尘埃	上扫打手	朱衣点头	下劈手
雷震华峰	上劈手	退避三舍	下退闪手
仙人指路	上捕扎手	鸦鹊扑翅	下捕劈手
闭窗推月	上闭手	神龙吸水	下直搠手
侧耳听风	上隔手	拨草寻蛇	下拨手
钟馗按剑	上按打手	回风舞雪	下摆打手
飞过军栅	上纵劈手	拨云望日	下摆手
长虹驾彩	上撩手	火焰钻心	下栽扎手
虎穴探子	上拨手	巨灵劈山	下刷劈手
礌石坠空	上剁手	童子捣巢	下缩捣手
昆吾切玉	上摽劈手	身外右枪	下挪扎手
左枪反破	上反砸切手	脚底击鼓	下斜打手
靠山潜龙	上搂扎手	倒挑战袍	下擢手
樵夫担柴	上旋撩	翻手作云	下卷砸手
劈头棒破	上刷砸手	覆手作雨	下捕扎手
灯花及地	上刷砸手	海底定针	下夹手
海螺入匣	上推手	泥里摇桩	下推手
玉门夺槊	上夺手	水手捉篙	下夺手
曲蛇缠藤	上圈手	大蟒穿林	下闪扎手
蛇蛎入海	上脱手	反本还原	下抽手

第一潜龙

上 下

第一潜龙最可遵,凝神聚气此为真。
吞咽精华壮百体,伏地但待春雷震。

解 枪之变化,无穷无尽。其象如龙,故以龙称。潜龙者,一阳初动,尚在地中而未起,以象人未持杆,身未动、手未交,举意在未持杆之先,必有一番鼓舞精神,振作形骸,方能神以役气,气以役形,交手不致空洞无物,气慊而形散,如炮之实药而燃机,弩之上箭而彀弦,不发则已,发则莫遏,故为第一而可遵也。神凝气住者,专一不二,内先结其精神,使坎离交会于黄庭也。_{对脐当中。}吞咽精华者,仰面吸气,提撮二阴。_{谷道玉茎。}外采天地之气,使刚大收聚于中宫也,满腹坚实,百骸振动,真有勃然之势,欲不发而不得也。

仰面吸擎,不计口数。提撮二阴,不放松懈。鼓腹昂胸,不可俯曲。

未提杆聚中气浑元一气图
浑元一气

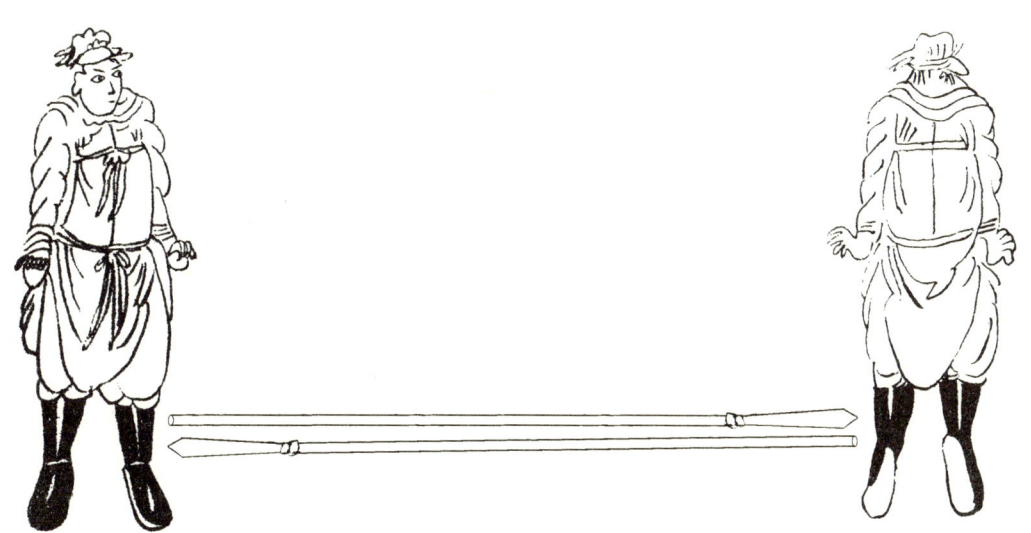

飞龙在天
上

飞龙在天透九霄，抢杆进步望手挑。
占他行气莫停势，扫清路道任逍遥。

解　此我先提杆占先，攦手挑杆扫路之法。

路道　同是抢杆，而我先到手，即抢进左步，随进右步，顺他杆下，挨杆挑手、攦杆。一气自下而上，将上中下来路尽皆扫清。

身法　入首侧身进步，落点正身仰势。

手窍　插挑，左侧手食大指伸理，中指勾掇，小名指攥辅缩捋，落点曲肘，攀中指；右侧手推送，食大指伸夹，余三指攥送，伸肘贴右肋，即送照左肋。

步眼　雁行步。落点顶膝盖，往左拧转。

点气　仰面昂胸，掇攀左手，伸送右手，气往左拧旋，落于右枕骨。

上枪：抢杆进步，顺杆攦手，自下而上扫路之图
入阴扶阳

云从龙飞

下

云从龙飞到九天,随他挑擩我亦然。
开杆躲身真神妙,玄窍送去谁后先。

解　此随他挑擩,我亦挑擩,开杆躲手之法。

路道　他占先抢杆,不待我气停,即挨杆擩手、挑杆闭我上中下扎进。我随势不离他杆,顺他杆下,进左步,随右步,左拧身,一气掇他杆,擩他手,他杆自离,不能擩我手,挑我杆。

身法、手窍、步眼与上枪同。

下枪：随擩亦擩,开杆躲手之图
入阴扶阳

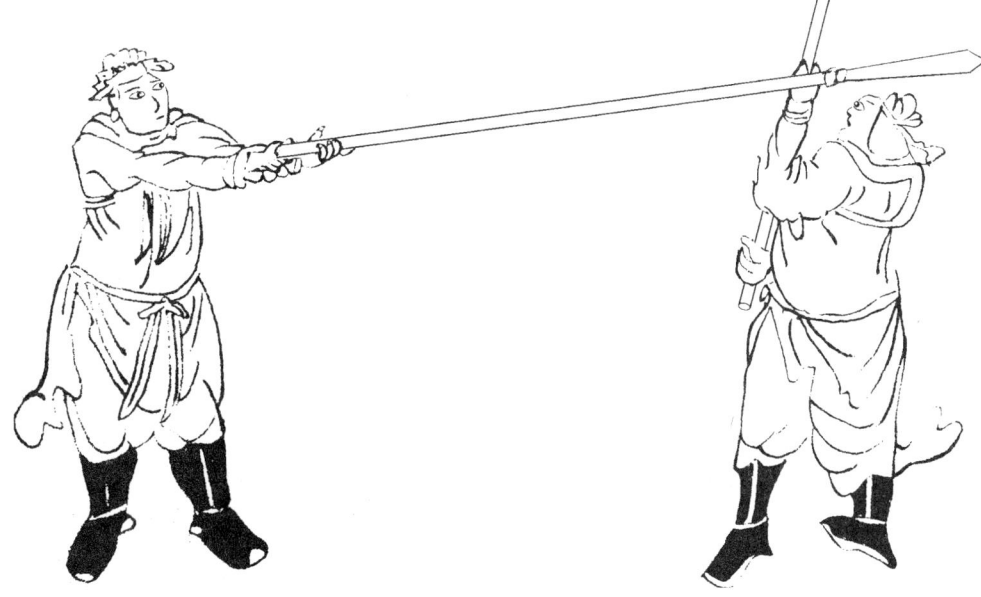

双龙入洞

上

双龙入洞气不停,抽回即去浑无形。
任他圈搅圈不住,犹如浮水一蜻蜓。

解 此抽杆闪他擂挑,回手送扎之法。

路道 他随势擂挑我杆手,使我不得擂挑他杆手,我谢右步,拉左步,后退抽杆,闪内滑脱,照扎他左眼。他落杆合内圈搅一圈。我仍抽回送扎他左眼,谢步使。他仍往内圈搅一圈,进步使。我抽闪内,中扎他左胁,谢步使。他往外摆搅一圈,进步使。我仍谢步,抽闪内,送扎他左胁。他又进步,仍往外摆搅一圈。我抽闪内下,送扎他脚,谢步使。他进步往内圈搅一圈。我仍闪下扎脚,一扎即抽回。

身法 抽杆侧身,送杆正身。

手窍 左松右紧。抽杆,左仰右合,送扎,左合右仰。

步眼 丁字步。左步顺,右步横。抽杆,谢右拉左。送扎,不动。

上枪、抽回闪内,上扎他左眼之图
入阳扶阴

浪卷浮萍

下

浪卷浮萍进步攻，内外不放半点空。
只有末后一搂脱，退避别寻道路通。

解 此随他闪下抽扎行气，退步猛一搂脱，另待进扎之法。

路道 他抽闪上扎，我内圈搅。他抽闪中扎，我外圈搅。他抽闪下扎，我仍进步往内圈搅。他仍抽闪下扎，我谢右步，拉左步，仍往内圈杆，猛一搂脱，展膊横杆，以待进扎。

身法 仰身曳势，谢退右步，拉颠左步。

手窍 左合手大指伸勒；右竖手大指伸靠。

步眼 丁字步。左步顺颠，右步横踏。

一抽扎，仍抽回伏下拨荆，他亦搂搅不住。

下枪：随他下扎，退步圈搅，猛一搂脱之图
入阳扶阴

拨荆觅路
上

拨荆觅路开前锋，上步缩推莫放松。

截手崩便人难躲，盖穴蝼蚁是真宗。

解 此随他圈搅猛搂脱，即截手崩便，闭他先出手之法。

路道 他谢步圈搅，猛一搂脱，待我进扎，借我行气。我不待他气停，即上右步，逼近他身，送右手，缩左手，照住他左手推截，一气崩打他小便，使他手不能出。

身法 正身抢步，仰面伸肘。

手窍 右拧仰手，送靠右胁；左缩半侧手，中指推送右胯外。

步眼 右脚尖斜往内勾，踏平；左脚跟斜往外拧，颠擎。

点气 头往左摆，手往右推，合抱劲。

上枪：随他搂脱，上右步，对手崩便之图

入阳扶阴

六鹢退飞

下

六鹢退飞倒步攻,背扎小便疾如风。
俯身滚膞膞靠杆,靠开他杆路自通。

解 此随他推崩行气,俯身滚膞,闪过枪头,倒上右步,捌扎小便之法。

路道 他上右步,对手崩便,使我不得先出手。我退避不开,横闪不能,随他行气,倒上右步,滚进左膞,缩身弓背,闪过他枪头,杆靠左胯,背身不回顾,往后捌扎他小便。

身法 俯身栽头,右腿后伸,杆挨左胯尖下,左膞右裹,正身不回顾。

手窍 左膞顺贴左胯,左手大指勾托杆外,余四指俱伸,杆夹食中指歧间,右合手送过左胯外,膞横挨于脐,大指伸托,食名中三指攥理,小指根顶送。

步眼 斜横步。左足平踏,尖往外斜;右足颠擎,尖往内勾。

下枪:俯身滚膞靠杆,倒上右步,捌捣小便之图
入阳扶阴

铺地潜龙

上

铺地潜龙潜更深，刷手打脚勿劳心。
纵换脚步双臀坐，玄窍神妙真可钦。

解 此随他倒搠小便行气，纵换脚步，侧身坐臀，躲他搠扎，刷手打他左脚之法。

路道 他倒上右步，背后搠扎我小便。我纵换脚步，仍落左步在前，侧身坐缩小势，闭躲他扎便，硬直两膊，往下按砸到地，刷他双手，打他左脚背。

身法 纵换脚步，不移其处，直身坐臀，开裆曲膝，蹲踞小势，勿俯头，勿仰面，脱肩伸肘，拔顶伸项。

手窍 左合手五指伸翘，齐按杆上，往内硬膊缩捋；右侧手五指攥紧，往前送入。

步眼 八字步。开裆摆膝，凹腰悬臀，两脚平擎，外楞着力。

上枪：纵换脚步，缩低坐臀，刷手打脚之图
直缩阴阳

六根清净
下

六根清净扫得清，起身进势巧处生。
悬提左脚躲刷打，搂拨左腕任纵横。

解 此随他刷打行气，起身悬脚，躲他刷打，搂打他左手腕之法。

路道 他缩身脱膊，顺杆直下刷手，打我左脚。我起身右转，靠开他杆，使他刷不着我左手，悬提左脚，使他不得打我脚背。进势抽提我杆，往右摆裹，照他左手腕内拨打。

身法 起势侧身，进势逼近，往右摆裹，头左摆，手右推，长身直势，不俯不仰。

手窍 左膊推挨左腿，内脱手食大指夹理，余三指勾理，中指根顶推，往上缩捋；右膊提伸，食指勾理，大指伸架，余指散辅。

步眼 右脚平踏，左脚悬提，脚尖勾跷。

点气 身往左转，膊往右推，合抱劲。

下枪：起身进势，悬提左脚，躲他刷打，搂打他左腕之图
直入阴阳

潜龙沉渊

上

潜龙沉渊水底眠，曳身右裹塞左肩。
滚靠他杆兔搂打，抽搂打他右臁穿。

解 此随他拨打行气，曳身右裹，合势伏捕，滚躲拨打，搂打他右臁骨之法。

路道 他起身悬腿，拨打我左手腕内，使我刷打不着。我曳身右裹，合伏捕势，塞滚左膊，靠闭他杆，躲他拨打，一气抽勒右肘，搂扫左手，搂打他右臁骨。

身法 曳身右合伏捕低势，仰头不回顾，伸左腿，屈右膝，勒悬右肘，搂扫左手。

手窍 右合手食指伸理，小指攒勒；左合手食指伸理，中指根缩推。

步眼 右步斜横，小趾点踏；左步颠顺，小趾点拧。

上枪：曳身右裹靠躲，搂打他右臁骨之图
旋入阴阳

巨鳌翻浪

下

巨鳌翻浪顺杆挑，撩手擢杆望上飘。

落下左步提右脚，躲打臁骨魔障消。

解 此随他搂打行气，落左步，提右脚，顺杆擢手挑杆之法。

路道 他曳身右合伏捕，搂打我右臁骨。我落左步，悬提右脚躲过，即一气顺杆拿起，擢他左手，连杆挑起。

身法 直身仰面，捋收左手，送伸右手，提右膝，硬左腿弯。

手窍 左仰手缩拿，肘收靠左肋，食中大三指展托，名小指勾笼；右仰手伸送，食大指伸理，中名小三指攥送，膊送贴右乳下。

步眼 左步落颠，脚尖颠踏；右步悬提，脚尖跷起。

点气 提膝收手，一齐长身颠擎。

下枪：挨杆挑擢，落左步提右脚，躲他搂打之图
直入阴阳

无心出岫

上

无心出岫望天冲，左斜捕进快如风。
随他挑擢插膊内，扎面挑手任西东。

解 此随他挑擢行气，左斜身捕进，插入左膊内，冲面挑打左手腕之法。

路道 他拿杆悬脚，挑杆擢手。我不动脚步，惟左斜身，随势捕进，滑闪他挑擢，一气插入他左腕内，冲扎他面，挑打他左腕。

身法 左斜伏捕正身，即随并右步，长身蹿起，仰面昂胸，伸肘颠足。

手窍 左竖手缩捋，食大指伸理，中名小三指攥送；右竖手攥送，食大指伸夹，中名小三指攥送。

步眼 右脚随并左步，硬膝弯颠擎。

点气 长身猛蹿劲。

上枪：左斜捕进，随他挑擢，插入膊内，冲面擢挑手腕之图
入阳扶阴

翻花舞袖

下

翻花舞袖舞蹁跹，丢我左手妙如仙。
闪他插挑插不住，旋抡他手敢占先。

解 此丢手躲他插挑，旋抡，仍使梢撩打他左手之法。

路道 他随我挑攉，插我左腕内，冲面挑手，使我难躲难闭。我落右步，换落左步，仍悬踢右脚，丢左手，闪他挑插，一气抡旋，仍使梢撩打他左手。

身法 正身、仰面、昂胸。

手窍 右手推根还前，仍抡梢还前；左手接按右手后，右手推撩左手前，左食大指勾圈，按于右膊上，右食大指勾圈抡转，仰往上撩，中名小三指伸托。

步眼 左步颠送，右脚勾悬。

下抢：丢手接手，躲他插挑，
旋抡仍使梢撩打他手之图
入阴扶阳

风卷梨花

上

风卷梨花飞满天，哪怕撩手占我先。
丢手抡舞上右步，依样挑打总不偏。

解 此躲他撩手，依样抡旋，撩打他左手之法。

路道 他悬步丢手，接抡撩打我左手。我亦丢左手躲过，一气推抡右手，旋抡还根复还梢接攥，左手按于右膊上，右手仰在前，左手合在后。

步眼 微进左步，前上右步。

身法 正身摇曳，落仰势，入阴气。

手窍 右手食指伸托，中指勾圈，大指理照中指根节外侧，余指撒托；左手食指勾按，大指伸托，余指伸按。

上枪：亦丢手旋抡，撩打他手之图
摇曳入阴扶阳

当面劈打

下　内藏两滑劈未画

当面劈打三抢劈，流星赶月滑手使。
左右换走前却后，抢旋只在左大指。

解　此是躲他抢撩，丢换走手，照手照面，在外劈打之法。

路道　他随我撩抢，依样撩打我左手下。我将右手往后一勾攀，即换合手，滑走根处，左手往前一勾推，即丢换仰手，换前梢处，照他左手外，连面一气劈打下。他亦如我势，抢劈我左手并杆。我复换左仰手抢挡后成合手，丢左手接攥前，还根在外，抢劈他手面。他外圈内旋绕躲过，打我顶心。我复换仰手挡抢后成合手，丢左手仰接前，还梢劈打他手面。他复外圈内旋绕躲过，盖打我顶心，即变势。

手窍　右大指勾攀，左大指勾推，撕劲。后二手：右手换仰，抢旋成合手，左手丢接，前仰手不变，掌心擎接。

下枪：丢手抢劈图
阴阳侧入侧扶

白云盖顶

上　内藏两圈劈未画

白云盖顶盖连三，丢手抡劈盖用圈。
外转内上难闪躲，犹夫白云被风旋。

解　此随他抡劈圈闪，盖打他顶心之法。

路道　他随我撩手，丢左手，抡右手，还梢仰接，左手劈打我手面在外。我亦随他样，丢左抡右，劈打他左手。他使赶月手滑抡还根劈打我手面。我进左步，随右步，外圈内上，盖打他顶心。他仍使赶月手滑抡还梢在外，劈打我手面。我仍进左步，随右步，外圈内上，盖打他顶心。

身法　抡劈：侧身进步。圈：身往右拧，脚跟往右摆。盖：身往左拧，脚往左摆。圈裹右肩，盖裹左肩。

手窍　劈：大指拨抡。圈：左食指伸理，大指勾理，中指根架托，往外展捋，半侧手，右手竖肘仰掌，中指根及大指勾住，虎口架托。盖：左食指伸理，大指靠理，中指勾托，左转内仰手颠送缩左手。

上枪：随势丢手抡劈图
阴阳侧入侧扶

二郎摘草
下

二郎摘草草绝青，谢步展膊似开弓。
左手合入右膊勒，领过盖顶盖不成。

解 此随他盖顶行气，顺势勒按领闭之法。

路道 他拧步摇膀圈盖我顶心。我谢右步，展膊勒肘，开胸合背，如曳弓样，将他杆一领勒，滚按下，闭隔他盖顶。

身法 头往右顾，身往右微斜合。

步眼 开步微带八字，左伸硬膝弯，右微曲顶膝盖。

手窍 左悬勒肘尖，伸按食指，大指伸入，合手滚挣；右滚合手，食指伸理，小指攥紧，滚翻分挣，勒杆平上高乳三寸。

点气 左食大指领气伸入，右肘尖擎。

下枪：谢步领勒图
入阳扶阴

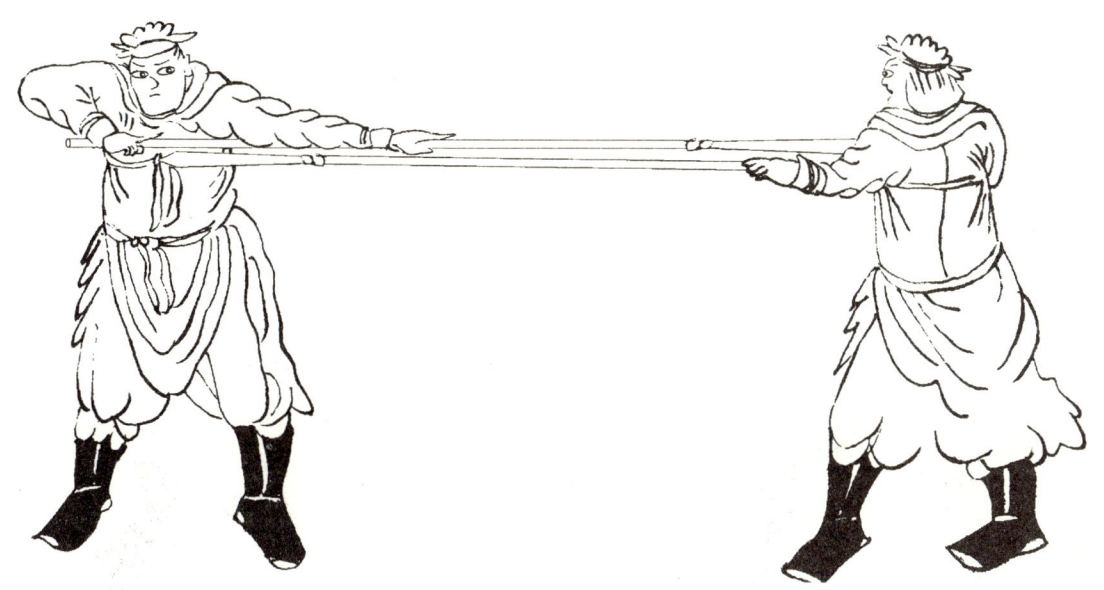

白练悬空
上

　　白练悬空势摆摇，进步隔外逸待劳。
　　只将右手一扬举，闭杆打心总难逃。

解　　此随他领按行气，进步侧身，跌手扬手，内隔外摆打之法。

路道　　他随我盖打，勒右肘，按左手，领杆勒犁我左虎口，伏下回扎。我不待回扎，乘他一勒，即进左步，右转侧身，扬举右手，仰掌摆脑后，左滚仰手，往右推摆，以根隔他梢过我背后，照他心窝使梢摆打。

身法　　进左步，身往右转，头往左顾。

步眼　　左步斜进他左身外，右脚跟往右一拧。

手窍　　右举仰手，食指伸理，大指架摆；左跌仰手，食指伸理，往右推摆。

点气　　两大指领气拨推。

上枪：仰膊，根隔梢打，内闪外图
入阴扶阳

单人负戈

下

单人负戈倒步行，背身滚滑闭锐锋。
隔外仍在他外扎，挨顶扪肩透喉咙。

解 此随他隔外摆打行气，倒步滚身，躲过他梢，背后捣扎脖项之法。

路道 他悬杆竖膊，隔外拨推，摆打我心窝。我随势倒上右步，背身滚躲，闪过他枪梢，缩左手，送右手，竖肘送合一处，杆搁左肩，挨于左项，侧背扎他项左。

身法 背仰身，昂胸鼓腹，仰面朝天，竖肘夹靠肋。

手窍 五指握固，满把齐攥。

步眼 左膝伸硬，脚尖外摆；右膝曲顶，脚跟内收。

点气 右大指根节领气。

下枪：倒步背身搠扎图
入阴扶阳

顺势颜良
上

顺势颜良隔身右,直向险中寻奇谋。
上步缠杆蹬右手,捕扎咽喉自入彀。

他倒进,我上进,两相迎合,长扎不着,须用短手。短手者,根往后出长,梢留不过三五寸。

解 此随他背扎行气,缠外过内,上步领隔,捕扎咽喉之法。

路道 他倒步背身,捣扎我项左。我随势双转合手缠杆,从他杆下,上右步,伏捕钻入他身左,抽杆,根长梢短,对扎他项左,缠隔身右,十字势。

身法 上右步俯栽,正身仰面。

手窍 左膊伸入合手,食指伸理,大指伸入,小指勾擎;右膊伸蹬,食指勾夹,大指伸夹,余指撒伸,侧手虎口栽蹬。

步眼 大踏步,右脚尖往内收,左脚尖往外开。

点气 左食指领气伸按,右虎口领气栽入,杆靠右肋,分挣劲。

上枪:缠杆捕扎咽喉图
入阳扶阴

倒拔灵芝

下

倒拔灵芝斩绿痕，合手左按抽右肱。
退还右步背转侧，一气刷劈左手中。

解　此随他伏捕行气，退步劈刷之法。

路道　他抽勒领我杆过他耳右，一气勒犁我项左。我退回右步，拉颠左步，转侧身，滚按左手，悬右肘，照他头面一气刷劈到地，左手落按下。

身法　侧身头往左栽，悬勒右肘，伸按左手，提右肋，颠擎左脚。

手窍　左合手食大指伸按，小指勾擎；右合手食大指滚外。

步眼　退右步，拉左步，并离数寸，鸳鸯步。右步实，左步虚。

点气　左食大指领气按入，右肘尖领气悬勒。

下枪：退步刷劈图
阴阳侧入侧扶

关公刺良
上

关公刺良滚外擢，顺杆撩手掇左膊。
悬跷左脚仰身架，闪他刷劈自滑脱。

解 此随他刷劈行气，滚外撩擢掇架之法。凡合枪过横者，须中此手。

路道 他退步转侧，照我手面勒拉刷劈到地。我随势左滚仰手，右翻仰掌，滑脱他勒劈，即悬左脚，仰身举膊，顺杆撩他左手，掇他左膊根，使他不得回扎。

身法 正身、仰面、鼓腹。踢左脚，颠送右步。

手窍 仰左手，食指缩托，中指根靠理，大指伸架；右手仰掌，食指勾理，大指伸夹前送。

步眼 左脚伸踢，勾脚尖；右步顺踏颠送。

点气 左食大指领气缩捋，右食大指领气送出。

上枪：滚外撩手掇膊图
入阴扶阳

狮子撅尾

下

狮子撅尾势真奇,根从裆出藏玄机。
背身俯栽提右腿,钻入云台七窍迷。

解 此随他撩手掇搏行气,背身俯栽,根从裆出,飘捣心窝法。

路道 他顺杆撩我左手,掇架我左膊根,使我不得回扎。我拧左步,提右腿,背身俯栽,根从裆出,飘捣他心窝,闪他杆,飘捣上。

身法 弓背俯磕额颅,两手送夹裆内,背身以臀向他。

手窍 左手理杆伸按,小指勾提;右手小指勾提,虎口栽入。

步眼 左脚尖拧颠,右脚尖掀提。

点气 左食指领气按送,右小指领气攥送。

下枪:背身俯栽,根从裆出,捣他心窝图
入阳扶阴

金刚扭锁

上

　　金刚扭锁根隔劈，此等转关少人知。
　　左步点拧右旋上，杀救两气摽手使。

解　此随他背捣行气，拧步转上身外，根隔梢劈之法。

路道　他背身俯栽，根从裆出，飘捣我心窝。我使根一挡推躲过，即落左步，颠步拧旋，悬提右膝，侧身两膊环抱，根插左夹肢窝，左压右膊上，仍使梢砸打他脊背脑后。

身法　抽旋右肋向前，侧身提左肩，脱右肩，提右膝，凸左腰。

手窍　右手食指勾理，虎口掇架，中指伸理，余指撒伸；左手食指伸按，大指伸理，中指勾托。

步眼　左步拧落平踏，右膝提起，脚尖向外拧，

点气　左食指领气伸按，右虎口领气掇架。

上枪：旋上身外，摽手砸打脊背脑后图
阴阳旋入

马上使剑

下

马上使剑压长虹,起身反砸力难擎。
仰面凹腰身左栽,滑脱挑砸尽成空。

解 此随他摽手隔劈行气,我起身滑脱反砸之法。

路道 他落旋左步,悬提右步,转侧身,摽手劈砸我脊背脑后。我落右步,起身往右摆悬左腿,昂胸凹腰,往左仰栽,展捋两手,反砸他杆手。

身法 昂右胸,凹左胁窝,左腿摆右,脚尖勾跷,头往右摆,左膊往左摆。

手窍 左仰手,食指大指伸托,中名指勾攀,往外展捋;右竖手,伸大指,虎口擎架,食指勾理,余指撒辅,往上仰攀。

步眼 右步落下平踏,左脚往右摆跷。

点气 左手气坠落手背,右手气坠落肘尖。

下枪:起身滑脱背砸,仰身反砸他左手图
入侧阴扶侧阳

扭锁隔劈

上　扭锁二手

扭锁隔劈巧无双，使剑反压却难当。
谁知自有元妙诀，换手仍扭总不慌。

解　此随他反砸行气，丢手换攥还根劈砸之法。

路道　他起身滑脱我劈砸背，反砸我杆手。我落进右步，随并左步，丢我右手，换攥左手前，将梢攀回，丢左手，杆缠转大指，还根仍摽手劈砸他左手上。

身法　仍右侧不变，直身右栽。

手窍　右换左手前，攀梢塞夹左夹指窝外，虎口掇架，中指勾杆，右手松，丢杆缠绕大指，还根食指伸按，大指夹理，中指勾住。

步眼　落进右步平踏，随并左步颠擎。

点气　左食指领气伸按，右大指虎口掇架。

上枪：丢手、换手，仍摽手扭锁，还根劈打图
入侧阴阳

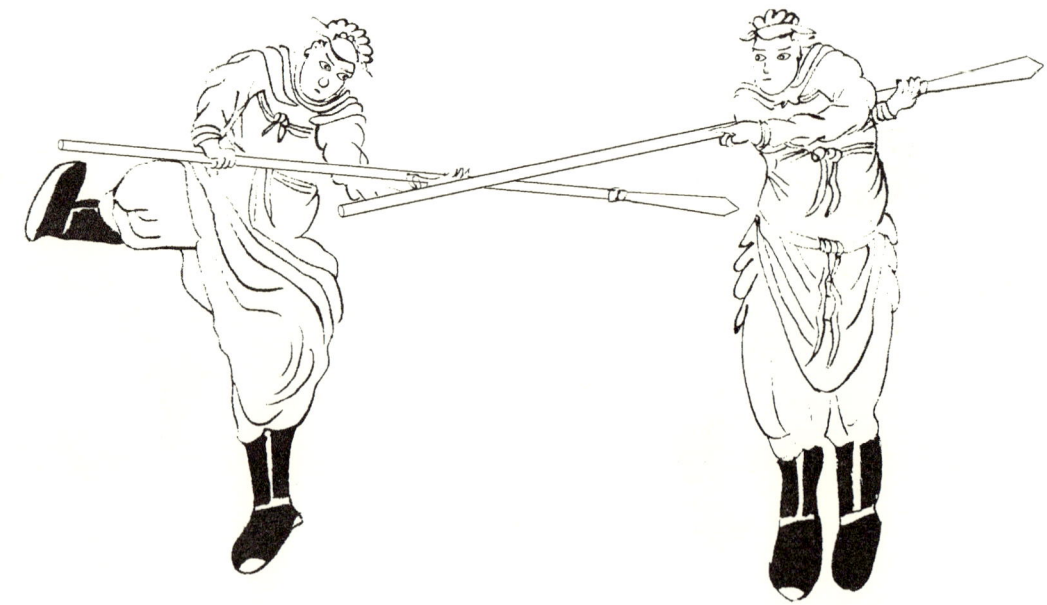

反压擎他

下　使剑二手

反压擎他扭难开，谁知换手扭仍来。
抽梢还根照手打，管取扭锁总不得。

解　　此走梢还根劈砸之法。

路道　　他换手仍使摽手劈砸我左手。我落左步，旋上右步，回梢躲他劈砸，即还根照他左手背按砸。

身法　　落左步，上右步，左转身，俯身右侧栽，提左胁，凹右胁。

手窍　　右合手大指伸夹，食指勾按，余指散按；左换合手攥提。

步眼　　左落住旋颠擎，右步上，点踏鸳鸯步。

点气　　右名指领气伸按，左名指束气勾提。头栽右额角。足：左提点大趾，右踏点小趾。

下枪：落左步上右步，还根劈砸图
　　侧入侧扶阴阳

任他奇变

上　扭锁三手

　　任他奇变还根劈，守我换手扭不移。

　　还梢仍打他右手，方知此中有玄机。

此势有退右步还梢，杆挨左胁劈打，不使扭锁亦可。

解　此随他还根劈打行气，我仍使换手扭锁劈砸之法。

路道　他落拧左步，旋上右步，抽梢还根劈打我左手背。我退左步，拔回右步，仍丢右手，换接左手前，擦手按打他右手。

身法　退步仍右向前，侧身不变。

手窍　同前。

步眼　同前。

点气　同前。

上枪：丢手，换手，仍擦手还梢劈打图
　　　侧入阴阳

白蛇缠葛

下 使剑三手

白蛇缠葛绕长虹，压推一气圈枪形。
仰压推势分合送，悬杆一往不留停。

解 此随他换手躲劈行气，摆腿内躲，抽根还梢，圈压推割脖项法。

路道 他拉步还梢，仍扭锁劈砸我右手。我抽根还梢闪躲，外圈缠压他杆，躲他劈砸，一气顺杆推割他脖项。

身法 退右步，悬左腿，往右摆。俯身，头与脚合，圈压一气。仰身，头与脚手分推割。

手窍 圈压：左仰手右合手分展。推送：左侧手右内仰手收并。

步眼 圈压，悬左脚。推送点右脚。

点气 左中指对照大指圈合，右食指圈对大指，如环领气，圈压推送。

下枪：还梢缠压，一气推打脖项图
扭摽阴阳

猛虎出林

上

猛虎出林负岗峒,随送挑过左边踞。
右步拧旋转正身,妙在左手往上捋。

解 此随他送推行气,转势缩身,领擓过我身左之法。

路道 他反压一气推割我右脖。我随势粘杆不离,旋右步,右拧旋,随左步颠并一处。俯纵,正身低势。右手往前一推,左手往上一捋,将他杆领过我身左侧。

身法 耸肩缩项,弓背蹲踞。

手窍 左仰手大指勾攀,手背恰贴左肩上;右侧手食指夹推左膝前。

步眼 并足。右脚平踏,左足颠擎。

点气 头仰,气落脑后。左手气仰落手背,右手气落虎口。腹膝束合一处,方像勃然以捕之势。

上枪:转势缩身,领杆擓身左图
入阳扶阴

伏弩暗射

下

伏弩暗射闪前肱，颠换脚步气不停。
横挪直扎他小腹，猛摔左腿任纵横。

解 此随他领挑行气，摔腿抽杆，横挪闪内，送扎小腹之法。

路道 他随我推势，领挑过他身左外。我将左腿横往后一摔落，即纵落右步，侧身小四平势，抽杆闪内下，送扎他小腹。杆平托，挨脐下。

身法 直身低势，凹腰悬臀，开裆摆膝。

手窍 左仰手中指勾架；右侧手食大指夹理，小名指攥送。

步法 坐臀，足开八字。

点气 两手托杆，大指领气送扎。不可侧头，不可看他，看则偏斜不照。

下枪：拧腿闪挪，送扎小腹图
侧入阴阳

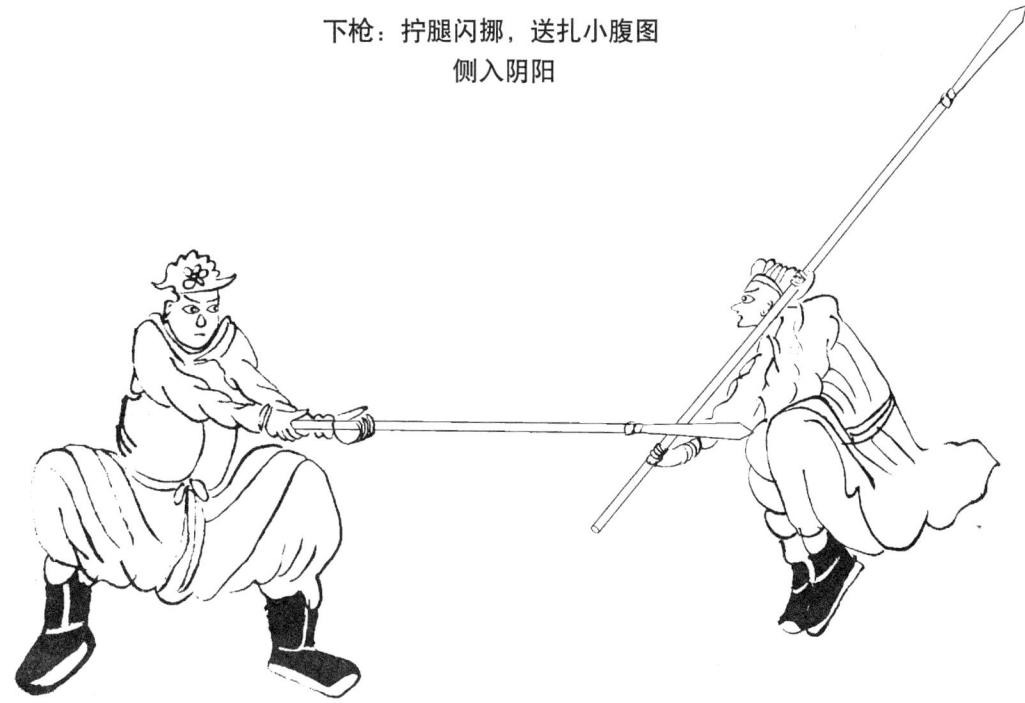

饿虎捕食
上

饿虎捕食劈左肩，远开左步势无偏。
右手忌抽右胯外，斜横劈打难躲开。

解 此随他闪扎行气，上步劈砸之法。

路道 他闪内挪扎我小腹。我大上左步，纵随右步，转侧身躲开，即猛抽右手，不可抽过右胯外抽过则杆提起，劈下不着实。按捋左手，照他左肩斜横劈下。

身法 侧身斜捕，小四平势，身往左微斜俯。

手窍 左侧手中名二指勾擎；右侧手食中二指勾提，抽照裆内。

步眼 上左步，纵落右步，踏向他裆中。八字步，左实右虚。

点气 侧头右转，气栽左头角，不可看他看则梢左摆，劈滑不照。左手食指领气，气栽虎口；右手气提小指，悬右肘尖。

上枪：上步，侧身捕劈左肩图
入阳扶阴

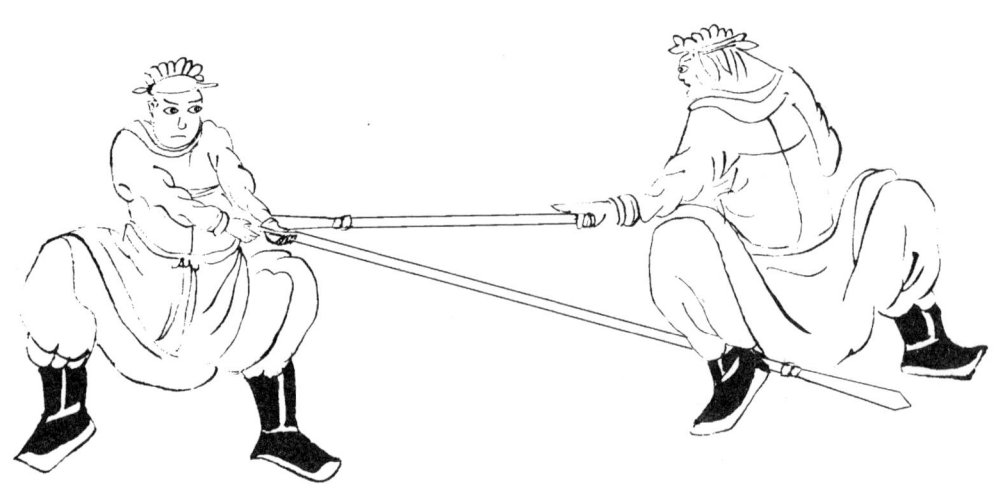

饥鹰侧翅

下

饥鹰侧翅栽左肩，双步纵退横挪闪。
俯身右滚开两步，空教捕劈舞翩翩。

解 此随他捕劈行气，横纵倒退闪躲之法。

路道 他纵捕照我左肩斜劈。我双步一齐往后横纵退落，双步踏开，前膝曲，后膝直，滚身栽左膀，闪他劈打落空。

身法 俯身左侧，左膊滚脱，夹挨左肋，右肘平掀。

手窍 左伸滚，内仰手，大指伸架，食指伸理；右伸掀，合手，大食指擒。

步眼 右步横，左步顺，跟掀起，往外摆。

点气 仰头左滚栽，扶起阴气。右手大指伸滚，左手大指伸滚，左右分滚，气顶指梢；右脚小趾着力，左脚大趾着力。

下枪：双步纵退，横挪闪躲劈打图
滚入阴阳

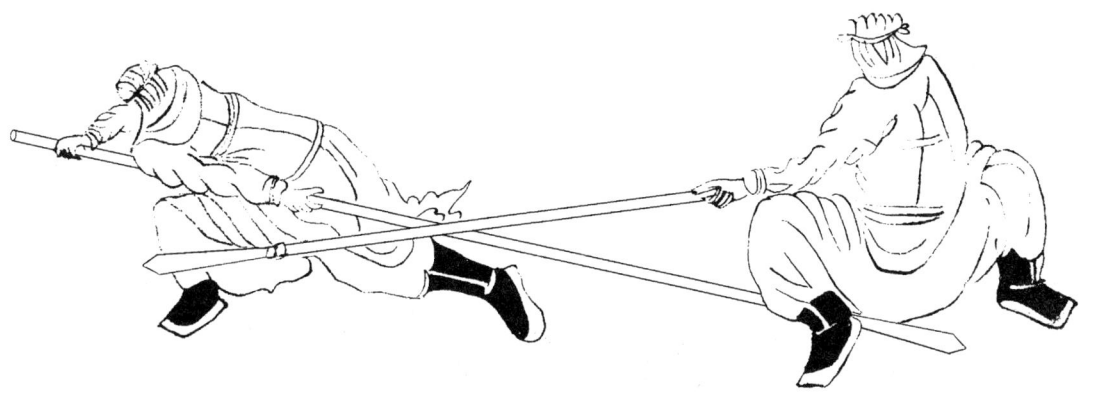

金猫捕鼠
上

金猫捕鼠仍前劈，斜横打照他背脊。
双步纵进身半侧，内外进退总难支。

解 此随他侧滚横挪，闪我劈打落空，仍前纵进捕打之法。

路道 他双步横退，侧身滚栽，滑脱我劈。我仍前双步纵进，照他脊背斜横劈打，使他内外进退俱不得躲。

身法、手窍、步眼、点气俱同前。

上枪：仍纵进斜横劈打图
入阳扶阴

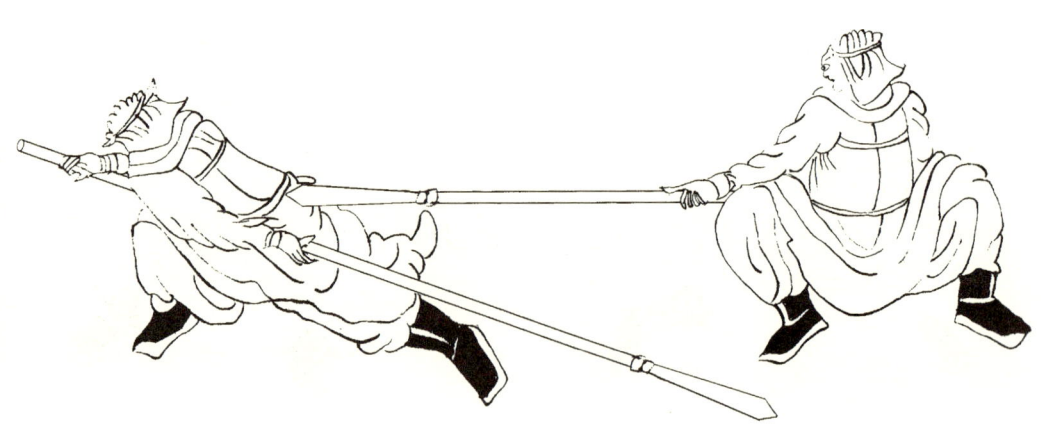

鹞子翻身

下

鹞子翻身翅生风，退步合身玄妙生。
照他左腕下敲打，哪怕捕鼠如山倾。

解 此随他再捕打行气，退左步，翻身右合伏亦有进右步翻身者，看远近使下棒敲打之法。

路道 他仍纵进，照我脊背斜横捕劈，使我内外横顺进退不得。我随势将左步一拔退，退回左肩，右肩合身一裹，以背向他，躲他劈打，即缩举右手从我面前举转，按与右脚对。左手托举，夹于右夹肢窝，敲打他手与膊根。

身法 俯身栽头，落点仰入阴气。

手窍 右侧手食指压按，左仰手中指侧拿。

步眼 左步横踏，右步顺颠。

点气 右食指领气伸按，左中指领气掇举。头不可回顾，身不可侧俯，敲打方能中的。

下枪：退左步，右合身，根隔梢敲闭他横打脊背图
滚入阴阳

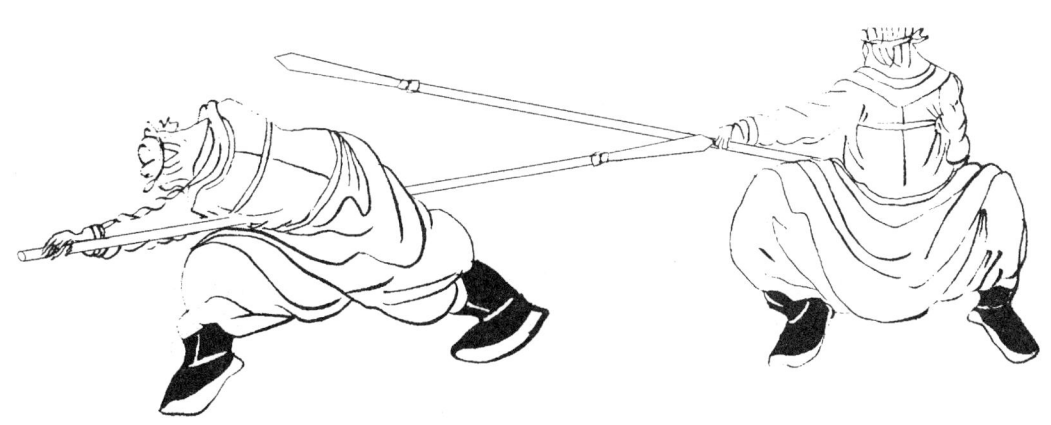

铁膀穿林
上

铁膀穿林穿密林，缝中扎手迥出群。
缩肘仰掌蹿身进，闪他敲打不沾尘。

解 此随他敲打行气，起身竖肘，滑躲闪过，照他左手栽扎之法。

路道 他退步，背合身，下棒敲打我手脖膊根。我起身蹿进，双步并颠，右翻仰掌，竖肘夹靠右肋，左转仰手仰托，束肘夹靠左肋，照他右夹肢缝中栽扎他左手。

身法 直身、仰面、昂胸、硬膝弯，手往左送，身往右摆。

手窍 左食指托理，右虎口架住，食指勾攀，小指顶送。

步眼 直硬膝弯，双步颠擎。

点气 头气擎住，左手食指领气夹送，侧身侧头，不可看他，看则左摆，扎不照手。

上枪：仰身竖肘，滑他敲打，照缝栽扎左手图
入阴扶阳

江猪滚浪

下

江猪滚浪侧右肱，退步合身莫消停。
舞杆圈绕捕打手，任他栽扎一场空。

解 此随他栽扎行气，退步翻身圈舞，捕打他左手之法。

路道 他蹲身进步，照我右夹肢内栽扎我左手。我拔退右步，左翻合身，右手从面前举转，抽勒右胯后，左手旋按左身内，左膀合栽，照他左手捕打下。

身法 大开步，合身左侧栽，展膊分挣舞按。

手窍 左合手，中名二指勾按，食指伸按；右侧手，小名二指勾攀，虎口栽入。

步眼 开裆右拧身，雁行步，右脚平，左脚颠。

点气 头气栽于左额角。左手气入大指，右手气挣肘尖。左脚气入拧大趾，右脚气入拧小趾。

下枪：退右步，左合身，翻身圈搅，捕打他左手图
滚入阴阳

野雀穿枝
上

野雀穿枝势难当,顺势扎胁暗中藏。
转身送胯纵换步,杆下潜入自彷徨。

解 此随他侧按行气,左转身,上右步,在外挨他杆下顶扎左胁之法。

路道 他退右步,合身舞杆捕打我左手。我上右步,随纵左步,右手仰靠右胁,送右胯、凸左胁,左侧手缩捋,上他身外,挨杆下送扎他左胁。

身法 摆回左肩,送进右肩,右歪身,凹右胁。

手窍 左侧手食指仰理,中指托架;右仰手食指伸托,小名指勾送。

步眼 抢进纵换,右脚前,弓膝颠擎;左脚微横,步平踏。

点气 头往左裹栽,气落左右额角。左右手俱食指领气伸送。右脚小趾领气颠擎,左脚大趾领气拧踏。

上枪:纵换步,左转身,右步前,在外挨杆下穿枝扎胁图
　　　侧入阴阳

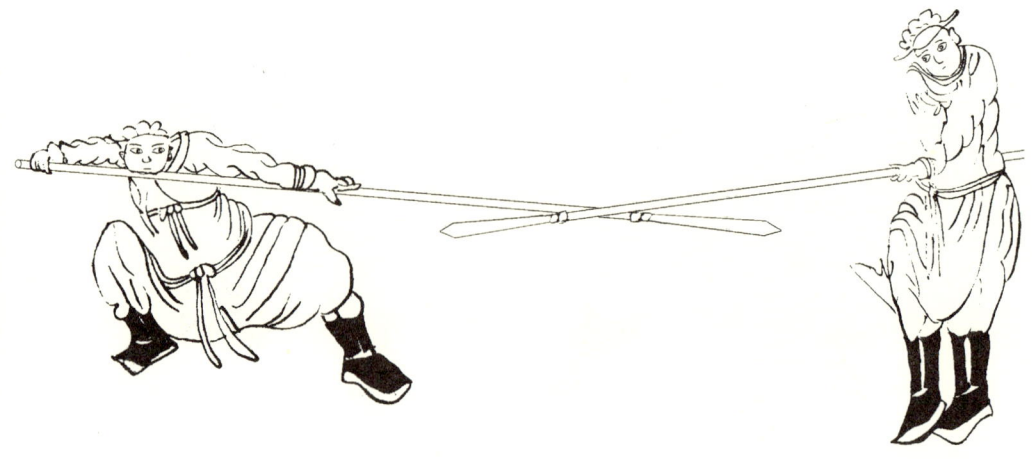

回马刺豹

下

回马刺豹对腹冲，拔步蹲身避尖峰。
两手仰照腹脐上，愚迷猛浪命必倾。

解 此随他送扎行气，拔步退势，横身猛扎他腹之法。

路道 他挨杆下随势上右步，闪外顶扎我左胁。我拔退左步，起身猛蹲，搁正身仰势，闪躲顶扎，即伸送右手，缩捋左手，俱仰手送扎他腹，手与脐平。

身法 仰面昂胸，直身硬膝，硬住肘心气。

手窍 左仰手食指伸托，中指伸架；右仰手中名小三勾攥，大食指托理。

步眼 左步并齐，右步颠踏。

点气 两膊紧挣，两肋及肘气往内收硬住，仰面气砸脑后，昂胸鼓腹，正身不侧，头手分挣，两手气入食指，颠悚劲。

下枪：拔步退势，送扎他腹之图
入阴扶阳

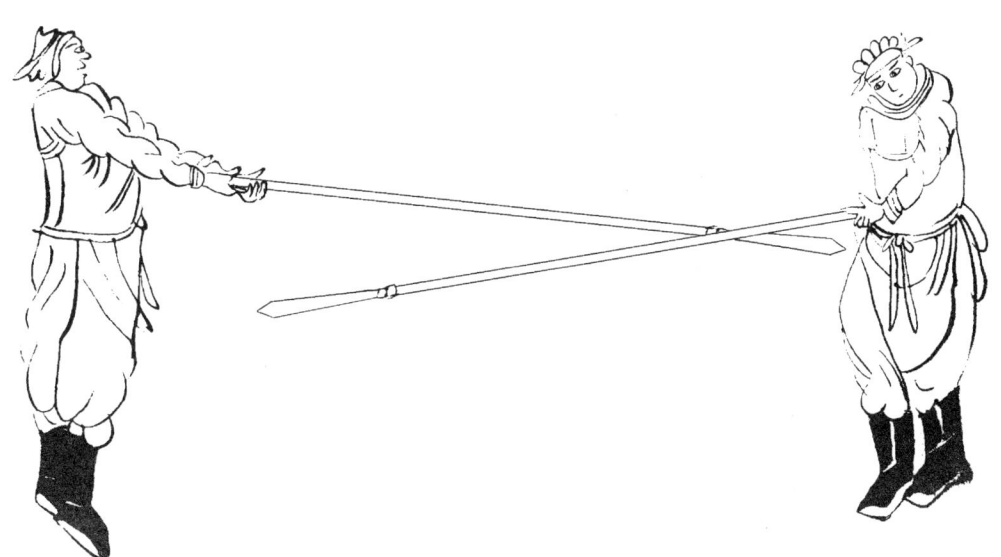

刘海戏蟾

上

刘海戏蟾背身戏，懈懈法儿藏真机。
右步退回微斜身，滚手缠搂自隔闭。

解 此随他扎腹行气，退步背斜身缠搂隔闭之法。

路道 他起身拔步，送扎我腹，即回马枪法。我将右步退回，右转背身，左步一齐拧旋，缠杆圈搂，在我背后拨闭，使他不得送扎。

身法 圈搂俯身入阳气，闭隔仰身扶阴气。

手窍 左手大指催小指，往外滚裹，左夹靠左夹肢内，左合手食指勾理，右手斜推提，高过额上。

步眼 双步颠擎，脚跟向他。

点气 左手大指气往内勾攀，右手食指气往外夹推。

上枪：退右步，背斜、身滚、手圈拨、隔闭之图
入阳扶阴

金梁架海

下

金梁架海架碧空,架住左膊进步攻。
双手高举臑对耳,不必别地觅奇踪。

解 此随他退步缠搂行气,进步隔架顶扎左夹肢之法。

路道 他退步背身,缠搂在外,伏扎回手。我随势进步,粘杆连住,举大梁势架闭他杆,梢隔背后,顶扎他左夹肢,使他不得回扎。

身法 直身大势,仰面直举,两膊臑(俗名虾蟆肚)对两耳方能隔他杆梢在我背后。

手窍 左仰手托举,食指歧间架理,往后摆;右竖手伸举,食指勾住,大指架理,仰掌往后摆举。

步眼 左步随右步,成雁行步,跟往右拧摆。

点气 左手食指领气托理;右手食指勾理,名指根顶送。侧身,头往右转摆。

下枪:进步架杆,隔架左膊,顶扎他左夹肢图
入阴扶阳

反剑击石

上

反剑击石难躲闪,迎枪直进险未险。
转身滚滑点左步,照他左腕只一斩。

<small>亦有不回身反砸,只俯身躲过背后飘扎者。</small>

解 此随他架隔行气,回身滚滑,回步反砸他手腕之法。

路道 他进步架杆,隔扎我左夹肢。我回势左转身,滚开他架扎,即左步回点,左翻仰手,肘尖收靠左肋,身左栽,照他左手腕反坠压砸。

身法 侧身左栽。

手窍 左反仰手,手背沉落,大食中三指撒托,小指勾紧,名指微辅,肘缩靠左肋内;右手展托掀举,仰掌,食指勾理,杆搁右腕上。

步眼 八字步。落点:膝一弓,脚一颠点。

点气 左手气沉手背,右手气掀手背,头气栽落左额上,左脚气落小趾,右脚气落大趾。

上枪:回身左转,回步反手,照他左手腕反砸图
侧入阴阳

双虹落彩

下

双虹落彩彩霞生，缠杆摆勒任纵横。
谢步跌手外圈内，闪他反击击无声。

亦有还根劈打者。

解 此随他反砸行气，缠杆摆拿，外过内搅按之法。

路道 他回势反砸我左手脖；我谢右步，拉左步，缠杆外过内，将他杆勒拿下，拉切他左手。

身法 侧身直势，微左栽，提右胁，落左胁。

手窍 右跌侧手，食大指钳理，虎口栽入，小指勾擎，名指挪辅；左转合手，食指伸理，顺按杆上，大指伸入，中指平攥杆不栽头，小名指勾辅。

步眼 左步顺，右步横，俱硬膝颠擎，不可宽。

点气 左手气入食指，右手气栽虎口；左肩微脱，右肩微昂。

下枪：缠杆摆拿，外过内，搅按之图
侧入阴阳

展手中平

上

展手中平执硬扎，合手直入无偏斜。
捕身进步气前栽，照扎左肋永不差。

<small>亦有拭杆闪外，悬右腿，顺杆撩提他手者。</small>

解　此随他缠拿行气，合杆执硬，直送开扎，他退我进之法。

路道　他谢步外缠内，将我杆勒拿下，拉切我左手。我随他回勒，捕身随上右步，照他左肋推杆拭手，执硬一气扎入。

身法　俯捕身，猛栽势。

手窍　左侧手伸推，中指根推靠，右转内，仰手拧送，食指伸入，小名指攥送。

步眼　雁行步。右脚踏进抢点，左脚颠擎随入。

点气　正俯身，头气捕额颅，左手气推中食指歧根，右手气拧翻大指。

上枪：随他缠拿，合杆直送，他退我进图
入阳扶阴

木门射郃

下

木门射郃暗伏兵，以退为进向前冲。
彼执硬来我执硬，神妙只在一动中。

<small>亦有倒上右步，背身滑扎者。</small>

解 此随他上步执硬顶扎行气，我亦退步执硬顶扎之法。

路道 他上右步，执硬顶扎我左胁。我退左步躲过，亦执硬，随其一动顶扎他右胁，步退枪进。

身法 半俯侧身，顶送右胯，左半转身。

手窍 左侧手中指根推靠伸理，食指右转内仰手拧送，食指伸托，小名指攥送。

步眼 雁行步。左步退蹬，右步点栽。

点气 半侧身，头气旋入右额角，右手气领入大指，左手气推中食指歧根。

下枪：随硬执硬，退左步，顶扎右胁图
旋入阴阳

玉女穿梭

上

玉女穿梭勒女红，来往不定快如风。
仰手领开合手扎，伸缩只在虎口中。

此领勒仰手势，合扎在下势。合：下枪摆头，此乃枪中最细而难扎者，不知在身法之侧向而正入，脚步之左转而右拧，左膊肘心硬而不伸缩，惟手拧转。仰：合右手。仰勒肘而合送肘。随手仰合，大抵身不大俯仰，步不大进退，斯得矣。

解 此随他退步硬扎行气，我上步勒开合扎之法。

路道 他退左步，随硬执硬，顶扎我右胁。我上左步，滚开他扎，即左转仰手，右转合手，随势回领他杆，使不得扎我。即一气右入合手，左送仰手，对扎他虎口。

身法 勒滚半侧身，扎滚半合身只在摆肩拧步即是。

手窍 左仰手食大指伸托，中名小三指勾理，伸膊外展；右合手食指伸摘，中名小三指攥抽，肘尖后勒。

步眼 领勒：左右脚颠擎，跟往右拧。合扎：左右脚颠擎，跟往左拧。

点气 领送，两手俱食指领气，拧转抽送。

上枪：随他送扎，仰领合扎图
侧入阴气正入阳气

青龙摆头

下

青龙摆头三牢笼，合开仰扎要分明。

勒退右步送退左，照住虎口莫放松。

穿梭：领则左仰右合，扎则左合右仰。摆头：领则左右俱合，扎则左右俱仰。故旧谱云："仰手、合手，枪扎人虎口。"其实确有区分。

解 此随他合扎行气，我退右步合勒仰送扎法。

路道 他一勒合手顶扎我虎口。我随势退右步，转侧身合手拿开，即一气转仰手，对扎虎口。

身法 合掌全侧身，仰送半正身。

手窍 勒拿：左右合手，食大指伸理分挣。送扎：左右手仰手，食大指伸理收合。

步眼 勒拿：左右脚跟颠往右摆。送扎：左右脚跟颠往左拧。

点气 领送：左右俱食指领气，拧转抽送，如是不变势。他穿我摆，三次，谓之三摆头。

下枪：随合扎，退右步，合开仰扎图
侧正横入阴阳

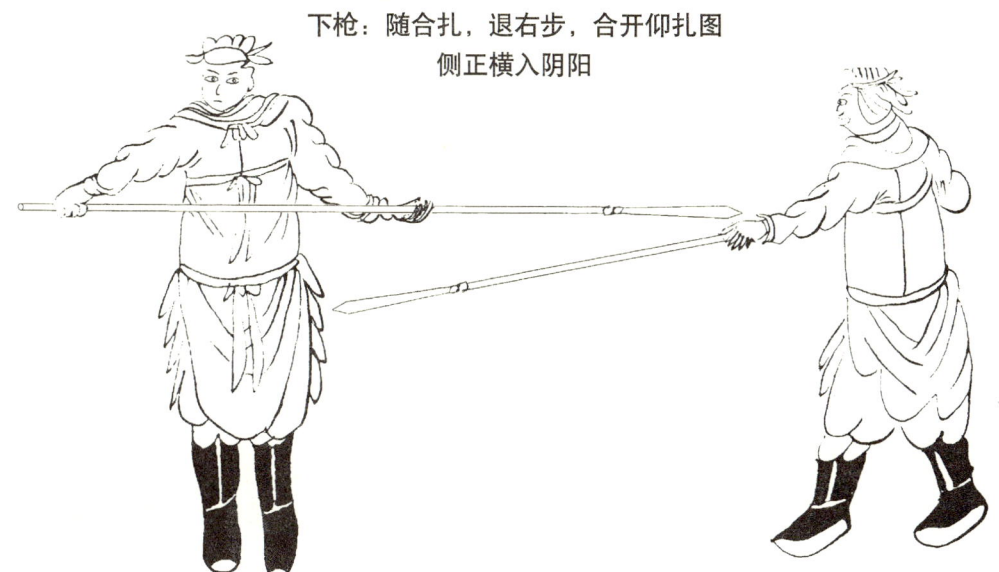

千里牵线

上

千里牵线顺势牵，引他直来却斜偏。
俯身进步悬右腿，逼近他身无变迁。

枪回身进。

解 此随他三摆不休，逼进变扎之法。

路道 我穿他摆，粘连领送不休，彼我俱不得扎。我随他送扎，进左步，悬右步，将他杆领过我身右后，逼扎他左胁。

身法 俯正身，十字势。

手窍 右手伸肘蹬，手大指伸夹，食指勾理；左仰手托回，食大指伸托。

步眼 右脚悬勾，左脚颠擎。

点气 右食指勾蹬，左小指勾领。

上枪：逼进领勒之图
入阳扶阴

吕布夹戟

下

吕布夹戟躲左冲，滚身倒步背身行。
合手伸膊夹得紧，闪他来扎一场空。

解 此随他领勒逼近行气，倒步滚身，滑躲回扎，夹杆挑攉之法。

路道 他进步回勒，逼近我身，领过送扎我胁。我随势右滚身，倒上左步，滑躲他回扎。即左滚合手，伸膊将他杆夹我左膊内，使他进退不得。伏回手挑扎他裆。

身法 仰面昂胸，斜提杆，靠于左肋。

手窍 右仰手伸膊，大指伸靠；左合手伸膊，大指滚靠。

步眼 左脚尖颠点，右脚跟平踏，俱顺步。

点气 左膊往内靠，右食指勾攀。

下枪：倒步滚身滑躲夹扎之图
滚身入阴扶阳

猿猴开锁

上

猿猴开锁开得疾，拿架膊根莫教迟。
俯身仰面悬左腿，不费经营自神奇。
亦有用三娘推磨以撇之者，左推右推俱可。

解　此随他滚夹行气，悬腿仰手，拿举膊根，闭他回扎之法。

路道　他倒步滚身，夹住我杆，使我进退不得。我随势悬跷左腿，仰手捕身，顺他左膊拿架起他左膊根，掀举，使他不得回挑我裆。

身法　俯身悬左腿，十字势。

手窍　左仰手食指伸掇，小指右翻。右仰手大指架托，食指勾攀。

步眼　左脚悬勾，右脚颠擎。

点气　左食指领气掇举，右食指领气勾攀，头气仰落脑后。

上枪：举膊根，不得挑扎之图
　　　入阳扶阴

神龙掉尾

下

神龙掉尾波涛生，沧海迷漫莫前攻。
闪躲左架右摆打，断后伏兵隐奇踪。

解 此随他掇架行气，右转闪躲，使根摆打他右臁骨之法。

路道 他掇架我左膊，使我不得左扎。我右转身，悬右腿为展臂张本，掀左膊，闪躲掇架，即使根背后摆打他右臁骨。

身法 俯身悬腿，十字势。

手窍 左仰手攥住，虎口顶推；右合手攥住，小指勾攀。手往右摆，右脚往左摆。

步眼 右脚勾跷，左脚颠擎。

点气 左虎口领气顶推，右小指领气勾攀。头右摆，气旋落右额角。

下枪：闪脱左架，使根摆打右后之图
旋入阴阳

打草惊蛇
上

打草惊蛇脚底清，换提右臁躲得精。
还根摆打他右手，管取右摆费经营。

解 此随他右摆行气，提腿使根摆打他右手之法。

路道 他闪左架，摆打我右臁骨。我落下左脚，悬提右腿躲过，使根对他右手摆打。

身法 微俯身俯裹，旋阳入阴，头往左拧。

手窍 左手攥住，虎口往右推；右手攥住，虎口往左推。

步眼 左脚平踏，右脚跷提脱下不稳。

点气 两手俱虎口领气顶推。

上枪：悬腿闪躲，使根摆打他右手图
旋入阴阳

乌龙展臂

下

乌龙展臂转左攻,仰身左栽气象雄。
捌扎小便难遮闭,闪他摆打总成空。

解 此随他摆打行气,我左转身躲过,捌扎他小便之法。

路道 他使根推打我右手。我左转身闪躲开,即仰身左栽,悬右腿,举杆伸肘,捌扎他小便。

身法 左栽侧身,昂右胸,凹左胁,悬右脚,尖跷勾。

手窍 右膊举过额,中食二指勾攥,左仰手食指架理。

步眼 右脚跷悬,左脚点踏,侧往左一掀。

点气 左仰手食指领托放松。右外仰手食指领气勾送。侧身侧头,不俯不仰,气落左额角,一栽。

下枪:闪躲打手,左栽身,捌扎他小便之图
侧入阴阳

双开金锁

上

双开金锁劈地户,刷手砸脚无处顾。
悬提左脚躲小便,直刷直砸即奇路。

解 此随他搠扎行气,悬左腿,直刷直劈之法。

路道 他左栽身,左内搠扎我小便。我落右步,提左腿,侧身躲过,即抽杆按手,不闪不躲,直照他杆手一气劈刷到左脚背。

身法 俯身,背仰头,左膊按挨左脚内。

手窍 左转合手,按挨左腿内,右转侧手,抽提右胯后。

步眼 左脚跷提,右脚颠点。

点气 左合手食指领气伸按,右转侧手,小指领气勾提,头气落脑后。

上枪:执硬直劈刷手打脚,破他搠扎之图
入阳扶阴

羽王拔戟
下

羽王拔戟似毛轻,顺势搂抡足下清。
起纵提躲我左脚,还根摆打任纵横。

解 此随他刷砸行气,纵进还根躲他刷砸,抡根横打他臁骨之法。

路道 他俯身提膝,在内一气直刷手砸脚。我起纵右步,换落左步,躲他刷砸,即顺势抡梢搂领他劈砸,夹于右夹肢内,还根照他左臁骨内,连手带杆一并横往崩打,一直打到右臁骨。

身法 俯身纵进,伏捕势方不碍摆微往右侧。

手窍 左手食指勾攀内,右手食指勾攀外。

步眼 雁行步。左右脚跟俱向左。

点气 左右俱食指领气。

下枪:纵进搂抡,还根摆打左臁骨之图
入阳扶阴

秦王披甲

上

秦王披甲执破披，落进左步右步随。
直膊硬肘挨杆擂，仰面斜侧头莫回。

解 此随他摆打行气，落进左步，随并右步，拧步右转，躲他横打，靠杆执硬，挑杆擂手之法。

路道 他纵进使根横打我左臁骨内。我落进左步，随并右步，直身仰面，执硬靠开他杆，躲闭横打，即一气擂杆挑手，掀揭冲起。

身法 拧靠：直身仰面。挑擂：昂左凹右。

手窍 左侧手食指伸理，中指勾靠，直膊不曲，肘心硬住；右侧手食指夹理，小名指攥送，中指勾架，送过左乳外，贴左膊根。

步眼 两脚俱颠擎，直腿硬膝。

点气 杆挨胸下不离，左食指前掌掀揭，右食大指夹理，后掌挼送。

上枪：落步拧步，右转执硬靠敌挑杆擂手之图
入阴扶阳

玉女捧盘
下

玉女捧盘往上看，钻过他杆左脚前。
转根还梢伏捕进，飘扎咽喉势自然。

解 此随他挑揓行气，转根还梢，伏捕飘扎咽喉之法。

路道 他顺势挨靠揓手挑杆。我随势回根还梢，进左步伏捕，在他杆下钻入，照他左膊下冲扎他咽喉。

身法 俯身蹲踞，伏捕踞身，跪右膝，曲竖左膝。

手窍 左右仰手，食指托理。

步眼 右脚颠点，左步平踏。

点气 左食指领气伸托，右手攥送，左松右紧。

下枪：伏身钻入，在他左膊根下飘扎咽喉图
入阳扶阴

此是披甲挑揓势，连上势一气使

仰手打左

上

仰手打左无偏斜，倒步滚躲是惯家。
坠肘左栽卷手使，犹如长虹落彩霞。

解 此随他扎喉行气，倒步卷手坠砸左肩之法。

路道 他还梢伏捕飘扎我咽喉。我倒上右步，右摆身躲过，即卷手坠肘，照他左肩坠砸下。

身法 右摆身往左一栽，凹左胁，提右脚，硬右膝，曲左膝，头往左栽。

手窍 左仰手中指勾攀，气沉手背，收肘靠左胁；右翻仰掌，食指勾理，大指交架，虎口一掀，抽杆猛一展抒。

步眼 斗罡步，左脚尖斜向右，前后随。

点气 左坠肘尖，右掀虎口。

上枪：倒步滚躲，卷手坠砸他左肩图
入阴扶阳

项下传杯

下

项下传杯意方伸,起身逼近认得真。
从他杆下摇身进,照扎咽喉莫生嗔。

解 此随他卷砸行气,起身拨杆,转内按扎咽喉之法。

路道 他右转身,卷杆坠砸我左肩。我将他杆随势一拨,从他杆下左摇身钻过他身内,即长进左步,随进右步,梢短根长,按他杆上,照扎他咽喉。

身法 长身颠步,微伏执硬,收左肘,伸右膊。

手窍 右钳手抽杆靠右肋,伸膊直蹬;左合手食指伸按,收肘挨靠左肋。

步眼 雁行步,俱硬膝颠足。

点气 正身仰势,头手气分挣。左食指领气伸按,右钳手虎口领气攥送。

下枪:起身拨杆,转内按扎咽喉之图
入阴扶阳

合手打右

上

合手打右路更精，旋挪横退要分明。
躲他扎喉扎不住，刷杆砸手如山倾。

解 此随他拨按对扎行气，横挪旋退，转合手，劈打右肩，躲扎咽喉之法。

路道 他拨杆钻入身内，长身进步，按拿对扎我咽喉。我倒上右步，换退左步，旋挪转退，连杆带手转合手，一并合劈，打他右肩，躲他对扎咽喉。

身法 长身微俯，提右肋，落左胁，硬膝颠脚。

手窍 左转合手，中指勾擎，食指伸按；右送内仰手，食大指夹理，小指勾送，伸左肘，抬右肘。

步眼 两脚俱颠点，硬住腿弯气。

点气 左食指领气伸按，右小指领气掀送，头与手分挣劲。

上枪：横挪旋退，合手劈打右肩，躲扎咽喉之图
入阳扶阴

更进一杯
下

更进一杯意殷勤，送入咽喉醉醺醺。
按杆执硬猛伸肘，管取倾跌莫欣欣。

解 此随他合打行气，仍粘杆不离，执硬伸肘，顶扎咽喉之法。

路道 他横挪退转，合手劈打我右肩。我仍粘杆不离，倒退右步，旋退左步，右转身滑脱他劈打，执硬仰面伸肘，长身颠足，猛一悚按，顶扎他咽喉。

身法 大势微俯身，拔顶气栽额颅，硬膝提身入阳气。

手窍 左肘执硬，食指伸按，右滚内仰手，食大指夹理，小指勾提，送过左乳。

步眼 鸳鸯步。左右俱颠擎，腿弯往后绷。

点气 左食指领气伸按，右食大指夹理，小指勾送，头手分挣，悚战劲。

下枪：仍粘杆执硬顶扎咽喉之图
入阳扶阴

双手推山

上

双手推山气刚强，随势顶敌谁敢当。
坐臀伸肘连挤步，推手推山到鼻梁。

解 此随他按扎行气，上右步，举杆伸肘，连杆带手一齐推拥到鼻梁之法。

路道 他执硬按扎我咽喉。我上右步，伏捕横杆斜举过顶，挤步不停，照他杆手鼻梁一气拥推。

身法 俯身捕进，仰面伸肘。

手窍 左侧手名指架理，食指夹推，中指伸送；右合手食指伸入，大指夹理，中名小三指攥送。

步眼 上右步，脚尖往内微斜平踏，左脚顺颠。

点气 左手中食指根顶推，右手掌心顶推，仰面伸肘分挣劲。

上枪：举杆挤步，连杆带手横往前推直到鼻面图
入阳扶阴

渭水钓鳌
下

渭水钓鳌姜太公，顺势勾压似鞠躬。
拉步探身换左手，随我捕跌倒栽葱。

解 此随他推拥行气，顺势换手，勾压在他杆内，伏回搠扎小便之法。

路道 他随我按扎，举杆横推拥我杆手、鼻梁。我拔退左步，左换阴手，缩回左手，肘靠左肋，使梢顺推势一勾压，领他前栽。

身法 拉步探身，俯身弓背。

手窍 左换阴手，满把攥勾，小指着力；右悬合手，食指勾理，虎口顶推。

步眼 提踏右步，拉颠左步，左步挨并右步。

点气 身气退落后臀上，左小指领气勾勒，右虎口顶推，颠脚硬腿弯。

下枪：顺势勾压使他前栽之图
入阳扶阴

美女钻洞

上

美女钻洞路更奇,下能转上杆不离。
玄妙只在跌右手,落照咽喉永不移。

解 此随上勾压行气,右手跌落,左手推隔,下转上按扎咽喉之法。

路道 他随我推撞,顺势勾压,将我手杆一齐勾压下。我将右手一抽,跌滑开他勾压,一气上左步,缠杆转上,按捱他杆,对扎他咽喉。

身法 俯身伏捕,仰面伸肘。

手窍 右侧手食大指勾钳,往后蹬满,虎口栽入,杆靠右肋;左合手大指伸入,直膊不曲,手对右肩上左。

步眼 左右俱顺步,左膝曲顶,右膝直伸。

点气 左食指领气伸按,右虎口栽蹬,头随左手栽捕。

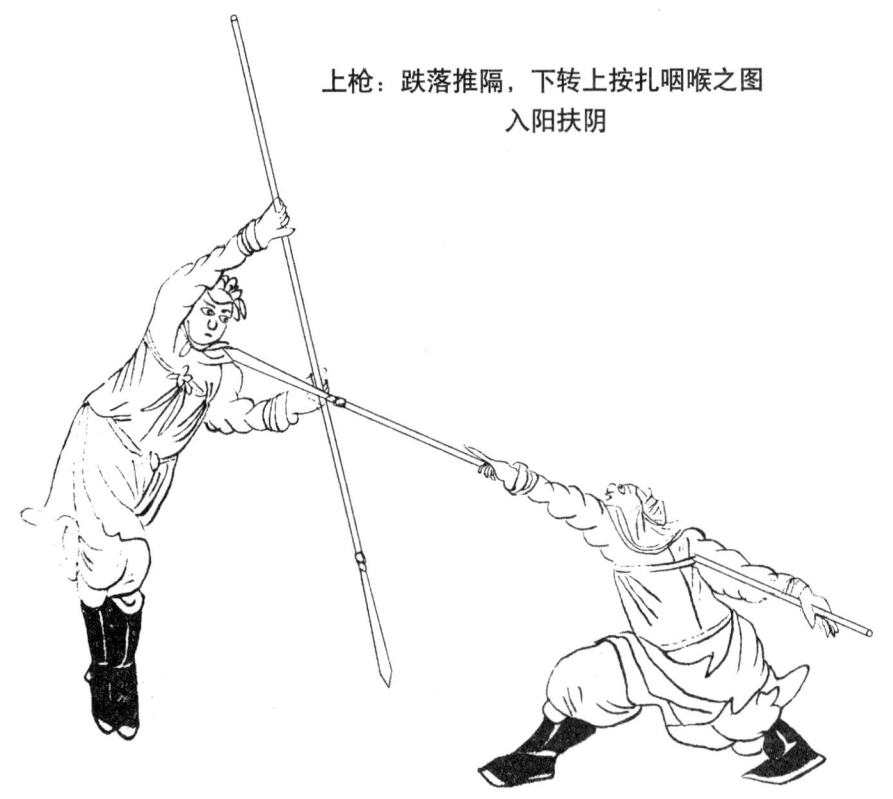

上枪:跌落推隔,下转上按扎咽喉之图
入阳扶阴

铁扇闭门

下

铁扇闭门进步迎,对扎咽喉不容情。
伏捕抽杆领勒下,不待气停费经营。

解 此随他捕扎行气,上步领勒,伏捕对扎咽喉之法。

路道 他跌右手,缠杆闪上,捕扎我咽喉。我进上左步,顺势领勒,躲他扎咽喉,即俯身捕进,蹬右手,仍换手,按左手,对扎他咽喉。

身法 开步展膊,俯身伏捕。

手窍 左合手食指伸按,中指勾理;右侧手食大指夹钳,虎口栽蹬。

步眼 左右俱顺步,左膝屈顶,右膝伸直。

点气 左食指领气伸按,右虎口领气栽蹬,头随左手栽蹬。

下枪:进步领勒,伏捕对扎咽喉之图
入阳扶阴

收起手
上

起手收放三往来,迎势逼近莫徘徊。
收进左步送进右,扎喉全无半疑猜。

解 此随他回进按扎行气,进步逼近,短枪领勒,迎势直上,三收三放,对扎咽喉之法。

路道 他随我钻洞,迎势伏捕领勒对扎我咽喉。我随领势,不待气停,即上右步,猛一领勒身去枪自回,似领非领,对他咽喉送扎。他谢步,随送一拿即回扎我咽喉。我上左步,一领即送扎他咽喉随进右步使。他复谢步一领,即回扎我咽喉。我复开左步一领,随右步一送扎他咽喉。

身法 首一收,十字势,以下两势俱顺势。收、开左步,坐臀,开裆,四平势。扎、随右步,长身并足,高势。手回头去,手去头回,侧正递转。

手窍 领勒:左竖手肘靠左肋,食大指伸架,余三指攥勒,右翻仰掌,食指勾勒,大指夹理,余三指伸蹬。送扎:左合手食指伸理,右转内仰手,食指伸托,中名小三指攥送。

步眼 首一收,上右步,十字不动。下两收,俱收开左步,扎并右步。

上枪:进步逼近,三收三放之图
扭入阴阳

急战三枪
下

急扎三枪鬼神惊，急往急来急气生。
只缘欲缓缓不得，奋勇倍急更兼程。

解　此随他送扎行气，退步勒拿，即回手送扎咽喉之法。

路道　他一领滚，即送扎我咽喉。我随势将右步一谢，抽杆展捋，滚合手一开杆，即送扎他咽喉。他复顺势一收，送扎我咽喉。我复谢右步，一合送扎咽喉。如是三次，谓之急三枪。

身法　勒拿：俯势右裹身，拉左步。送扎：仰势左裹身，谢右步。

手窍　勒拿：左右俱滚合手分展。送扎：左右俱滚仰手收并。

步眼　勒拿：拉左步，头随右肘右摆。送扎：谢右步，头随左手左摆。

下枪：退步勒拿，疾回手送扎咽喉之图
入阳扶阴

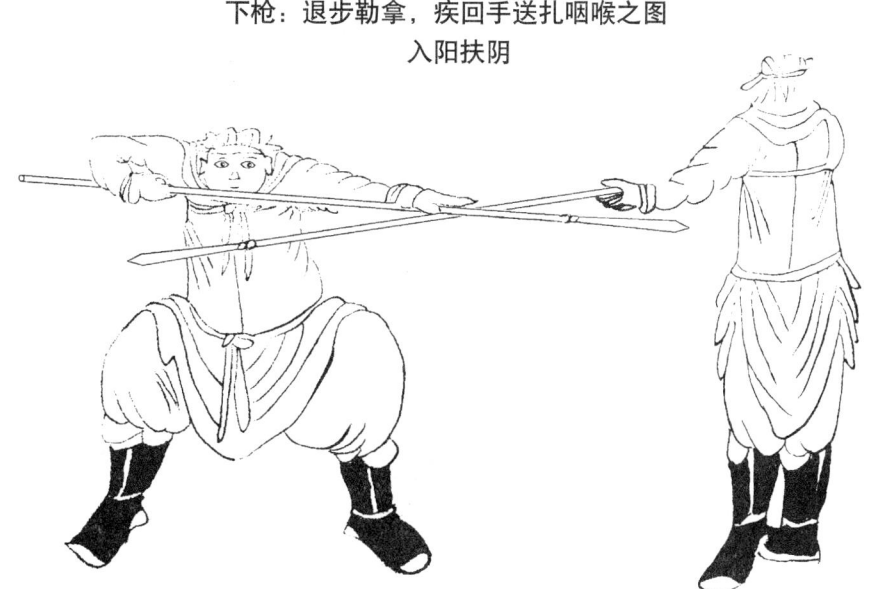

更上一层

上

更上一层路转深,枪回身进穿密林。
闪他送过身右外,对扎咽喉方称心。

解 此随他勒拿送扎三回,粘连不已,我蹿进变势,抽勒进步,对扎咽喉,逼近无躲之法。

路道 他粘杆不离,领勒回扎,三往三来,终无已时。我随他送势,蹿身大进左步,随并右步,长身颠足,领回左手,放松右手,根往后出,梢短根长,逼近他身,对扎他咽喉。

身法 直身大势,颠足硬膝,身头左顶,手往右蹬。

手窍 左竖仰手,收肘靠胁,食大指伸架,余三指攥理;右翻仰掌,伸硬肘心,食指勾勒,大指伸夹,余三指伸蹬。

步眼 进左步,随右步,颠并一处,硬膝长身。

点气 头气拔顶左摆,往前顶敌。左手小指勾勒,右手食指勾勒。

上枪:长身进步,短枪领勒,对扎咽喉,以退为进图
侧入阴阳

直上天台
下

直上天台近尖峰，认真绝路莫放松。
顺势上步执硬进，勒扎咽喉任从容。

解 此随他逼近勒扎行气，我亦回势逼近，勒扎他咽喉之法。

路道 他进步逼近，长身颠足，执硬勒扎我咽喉。我不退势，上右步回身，长身颠足，执硬逼近，勒扎他咽喉。

身法 上右步，十字势，直身昂胸，颠步前探。

手窍 右侧手食大指夹钳，虎口伸蹬，杆靠右肋；左合手食大指伸按，余三指勾理。

步眼 右脚前，左步后，俱颠送，硬膝不曲。

点气 身去枪回，正身仰面，往前探顶，左手食指伸入，右手虎口钳蹬。

下枪：回势上步，长身硬膝勒扎咽喉之图
入阴扶阳

金茎承露

上

金茎承露望上擎，迎势高架似毛轻。
进步竖肘拭杆手，倒身仰跌如山倾。

解 此随他迎势按扎行气，进步横杆顶棚之法。

路道 他回身迎势，上右步，逼近凑合，勒杆按扎我咽喉。我不待他送扎，亦不退势，将左步一进，右步随入，举膊竖肘，横杆顶棚，高架他杆，拭手推拥，使他杆梢指天，不得落下。

身法 仰面伸膊，俯身探势，斜往上顶。

手窍 左食指伸架，中指根架推；右大指伸架，虎口顶推。五指俱撒伸。

步眼 雁行步。左步平踏，右步颠擎。

点气 俯身前探，伸膊硬肘。

上枪：进步横杆，望上顶棚之图
入阴扶阳

千斤坠石
下

千斤坠石高落低，哪怕棚架与天齐。
攀杆坠身坐臀下，此等奇路智者迷。

解 此随他棚举逼近行气，坠身坐臀，攀下他杆不得推举之法。

路道 他俯身进步，棚拭我膊，拥我杆梢指天，使我仰跌。我随势将右步一退，左步拉并，坠缩低势，坐臀蹲踞，丢左手，将他杆照中攥住，往下一攀，闪他杆不得推架。

身法 直身缩下，屈膝坐臀。

手窍 左合手五指攥攀，右手攥杆，随势抽后，撰打他额。

步眼 退回右步，拉并左步，并足屈膝。

点气 气砸臀尖，往下一坐。

下枪：攀杆坠身，坐臀蹲踞，
闪他不得推举之图
直缩阴阳

老人结草
上

老人结草显神功，伏捕推按穿密丛。
随并右步蹲踞下，他退我进顺势攻。

<small>亦有用火焰钻心顺杆对扎心窝者。</small>

解 此随他攀坠行气，随低就低，伏捕推按，并步挤推之法。

路道 他缩身坠臀，随势将我杆攀下，使我不得举架。我随并右步，随他攀势，伏捕按下，使他不得攀我前栽，我一气挤拥，令他仰卧。

身法 伏捕小势，抢步挤拥，合手伸肘。

手窍 左换合手，左右俱攥杆合按，虎口顶推。

步眼 顺步一进一并，左步抢进，右步随并。

上枪：随攀势伏捕推按之图
入阳扶阴

朝天一炷
下

朝天一炷礼神明，冲扎下颏岂容情。
起身颠步望空指，只在勒按玄窍生。

解 此随他推按行气，丢手接攥，勒按冲扎下颏之法。

路道 他抢步伏捕，随势将我按下，一气拥推，使我仰卧。我退回右步，拔回左步，丢左手，仰接攥杆，随势一抽按，将他杆按下，即进左步，随右步，起身长势，照他下颏一气穿扎冲上。

身法 仰面昂胸，颠步硬膝，伸膊指天。

手窍 抽按俱合手，冲扎俱仰手。

步眼 两脚并齐，硬膝颠掀。

下枪：勒按冲扎下颏之图
入阴扶阳

霸王举鼎

上

霸王举鼎勇倍生,顺势高架一羽轻。
进步竖肘拭杆手,金梁横担千钧擎。

解 此随他冲扎下颏行气,起身进步,一气棚举而上,下带撩阴脚之法。

路道 他顺势勒按,照我下颏冲扎,蹿身而起,使我不得捕按。我随势进左步,提右脚,蹿身长势,一气拭杆拥手,逼近推举而上,右脚撩踢下阴,使他穿扎不着。

身法 仰面昂胸,蹿身颠擎。

手窍 左仰右合,五指伸架。

步眼 左步进踏,右步跷提。

上枪:随他冲扎,进步横顶棚之图
　　　入阴扶阳

孤树盘根

下

孤树盘根照下攻，还根推打左臁中。
伏捕斜入身右外，闪实击虚妙无穷。

解　此随他棚举撩踢行气，闪上击下之法。

路道　他进举棚推而上，提脚撩踢我小便。我斜伏低身，从他杆下斜上左步，钻过他右身外，上躲举推，下闪撩踢，还根扫打他左臁骨。

身法　左斜栽身，身往左裹。

手窍　左换合手，名指勾攀；右肘勒靠右肋，右合手食指勾理，大指夹钳，名指尖顶推，伸肘推照脚右手与左脚照。

步眼　雁行步，左脚大上他身右外屈膝，外楞着力；右腿弯伸拧，小趾着力。

点气　手左攀右推，左脚外踏，右跟摆。往左摆，连身往左一裹。

下枪：随他棚举撩踢，闪上躲下扫打臁骨之图
斜入阴阳

扫尽尘埃
上

扫尽尘埃世界清，旋上右步巧自生。
推根对打他右手，刚敌刚兮任纵横。

解 此随他伏打行气，旋步裹身，对打右手之法。

路道 他伏低斜过我身右，使根扫打我左臁骨。我纵上右步，提摆左步，旋上他身内，滚拧左裹身，对照他右手使根推打。

身法 左裹身旋纵抢入。

手窍 左换合手，五指齐攥，劲靠左胁；右合手食指勾攥，大指夹钳，名指伸推，送照右脚尖。

步眼 八字步。右步抢入纵进，外楞着力，左步提拧纵往后扫，大趾着力。

点气 身、首、手、足俱往左拧裹。

上枪：随他伏打，旋上右步对打他右手之图
旋入阴阳

朱衣点头
下

朱衣点头满头红,避下退劈转上攻。
还根不得还梢打,犹如千钧坠碧空。

解 此随他旋打行气,拔步劈他顶心之法。

路道 他旋上右步,使根对打我右手。我退右步,回右手,躲他旋打,即转侧身,照他顶心还梢劈砸。

身法 侧身直势,仰面伸肘。

手窍 左合手缩捋,右侧手攥送。

步眼 拔退右步,拉回左步,左微顺,右微横。

点气 伸肘仰面,分挣劲。

下枪:拔步还梢照顶劈砸之图
入阳扶阴

雷震华峰

上

雷震华峰意若何？退步刷劈近崔峨。
击下不得转击上，问伊还得打头么？

解 此随他转上打顶行气，退步还梢，刷杆打头之法。

路道 他拔退右步，拉退左步，还梢劈打我顶心。我亦退右步，还梢转侧身，照他杆、手刷手开杆，一气劈打到他顶心。

身法 侧身曳势，仰面昂胸。

手窍 左合手缩捋，右侧手攥送。

步眼 退右步微横，拉左步颠顺。

点气 仰面伸肘，分挣劲。

上枪：退步还梢，转上刷杆打头之图
入阳扶阴

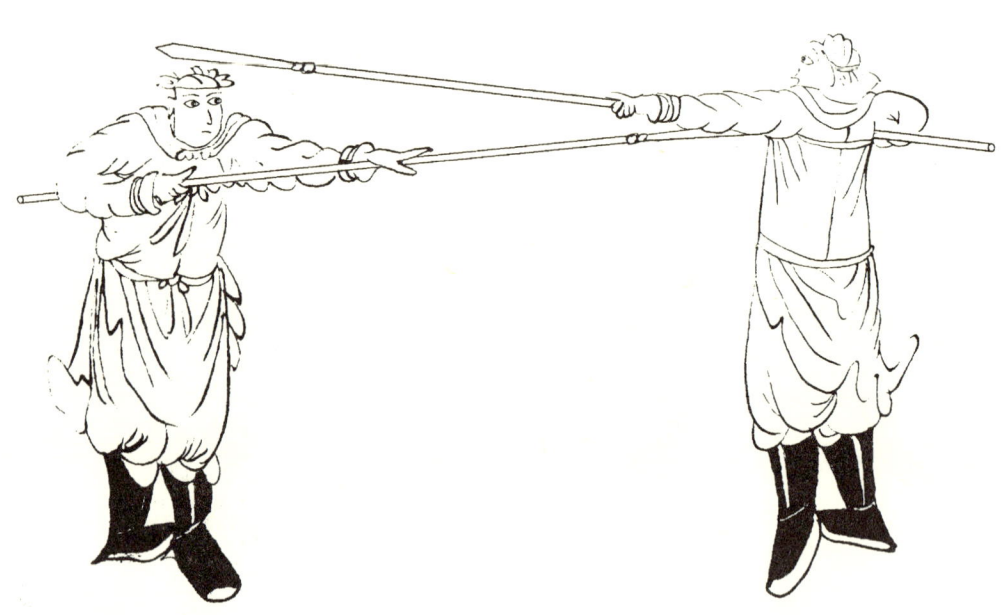

退避三舍

下

退避三舍故作惊，以退为进暗伏兵。
仰面拉步横摆托，不知深浅命必倾。

解 此随他还梢在内劈打行气，退步横闪，急中忽缓松懈之法。

路道 他还梢刷杆，劈打我顶心。我随势自外圈内，将他杆搅摆开，一气退右步，拉左步，横杆展托，勒杆伸满，全身闪开，空隙毕露，引他进扎。

身法 仰面曳身，昂胸鼓腹，张口吸擎。

手窍 左仰手中名指勾攀，食大指伸托；右合手食指勾拶，大指伸架，余指展托。

步眼 右步退后横踏，左步拉回颠擎。

点气 曳势展膊，气砸脑后。

下枪：随劈圈搅，退步横杆，急中忽缓松懈之图
入阴扶阳

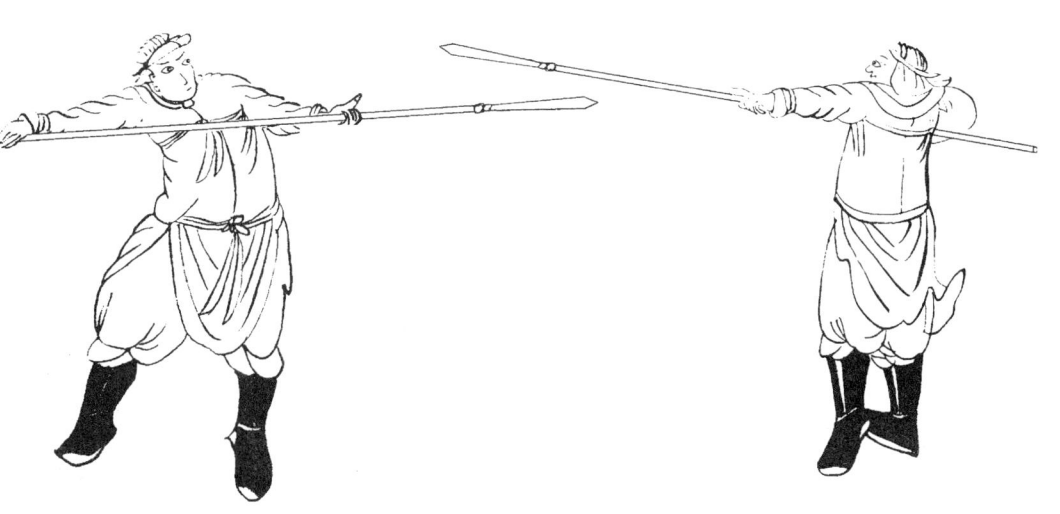

仙人指路
上

仙人指路指迷津，照扎他腹认得真。
上步伸肘栽身进，敢向骊龙摘逆鳞。

解 此随他退闪行气，伏身捕进，送扎他腹之法。

路道 他退步横杆，大闪空隙，待我进扎。我不待气停，即上右步，伏身捕进，伸肘送手，直照他腹顶扎。

身法 正身大俯，头栽夹两膊根。

手窍 左仰手食指伸托，右仰手大指伸靠，四指攥送，右手并送，左手直膊不曲。

步眼 雁行步，左步尖点，右步跟踏，右膝屈顶，左膝伸直。

点气 头栽不仰，气入额颅，两膊根夹靠两耳，气飘食指。

上枪：上步，伏捕，伸肘钻入送扎他腹之图
入阳扶阴

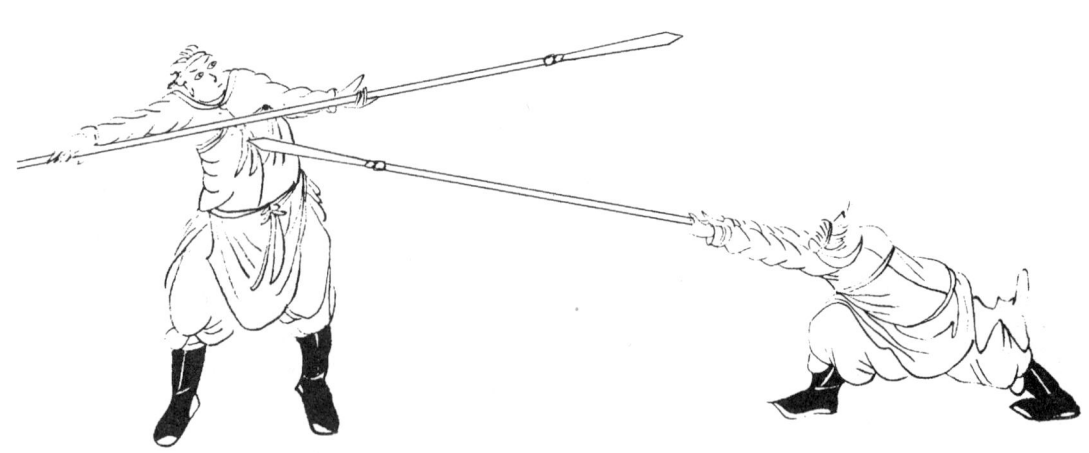

鸦鹘扑翅

下

鸦鹘扑翅烈如风，进步捕劈向前攻。
合身转侧滑躲开，照住右肩莫落空。

解 此随他扎腹行气，进步侧躲，捕劈他右肩之法。

路道 他照定我腹，上步捕扎。我迎势直进左步，转侧身躲开他捕扎，即一气缩挏左手，伸送右手送过左乳外，照他右肩劈砸下，令使捕跌。

身法 俯身往左合捕，栽头弓背，侧势斜探。

手窍 两肘俱伸，左合手食指伸按，松活缩挏；右仰手大指靠理，四指攥送拧掀。

步眼 八字步。左步外楞着力、点踏、膝曲；右步大趾着力，颠送、膝直。

点气 头气合落左额角。

下枪：侧身上步，躲他送扎捕劈右肩之图
入阳扶阴

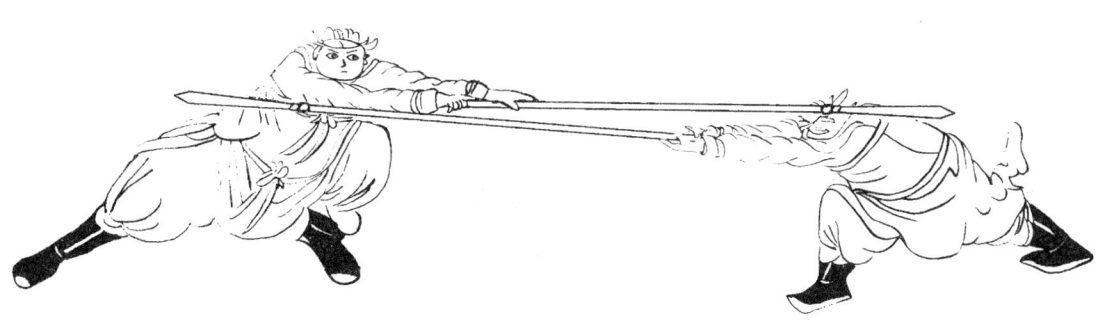

闭窗推月

上

闭窗推月闭风狂，任他捕砸总不忙。
上进左步斜隔推，不必别地寻主张。

解 此随他捕砸行气，上步闪入斜身隔闭之法。

路道 他进步捕入，照我右肩劈砸，令我俯跌。我上进左步，抽蹬右手，转侧身躲过，即左手推右肩尖，右手抽勒右胯后，斜身左栽，推闭他杆离我身右。

身法 左栽斜，合右肩，收左肩。

手窍 左竖手大指勾理，中名指夹推，肘贴于腹；右脱手食指勾理，大指夹钳，往后伸蹬，肘贴右肋。

步眼 左步横踏，右步顺颠，左膝曲，右膝直，俱外楞小趾着力。

点气 俯身正势，身前探，头前栽，气落额颅。左手推，右手蹬，气落食指。

上枪：上左步隔闭之图
侧入阴阳

神龙吸水

下

神龙吸水浪汹汹，竖杆换手亦从容。
进步侧身紧逼近，照捌缺盆是真宗。

解 此随他隔闭行气，竖杆换手，进步逼近，捌扎右肩之法。

路道 他上左步，抽杆领勒，隔闭我劈砸。我进右步，抽杆一领捯，根长梢短，即双手齐换，进左步，随右步，逼近他身，竖杆照他右缺盆直捌。

身法 直身长势，拔顶颠足。

手窍 左换合手，右换仰手，俱五指紧攥，硬肘下捌。

步眼 并步颠足，硬膝颠踏。

点气 头顶项拔，伸肘坠手，分挣劲。

下枪：捯杆进步，竖杆换手，
逼近捌扎右肩之图
升降阴阳

侧耳听风

上

侧耳听风躲右肩，梢隔根打无斜偏。
悬提右腿握身进，抱肘交推自倒颠。

解 此随他捌扎行气，悬腿握身，逼近无躲，隔上打下之法。

路道 他进身逼近，竖杆捌扎我右缺盆穴。我悬提右腿，握身逼近，左手推过右肩外，使梢隔闭他捌扎；右手推过左胯外，使根推打他两腿弯。

身法 仰面俯身，腹握对脐，弓背交膊，提膝勾脚。

手窍 左合手大指勾理，余指伸推；右合手食指勾理，大指夹钳，虎口夹推，两膊交抱。

步眼 左步平踏，右脚尖跷。

点气 膝提身俯，左右交抱，团束一处，聚结劲。

上枪：提悬右腿，握身逼近，
梢隔根摆，交推闭捌右肩图
入阳扶阴

拨草寻蛇

下

拨草寻蛇翻密丛，斜退右步闪下攻。
抽杆急换我右手，拨按刷劈总不空。

解 此随他隔闭行气，我斜退右步，抽杆换手拨刷之法。

路道 他悬步逼近，梢隔根打，使我不得搠扎。我斜往他身左后斜退右步，随并左步，转正身，即换右合手抽勒，左合手不变，将他梢拨按面前，刷面砸他左手，躲他下打。

身法 正身直势，仰面昂胸。

手窍 左合手攥按缩挎，右合手攥往后抽，杆靠右胁。

步眼 并步硬膝点踏。

点气 仰面气砸脑后，左按右抽，硬住膊心，分挣劲。

下枪：斜退右步，抽杆换手，拨按刷劈之图
入阳扶阴

钟馗按剑

上

钟馗按剑光灿烂，旋转抡舞势不难。
退步还根猛劈下，魑魅魍魉尽胆寒。

解　此随他拨按行气，退步还根按打，闭他回摆之法。

路道　他斜退右步，拨按我杆，刷面打手，一气回摆横打。我不待他回摆，随他拨按，即摆落右步，横退左步，闪他左身外，躲他刷打，抽梢还根，照他左手猛力砸下。

身法　小四平势，开裆摆膝，凹腰悬臀。

手窍　左合手攥按缩挎，右换合手蹬肘抽勒。

步眼　八字步。右步外楞点踏，左步内楞掀颠。

点气　缩挎坐臀，悚膝点足，气侧砸右额角。

上枪：退步还根按打他手，闭他回摆之图
入阳扶阴

回风舞雪
下

回风舞雪洒琼瑶，落打臁骨横摆摇。
躲他劈打挪左步，仰手曳身任逍遥。

解 此随他按打行气，挪步摆身，闪躲横扫，摆打两腿之法。

路道 他退左步，抽梢还根按打我左腕中。我将左手换滚仰手，左步往他身右外后一摆进，右步随进，往后横摆，落身往后一曳，横扫打他双臁骨。

身法 曳身仰捋杆摇晃。

手窍 左仰手食大指伸托，中名指勾理，往外一捋；右合手攥理，虎口往前一推。

步眼 不丁不八步。左膝屈擎，小趾颠点；右膝伸硬，大趾颠掀。

点气 抢步横挪，曳身左栽，气砸左额角，挪点左小趾。

下枪：挪步摆身仰手，横扫摆臁骨之图
入阴扶阳

飞过军栅

上

飞过军栅云雾生，起纵递换脚底清。
闪他下打还梢劈，落顶全无半点轻。

解 此随他剪打行气，起纵践过，悬右腿，还梢打头之法。

路道 他横退斜进落下，落摆扫打我双臁骨。我先纵左步，换纵右步，悬起不落，即抽根还梢，躲他下打杆外践过杆内。照巅顶劈砸。

身法 十字势，俯身正势，提膝跷足，左手照对右脚，伸肘仰面。

手窍 左合手缩挃，右合手抽勒颠提。

步眼 左步颠擎，右步悬踢。

点气 仰面伸肘分挣劲。

上枪：起纵闪躲悬步打头之图
入阳扶阴

拨云望日

下

拨云望日光满天，烟霞哪得盖顶巅。
谢步横勒右摆身，缩曲左肘自斜偏。

解 此随他劈砸行气，谢步右摆身，拨闭他杆，直来横截之法。

路道 他起纵换步躲我下打，抡舞还梢劈砸我顶。我谢右步，拉左步，抽杆缩左肘，往右摆邀，身往右摆，顺势将杆猛一勒拨，使他劈打闪空。

身法 直身大势，手往右勒，身往右摆，头往左扭。

手窍 左仰手食大指伸架，余三指收勒，肘靠心窝下；右合手食指勾理，大指夹钳，往后伸蹬。

步眼 左脚颠擎，膝曲，提顺步；右步点踏，横步。左右并合，不可太远，为下势滚合手送扎之地。

点气 手身右摆，头往左扭，扭合劲。

下枪：谢右步，右摆拨闭，直来横截之图
扭合阴阳

长虹驾彩

上

长虹驾彩架碧空，挨杆在外往上攻。
俯势捕身落右步，撩打左膊疾如风。

解 此随他勒拨行气，落右步，顺势在外撩打左膊之法。

路道 他谢步横拨，使我劈打不着。我落右步，俯身捕势，缩捋左手，送扎右手，举膊照他左膊下顺势在外撩打。

身法 正大伏捕，仰面昂胸，举膊前探。

手窍 左仰手举膊缩捋，中食指歧间托架；右仰掌小指勾理，大食指钳送。

步眼 左步斜横，小趾着力；右步顺颠，大趾着力。

上枪：落右步，在外顺势撩打左膊之图
入阳扶阴

火焰钻心

下

火焰钻心路转新，外能扎内妙如神。
竖杆卷手左仄歪，躲他撩打不沾身。

解 此随他撩打行气，竖杆卷手，仍在外栽扎之法。

路道 他落右步，捕进左外撩扎我左膊。我点进左步，随进右步，左肘竖裹，卷勾左手，滑他撩打，长身左栽，仍在外栽扎他心窝。

身法 侧身右裹，提右胸，凹左胁，头左栽，颠右足。

手窍 左卷仰手，食指根托理，小指攒送；右举仰掌，大指托理，食指勾送，俱竖肘高过头顶，往左栽送。

步眼 鸳鸯步。以跟背向他，左步平踏，右步颠擎，俱硬膝不曲。

点气 举膊提足，昂右凹左，身左歪，头左栽，气砸左额角。

下枪：竖肘卷手，仍在外栽扎心窝之图
侧入阴阳

虎穴探子
上

虎穴探子险中求，迎势直进运奇谋。
合左抽右上左步，拨开前膊刺咽喉。

解 此随他栽扎行气，跌右手，仰左手，竖肘拨勒，开膊扎喉之法。

路道 他竖肘卷手，栽扎我心窝。我上左步，伏身捕进，跌右手往后伸蹬，仰左手竖肘收靠首，身左捕，手往右勒，伏捕逼近，将他左膊拨开，对扎他咽喉。

身法 上身俯势，仰面伸项，勒手前探。

手窍 左仰手食大指伸托，余三指攥勒，竖肘靠左肋；右合手食指勾勒，大指钳理，直膊不曲。

步眼 左步横点，小趾着力，曲膝前顶；右步顺颠，直膝伸蹬。

点气 仰面左探，手往右勒。扭合劲，气顶下颏。

上枪：跌手竖肘，上步拨勒他膊，捕扎喉咙之图
扭合阴阳

巨灵劈山

下

巨灵劈山今古奇，不怕崔峨难分离。
上刷左手下砸脚，一气到底永不移。

解 此随他拨勒行气，谢步坐臀，一气抽拉，刷手打脚之法。

路道 他上左步，跌手抽拨，伏捕对扎我咽喉。我谢右步，拉左步，斜身右倒，开步坐臀，落下低势，抽拉右手，按拉左手，一气刷拉他左手，落砸到左脚背。

身法 缩坐小势，仰头按手，开裆开步。

手窍 左合手五指伸跷，前掌接按杆上，在左脚内；右侧手五指攥抽，虎口栽入，小指提掀，在右步内。

步眼 八字步。俱外楞着力，开裆曲膝，身伏裆内。

点气 伏身仰面，坐臀收手，气掀下颏。

下枪：谢步，落低抽杆，按手刷手打脚之图
直缩阴阳

礌石坠空

上

礌石坠空势难当，任他刷砸无惊张。
滚手悬脚轻滑躲，玄窍只在此中藏。

解 此随他刷打行气，滚手悬脚，滑躲刷打，剁砸他左手脖之法。

路道 他谢步低势，顺杆刷手，一气打到我左脚背。我悬提左脚，躲他下打，左滚合手，滑他上刷，顺他落势，俯身伸肘，一气剁砸他左手脖。

身法 俯身正势。弓背耸肩，仰面伸肘，手落裆内。

手窍 左合手落裆内，与左小腿平，食大指伸按缩捋，硬肘心气，余三指勾托；右侧手满攥，小指勾掀前送，掀与右小腹平，悬肘尖。

步眼 左脚悬提尖跷脱下不稳，右步平踏硬膝。

点气 仰面扶起阴气方稳，伸肘分挣劲。

上枪：滚手悬腿，滑躲刷打，剁砸他左腕之图
入阳扶阴

童子捣巢

下

童子捣巢望上飘，缩手拉步灾魔消。
滑脱剁砸落低势，照扎左膀莫摆摇。

解 此随他剁砸行气，缩手拉步，滑脱剁砸，照外飘扎左膀之法。

路道 他悬腿按手，顺势剁砸我左手脖。我拔回左步，拉并右步，缩左手，送右手，收并一处，滑脱他剁砸，一气蹲踞小势，闪他杆落内，照外飘扎他左膀。

身法 俯身仰面，曲膝坐臀，并足收手。

手窍 左仰手缩捋，右仰手拧送，收肘夹贴两肋。

步眼 并足平踏，脚跟着力。

点气 曲身仰面，缩脊收肘，团聚中宫。

下枪：缩手拉步，脱闪砸打，照外飘扎左膀之图
入阳扶阴

昆吾切玉

上

昆吾切玉碎如麻，转身摽手是惯家。
左手缩按右膊上，右手夹左莫偏斜。

解 此随他飘扎行气，左转滚滑，纵上右步，在他左身外剁切他左右手之法。

路道 他退步缩手，飘扎我左膀。我左转身，纵上右步，随进左步，过他身左外，滑滚开我左膀，一气旋落小四平势，即左手按右膊上，右手推夹左膊下，摽手旋杆，在左外剁切他左手。

身法 直身缩低小四平势。开裆摆膝，凹腰掀臀。

手窍 左合手食指伸按，大指夹理，中指勾托，缩按右膊上；右侧手食指勾理，虎口掇架，中指伸理，掇夹左膊下。

步眼 八字步。俱外楞着力。

点气 纵转落侧，气栽右额角。

上枪：左转身，纵上右步，闪躲左膊，在外摽手打左手图
旋转阴阳

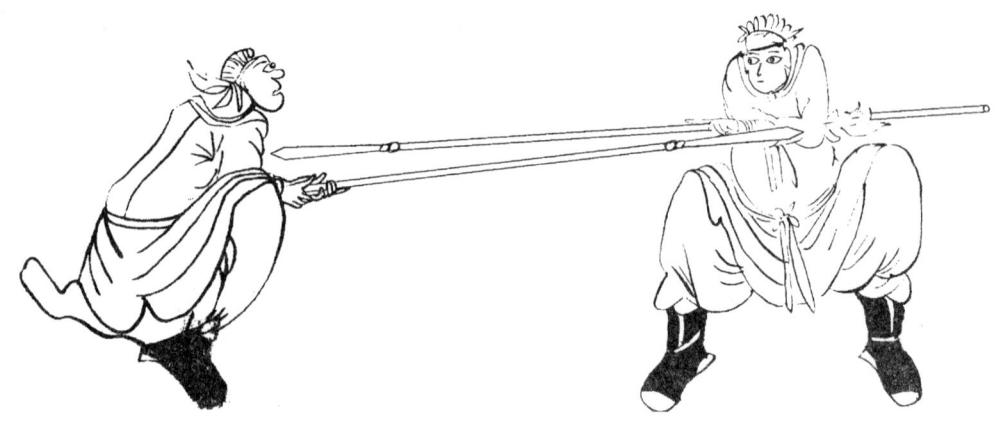

身外右枪
下

身外右枪巧处生，对扎右胯共分明。
只将左步横一挪，闪左击右任纵横。

解 此随他摽打行气，横挪闪击，对扎右胯之法。

路道 他纵上右步，摽手按打我左右手。我往他右身外横挪左步，随挪右步，闪他右身外，躲他摽打，照他右胯对扎。

身法 缩直身小四平势。开裆摆膝，凹腰掀臀，侧势左送。

手窍 左仰手食指伸理，大指伸架，余三指勾托；右拧仰手，食大指钳理，余三指攥送。左手往外展摆，右手拧送。

步眼 八字步。外楞着力。

点气 横挪纵落，身右摇，手左送，分挣劲。

下枪：横挪左步，闪左击右，对扎右胯之图
侧入阴阳

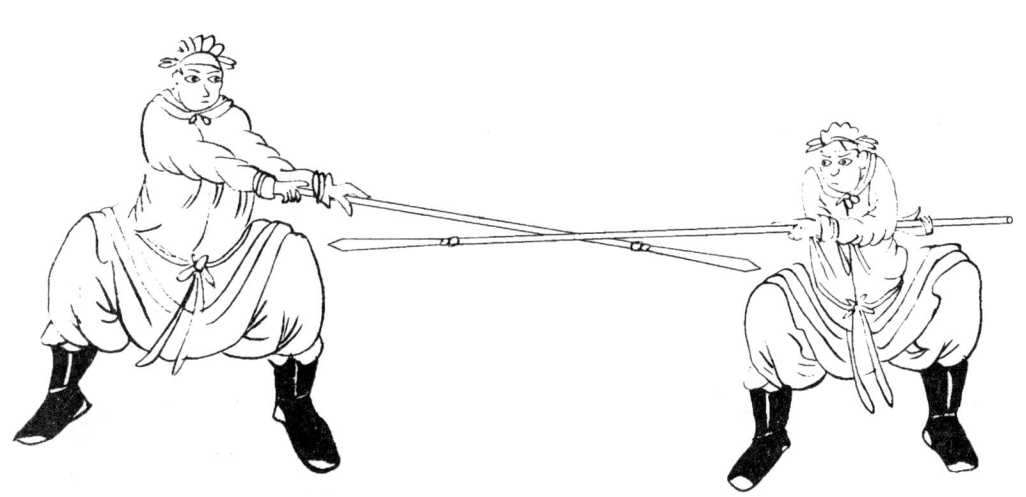

左枪反破
上

左枪反破谁人知，换退右步莫教迟。
展手坐臀反砸下，纵落绽收方为奇。

解 此随他挪扎行气，右转身纵落躲扎胯，反砸左手之法。

路道 他横挪闪扎我右胯。我纵落退右步，换落左步，右转身过他身内，绽手一展坠，纵落低势，照他左手脖反砸。

身法 缩落小四平势，仰面展手，开胸合背，开裆坐臀，凹腰摆膝。

手窍 左翻仰手一展坠，中指勾降，仰手背沉砸；右转合手一抽掀，食指勾理，大指掀举。

步眼 左右换纵，齐起齐落。勿用颠换步，恐迟而不疾。八字步。

点气 仰面坠肘，气砸臀尖。

上枪：换步纵落，右转身过内，展手翻砸左手之图
直缩阴阳

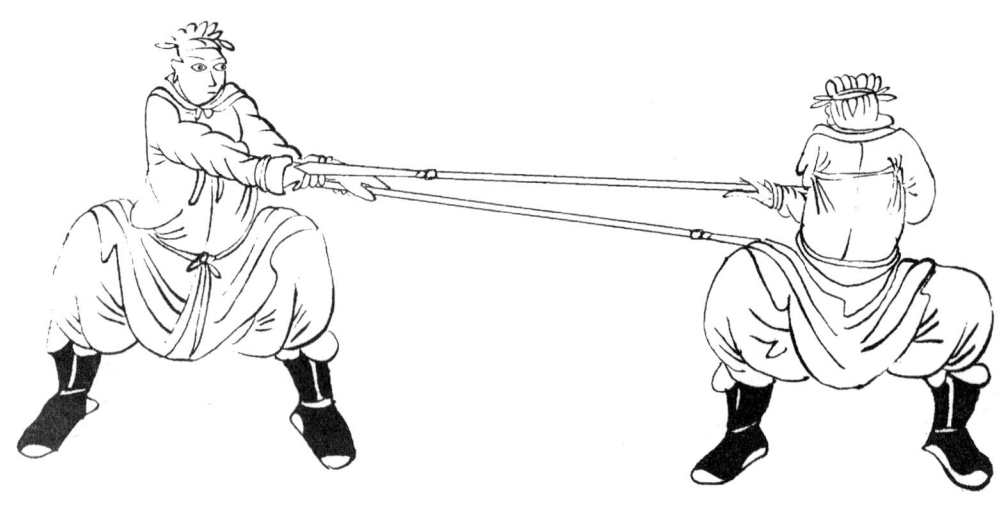

脚底击鼓
下

脚底击鼓击的精，斜打内臁击鼓声。
右手抽杆左滚按，滑躲全不费经营。

解 此随他反砸行气，合身右裹，滚手滑躲，斜打他左内臁之法。

路道 他右转纵落，绽手过内，反砸我左腕。我不挪地位，合身右裹，拧左步，脚跟向他，勒杆按左手，滑脱他反砸，一气照他左臁骨内右摆斜按，着力砸打。

身法 合身右裹，栽左肩，拧左脚，抽右手，按左手。

手窍 左滚合手，大指伸滚；右拧仰手，食大指钳滚。

步眼 左膝伸直，大趾点拧，顺步；右膝曲擎，小趾踏拧，横步。

点气 身右裹，头右滚，膊右拧，膝右转，气催左大指梢。

下枪：合身滚按，滑脱反砸，斜打他左内臁之图
入阳扶阴

靠山潜龙

上

靠山潜龙靠不难，搂开回扎无遮拦。
俯身提脚躲下打，后起先到透胆寒。

有他斜打，我退左步搂开躲过。他回身送枪，上右步扎我右脚腰。我退右步搂开躲过。他又上左步送扎右脚。我提左步，踏右脚，照他裆中搂靠。他亦搂靠。我随势竖杆推打面，扎夺掤枪。

解 此随他斜打行气，悬步领搂，躲打脚，回扎脚之法。

路道 他右裹身，斜打我左内臁骨。我俯正身、悬左脚，顺势领搂开，躲他斜打，即转侧身，左步落进他裆中，回手送扎他左脚。

身法 提搂：正身，仰面俯势、提膝、抽杆、勒手左勒裆中，身往后摇。送扎：侧身，仰面鼓腹，送手送身。

手窍 提搂：左合手，食大指伸按，右侧手食大指钳抽，悬右肘。送扎：左仰手食大指伸托，余三指勾理，右仰掌食指勾理，大指伸架，余三指辅送。

步眼 提搂：左步悬提勾跷，右步平踏，顺步。送扎：八字步。左脚小趾着力，右脚大趾着力。

上枪：随势领搂，躲打回扎之图
入阳扶阴

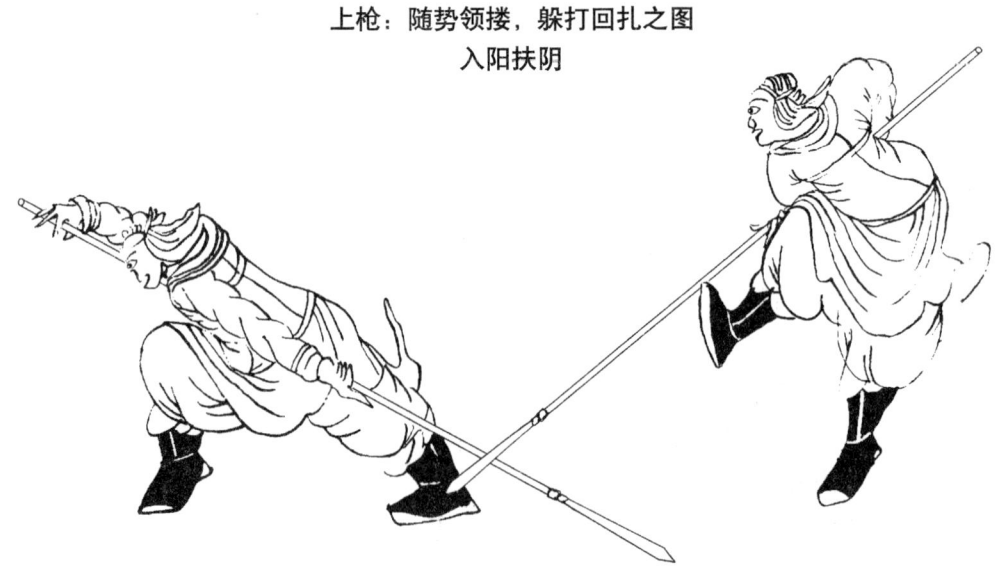

倒挑战袍
下

倒挑战袍气豪雄，擩手挑杆疾如风。
举膊掀揭左仰斜，猛力一起万象空。

解 此随他回扎行气，顺杆斜插，擩手挑杆之法。

路道 他随势提搂，即回扎我左脚。我随他行气，迎势顺杆拭手，斜插十字，拔回左步，转正身，躲他打脚，执硬连杆带手往背后猛一擩挑，杆绕身滚，挨身不离。

身法 左斜仰身，拔步曳势，仰面左摆。

手窍 左侧手五指攥住，食指勾攀；右侧手五指攥住，虎口推出。

步眼 左步拉，顺踏，大趾抠地；右步横，平踏，小趾外楞着力。

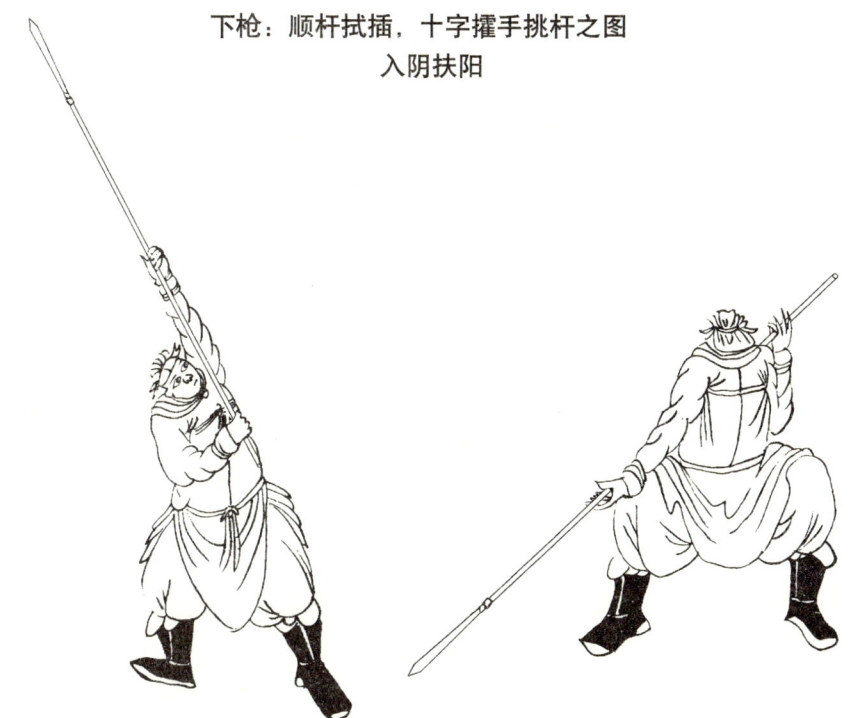

下枪：顺杆拭插，十字擩手挑杆之图
入阴扶阳

樵夫担柴

上

樵夫担柴搁右肩，随势旋转无斜偏。
进步扬梢还根使，撩打下颏妙如仙。

解 此随他挑攉行气，上右步，俯身捕进，撩膊攉打下颏之法。

路道 他拔步仰身，顺杆插入，攉手挑杆，上中下一气扫空。我随势扬梢躲开，即上右步，伏身捕进，举根拿撩他下颏，一气攉膊。

身法 俯身捕进，仰面昂胸，凹腰掀下颏。

手窍 右竖手五指伸理，虎口架举，直膊撩攉过于额上；左合手转按搁于右肩上，食指勾按，大指钳扶，余三指伸理。

步眼 雁行步。右步前，左步后，俱小趾着力。

点气 身手仰掀，脚尖下踏，分挣劲。

上枪：上右步，俯身捕进，扬梢举根，撩膊攉打下颏图
入阴扶阳

翻手作云

下　旧名劈头捧打

翻手作云落彩霞，拧步转侧莫偏斜。
闪躲撩打空飘举，卷手坠砸是生涯。

解　此随他撩撺行气，右转侧身，闪躲撩撺，卷手坠砸他顶心之法。

路道　他伏捕使根撩打下颏及膊。我不进不退，将双步往右一拧，右转侧身，闪躲他撩撺，即卷手坠肘，照他顶心坠砸。

身法　右转侧身，往左仰面斜栽，凸右胸、凹左胁。

手窍　左仰手食大指伸托，余三指攥坠，气沉手背，肘挨左肋，往内收靠；右合手食指勾理，大指掀举，余三指帮辅，肘挨右肋，往上提掀。

步眼　八字步，左步小趾外楞着力，右步横后退挪，内楞后跟着力。

点气　身往左一仰斜，左肘一坠，左膝一悚曲，气砸左枕骨头左斜仰栽。

下枪：拧步右转，侧身躲他撩撺，卷手坠打顶心图
　　　侧转阴阳

宜悬提右步不滞气

翻手作云
上

劈头棒破破更奇，还梢打顶亦如之。
悬步俯身刷手下，斧劈华岳两分离。

解 此随他卷砸行气，悬左步，俯身还梢，劈砸他头之法。

路道 他右转侧身，卷手坠砸我顶心。我悬上左步，俯身捕进，顺他杆手刷手开杆，一气劈砸到他顶心。

身法 俯身仰面，跷脚提膝，束合一团。

手窍 左侧手食大指伸按，余三指勾理，脱肩缩捋；右侧手食大指撒伸，中指勾提，勒提右肘。

步眼 左步悬提，跷勾脚尖；右步平踏，脚跟着力。

点气 俯身提膝，仰面按手，分挣勒。

上枪：悬步俯身，回根还梢，逼近刷手开杆劈顶心之图
入阳扶阴

覆手作雨

下

苍龙捕须雨淋淋，捐扎锁口入更深。
上步逼近无闪躲，开杆何需苦劳心。

解　此随他劈打行气，上右步伏身捕进，逼近开杆，对扎他口之法。

路道　他悬步刷杆刷手，一气劈打我顶心。我不躲闪，迎势开杆，上右步伏身捕进，逼近他身，对扎他口。

身法　俯身仰面，往前栽跑。

手窍　左侧手食指伸推，中指根架理，推缩过右膊外；右侧手食大指松扶，四指攥理，小指贴右胯摧送。

步眼　左步顺颠，小趾着力；右步斜横，小趾着力。

点气　俯身前栽，抢步推手，气落下颏。

下枪：上右步，伏捕逼近，开杆迎势，对扎锁口枪图
入阳扶阴

灯花及地

上

灯花及地足下红，披荆斩棘道路通。
退步转身躲扎口，交手刷打疾如风。

解 此随他扎口行气，纵进右步，摔退左步，转身滚躲，交手刷打右脚之法。

路道 他上右步，伏捕逼近，对扎我口。我将左步摔退，左转身滚躲开他扎口，即右手推搁左臂下，左手合按右腕上，开裆坐落小势，一气交手，斜刷直打到他右脚外臁上。

身法 小四平势，拔顶脱肩，开裆摆膝，凹腰悬臀。

手窍 左合手食大指钳按，余三指攒辅，伸肘不屈；右仰手食大指钳掀，中指帮扶，小名指伸理，肘微弯，拿举，虎口架抬。

步眼 八字步，左步大趾着力，跟微掀；右步小趾着力，外楞微侧。

点气 交手右按，头往右栽，气砸右额角，分挣劲。杆斜落身右外。

上枪：退左步，滑躲扎口，交手坐臀刷打右脚之图
旋转阴阳

海底定针

下

海底定针浪不生，转身旋步脚下清。
逼近进他身右外，刚来刚敌夹杆迎。

解　此随他交手斜打行气，转身旋步，逼近夹靠他杆之法。

路道　他退左步滚躲，坐臀交手，斜刷打我右外臁骨。我抢上左步，旋上右步，倒步仰身，逼近他身右外，合杆搂他杆靠我左腿，以腿顶敌，将他杆夹紧不脱，使他进不得、退不得，我顺杆擢手挑裆，或捌扎他左脚背。

身法　背身大势，仰面昂胸，夹膊倒步。

手窍　左脱手五指伸理，食大指夹钳，脱肩伸肘，膊内紧靠左肋；右仰掌悬肘高额，食指勾扶，大指伸架，往左横打。

步眼　左步顺颠，腿外顶靠；右步横踏，硬膝不曲。

点气　右转身合杆拧步，长身颠擎，气拔顶心。

下枪：抢进左步，旋上右步，右转背身，逼近右外，夹靠他杆之图
旋转阴阳

海螺入匣
上

海螺入匣入更深，逼近合夹枉劳心。
上步舒膊猛掀推，斩关夺门自森森。

解　此随他夹靠行气，上步顶推膊根，使他不得回扎之法。

路道　他进步逼近，合杆夹靠我杆，使我抽不得，送不得，即顺杆回扎。我不待他回扎，即上左步，逼近他背后，双换手，竖杆掀推，直拥他左膊根，使他不得回扎。

身法　俯势探身，仰面伸肘，往前挤拥。

手窍　左右俱换侧手，满把攥推，大指在上；竖杆，左松往下捋，杆自前倒，直膊不曲，硬住肘心。

步眼　左步微横，小趾点踏；右步顺随，小趾颠擎。

点气　仰面伸肘，分挣劲。

上枪：上左步，掀杆顶推他左膊根，使他不得回扎之图
入阳扶阴

泥里摇桩

下

泥里摇桩摇西东，回步左转望面冲。
滑躲掀推更逼近，捷便奇路自不同。

解 此随他掀推行气，回上右步，左转身，竖杆逼近，迎面推打之法。

路道 他上左步捕进，伸肘竖杆，掀推我左膊根，使我不得回扎，挤步拥推不停。我左转身，回上右步，滑躲他掀推，即俯身捕进，竖杆逼近，迎面推打，使他不得掀推。

身法 俯势探身，仰面伸肘。

手窍 左右俱侧手，大指在上，满把攥推，挤步捋手。

步眼 右顺左横，小趾着力。

点气 仰面伸肘，分挣劲。

下枪：回步左转身，滑躲掀推，迎面竖杆推打之图
入阳扶阴

玉门夺槊

上

玉门夺槊气豪雄，顺势勒攥在手中。
转侧躲他推打面，管教双拳一齐空。

解 此随他推面行气，左转侧身，闪躲推面，顺势勒夺他杆之法。

路道 他回步左转逼近，竖杆望我面推打，使我不得掀推。我随势不动，左手接攥他杆，肘尖往后一勒，转侧身闪躲他推面，右手仍一伸推，将他杆夺入我手，使他两手空拳。

身法 转侧身，左步前，左肘后，十字势。

手窍 左右俱满把攥住，右肘前伸，左肘后勒分展，开胸合背。

步眼 左步顺颠，大趾着力；右步横踏，小趾着力。

点气 十字开弓，仰面曳身，气砸脑后。

上枪：转侧身，闪躲推面，勒夺他杆之图
侧入阴阳

水手捉篙

下

水手掉篙真从容，随推接攥岂放松。

侧身曳势猛勒肘，夺取他杆仍旧冲。

解　此随他右推左夺行气，随推按接攥亦夺他杆之法。

路道　他转侧身勒左肘，随势将我杆夺去，使我空手，右手仍推打我面。我亦左转侧身，勒左肘曳势，随推右手，左手将他杆接攥，勒夺到我手中，不致空手。

身法　不动步，左转侧身，伸右肘，勒左肘，顺势开弓样。

手窍　右竖手伸推出，直膊不曲；左侧手五指满攥，曲肘勒肘尖。

步眼　八字步。两脚俱小趾着力，硬膝不曲，往左拧点。

点气　开胸合背，推掌勒肘，左转分挣，开弓劲，气从背后横过。

下枪：转身躲推左，接攥夺杆之图
入阴扶阳

曲蛇缠藤
上

曲蛇缠藤绕数围，谢步合搅杆旋飞。
随势俯仰身摇曳，无隙可入锁门扉。

解 此随他夺杆行气，谢步圈搅，砸膊搅杆之法。

路道 他亦在转侧，右推左勒，左手接攥，将我杆夺去。我随势谢右步，拉左步，接攥右手，左仍合手不变，照他右膊上往内圈砸。他回右手躲开，接攥他杆，将我杆下绕翻外上，上左步捕扎我喉，我仍谢右步，拉左步，往外圈搅他杆，使他不得上扎。

身法 内圈随杆，俯身摇曳。

手窍 左右俱合手。满攥不变，左手环松，右手紧攥。内圈：左手俱往右下圈收捋。外圈：往左上圈展捋。

步眼 右步点踏，左步颠擎。内圈：杆往右，跟随右摆。外圈：杆往左，跟随左摆。

点气 开背合胸杆往右；开胸合背杆往左。

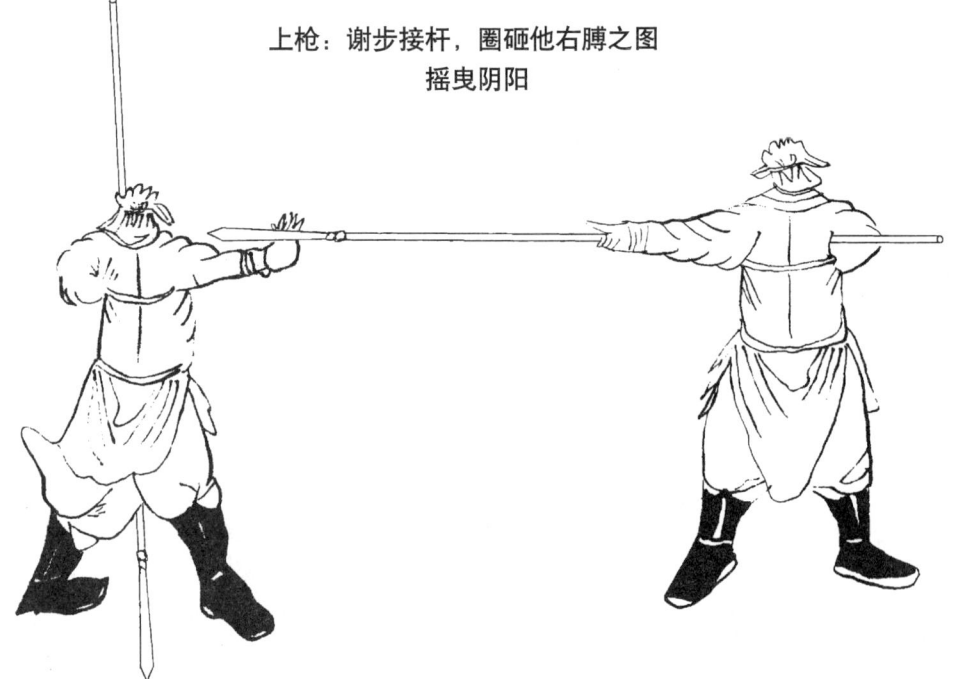

上枪：谢步接杆，圈砸他右膊之图
摇曳阴阳

大蟒穿林
下

大蟒穿林穿密林，岂惧芦苇埋浅深。
接杆过外闪上扎，即是玄窍莫外寻。

解 此随他圈砸行气，回手接杆闪下，过外反上，捕扎咽喉之法。

路道 他谢步圈砸我膊。我随势回右，闪躲他圈砸，即接杆从他杆下闪过外上，上左步捕扎他咽喉。他复往外圈搅我杆，使我不得进扎，我抽杆闪内，送扎他左胁。

身法 上左步俯身捕势，绕杆先反压，后送扎，次抽杆送扎。

手窍 反外压，左合手不变；右合身，手挨身拧转。送扎换仰手，右送仰手、闪内扎。抽俱合手，送俱仰手。

步眼 雁行步。反外压扎，上左内送扎，谢右步。

下枪：回手接攥，从他杆下闪过外上，捕扎咽喉图
入阳扶阴

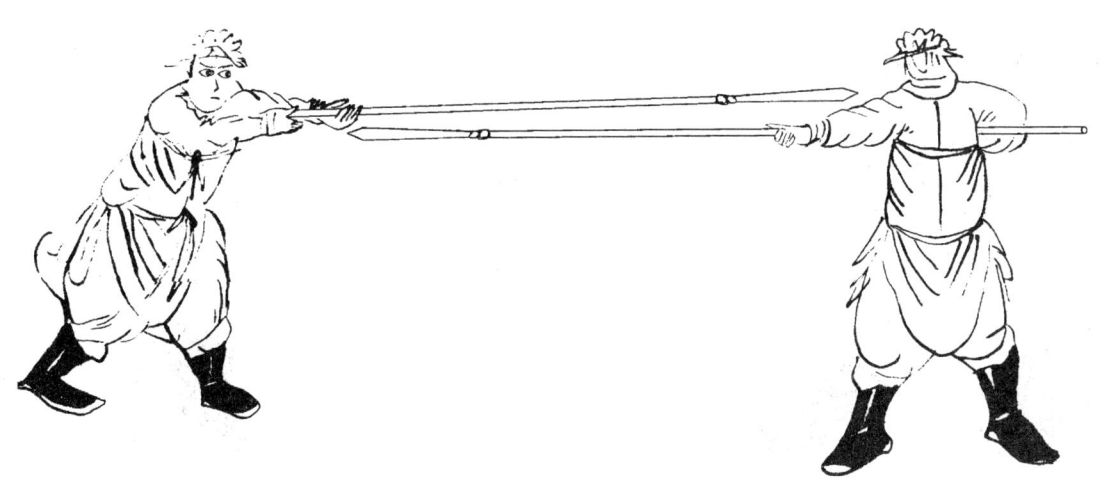

蛇蛎入海

上

蛇蛎入海任邀游，不染凡尘永无忧。
一棒扫尽俗冗击，别寻退步运奇谋。

解　此随他闪内扎胁行气，退步圈搅，猛一搂脱，拨他杆外摆之法。

路道　他抽闪内，送扎我左胁。我谢右步，拉左步，往内圈搅，猛一搂勒，将他杆搂脱，待他进扎；我横杆斜提，以顾中下来路，落如现纂初势，上枪变为下枪，以便接扎。

上枪：随他内扎，往内圈搅，退步猛一搂扫勒脱图
入阴扶阳

反本还原
下

反本还原真安然,谢却浮生苦无边。
回头是岸皆乐地,胸中别具一洞天。

解 此随他圈搅猛勒行气,抽杆展膊,托搁中平之法。

路道 他退步圈搅,猛一勒脱,将我杆搂摆闪横。我不待他搂住,将杆一抽闪脱,即展膊横托,仰身开步,落如长虹初势。下枪变为上枪,以便接扎。

下枪:躲他圈搂,猛勒抽杆,托枪横展中平图
入阴扶阳

卷之二十一

按：苌家剑法主要有《吕祖剑谱》《双剑名目》双剑单练套路，《双剑谱》双剑对练套路，《单剑对枪谱》《双剑对枪谱》等剑枪对练套路。主要技法有刺、点、搂、砍、领、杀、割、缠、挂、刹、钻等。

《双剑谱》，又名《双剑交对谱》。此谱为苌乃周与王守一二人所创，为两人各持双剑对练套路。四剑对舞，精妙绝伦。此谱图文并茂，诀铭典雅。结构严谨，势势贯穿。身法吞吐升降，忽仰忽俯。剑法飞动飘逸，丰富多变。精神贯注，相视仇雠。你来我往，招招逼其要害，使人顿生山穷水尽之意，而忽有柳暗花明之感，实为中华剑术之精华。

《双剑对枪谱》中之枪，或双手搠栽，或单手平扎，或用根挑擢，或用梢扎打。根梢互用，长短交济。枪法之变，蕴于其中。其剑，或跺勒棚架，或横钻闭闪，或双剑交拭，或并把捣顶。忽高忽低，忽上忽下。直指要害，挥洒自如。剑法之奇，蕴于其中。枪剑交互，长可用短，短可用长。环环相扣，连绵不绝。如潜龙震怒，似江河奔腾，精妙绝伦，实为枪法剑法之珍品。

剑法一

吕祖剑谱

序

吕祖曰：剑法之传，由来久矣！大凡古圣先贤，修德养性之士，皆不离此。是以前太阿，后巨阙，及夫南林处女之神妙，公孙大娘之精微，奇品多端，靡可毕指。吾特述古圣款窍，心默手舞，简练揣摩，久而颇得其意，因练此十有二势，以应期年十二月为母，又化为三百六十势，以应每月三十日。第剑乃锋刃之物，鲁莽舞之，必受其害，不得不静也。初学舞剑，须先存静字。凡我同志，欲习一艺，当知三门：初舞时可以壮精助神，宽胸开窍，和胃进食，久而大能调和气脉，强筋健骨，祛病延年，此入大门之验也。再久可使心清欲寡，人尽了全，此入二门之候也。又久而理实色空，筋易髓洗，此入三门之时也。入此三门，出此三门，至诚之道，庶乎化矣。然而人能弘道，非道弘人。苟不专心致志，虚伪相将，则虽日日从事舞蹈，非徒无益，而又害之。易言乎哉！是为序。

剑 歌

五云棚圣起　飞舞剑化龙
云中高献掌　宝剑放光明
恭身把佛拜　化神显威灵
春游兴阳地　夏隐舞云风
秋望黄花岳　冬乐白玉冰
四时常修炼　久养心自灵

吕祖像

五云棚圣起

开势。双手提剑,直身侧立,双足齐并。聚精会神,静以制动。动则左手往右边抡舞,右手亦随之一云。左步往右边一过,右步亦随,旋转落此势。

阴阳平旋之图

飞舞剑化龙

接势过气。随上势,双手往左边云顶抡舞,足身亦随往左一旋转。双手并指,左手在前,右手在后。八字步,两膝外摆,四平势。身居两腿正中,不歪不斜,落此势。静以制动。

递换平旋之图

云中高献掌

接势过气。随上势,往后一收起转下,左手往左一抢劈,右手亦往左一抢劈,随身一旋转,足亦随之。右手往上一挑,左手往下一劈,落此势。静以制动。

阴阳升降侧图

宝剑放光明

接势过气。随上势，两手往右边一抢舞，右足先往前一走，左足往右步前一过，右足又往左足前一过。落此势，三尖照到。左手照右足尖，右手配在后边，其形如弓。静以制动。

交会平旋之图

恭身把佛拜

接势过气。随上势，两手往上一撩，右足往前一走，左足走过右足前，右足仍过左足前，落此势，两剑平交。静以制动。

阴阳分入平图

化神显威灵

接势过气。随上势,右手往右后从上往下一砍,右足亦随之转过。左手亦往右一劈,左足亦随之走过。右足又旋转,右手又一抡。八字站步,两膝分摆,身居两腿正中,落此势。静以制动。

阴阳分落平图

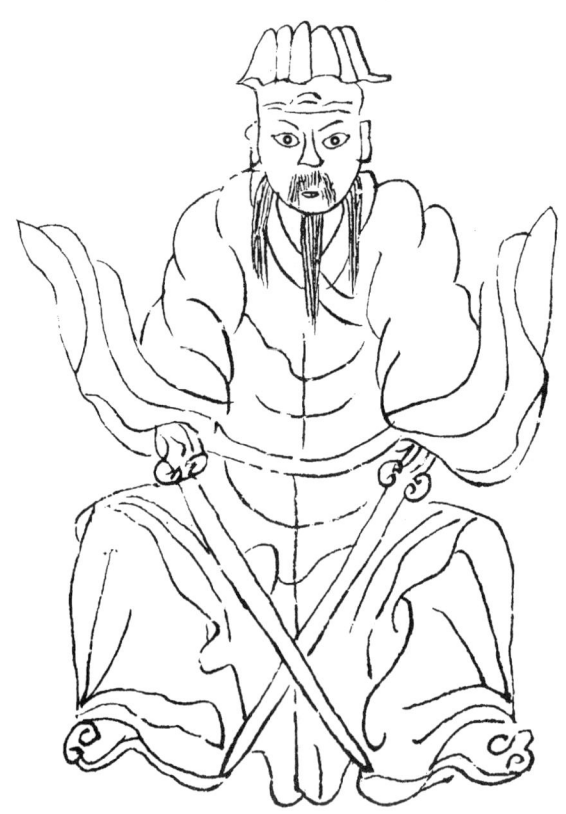

春游兴阳地

接势过气。随上势,右手往右一砍,左手亦往右一砍,左足随过右足前。右手仍往前一抡砍,右步亦随过左足前。两手平托,两膝分摆,八字站步。右手在前,左手在后,落此势。静以制动。

阴阳旋入右图

夏隐舞云风

接势过气。随上势,左手往左一抡砍,右手亦随往左一抡砍,足亦随之。滚身旋转两次,落此势,右手在前,左手在后。静以制动。

阴阳递旋左图

秋望黄花岳

接势过气。随上势,双手往左上一抡舞,左足先动,右足往左边一过,左足仍过在前。右手举上,左手在下。右足起,左足落,落此势。静以制动。

跷分阴阳之图

冬乐白玉冰

接势过气。随上势,双剑往右边齐砍,落右足,过左足。双手往后抡转上,往前砍,仍一抡。上右步,双手齐劈,俱照右足尖。八字站步,两膝分摆,落此势。静以制动。

并落分入之图

四时常修炼

接势过气。随上势,左手往左边一砍,左足随之。右手往左边一劈,右步随之过左足前。左手随右步,落点一劈。右手往前一平杀,双手齐分。直身正侧势。东西南北四面皆如之,为劈四面势。静以制动。

滚旋分落之图

久养心自灵

接势过气。随上势，右手往左前一平杀，转上往左手上一滚，往下一滚，双手往上一抡落下。两剑下交，步亦随势少动，落此势。收气，静心结住。

束气回宫之图

卷之二十二

剑法二

双剑名目

目录

真武按剑	浪卷浮萍	雨打落花	王郎砍地
大鹏展翅	孤雁出群	二龙戏珠	芒砀斩蛇
金梁架彩	三收洛阳	岑彭献刀	斜风吹燕
乌云罩顶	丹凤修翎	美女退洞	仙人指路
炼地成钢	白蛇吐信	双股齐飞	昆吾切玉
犀牛望月	金剪一枝	霸王观阵	二郎劈山
独战曹兵	平扫沙漠	出褒刺褚	侧蝶戏梅
夜叉寻海	太阿出匣	苍龙掉尾	大火烧天
青龙摆头	猛虎探爪	黄龙转身	钟馗伏剑

真武按剑

侧身立,两手执剑,交叉往下一按。

浪卷浮萍

往头上分擓两次。

雨打落花

往身旁分刷一次。

王郎砍地

纵起,落下双剑,蹲身砍地。

大鹏展翅

纵起左右云顶势。

孤雁出群

往后一践,右手头上一云。

二龙戏珠

左右回砍,一剑在肱之上,一剑在肋之下。

芒砀斩蛇

将剑一收,骗马势,劈裆砍下。

金梁架彩

平丢下一单鞭势。

三收洛阳

盖磨三拳势。

岑彭献刀

撩手揎拳势。

斜风吹燕

斜形拗步势。

乌云罩顶

仍是一云顶带单鞭。

丹凤修翎

雁别金翅势。

美女退洞

倒退分搂势。

仙人指路

往后一劈,转身势。

炼地成钢

十字步，回剑往下一指，左手悬于头上，右手下插。

白蛇吐信

右手返上一压，践步，左剑往怀中一扎。

双股齐飞

仍一云顶，展开单鞭。

昆吾切玉

左手一邀，右手偷步一劈，再进步，两剑平展。

犀牛望月

两手往左边圈擂，将剑举至头上，倒垂背后，头往上看。

金剪一枝

往下一刷，然后交叉一分，从裆往两下分挑，十字步法。

霸王观阵

往后一转身，左手剑举头上，右手剑横胸脯，长身观望势。

二郎劈山

一云顶，左手剑竖，右手剑举头上，往下劈山势。

独战曹兵

双剑往左边一擂,再向右边一擂。

平扫沙漠

一云顶,转身削去天灵。

出褒刺褚

左手往前一砍,一回,再一砍,进右步,顺扎肋后。

侧蝶戏梅

双剑返砍,右手一跟,左手翻起,右手往怀中一插,一丢左手,再往面一扎,右手再一钩掠,双剑展开。

夜叉寻海

双剑分砍,左手一搂,右手探身往下一插,剑尖扎地,右腿跪地更妙。

太阿出匣

回头踢一右二起脚,入一单鞭,再仰手交收,并足一展一放二次。

苍龙掉尾

左右云顶,落势左手往上翻搅,右手往下搅砍。

大火烧天

云顶落势,两手从中冲挑。

青龙摆头

云顶落势,两手要拦。

猛虎探爪

云顶落势,两手分搂,往前探扎。

黄龙转身

左右三云顶,与寻常不同,原是翻花炮势,落点双剑自下往上挑擢,带起身子。

钟馗伏剑

左右分刷,左脚微悬,左剑竖立前腿膝间,右剑高举头上收住,威风凛凛方得真诀。

此剑数目无多,舞来颇觉耳后风生,虽不比公孙大娘之妙,习演久之,亦可以防护身体,不失古人琴剑乐趣云尔。

卷之二十三

剑法三

双剑谱

序

昔欧冶子铸器，遇风胡子而成剑，剑之由来亦远矣哉！顾造法同而其名则不一，有干将、莫邪、龙渊、太阿、巨阙，又有静江黄蛇、袖里青蛇之号，品类多端，莫可指数。然其要，总以利刃为重。是以古之书生，身必佩剑，盖有文事者必有武备，理应然耳。后世剑术不传，授受无门，即间遇一二艺士，不过寻常家数，东西支吾而已，初何足语于公孙大娘之神乎？尝读"鸿门宴"故事，项庄舞剑，意在沛公，而项伯则以身蔽之。可知剑必对舞，始能见精奇之妙。求诸友朋，不亦难乎？余幕友王氏守一，怀兹有年，苦苦乏引玉之人。庚子首夏，与余闲时谈及，遂来往比较，摩揣窍诀，共得四十九势。演之，觉进退、俯仰、屈伸、高低，处处都合机宜。守一于是详加注释，思以公之同志。又虑其久而失次，嘱余作为歌序。余不辞固陋，任笔所之，草创立就，亦聊以明教者之苦心云尔。言之无文，所弗计也。是为叙。

乾隆四十五年岁次庚子夏四月纯诚苌氏谨识

双剑歌

上	下
二龙戏珠圆	巨灵伸臂肩
丹凤朝阳地	孤雁出群先
二郎劈华岳	韦陀提杵前
双手推山动	侧耳听风偏
入水斩蛟窟	反剑击石函
美女钻洞府	昆吾切玉环
大鹏展翅运	苏秦背剑镮
白蛇缠葛节	跨虎提金鞭
矢穿七札贯	单鞭救主艰
拔剑斩蛇死	乌云罩顶全
猿猴入洞里	铁扇闭门拦
老人结草兀	钟馗伏剑看
风魔扫秦桧	海底捞月圆
春风摆弱柳	金茎承露鲜
蛱蝶穿花舞	白虎靠山眠
探囊取物去	金剪一枝残
金猫捕鼠静	门对山开闲
白蛇吐信子	火焰钻心间
卧牛摆头进	足下生云连
千斤坠石重	夜叉探海泉
刘海戏蟾易	拨荆寻路难
两斧伐枯树	浪子踢球旋
飞登彼岸上	乌龙展背还
长虹倚天立	玉燕投怀翩
光射斗牛寒	

开 势

上

左步在前,侧身不横。双剑交抱胸前,左在外右在内。吸擎中气,聚精会神,以含进退之机。

侧身则空少,交搁则上下内外皆顾,遇敌则猛勇莫遏。

铭曰:虎气上,龙身藏。

天心道,吐光芒。

开 势

下

侧身擎气。双剑交搁会阴,右在外,左在内。

铭曰:真武剑,手交叉。

按地下,结龟蛇。

二龙戏珠圆

上

我上右步,使右剑平割他咽喉,左剑平割他左膊,使他不得举手,不得前进。

铭曰:人参果,堆珠盘。

　　玉箸夹,馒头圆。

巨灵伸臂肩

下

他分砍我咽喉及左膊。我退左步,左剑回夹右夹肢窝,右剑照他右手背分砍。

铭曰:巨灵仙,五峰连。

伸一臂,撑半天。

丹凤朝阳地

上

他劈砍我右手背。我用右剑将他右剑一拨,左剑顺他右剑下平展,摔割他右手。

铭曰:紫凤凰,双翅翔。

点头叫,在朝阳。

孤雁出群先

下

他平剑割我右手。我扬开右手,使左剑推挡他左手脖,带拨势。

铭曰:众鸟尽,孤鸿骞。

出群去,亦占先。

二郎劈华岳

上

他左剑推割我左手脖。我摔回左手,退左步,使右剑剁砍他左手脖。

铭曰:杨二郎,通元关。

举巨斧,劈华山。

韦陀提杵前

下

他右剑砍我左手脖。我提上右步,摔回左剑,右剑从他右剑下冲起,挑擢他右手脖。

铭曰:是韦陀,能降魔。

提宝杵,挂太阿。

双手推山动

上

他右剑提我右手脖。我进左步,使双剑一反压,压他右剑上,一气伸膊,推拥他咽喉。

铭曰:千寻壁,双手推。

　　　石山动,倒一堆。

侧耳听风偏

下

他推拥我咽喉。我俯身进右步,跟左步,随他推势一领勒,领过右耳外,蹲踞小势。

铭曰:凉风吹,耳旁边。

侧耳听,不怕偏。

入水斩蛟窟

上

他双剑领勒我剑过他右耳后。我退左步，俯身低势闪下，分展双剑，使右剑摔砍他右臁骨。

铭曰：幽壑下，舞潜蛟。

进休训，入窟巢。

反剑击石函

下

他使右剑下砍我右臁骨。我悬右腿躲过,使右剑摔砍他脖项。

铭曰:刘先主,双股剑。

砍一下,石两断。

美女钻洞府

上

他悬右腿摔砍我脖项。我从他右夹肢下钻过他身内,使双剑砍他右膊。

铭曰:真珠女,美婵娟。

　　卧房内,挂壁剑。

昆吾切玉环

下

他钻过我身内,砍我右膊。我退右步,摔回右剑,使左剑砍他右手脖。

铭曰:昆吾剑,非等闲。

试一切,碎玉环。

大鹏展翅运

上

他砍我右手脖。我展膊分提,使右剑提勒他左膊根。

铭曰:九霄翻,大鹏鸟。

万里程,终须到。

苏秦背剑镮

下

他提勒我左膊根。我背身右转，使右剑反砍他右手脖。

铭曰：苏季子，落金榜。

　　回家转，背剑铓。

白蛇缠葛节

上

他背砍我右手脖。我往他身内横挪双步,仍使右剑转身内砍他右手脖。

铭曰:中谷葛,如龙蛇。

藤蔓绕,难寻找。

跨虎提金鞭

下

他仍闪内上砍我右手脖。我退右步,闪回右手,使左剑摔拨他右手脖。

铭曰:赵元坛,跨黑虎。

执金鞭,像威武。

矢穿七札贯

上

他左剑摔拨我右手脖。我扬开右手,上左步,在他身内,使左剑冲扎他下颏。

铭曰:养由基,贯七札。

胸膛上,插箭靶。

单鞭救主艰

下

他冲扎我下颏。我退左步,使右剑砍他左手脖。

铭曰:御果园,使单鞭。

雄信死,救主还。

拔剑斩蛇死

上

他使右剑砍我左手脖。我上右步，左剑一反，压在他身内，使右剑刹他右手脖。

铭曰：芒砀路，白蛇阻。

拔剑斩，何畏惧。

乌云罩顶全

下

他剁我右手脖。我左斜身,抡开右剑,云顶,平砍他脖项。

铭曰:乌云黑,罩江城。

削发际,两膀停。

猿猴入洞里

上

他云顶平砍我脖项。我从他右夹肢下钻入他身内，使双剑棚犁他右膊根。

铭曰：白猿翁，入洞中。

提宝剑，心空空。

铁扇闭门拦

下

他钻入我身内，棚犁我右膊根。我退右步，扬开右手，使左剑撩他右手脖。

铭曰：铁扇子，闭门堂。

双手展，有遮挡。

老人结草亢

上

他左剑撩我右手脖。我右摇身闪下，从他剑下钻过他左身内，伏捕，使双剑横推他左臁骨。

铭曰：老人义，结草莱。

绊马索，踬杜回。

钟馗伏剑看

下

他伏捕推我左臁骨。我悬提左腿，使左剑一刷，摔砍他右手脖。

铭曰：钟馗立，仗剑看。

伏邪魔，吓破胆。

风魔扫秦桧

上

他悬腿摔砍我右手脖。我右摇身闪上,使双剑横推勒他左脖项。

铭曰:秦桧耳,风声动。

小和尚,真扫兴。

海底捞月圆

下

他闪上横推我左项。我左斜身,从他剑下钻过他右身外,使双剑勒他右臁骨。

铭曰:海底月,隐光明。

捞得着,横山鲸。

春风摆弱柳

上

他闪下勒割我右臁骨。我悬提右腿,双剑齐刷,摔砍他右手脖。

铭曰:阳春布,卧柳生。

风摆动,絮飞轻。

金茎承露鲜

下

他悬右腿摔砍我右手脖。我复左斜身,使双剑梢往他右边一摆,一气棚顶,拿他双手脖。竖拨横拿一气使。

铭曰:甘露降,铜盘盈。

仙人掌,执金茎。

蛱蝶穿花舞

上

他棚拿我两手脖。我仰曳身,使双剑分展,一抡攉闪下,双剑合并,攉他两手。

铭曰:一蝴蝶,惯穿花。

两翼舞,庄周家。

白虎靠山眠

下

他双剑合并擓我双手。我大仰身,扬开双剑一闪。

铭曰:白额虎,伸爪眠。

　　　靠山下,谁敢前。

探囊取物去

上

他仰身闪躲。我随势俯身栽入,一转合手,双剑合并,照他腹栽扎。

铭曰:囊中宝,知有物。

解布袋,倾口出。

金剪一枝残

下

他俯身栽扎我腹。我微纵退,俯身吸势,使双剑交砍他两手脖。

铭曰:金蛟剪,两锋寒。

千年鹿,梅花残。

金猫捕鼠势

上

他交砍我两手脖。我退势闪开,双剑仍转上,分砍他两手脖。

铭曰:鼠牙利,畏金猫。

双爪捕,无处逃。

门对山开闲

下

他双剑分砍我两手脖。我将双剑一竖,分开他双剑,即挨靠他剑,进身推拭他两手。

铭曰:山门开,善难闭。

二士入,怎躲避。

白蛇吐信子

上

他分开顺剑推拭我两手。我随分势,将双剑把一合并,剑把向前,避隔他剑于我两膊外,我居中进捕,使双剑把往他咽喉一捣。

铭曰:白蛇信,满口吐。

软柄枪,齐飞舞。

火焰钻心间

下

他使双剑把捣我咽喉。我退提双剑，剑梢栽下，按住他两手脖，俯身弓背栽入，扎他心窝。

铭曰：心属火，火再钻。

二火入，透青烟。

卧牛摆头进

上

他俯身按裁，扎我心窝。我左斜身，使双剑咬住他双剑，往我右边一摆，即推刷他手。

铭曰：黄牛卧，头儿扭。

角抵住，不得走。

足下生云连

下

他咬住我剑一摆,即推拭我手。我将双剑一勒,勒脱扬开,使右脚照他手一踢。

铭曰:牛头角,肱难挥。

青云起,龙泉飞。

千斤坠石重

上

他扬脱双剑,使右脚踢我手。我坐身一拉,使双剑拉砍他右脚尖。

铭曰:鬼蹴腿,剑割脚。

　　千斤坠,铁鞋破。

夜叉探海泉

下

他坐落,使双剑劈我右脚尖。我落右脚,后跷左脚,捕栽探身,使双剑交顶他双剑及他左膊。

铭曰:越裳路,许指南。

苦海岸,夜叉探。

刘海戏蟾易

上

他栽身交顶我双剑左膊。我左剑将他双剑交处顺势一压，起身曲悬右腿，举右剑侧身左栽扎他口。

铭曰：蟾三足，物最毒。

刘海戏，易降伏。

拨荆寻路难

下

他侧身栽扎我口。我曳身仰势,猛力一擢,擢开他双剑。

铭曰:西天路,草蔓延。

荆棘岭,拨着难。

两斧伐枯树

上

他猛力一擤,闪出右腿。我闪下,上右步俯捕,使双剑自两边斜交,削砍他右脚脖。

铭曰:枯松树,根儿糟。

两斧伐,算拉倒。

浪子踢球旋

下

他双剑夹砍我右脚脖。我将双剑一抡擂，踢起右脚，提躲下砍。再一抡摔，换踢左脚，踢他下颏。

铭曰：花浪子，踢绣球。

旋过去，一脚休。

飞登彼岸上

上

他连劈连踢,并无下手处。我往他身右后边一践纵,双剑挑搁我右肩上。

铭曰:送岸上,诞告登。

身飞去,是金僧。

乌龙展背还

下

他纵过我右身后。我落左步随右步，使右剑摔砍他脊背，扬举左剑。

铭曰：相君背，展手还。

降龙木，五台山。

长虹倚天立

上

他摔右剑砍我脊背。我上左步,使右剑反砸砍他右膊。拘肩坠肘使。

铭曰:倚天立,长虹现。

孟起剑,韩遂残。

玉燕投怀翮

下

他右剑反砸我右手脖。我长身右栽，吸右肋，使右剑反勒开他右手脖，左剑照他胸前栽扎。

铭曰：白玉燕，飞去还。

投怀抱，翅翮翮。

光射斗牛寒

上

他栽身照我胸前扎,反勒隔我右剑。我闪回右剑,使左剑挡住一拿,右步在前,十字势,后剑仍贴于右胯边,以备穿扎,又于射字有关。

铭曰:宝剑气,出丰城。

光芒射,斗牛横。

剑枪法一

单剑敌枪谱

金刚现纂藏神奇,三尖势,不当不正,谁知他四面照顾
枪面东

提杆往右圈落此势。提杆斜长,靠左胁平侧势。左步擎,右步平踏。左手勾贴左胯边,右手仰对右耳外。根余长,梢提短,仰面昂胸。左脚提,右胁脱。目左视,内气侧擎。

韦陀提杆呈变化,半虚空,放光放彩,尽说我八面玲珑
剑面西

提剑往前连劈三下落此势。随连劈三下,将左步一拉,抢搁侧身小势,曲颠左步,往左探势,右手伸上,斜横悬剑尖向下,左手横搁左胯根。

仙人指路,总在夹缝之间
剑面西上一步

我照定左手,进左步,悬跷左腿,勒左手,伸展右手,送扎他左胁,正身颠擎,左手合棚右手脖,右手自左手下出,伏下攥杆。

坐山中平,直对要害之处
枪面东

我退左步,坐臀躲过,左手转合,拦他右手脖上,右手拧内,靠胁领按他右上,照他右胁窝顶扎。

玉门夺槊,把握原自有权
剑面西退

我左合手,抓住他杆按到地,右手抽勒右胯后。

猿猴开锁,掩闭信乎无术
枪面东进

我随他按势,微进右步,携带左步,悬提右步,伸双膊照他右肘一拥,闭他不得出。

泰山压顶,疑垒卵之难支
剑面西

我进左步长身,悬右腿后跷,仍攥不丢,抬夹右夹肢窝,抡剑顶劈砍。

战袍倒挑,似鸿毛之易举
枪

我摆落右步,往后摆提右腿,随势拿举他右腕下,使他劈砍不下,躲开我头。回摆即躲开。

巧女纫针,手一分而穿鼻
剑面西

我双手一举,起分一气,抡缩低势,闪他拿举,落右步,照他左鼻孔,起身穿扎,提左腿。

金梁架海,肩双脱而横肱
枪面东北倒滚

我落左步,右拧身,躲他搉扎,一气圈邀他右肘,推过我左身内。

白蛇吐信,惊藤蔓之曲藏
剑面东北扎

我落步,提左腿,两手分展,拐扎他喉,仰身开胸势。

渭水钓鱼,愿竹竿之直上
枪面东北攉梢

我随势提左步,进左腿,随进右步一攉,将他左膊攉我左身外,闪他背后,躲过他扎,俯身弓背耸肩势。

玉门搴旗,垓下犹能斩将
剑

我落右腿,颠左腿,左手接攥他杆一展按,右手顺他杆上平摩他左项,仰面分手。

任光托闸,门楣独自高悬
枪面东北拿举

我往右身外摆左步,悬提右腿,丢左手,右手转举,从他右肘下仰面长身,两手展举,将他右肘棚起。

风吹燕羽,拂群英之颠
剑东北斜削

我落左步,悬右腿,顺杆斜削他右手。

灵撑天背,伸炎州之表
枪西北进枨梢

我拧按右手,躲他削刷,落右步,旋提左腿,撞其小腹,左手顶拿他右手腕。

老梅横窗,摆一枝之素
剑面西南拧刷

我落左步,往右斜上右步,栽合伏攥杆,照他面拧杆刷按,一气刷他左手。

闭户推月,掩单扇之枢
枪面西进推梢

我落左步,提右步,竖杆,顺他左膊拥推,闭他不得不左出。

剑刺文丑,入于左腹固不待三
剑面东北滚推

我右转身,滚他左推,左手按剑拐扎他胁。

道通心灵，偏于右胯宛然成十
枪面东北滚推

我落右步，右滚身，提左腿、推顶他左手腕，躲他拐扎。

天道左旋，北降箕而还速
剑面南滚摔

我左转身，仍使左手攥杆不换，跷踢左腿，摔砍他左腰。

卷帘入洞，较飞鸟而更轻
枪面西滚卷棚摔攒

我落左手，左滚身，竖杆推顶他左手腕。他落左步，提右腿，接右手拐勒，割我右项，我即一气棚举他右手腕，悬右腿，从他左肘下钻过，落右步，上左步，伏捕托戟势，打他左臁骨。

伏虎栎背，响振吃木长
剑面西进摔

我开落右步，低势砍他左腿，闭他回捣。他进右步使根一挑，我摆落，右一回邀，即摔砍他背，左步随并右步使。

斗柄回寅，光垂七星短
枪面西反打

我跷踢右腿，还梢十字交手，左在右上，照他右手腕歼打，仰身躲开势。

耳后生风，头飘白玉雪
剑面南摔砍

我落左步，提起右腿，将剑一抽，云顶抡上，平摔砍他项后。

霸桥饯别，手提青龙刀
枪面抡舞倒退

他闪上摔砍我项，我倒落右步，使梢抡打他右手腕。他圈前砍我臁骨，我退左腿，仍一气抡打左手腕。他仍圈前砍我右臁骨，我使根抡打他右手腕。梢栽下。

结草亢杜，蹉跌不亚栽葱
剑

我闪圈前砍他左臁骨，他退左步躲过，仍一气抡他右手脖。我仍往左横挤步，仍圈前砍他臁骨，他退提右腿，使根抡打我右手腕，我闪上摔削他项后。

巨刃摩天，登高何妨仰面
枪面西前进抡舞

他上云顶削我项，我进落右步，使根抡他右手腕。他仍圈砍我项，我进左步抡梢打左手腕。他仍圈云顶砍我项，我跷右腿大仰势，使根抡打。根向下。

老人切爪，利如犀牛分水
剑

砍法在摩天内。挤步，横往左进使。

行者寻路，雅赛夜叉探海
枪面东右拧身

他仍圈砍我项，我右拧身，旋退右步，使梢压他右手腕。面东过气。他亦右拧身，旋上左步，使剑一反，闭拨压我梢上，我抡根打他右手腕。砍打与提刀同。

绒索绊马，长坂坡下遇土坑
剑面北

砍与结草同。

巨鳌翻浪，万丈深潭跃龙门
枪面东

抡打与摩天同。

纺车绩锦，既交上而交下
剑面北

砍法与切瓜同。

风轮旋转，更顾后而顾前
枪面西

与探路过气同。我使梢抡打他右手，他走右手，我使根抡打他左手腕。他仍圈上砍我左手，我退左手，使梢抡打他右手。

金丝缠杆，绕来走不脱
剑面东

砍法在旋转内。

惊蛇打草，下去王不留
枪面南

他仍圈上砍我左手，我退左手换右手，仍使梢劈打他右手腕。

胁夹竹筒，四头风魔扫秦桧
剑右转面北

他仍使梢劈打右手，我左合手抓住他梢，右转身平摔砍他右项。

手按木柄，刷手辘轳汲清泉
枪转面北

他滚手砍我右项，我丢左手，退右步，掀杆刷下，右合手攥捕，按在右手前，刷刮他右肘。

先审视以回翔，舞的仙鹤
剑左转面南

他刷刮我右肘，我攥杆揭过他身左，左转身劈砍他头，伏下攀杆。

径直前以勇往，推着高山
枪上右步，面西南，攒在右手

他左转身劈砍我头，我随势往后一搅，撇开他左手，压他右手。他抽剑一砍，我上右步，伏身捕进，横杆举过顶，将他右膊棚推。

礌石坠空，劈破天灵盖
剑东北

他一搅，将我左手撇丢，棚举我右膊，我左手将他杆攀下，右手照顶劈砍，长身颠足。

小校报事，斜担令字旗
枪面南，根换右手

他攀杆劈头，我上左步，仍伏捕，右手换在左手下，使梢攀打他左曲池。

吹毛利刃，虽万重而必过
剑面北

他攀打我手腕，我上左步，左捕低势闪下，剑把向身左勒他左手。

馘斩夏侯，近七旬而倍勇
枪梢

他捕勒我左手，我拧身提左腿，使梢邀他右肘腕，一气仍使梢交手劈打他右项，后根夹左夹肢窝，左手搁右膊上。

一炷高插，望灵山而进香
剑

他将我膊邀起，仍使梢打我项，我随势上右步，竖剑靠闭他杆内，隔过我右项外。

七政顿平，拨璇玑而玉衡
<small>枪根</small>

他竖剑隔闭我杆内，我右手换接左手前，右腿提悬，前交手夹右夹肢窝，使根打他右耳腮，右手搁左手上。

野马提铃，竹批双耳峻
<small>剑</small>

他换手交抡，仍打我右耳腮，我进右步，提左腿，从他杆下钻过他左身外，提割他手及他左项。

探囊取物，枪急万人呼
<small>枪梢</small>

他提割我手，我摔落右步，<small>往后落。</small>绽手换梢，低闪下扎他小肚更妙。

钟馗侧呼，五福一齐来临门
<small>剑</small>

他闪下扎我小肚，我拧侧身，拧右步，侧并左步，滑躲他扎，在他左身外提剑拧闭他杆左外。<small>尖向下。</small>

关公抡刀，几回漫天不漏雨
<small>枪</small>

他拧闭我杆左外，我起身拔并左步，返上仍使梢摆打他鼻梁。

暗弩射雕，对面可以开弓
剑

他摆打我鼻梁，我进右步，提左腿，闪圈他圈内，上按杆送扎他胸脯。

拾身倒蹋，急流善于退步
枪

他按扎，我退左步，走左还根，缩捋右手，摔他右手脖，悬右腿使。

饥鹰侧翅，金卵托抱怀中
剑

他劈我右手脖，我进左步，左滚身，提右腿，进右膀，举剑滚他右杆内，竖剑邀闭。

插标卖头，玉柱倒倾地下
枪梢

他滚闭砍打，我落左步，提右腿，走右手，根夹左夹肢窝，缩捋左手，使梢交手劈打他头。左在右上。

铁扇闭门，重关能御暴客
剑

他交手打我头，我落右步，提左腿，右滚身，提杆内外。

握杆取水，摆尾端是乌龙
枪根

他右滚提闪我劈打，我落右步，提左腿。脚摽贴右膝内。定杆还根，攉挑他手。

真人按下玄武剑，定是龟背蛇光

剑

他攉挑我手下，我落进右步后跷，右捕探势，横剑平按，将他杆按下。

雷震使起黄金棍，敢夸铜头铁额

枪

他捕进按扎，我落左步，退右步，还梢打他头，提右腿，十字势。

藤军斩马，一口刀砍断连环

剑

他劈打我头，我举剑云棚他杆，一气落下，在他左外，砍他左臁骨。他落右腿，提左腿，仍绕我身外搂打我右手脖，我仍圈他左身外，砍他左臁骨。

虎牢转灯，三合战捉拿吕布

枪

他圈打我左身外，我进左步随右步，滚进右身内，柱杆搠扎他右脚到地，靠他右手脖。

回鞭走马，突出刀枪齐鸣

剑

他搠脚靠我右手脖，我纵落步，提起右腿，躲开他搠扎，纵起闪圈他左身内，砍他左手。

春燕剪云,铰过绫罗俱破
枪

他砍我左手,我纵起落右步,随提左腿,闪他身右内,打他右手腕,提左腿使。

展霜锋于太空,白鹅亮翅
剑

他剪打我手腕,我抽右手,落右腿,云顶,仍提右腿,平砍他咽喉。

摇金针于海底,砥柱中流
枪

我使梢右合身,杆根挨右胁,歼他右手腕,他闪上砍我顶,我落左步,颠并右足,蹲踞小势,竖梢缩捋左手,将他右手腕打下。

拔剑鸿门,亚父碎玉斗
剑

他蹲踞竖杆打我右手腕,我落右步,左手从右手外搂攥他杆攀下,提右手抡劈,砍他左项。

担山广武,罗成横银枪
枪

我起身横闪过他身左,绽梢摆右,撇他左手,横担挜他右手脖。他将杆一推,抽剑劈砍头,上下来去勒。我左合身,梢挨右胁,使根歼打他左手脖,上右步,俯势,将他右手压下。杆子要横,他剑举起,攀杆劈砍。

覆乎雨而翻乎云,刘先主反剑击石

剑

他横担我右腕,我落步,提右脚,照他右手,劈砍他右项。在他右项。

沉夫海而捞夫月,李哪吒下海擒龙

枪

他砍我头,我伏捕进落左步,上右步,杆从他右腿下过他身右,推打他左臁骨。

飞雁投玉湖,俯察而登高

剑

他推打我左臁骨,我落右步,后跷左腿,摔砍他左臁骨后。

脑后摘金瓜,仰观而低行

枪

他砍我左臁骨,我悬跷左腿躲过,使根捣闭他右砍,他左旋抢躲,我使梢反砸他项,杆搁左肩上,大仰势。

铜盘承露悬高空,上亢金茎

剑

他背打头,我往他身左落进左步,旋转右腿,右合手抓杆,按我右肩上,右手拿剑,举棚他左膊根。

画杆方天走赤兔，倒托铁戟
枪

他棚我左膊根，我伏身落左步，将他左手背撇开，一气前跷。

翻身仰射，摩秋箭中背
剑

他背捣我右脚面，我落进右步，右手将剑一刷，闪侧身倒颠右腿，一气抡剑栽扎他右肩胛，肘靠左胁不散，气伏接杆。

出褒截粮，点铜矛中膀
枪

他栽扎我右肩胛，我落右步，前跷左腿，大仰身，使梢反回，自左肩外出背后，扎他左肩尖。

孤树盘根而攀折，卫足岂不知葵
剑

他背后扎我左肩，我左手接攥他杆，右旋低势，背后砍他右臁骨。

顺手牵羊而悔亡，跳涧须要学虎
枪

他旋砍我臁骨，我往他背后还右手进左步，换合手，杆挨右胁，扣接攥左手，上右步，杆夹右夹肢窝，回送扎他左胸。

画戟双断，得力只在一举
剑

他牵杆回扎我左胸，我随势左转身，回上右步，左手举杆一翻，闪摆我身左，右手照头一劈。

石磨重圆，鞠躬不亚三推
枪

他翻杆劈砍我头，我往他右身外上左步摆头，从他剑下闪过，斜上冲，双肘往右平摔他腹，撇他左手，他平砍我右腰后，我回势左推他右膊。他左手举杆，右手闪我身左外，砍我左臁骨，我回势往他身右外接他右膊，鞠躬伏势，按低势。

平芜洒毛血，会看黄莺下鞴
剑

他回身往我右身外按我右膊，我左转合覆身，把杆仍夹我右夹肢窝，顺杆砍他右腿。

斑斓据井栏，时见白虎探爪
枪

他砍我右腿，我往他背后进左步，上右步，左手掀举，架起右夹肢，右手推他右手膊，闪躲他砍刷。

盘中取果，俗说手到擒来
剑

他掀杆进躲，推我右手，我左手猛力将他杆推散，颠纵左步，左转身，旋提右步，左手抓紧他左膊，平割他喉。

山下打柴，才把脚跟刷净
<small>枪</small>

他左转推割我喉，我随他一推，根在左手右摆头，使梢一掀，攉起他剑，他从剑下进左步，随右步钻过，左手云顶，接攥右手，后仍使根搂后，扫打他左臁骨后。

（缺一剑势）

鞭打绣球，一冽月支力功效
<small>枪</small>

他牵砍我右腿，我前踢右腿，躲过下砍，反上使梢照手往下斜刷打把，打他左耳腮。

奉先夹戟，等闲谁敢放松
<small>剑</small>

他打我左耳腮，我身右转，落左步旋上右步，右膊将他杆夹住，左手攀攥他杆，随左拧俯身，右手使剑压他杆上，随势进步一送，我起身左手使剑钩勒他左脖项。

孟起夺枪，拉脱定要撕打
<small>枪</small>

他钩勒我左脖项，我随势从他右脖下往外横开左步，低头钻过他身右外，斜俯身，右手将他剑打脱，回摆他左臁骨。他跷右腿，上砍我项右，我复钻过他右身内，仍扎他面。他身右栽，躲我扎面，我纵落左步，还根劈打他项，梢夹右胁使。

长虹缠腰，悬挂三尺之剑
　　　　　　　剑

他跷右腿，还根劈打我头，我左转身跷提右步，云顶劈砍，闭拨我身右，一气抡砍他左腰后。

芳尘布地，扫除千佛之堂
　　　　　枪梢在右手

他云砍我左腰，我伏身右栽，横落左步，从他剑下钻过他右身外，使梢扫打他左臁骨。

白练悬空，瑞彩本自下面起
　　　　　　　剑

他扫打我左臁骨，我落右步，提左腿躲过，抡上平摔割他项。

回风舞雪，寒光还从去处来
　　　　　　　枪

他砍我项，我左摆躲过，即从他杆下伏钻过他左身内，使根回扫他右臁骨。

王郎砍地，我能拔尔奇才
　　　　　剑

他回扫打我右臁骨，我落右步，提左腿躲过，下砍他左臁骨。

浪卷浮萍，夜来扬波大海
　　　　　枪

他砍我左臁骨，我滚身进，使梢搠他右脚背。

蜂尾有毒入怀，壮士急去解衣
剑

他左转身使梢扎我右脚背，我拉右足躲过，右剑一闭，使剑把捣他右胁。

碑记倒颓卧地，秦王竖来夹肢
枪

他右剑一闭，使把捣我右胁，我左转身，使尖回扎他右胁。

老虎坐窝，应据地而大吼
剑一

他左转扎我右胁，我伏身两步齐纵分踏，他开横杆按地，握坐臀，将我坐倒。

苏秦背剑，顾间左而仰头
剑二

他对臀将我一坐，我进左步，仰身举剑，背扎他脊背。

项王拔山，群豪心中惮气
枪根在左手

他仰身背扎，我右步前踏，左步后踏，一齐分落，大仰身横举起，崩回他剑。

绕朝赠策，骐骥胯上着鞭
剑

他崩打我剑，我前跷右腿，砍他左腿。

玉瓶挂金钩，老君如意在手
枪

他砍我左腿，我跷左腿躲过，使梢钩挂他右手腕。

摇橹泊江岸，渔夫流上更奇
枪根在右手

他顺杆下削我左手，我丢左手躲过，右换合手，使根横上左步刷压他膊内。

昆吾切玉，劈去散苏苏泥
剑

他刷我右膊，我右转身，掀杆过他身左内，右手劈砍他头。他左转身摇刷膊外，我左转身掀杆过他身内，劈砍他头。

存孝拔桩，摇来活泼泼的
枪

他转身劈我头，我闪钻他右身内，竖杆摇推他右膊内。他抽剑过我右身外，摔砍我胯，我竖杆往右一摇，推他右膊外。他伏身顺杆刷撩砍我右，我上右步，推拥他右夹肢，将他拥跑前栽。

单鞭救主，左夹狼牙之棒
剑

他将我推跑，左步踏前，我左转身滑开，即上左腿夹杆，左手攥住他杆，右手照头劈砍。

单枪匹马，右夺青釭之剑
枪转剑

他夹攥我杆砍我头，我丢杆侧身上右步，用左手打拨他右手，往左压他左手，上防他挑攉，左手合抱，往右一扭，捕入他怀内，躲他劈砍，右手抓接，将他剑夺入我右手，一气悬右腿，摔砍他咽喉。

神龙掉尾，隐隐含含不见其头
剑转枪

他夺剑砍我咽喉，我左手举，缩身接手一挑，过他左身外。

玉女捧盘，宛宛转转但与其进
剑

他竖杆一攉，我随势进右步，随左步，横截他杆，拥推他左手。

流星赶月，忽在前而在后
枪

他横剑推截我左手，我退右步，绞手还梢撩他右手，撒手云顶，抡下仍撩打他右手。

觅路拨荆，又且行而且止
剑

他还梢打我右手，我抽右手一闪，摔砍他身外，剁砍他右手项。他丢左手换，还根劈打我右手，我仍闪上砍他右手。他退右步，拉左步，犹现纂初势。

要知蹊径虽别，至理足凭。大道何私，岂容专之一二；深造自得，安能强诸众人。千言万语，个个看我杜撰；单词只义，偏偏省他心脾。有者还无，山尽水穷疑无路；无中生有，柳暗花明又有村。密密重，并非叠床架屋；弯弯曲，俱未水到成渠。酌量酌量，敢曰千金不易；咀嚼咀嚼，庶几十日耐思。使其未遇知音，宁可秘藏石室。

卷之二十五

剑枪法二

双剑敌枪谱

序

汜邑枪法驰名，外来方技多不敢与之比试。以故，短器未习，所谓长在此而短即在此也。古随新象王诸艺兼通，尤精于剑，珍重藏抱二十有余年矣，弗肯轻露。然心念学者，注意求教，遂不吝珠玉，倾囊而出，罄其所有。以剑对枪，以枪对剑，合之编为六十五势。一以见长者莫恃其长，而长者转短；短者莫嫌其短，而短者转长。又以见长者当截其长，而长者用短；短者当补其短，而短者用长。长短交济，乃成全璧。但此等真诀，非祖父上有积德，子孙下有厚福，未易坐获。间或诡随之辈，希图银钱，狎侮正士而滥传匪人，虽得必失，终遭天殃。凡属同志，可不慎欤！可不慎欤！

　　　　　　　　　时乾隆四十五年岁次庚子四月乙亥日剑翁纯诚氏题

双剑对枪目录

提杆法　　持剑诀
　上　　　　下

出马一条枪　双凤展翅翔
倒提战杵上　拔剑斩蛇亡
竹露垂梢低　苏秦背剑铓
板铁钉钉稳　风摆杨柳长
劈头棒打破　金茎承露凉
金刚现篆进　孤树盘根防
泰山压顶重　雌雄交会飏
按下扎胸膈　顺水推舟航
春雷贯耳内　白蛇缠葛秧
海底捞月渡　野马跳涧旁
脑后摘瓜果　鹞子穿林塘
秦王挪碑倒　双手推山抢
井底翻花起　饿虎捕食尝
靠山潜龙隐　锦鸡撒膀创
雷震华峰雁　直符送书章
倒挑战袍去　仙人指路望
朱龙拱地下　夜叉探海洋
颔下探珠子　侧蝶戏梅香
横扫千军队　老翁捕柳黄
渭水钓鳌手　扫尽尘埃障
刘海戏蟾住　风魔扫秦狂
长虹落彩色　走马挟柳杨
泥里摇桩活　昆吾切玉良
鞭打绣球滚　高公观星芒
海螺入匣匿　黄莺刷羽张
廉颇负荆请　敬德夺槊强
玉柱擎天直　金钩挂玉琅

蛇入雀巢卧　拨草寻蛇忙
渔父摇橹动　双峰对峙扬
平扫沙漠净　倒卷珠帘堂
荡胸生云气　猿猴攀枝挡
三娘研磨转　回风舞雪霜
樵夫担柴行

时乾隆四十五年岁次庚子己卯朔庚寅日辰时书于印月轩中爱花主人纯诚氏

提杆法

右手提根,大指食指扣钳,手掌微往上卷,后小指斜领一抽。仰面昂胸。前左手侧将,中指扣住,大指食指放活,枪梢向前脚尖。三路皆可照应。此至当不易之理也,初学尤宜留心。

持剑诀

双手持剑,交抱胸前,右内左外。上砍、下削、中滚,泛而应之,无不曲当也。

出马一条枪
枪

我提枪照他左膊一扎。此是中平枪法。

诗曰：点钢矛，刺许褚。

　　　手中刀，不得举。

双凤展翅翔

剑

他项扎我左膊。我倒吊右步,使右剑搂领开,即上左步,使左剑顺他杆下展摔,平割他左手。

诗曰:凤灵鸟,双展翅。

落梧桐,在咫尺。

倒提战杵上
枪

他顺杆下平割我左手。我退左步，还根撩打他左手脖。

诗曰：降魔杵，颠倒提。

　　　根一撩，风落梨。

拔剑斩蛇亡

剑

他还根撩打我左手脖。我将左剑一提抡扬开，摔切我左边，即进左步拧旋，旋上右步，使右剑剁他右手脖。

诗曰：三尺剑，手内提。

蛇斩断，分东西。

竹露垂梢低
枪

他左剑扬开,摔落左边,右剑剁我右手脖。我退右步,还梢照他右手脖劈打。

诗曰:青竹竿,节儿长。

垂下露,梢带枪。

苏秦背剑铓

剑

他还梢打我右手脖。我随势将右手一跌，竖右剑领勒，靠过我右耳外。合并左剑，即进右步，随左步，顺杆推割他左手。

诗曰：苏学生，转回程。

背双剑，鞠躬行。

板铁钉钉稳
枪

他竖双剑顺杆推割我左手。我仰跌左手,仰举右手,仰身侧势,往左一栽,搠扎他右脚背。

诗曰：生铁板,钉银钉。

插地下,响铮铮。

风摆杨柳长

剑

他侧身左栽,搠扎我右脚背。我悬提右脚躲过,使双剑摔砍他左膊。带起纵势。

诗曰:杨柳絮,春风摇。

摆过去,雪花飘。

劈头棒打破
枪

他纵悬右腿,摔砍我左膊。我转上合手劈打他头。

诗曰:金箍棒,花果来。

　　　　头打破,顶轰雷。

金茎承露凉
剑

他转上劈打我头。我右栽身,将头往右一低闪,摇身钻过他左身外,举双剑棚顶他左膊根。

诗曰:霄汉露,滴铜盘。

　　承仙掌,金茎寒。

金刚现纂进
枪

他举双剑棚顶我左膊根。我退左步,还根撩打他两手脖。

诗曰:金刚纂,快如风。

挑恶鬼,半虚空。

孤树盘根防

剑

他扬开左膊,还根撩打我两手脖。我闪下落他左面,蹲踞小势,双剑平交,杀砍他右脚脖。要旁落,不可正对。

诗曰:孤松树,身磊落。

　　　磨盘根,交杂错。

泰山压顶重
枪

他闪下十字交砍我右脚脖。我踢右脚躲过，即还梢劈打他头。

诗曰：泰山重，压累卵。

巨无霸，郅君短。

雌雄交会赐

剑

他抬右腿，还梢劈打我头。我进右步，随左步，捕身俯势，举剑交叉，右在上，左在下，十字顶架，一气顶割他左手。

诗曰：雌雄鞭，会上方。

闻太师，意气昂。

按下扎胸膈
枪

他双剑交架,推割我左手。我退落右步,顺势抽落,仰手一按,对扎他胸。

诗曰:按下枪,扎胸膛。

矛丈八,如探囊。

顺水推舟航

剑

他按下对扎我胸。我上右步,右剑将他杆往右一拨,即顺杆竖右剑,推左剑,左剑平,在杆下平推,割他左手。

诗曰:推舟楫,顺水龙。

啼不住,过万重。

春雷贯耳内
枪

他顺杆下平推我左手。我谢右步,拉左步,抽杆一摆,勒打他右耳腮。

诗曰:春雷疾,不及掩。

提其耳,只一贯。

白蛇缠葛秧

剑

他抽杆横摆,勒打我右耳。我左剑一棚,拨我身左,上右步,从他杆下钻过他左身外,缠杆推割他左手。

诗曰:葛罩兮,白蛇缠。

慢一着,有牵连。

海底捞月渡

枪

他举剑棚缠过我左身外，推割我左手。我闪下伏捕，剪打他双臁骨。

诗曰：水中月，沿边捞。

扫海底，桂树倒。

野马跳涧旁

剑

他闪下摆打我双臁骨。我双脚齐纵闪过,分摔双剑,左剑摔砍他枪梢,右剑摔砍他左手脖。双脚齐落。

诗曰:千里马,跳檀溪。

断桥上,玉龙飞。

脑后摘瓜果
枪

他分摔纵砍,将我杆隔他身后。我闪上起身,摆打他脑后。

诗曰:东岭上,大西瓜。

　　脑后摘,是行家。

鹞子穿林塘

剑

他闪上摆打我脑后。我从他杆下俯头左摇身,钻过他左身外,双剑砍他左膊。

诗曰:饥鹞子,翻身扬。

穿山鸟,过林塘。

秦王搠碑倒
枪

他钻过我左身外,使双剑砍我左膊。我背身右转,使根勾打他右脚后跟。

诗曰:小秦王,斜跨马。

倒搠碑,头拾下。

双手推山抢

剑一

他背身使根勾打我右脚脖。我抢进左步,过他背后杆外,悬起右步躲过,即左栽身,两剑交拭他右手脖。他退右步,还梢劈打我头,躲开他右手。

诗曰:量天尺,佛燃灯。

金蛟剪,赵公明。

双手推山抢

剑二

他退右步,还梢打我头。我落上右步,随进左步,使剑一拨,隔他杆过我身右外,即一气横压他杆,剑梢向我身右,推割他咽喉。

诗曰:山山山,推一边。

赶东海,不用鞭。

井底翻花起
枪

他横剑顺杆推割我咽喉。我进右步，使梢挑隔他推割。即一气上左步，挑根勾捯，将他两手脖压砸下。

诗曰：井底水，花上翻。

轳轳把，绞耳边。

饿虎捕食尝

剑

他上我背后,使根挂压我两手脖。我右斜身,摇曳伏捕,从他根下钻过他身左,使双剑勒割他双臁骨。

诗曰:视眈眈,欲逐逐。

饥捕食,身下伏。

靠山潜龙隐

枪

他右伏捕，使双剑勒割我臁骨。我右拧身，微退右步，侧身左靠，仰面，昂左胸，使梢靠他双剑，闭他勒割。

诗曰：龙潜水，紧靠山。

藏牙爪，不敢攀。

锦鸡撒膀创

剑

他提杆靠住,闭我双剑不得出,亦不得起。我将左步猛一抢上,右步猛一洒蹬,双剑往我右一摔砍,俯身猛栽,左膀尖靠打他左膊左胯,双剑摔刷他杆带他左腿。

诗曰:锦鸡舞,翠羽帘。

撒翅膀,肩骨尖。

雷震华峰雁

枪

他栽身使肩尖栽打我左膊左胯。我勒梢勾挡双剑摔砍,一气退左步,举右手还根劈打他头,梢回夹右夹肢窝。

诗曰:迅雷动,华峰轰。

落雁震,晓猿惊。

直符送书章

剑

他退左步,还根劈打我头。我将双剑十字一交攉,一气上右步,伏身捕进,双剑把合并,捣顶他心窝。

诗曰:奇门遁,九直符。

送书去,烟波徒。

倒挑战袍去
枪

他捕进使剑把捣我心窝。我退右步,扬开右手,使左手还梢挑擓他两手。

诗曰:关圣帝,出许昌。

挑战袍,偃月扬。

仙人指路望

剑

他退右步,还梢挑我双手。我俯身使栽势,伸硬两膊,双剑交叉十字,将他杆按下,一气顺杆进拭他左手。

诗曰:尘世人,半糊涂。

仙手指,悟迷途。

朱龙拱地下
枪

他双剑交叉顺杆按拭我左手。我退左步,蹲踞小势,缩左手,送右手,犁砸他右脚面。杆要前低后高,方与下文探势把伏相合。

诗曰:雀地龙,直按下。

藏头儿,露尾巴。

夜叉探海洋

剑

他落下送砸我右脚面。我将右脚一洒蹬躲开，左步一抢栽，上过他杆内，捕身猛栽，使双剑顺杆交拭他左手。

诗曰：夜叉鬼，低头看。

探海水，玉虬蟠。

颔下探珠子
枪

他栽身顺杆双剑交拭我左手。我曳身坐落右斜小势,勾缩左半边之手,送跷右手,执杆仍在他剑下,等扎他咽喉,令其自中。

诗曰:真珠子,藏颔下。

硬住手,不要怕。

侧蝶戏梅香

剑

他曳身坐势，攀杆斜飘，等扎我咽喉。我侧身抢上右步，躲他等扎，上到他左身外，双剑侧入，顺杆拭他左手。

诗曰：花蝴蝶，闻香栖。

侧翅戏，梅枝低。

横扫千军队

枪

他抢上右步,使外进法,侧身顺杆交拭我左手。我退左步,回梢还根,漫头横抡在他右身外,横打他十字交处。

诗曰:千军队,一气扫。

抹眉横,抱头逃。

老翁捕柳黄

剑

他旋根横打我十字交处。我双剑合举，勒领他杆过我右耳外，即一小纵，左栽摇身，从他杆下钻过他身右，伏捕勒割他右臁骨。

诗曰：河畔柳，叶儿黄。

老翁捕，任徜徉。

渭水钓鳌手
枪

他钻过我身右,伏捕勒割我右臁骨。我拔退右步,还梢照他手下猛力一擢。

诗曰:姜公手,渭水流。

钓河鲤,占鳌头。

扫尽尘埃障
剑

他还梢照我手下猛力一擂。我抬手举剑，领隔他杆闭我左耳外，即右摇身一小纵，从他杆下钻过他身左，伏捕勒割他左臁骨。

诗曰：风波内，尘埃横。

扫脚底，六根净。

刘海戏蟾住

枪

他右栽摇身，从我杆下钻过我身左，勒割我左臁骨。我将左脚一提躲过，使梢一剪，将他双剑剪过我左后。

诗曰：白玉蟾，足下潜。

刘海戏，胶漆拈。

风魔扫秦狂

剑

他悬腿落梢,将我双剑剪开,闭我下砍。我随势举剑,推割他左膊项。剑梢向我身左。

诗曰:真和尚,假风魔。

　　　扫秦桧,加切磋。

长虹落彩色
枪

他推割我左膊项。我退左步,还根劈打他两手,梢回夹左夹肢窝。

诗曰:高处起,低处砸。

　　　落长虹,难擎架。

走马挟柳杨

剑

他退左步,还根劈打我两手。我上右步,进他身内,使右剑摔入他杆外,右膊夹住,即左转身,使左剑砍他左脖项。

诗曰:路旁柳,使手夹。

寻着根,把它拔。

泥里摇桩活
枪

他右膊夹住我杆根，左滚身，使左剑背砍我咽喉。我退右步，随左步，上他背后，竖杆推他左膊，别他右膊。

诗曰：桩橛子，入土牢。

活动动，手抽高。

昆吾切玉良

剑

他上我背后,推我左膊,别我右膊。我随势俯身前栽,洒蹬右脚,往后猛伸,伸棚左剑,防他上打,摔砍右剑,砍他右腿。

诗曰:昆吾剑,利无对。

并州剪,哀梨碎。

鞭打绣球滚

枪

他洒蹬右脚,使右剑摔砍我右腿。我拨退右步躲开,使根搂过下砍,还梢劈打他头。

诗曰:彩绣球,光且圆。

鞭子打,飞还旋。

高公观星芒

剑

他退右步,还梢劈打我头。我仰身拉左步,举双剑仰交十字,顶架他杆。

诗曰:老鹳子,观星来。

仰面看,头高抬。

海螺入匣匿

枪一

他仰身交架我杆，使我打不下。我还根照他裆挑擢，在他背后使。

诗曰：大海螺，浮水波。

　　　入匣内，可奈何。

海螺入匣匿

枪二

他倒上左步，仰面大曳身，白虎靠山势，将我杆靠回，使我挑不起。双剑背扎，我退身照他双剑十字交处顶按。

诗曰：白额虎，靠山眠。

盖顶打，削右边。

黄莺刷羽张

剑

他退顶避我仰靠背扎。我俯身前栽,双剑背后上飘,砍他两膊。交剑十字砍法。

诗曰:黄莺鸟,健翻长。

仰而俯,羽高张。

廉颇负荆请
枪

他栽身背砍我膊。我进他背后，随势落梢横担，收手擎刷，顺膊按下，钩挂剑把，使他飘砍不起。

诗曰：蔺相如，度量宏。

廉颇背，横负荆。

敬德夺槊强

剑

他进贴我背后横刷，攀我两剑把，使我不得飘起。我使左剑反挂，入他杆外夹住，即右转身，与他对面使右剑横推，割他咽喉。

诗曰：使槊易，夺槊难。

吓元吉，毛发寒。

玉柱擎天直
枪

他右转身,使左膊夹杆,右剑横割我咽喉。我竖杆顶推,擎他左膊,闭他右剑,割我不着。

诗曰:白玉柱,能擎天。

朝北斗,七星悬。

金钩挂玉琅
剑

他竖杆顶推。我右转，侧身拉步，右曳身，使左剑插入他左手内，拗勒他左手。

诗曰：百年身，半曲肱。

取金钩，挂玉瓶。

蛇入雀巢卧
枪

他使左剑拗勒我左手,架托我杆。我退左步,丢左手,单送右手,顶扎他左夹肢窝。

诗曰:白花蛇,入鸟巢。

毛儿子,怕它咬。

拨草寻蛇忙
剑

他单送右手，扎我左夹肢窝。我上右步，左大指着力，夹住他杆，右剑顺他杆外，摔割他右手。

诗曰：蛇没足，行正速。

　　　　拿住头，刽其腹。

渔父摇橹动

枪

他使右剑,顺我杆外,摔割我右手。我随势将右手一抽,退躲开,即旋上左步,按攥左手,伏捕抽拉,打他脚背。

诗曰:老渔父,水面漂。

夹住舵,急回梢。

双峰对峙扬

剑

他拉打我脚背。我进右步,随左步,贴他左膊外,缩坐蹲踞小势,使双剑把向下,直竖挡住。

诗曰:玉门关,古渡头。

两峰下,横一舟。

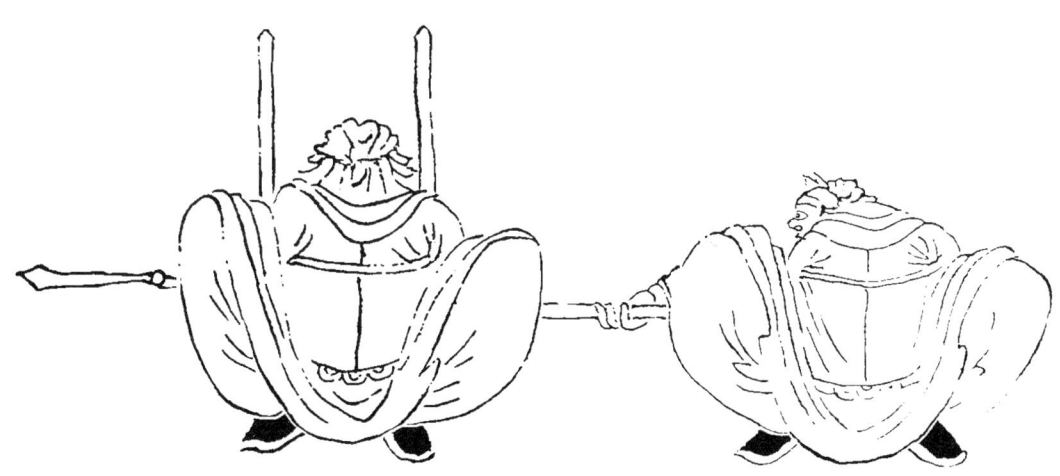

平扫沙漠净
枪

他蹲踞竖剑,挡我下打。我转仰手过上,摆打他鼻梁。

诗曰:沙漠地,露高岗。

平扫尽,一抹光。

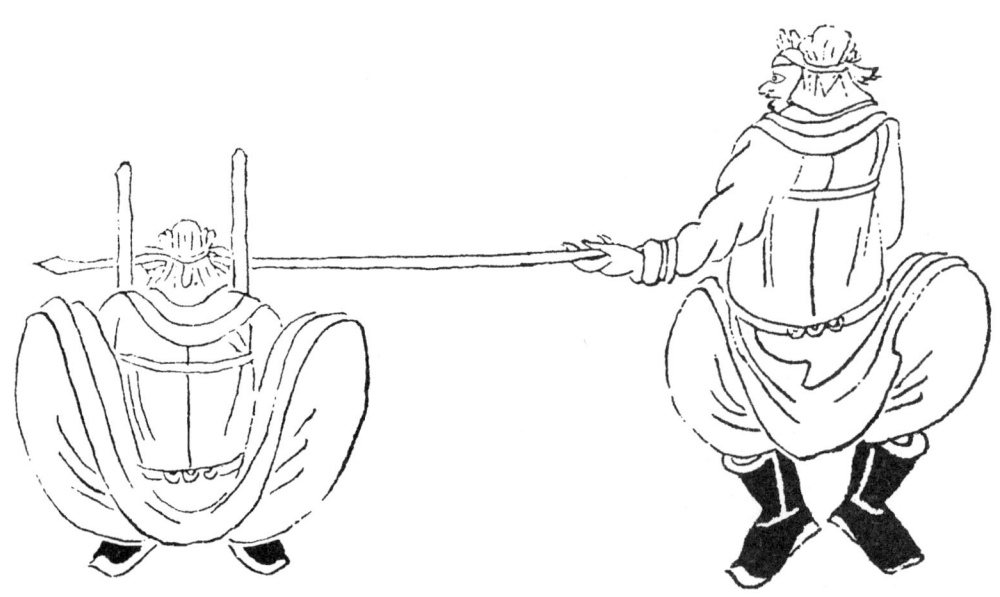

倒卷珠帘堂

剑

他返上摆打我鼻梁。我随势长身,使双剑把一搴,搴过我背后,仰身举膊使。

诗曰:卷珠帘,华堂前。

开眼界,剑高悬。

荡胸生云气
枪

他把身仰拿,将我杆拿过他背后。我退左步,还根横打他胸。

诗曰:磊落胸,生云峰。

　　　开荡平,吐芙蓉。

猿猴攀枝挡

剑

他还根横打我胸。我弓背耸肩，吸身凹腹，往后一颠步，落膊将他杆夹压住，一气分摔双剑，右剑砍他左腿。

诗曰：小猿猴，攀枝柔。

身儿伏，手儿游。

三娘研磨转

枪

他伏夹我杆，摔砍我左腿。我丢左手，右手攥杆，从我头上旋转推过我面前，上右步，如推磨之状，将他双膊推别，砍我不着。

诗曰：李三娘，在磨房。

推杠子，走一场。

回风舞雪霜

剑

他推别我双膊,下砍不着。我举膊转仰手,右摆身,使双剑往右横摆,割他咽喉。

诗曰:邠铁剑,随风扬。

比霜雪,更觉凉。

樵夫担柴行

枪

他双剑横摆,割我咽喉。我使梢按攥,右手随他摆势一擂,挑隔我左身外。

诗曰:樵夫担,一捆柴。

左肩膀,挑起来。

国家出版基金项目

苌家拳全集 下

（清）苌乃周 著

陈万里 陈万卿 陈万刚 整理

中州古籍出版社
海燕出版社
·郑州·

卷之二十六

按：苌氏反复强调要枪中有棒，棒中有枪，枪棒互用。其枪法理论亦适用于棒法，故此次整理将棒法列枪法后。苌氏棒法讲究以气运身，以身使棒，身棒合一。三尖照到，老少随合。刚柔相济，阴阳相生。内气外形，贯通合一。闪展腾挪，长短互用。体用兼全，形神兼备。主张棒中有枪。其技法有劈、砸、推、崩、搠、领、勒、擢、挑、抡、摆、攀、压、勾、顶、竖、靠、撺、扎、圈、搅、摔、杀、拉、犁、伸、展、缩、挶、捣、云、扫、切及倒打、斜打、横打、推打、梢打、根打等，巧妙多变，奇特异常，形态毕具，贴切实用。其步法有上步、退步、抢步、挤步、谢步、践步、悬提、拧旋等，轻灵活泼，稳固刁钻。其身法忽大忽小、忽高忽低、忽仰忽俯、忽侧忽正。或滚身而进，或曳身而躲，或趟身而捕，或钻闪拧滑。自始至终，一气贯穿，浑然天成。有《二十四势猿猴棒谱》《齐天大圣棒谱》《猿猴对棒谱》等。

棒法一

行者棒谱

白猿五行镇昆仑　凤点头劈面一棒。
开锁锁开发混沌　杀下撩手一棒。
心花万朵连一气　反上劈心一棒。
结成一果含天真　反外打手一棒，落下滚手扎脚一棒。
神棒冲天见朝阳　自脚撩手冲天起，劈捧下打。
魑魅魍魉皆闪藏　倒棒下打臁骨，撩起，上斜打右耳，他遮，我左手攀棍，右手推高，横打其颈。
神化不测通八极　他压，我推左手劈头刷打，头转身上，上左腿再劈头一棒。
高低左右放光芒　推右手使棒打其右胫，再推左手打其左胫。
快如风兮圆如月　劈山一棒往右打，再践一步，右腿朝后照脚捣一棒，往后就地扫一棒。
神化不测世无双　再云顶打一转身棒，将棒斜担右肩上。
内有七十二变化　枪来，使转身孤树盘根势挡住，还梢挑裆一棒。
高低俯仰总一家　换根上右步，打一直行棒。

二十四势猿猴棒谱

序

余得此棒,以为奇遇,何奇乎尔?乾隆二十一年九月九日,余与友人禹子鸿起饮酒赏菊,家童来禀,门外有义人求见。出问其所之,义人曰:"天下访道。"请入室,以酒敬之,问其姓名,言姓梁名道,四川人也。谈文,无所不通;论武,精于枪捶。次晨,庭前演武,果为奇手。又将棒一舞,其中之三尖照到,老少随合,刚柔相济,阴阳相生,忽大忽小,忽长忽短,内气外形,贯通合一,宛转妙用,皆中法律。余一观之,快然悦于心,契于志。不禁喟然叹曰:"此有道之棒也,愿学之!"复以谱志之。留义人十余日。义人辞,苦留,义人三辞。无奈,赠路资而去。

二十四势猿猴棒名

展手中平	猿猴开锁	泰山压顶	劈头棒打
一木能支	进步中平	苏秦背剑	吕布夹戟
打草惊蛇	降手中平	金梁横架	樵夫担柴
侧身棒打	关公托刀	神鲸翻海	五丁开山
双花对舞	四面舞法	云顶惊起	扫堂奋飞
青龙绕室	乌云罩顶	金棒闪耀	猿猴养性

二十四势猿猴棒歌

展手中平棒	猿猴开锁能	泰山压顶盖	劈头舞风声
一木能支起	进步硬中平	苏秦背宝剑	吕布夹戟行
打草惊蛇起	降手进中平	金梁横高架	樵夫担柴棚
侧身使棒打	关公托刀雄	神鲸翻大海	开山说五丁
双花对对舞	四面不透风	云顶惊起落	扫堂任飞腾
青龙来绕室	乌云罩满空	金棒明光闪	养性在洞中

托枪程式

此势不在二十四势之中，乃托枪法也。枪棒同用，故舞棒者，必以托枪为首，侧身直立，阴阳各归本位，上至百会，下至涌泉，气擎周身，通体灵活，聚精会神。两手托枪于心下脐上之正中，前肘微虚，后肘承圆，前手侧拿，后手拿圆。两足微开，上与肩停。动则降、崩、扎、打、劈、撩、勾、挂，无不得心而应手。前人所遗真妙诀也。

直身侧势气归本位之图

展手中平棒

接势过气。此前入平扎法。随上势，进左步，随右步。两膝分摆，八字站步。身居两腿当中。双肩俱脱，前手食指领气滚扎。肘心微虚，肘尖下沉，后手圈扎后乳下。头项顺，百会领气，上束两胁，下束谷道，中气团团凝结，以待变化。三尖照到，通体一气，务以灵活为妙。

直落中平之图

猿猴开锁能

接势过气。此向前取手拧扎法。随上势,往前一上右步,随进左步,左手转阳,右手往头上一举亦转阳,推取他前手,连扎小腹。身居两腿当中,杆对鼻梁。三尖照到,通体一气,内外合一,静以制动。

进步下扎之图

泰山压顶盖

接势过气。此落身根打下压法。随上势,右步往前一寸,往下一压打。右手小指根节领气,势如山崩下塌,通体着力一压。八字站步,两膝分摆。三尖照到,右足大趾二趾领气。摇膀,身气自入。

直落下压之图

劈头舞风声

接势过气。此绞手向前劈打法。随上势，身子一正，右手往左胁下一合，左手往右一劈，打十字势。右足在前，左足在后，丁字步。右足中趾领气，左手大指二指领气。头气落于左额上。三尖照到，上下一线。

正身侧落劈打之图

一木能支起

接势过气。此进步使根撩打法。随上势，往前一寸步，右手从左胁下直身撩起，右手仰拿，手掌外楞顶托，内楞催裹扶之，左手搬落肩下。中指领气，右足亦中趾领气。左足与右足微并。通体气往上升，百会穴领气。三尖照到，上下一串。

直身侧撩之图

进步硬中平

接势过气。此上步硬闯扎之法。随上势,往前一上左步,左手自下往前擂扎,落中平势。左手二指领气,左足大趾和右足大趾相对领气。八字站步,两膝分摆,身居两腿当中。上至百会,下至涌泉,不歪不斜,三尖照到,气落丹田。此势之动,猛如虎,活如龙,疾如猿。

中平硬扎之图

苏秦背宝剑

接势过气。此偎身伏势背后暗扎法。随上势,回身左手往前打一斜形棒,左手把棒梢往后一收护腿。右手仰拿棒根,往前打一反折棒。左步一上,右手将棒根收贴右胁下。左手往前一出,勒一十字势。右手拿定棒根,又往前一劈,收回背后。往上猛一掀,使杆从左肩上出,左手接住,伏身向前送扎。自接势至落点共六棒,俱要步法活动,随势落点。右膝屈顶,左足点踏。头领诸阳分之气尽归于上之前,却用阴气扶起,使无偏重。三尖照到,一气卷舒。

十字扎打阴阳扶入之图

吕布夹戟行

接势过气。此倒扎枪法。随上势，左手接住，右手转过前面，搬住杆梢，与左手合力摔劈。随上右步，复退左步，偷右步，右手一还，转作后手，左手往前一绞压，随住一扎，绽开左步，扎膝盖。左手二指领气，右手大指二指相对领气，右足跟领气，左足小趾领气。头回顾与左手照，左手与右足照。

偷步倒扎之图

打草惊蛇起

接势过气。此后往前打法。随上势,进右步,转身,左手自上转前劈打,右手落于右乳下。左手二指领气。雁行步。三尖照到。身居两腿当中,气落丹田。沉肘砸肩,气贯指尖。

扭镖转打之图

降手进中平

接势过气。此降手打扎法。随上势，往前一起纵，左手往前一降一扎，右手仍落右乳下。左手右脚在前，右手左脚在后。雁行步。顶气上冲，心气催肾。三尖照到，一气发落。

纵身劈扎之图

金梁横高架

接势过气。此棚架之法。随上势，往后打一圈，两手托杆平架。身缩顶隘，头照左足，右足平搁，左足颠踏。前伏身，掀下颏，气落脑后风府间。

正身棚架之图

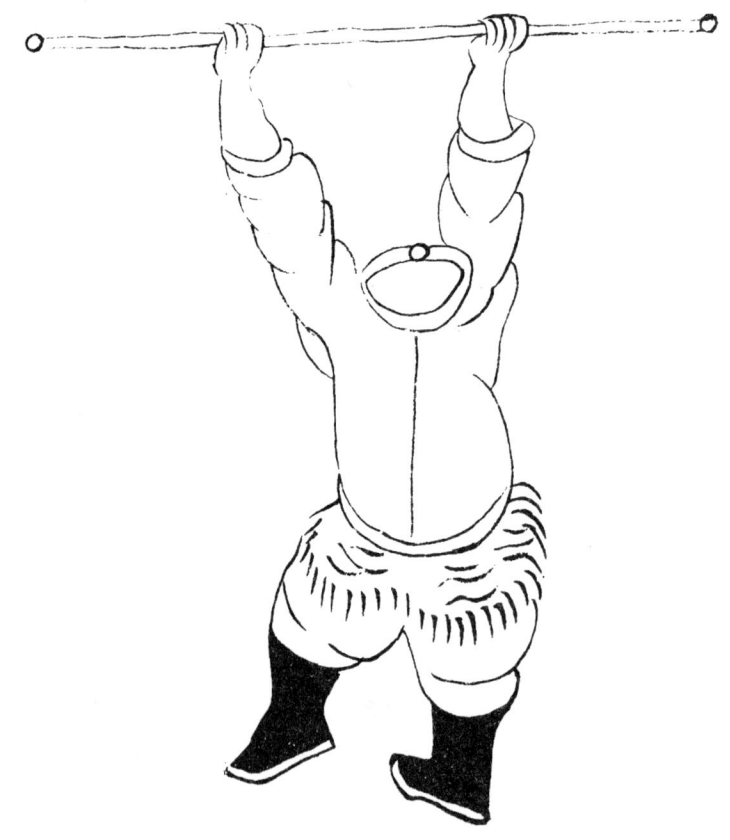

樵夫担柴棚

接势过气。此进身提撩法。随上势，右回身，根随右足往前一提，复上左步，左手往前一撩，再进右足，右手提棒往上猛一攒，提手起。身微缩，棒落右肩上，左手阴搬右肩前。右手大指二指领气，右足大趾领气。雁行步。三尖照到，束胁合气。

正身担挑之图

侧身使棒打

接势过气。此搓筋劈闪打法。随上势，上左步，跟右步，右手勒搬，左手摔打。食指一按，大指一入。肘一硬，肩一脱，右手落于后乳下。棒落身提，身微斜，气冲百会。左胁一合，右胁一开，气自过于前手。

侧势劈闪之图

关公托刀雄

接势过气。此仰手直切法。随上势，携步一进，双手托刀直入他人之腹。左手仰拿在前，右手仰提高举。左手后掌领气，右手虎口领气。八字站步。仰手挪步摇身，而气自入矣。

仰身直切之图

神鲸翻大海

接势过气。此上下前后左右劈打法。随上势,合手扎膝,左手往右腋间一合,上右步,用右手栽根直搠足面。复翻身大劈,带擂挑势,落点进左步,左手勒于本乳下,右侧合手打一切棒。复上右步,右手勒于本乳下,左侧合手打一切棒。三尖照到,一气滚捕。

侧身斜歪劈打之图

开山说五丁

接势过气。此上下斜横劈打法。随上势，进右步，正侧身，左手往右腋间一合，右手栽根跨打臁骨。随用侭步，右手一起，摆打二目，用左手抓根猛力横勒，贴于左乳。右手回屈，膀气旋入，打一横劲，趁势往右胯边一搬。左手推按，食指领气，携步打一斜行势。即抢上左步，用流星赶月势，劈打一单鞭。处处三尖照到，一气旋转。

横竖劈打之图

双花对对舞

接势过气。此一气化三清打法。随上势，回身颠步，左手打一绞手棒。即上左步，左手往后顺身一掠。右手撩起，随势往后勒搬。左手合住，食指领气劈下。复回身颠步，右手打一绞手棒。即上右步，右手往后顺身一掠，左手撩起，随势往后勒搬。右手合住，食指领气劈下。

前双舞花之图

四面不透风

接势过气。此左右双舞花与前无异。随上势,势旋转而不停,气亦随之而不息。阴阳入扶,只随势而布。观其形似错乱靡定,然其中之三尖照到,随处各有规定,乱而不乱也。

后双舞花之图

云顶惊起落

接势过气。此上打一圈之法。随上势,往后退谢步,起打一圈,落打一圈。左手在前,足随手转三步,阴阳之气亦随而入扶。内外之三尖照到,老少随合,气之虚实,自布旋匀停。确有一定不乱之章,妙在内外合一尔。

起上圈打之图

扫堂任飞腾

接势过气。此下打一圈之法。随上势,往前旋上步,下打一圈,起打一圈。左手在前,足随手转三步,将杆落于脑后,横担一架梁势。至于阴阳入扶,三尖照到,老少随合,气之虚实与上同工。

落下扫打之图

青龙来绕室

接势过气。此回身敌人之法。随上势，用右手将根一搬，收入怀中，勒隔他人之枪，杆梢劈头打下。用左手仰接于右手之前，再右手擢起，左手勒助。头面一转，膀气一入，迎敌他人之枪，一气直前。左手回搁右肩绰杆，右手领杆直扎。内含无穷之精神，变化无方。右足前。雁行步。三尖照到，上下一线。

折身回打之图

乌云罩满空

接势过气。此劈空盖打之法。随上势，上左步，右手一勒，左手一劈。上右步，左手一勒，右手一劈。势随而转，气随而结。俱雁行步。三尖照到。

自上盖打之图

金棒明光闪

接势过气。此偷步进身降手之法。随上势，回左步，随偷右步一降。再一寸左步，随右步一扎。并足长身，身气直入。三尖照到，一气呵成。

回身降扎之图

养性在洞中

接势过气。此束气回宫之法。随上势,左足往前一动带回身势。右足颠踏,用左手打一绞手棒。随上左步,左手往后一抢劈下,趁势往右腋下一送,右手将杆别于身后。左手落在胸前。身法直,小势缩立。左足颠右足之前。三尖照到,一气结住。

收束含养之图

卷之二十七

棒法二

齐天大圣棒谱

猿猴养性

牢拴意马，谨锁心猿。

哪有坐性，爱学参禅。气擎手背。

纵起身子，手往下摔三次，然后两手勾贴颏下，落下脚尖点地，蹲踞，瞑目收视。

猿猴出洞，一纵一纵。

气有升降，妙在灵醒。

海岸取宝

心猿取宝,伏身而讨。

海底捞月,两手环抱。气摄两大指小指。

伏身而前,双阴手将棒拿住。

金棒悟空

黄金雷震，两翅生风。

登仙化羽，锡杖凌空。气飞十指尖。

十指将棒拿起，往头上一撂，仰面而看。

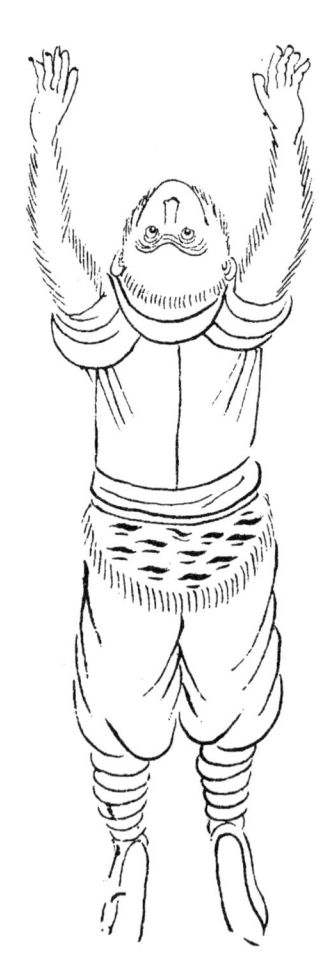

心头坐佛

敬入灵山，蹲身鞠躬。

南无一手，万古留名。气顶十指尖。

右脚立地，左脚仰盘右膝上。合掌使两背膊弯，接住棒。腰一弓，头一点，作礼神之状。

猿猴戏秋

猿猴攀枝，屈身而拘。

一悠一悠，望空而踢。气勾两手脖。

将棒微斜，双阴手勾擎。两足并立，屈身下俯，一悠一悠，如攀枝然。

五行炼性

我佛如来,掌有五行。

能降阴魔,诸法皆空。气聚周身之上。

使泰山压顶势,双手侧拿,将棒横托头上,蹲身小势。

行者探路

西路蚕丛，诸法宜护。

四圣一心，行者探路。气落枕骨而微斜。

左手将棒一抡，背到脊上。左脚站地，右脚卷起。左手展开，右手上仰。眼往上看。

威镇西天

我佛如来,威镇西天。

诸妖潜伏,月出东山。气提左脚尖上。

右手从肩上一抡打腿,转身再一扫。右脚站地,左脚悬起。将棒举高,伏首下看。

昆山切玉

昆山有玉,良工能切。

一琢一磨,无使间歇。气交两手虎口。

双手往后一转,左脚在前,左手在后,十字劈砍。

八方轮回

地有四势,气从八方。

八门轮回,郁馥同芳。气换十指尖。

两手拨转,头上一抢,侧打八面,半云带劈山,使回手捣一杆,好换势。

双龙开山

黄牛开山,佐禹有功。
劈透龙门,万载留名。气分左右。

左右一抡,双劈势。

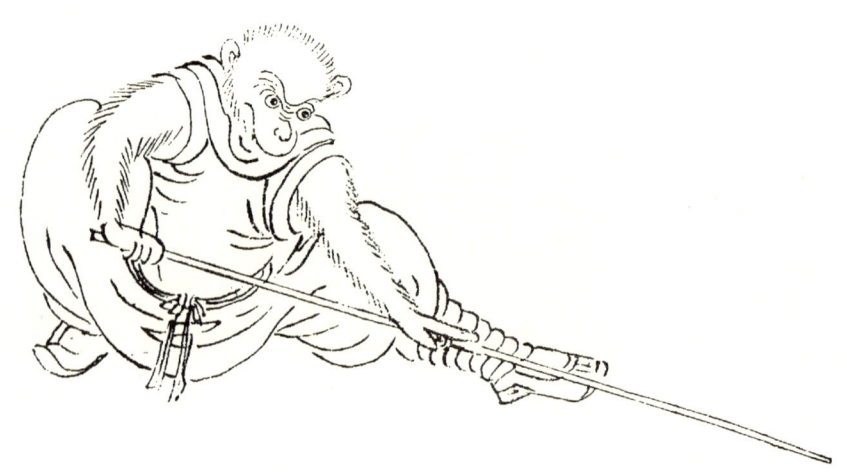

锁炼双镮

阴阳二气,原是一串。

炼了又炼,如环无端。气送后掌心。

落中平势,往前一纵,右手将杆一缩。左手摸两镮间,即单手送扎一杆。

水帘锁门

关住洞门,拿住双镖。

一锁炼住,阒其无人。气挑脚尖上。

往下一挂,即上左脚,悬起右脚,提棒上照我口,下照他裆一搠。

斧劈华山

执开山斧,劈破华山。

分为两峰,一担独担。气劈杆头。

转身一劈,再转身回步一劈,往后落到肩上。

朝发沧海

朝发沧海，暮归沧海。

西边东边，一往一来。气点杆头。

落下转担山势，左手一攀，往东一棒，仍还肩上。右手一攀，往西一棒。

浑身是胆

壮哉子龙，浑身是胆。

枪刀林里，能入能还。两杆头撩打。

担山打西，即撩裆一棒，劈下打一棒，再使双劈山打下，再撩打一棒。

仙人盹睡

太华仙人,盹睡于林。

浑含希夷,白云锁门。气与棒俱相配。

左右扭腿,趺坐地下,先要将棒一抡。

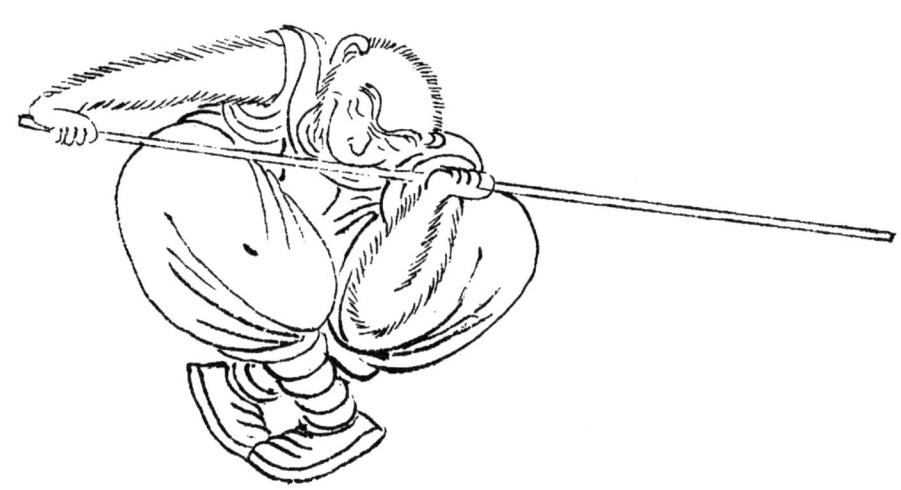

一心向佛

五人同心,一心向佛。

西天路上,何虑有阻。气挑左额角。

闪眼,使棒点打脚面,起来纵一步,将杆斜横额角,作归山势。

花果看花

花果山上,闲中看花。

叶里偷桃,既脆且葩。气来往走。

归山势下劈一棒,绞两绞,上左步,将棒斜倚胯尖,眼往前看,往后暗扎一杆。叶里偷桃是一字两势。

涉尽万水

西天取经，若涉波涛。

既入龙宫，又探海岛。气拄杆头。

将杆头拄地一跃而过。前后两势。

一朵莲花

如来座下，一朵莲花。

祥云护体，团团彩霞。气圈周身上。

双手上下提杆在中旋转，围护身体。然后使双劈山圈枪势，四正四隅，两手拿杆，摇头摆尾，上中下使。

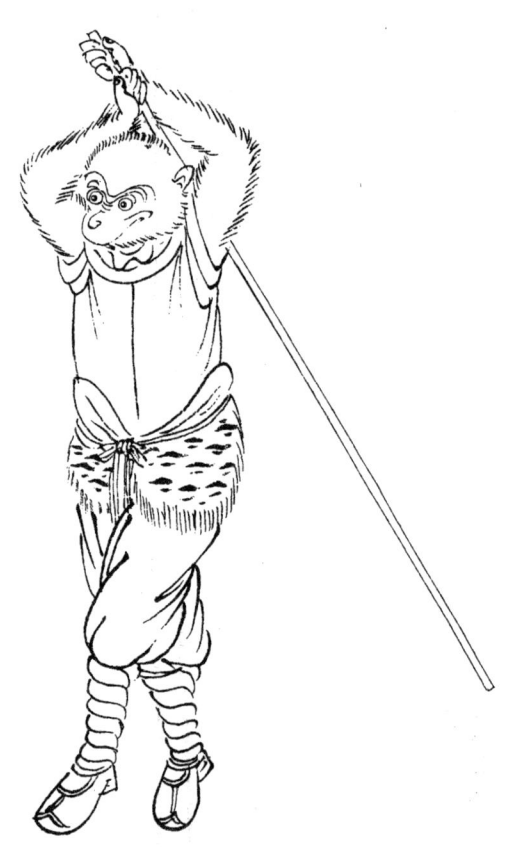

卷之二十七

通天彻地

金箍一棒,彻地通天。

无左无右,无后无前。气伸手中指尖。

将杆一抽,上下竖直,两手皆伸,棒立于裆中。

一道横空

银河耿耿,一道横空。

既归黄流,又入海中。横竖三佾。

两手横托伸直,再转身往上一托,举鼎势照腹一打,照脚一打,往后一抽。

二气蟠结

阴阳两造,二气蟠结。

悟空空悟,者行行者。气会两手心。

身子一转,一阴一阳,两手抱杆胸前。

结颗如意

结成大丹，颗颗如意。

不刚不柔，黄中通理。气贴两乳。

左右布杆，竖于乳间，如抱如意金钩势。

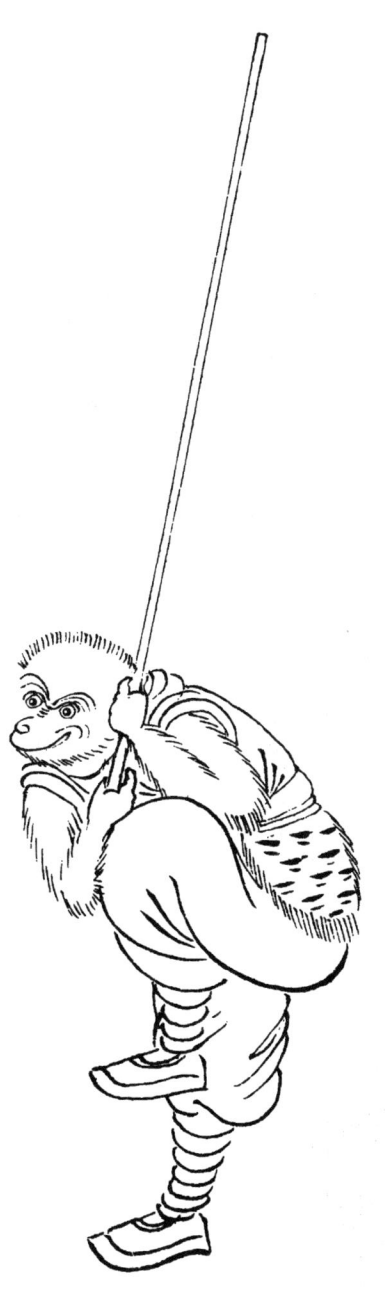

炼成大丹

我有一丸，黑白相和。

八卦炉里，炼成丹药。气砸杆头。

往左肩一棒，转身再打右肩一棒。

一道同风

四海一家，一道同风。

无分厚薄，岂有西东。气擎两脚尖。

将杆贴在膊下，顺步飞走，左右使。

颗颗及地

人参果树，不可轻击。

一见金击，颗颗及地。气栽杆头。

两手拿杆，先打上头，后倒手打脚。

含蓄不尽

老祖点化，三言两言。

含蓄不尽，江山一览。气顶颔下。

手往后一拳，杆对颔下，横身并足而立。

天下太平

穆皇西驾,宴瑶池中。

王母赐玉,天下太平。气擎脚尖。

身往后一坐,丢一叉势,将杆平托脚尖上。

真武按剑

天一生水，北极真武。

两手按剑，万物咸伏。气按杆头。

正身斜按，如抽剑之状，头微往左斜。

神机妙转

神应故妙,转机最疾。

雷音寺下,金刚扫地。气推杆头。

金刚小现纂势,使根一扫,侧身竖起杆子。

棒棒点头

西天路内，撞见六贼。

棒棒点头，纂到如泥。气点杆头。

将杆一扫，使棒打头，自东北，而西南，而东南，而西北，而正西，而正东，六花之势。

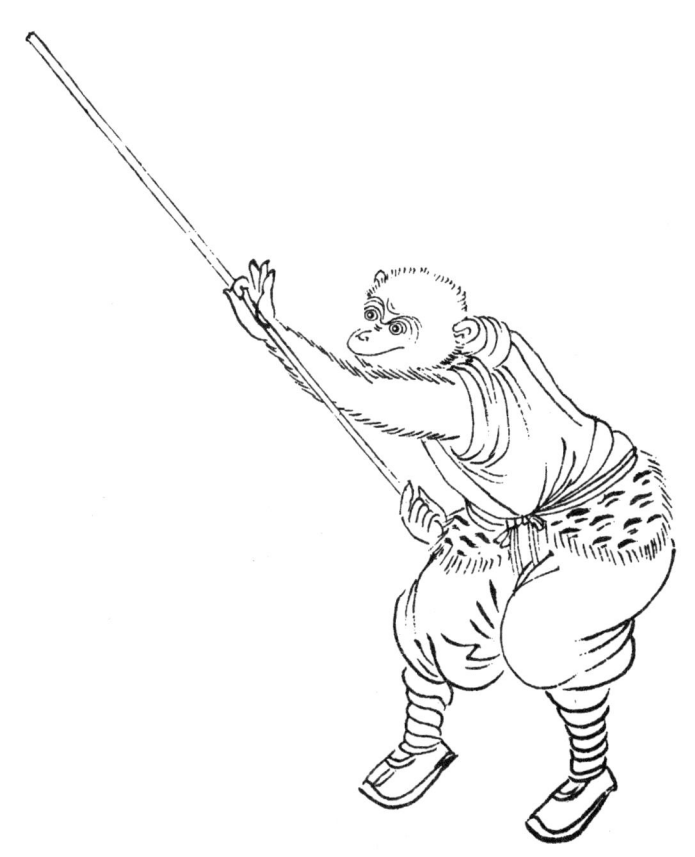

火炮冲天

南有卧龙,善伏地雷。

火机一冲,崩得粉碎。气冲小指。

打棒落点,即绕势将杆往天上直冲,竖起空中方毒,此是四面四势当中一势。

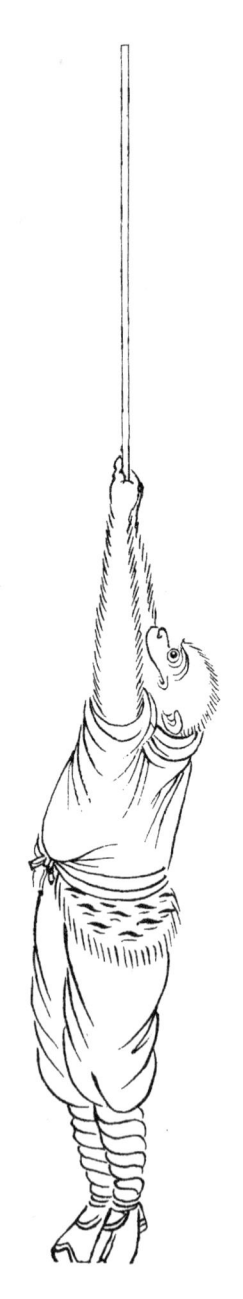

天下无敌

　　天波府下,杨将济济。

　　长枪短剑,素号无敌。气出入杆头。

往前一棒,倒后一跨剑,再往前一打,倒后再一跨剑,一头长一头短,两头使。

建功立业

皇建有极,中天而立。

土圭测影,不偏不倚。_{气点食指尖。}

将杆一拉,竖立当中,食指点住。一脚屈勾,使猴势一手招望。

鸣凤朝阳

丹山彩凤，鸣于朝阳。

四方风动，日化天光。_{气落两额角。}

左右拗步。伸颈、点头、展翅。

朝阳钟鼓

朝阳之阙,有鼓有钟。

左擂右擂,山鸣谷应。气催手背心。

合手打高,仰手打低。

魑鬼东奔

中有魑鬼，怕降魔棍。

金刚一击，流水东奔。气栽杆头。

双手劈山，挽到右肋，再一抢，再双劈山打地，纵一步，将根倒栽，俯头下打脚。

魅鬼西窜

中有魅鬼，怕的撑剑。

钟馗一劈，赶得西窜。气推前掌心。

肋中夹杆，往前头一撩，即上步使扫堂打臁骨。

魍鬼南走

中有魍鬼，怕的长枪。

桓侯一扎，南走不遑。气鼓腹脐。

一路云顶走去，将杆斜背身后。倒头翻睛，回视，作鬼态。

魉鬼北逃

中有魉鬼,怕的持剑。

真武一按,北逃而散。气点头脚。

回身云顶,插入裆中骑住,双脚尖颠地前走,右手勾下,后瞧点头。

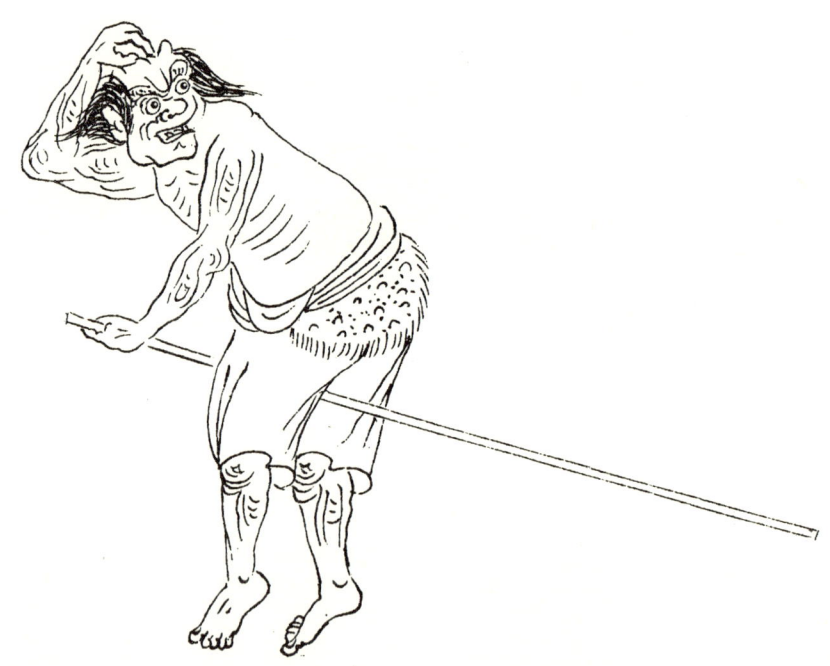

民皆归心

周有大赉,民皆归心。

望风而化,八百并臻。气归中心。

从裆中抽出棒来,望空一打,平落,手与心齐。

闪烁如电

闪烁不定,如电之飞。

石火水泡,何灭得疾。气闪杆身。

转身劈打,再转身再一劈打,滚身大闪势。

藏头露尾

抱头而藏,闪出一尾。

虽曰明露,不识不知。气捣杆头。

俯身,低杆头,插裆中,乌龙摆尾势。

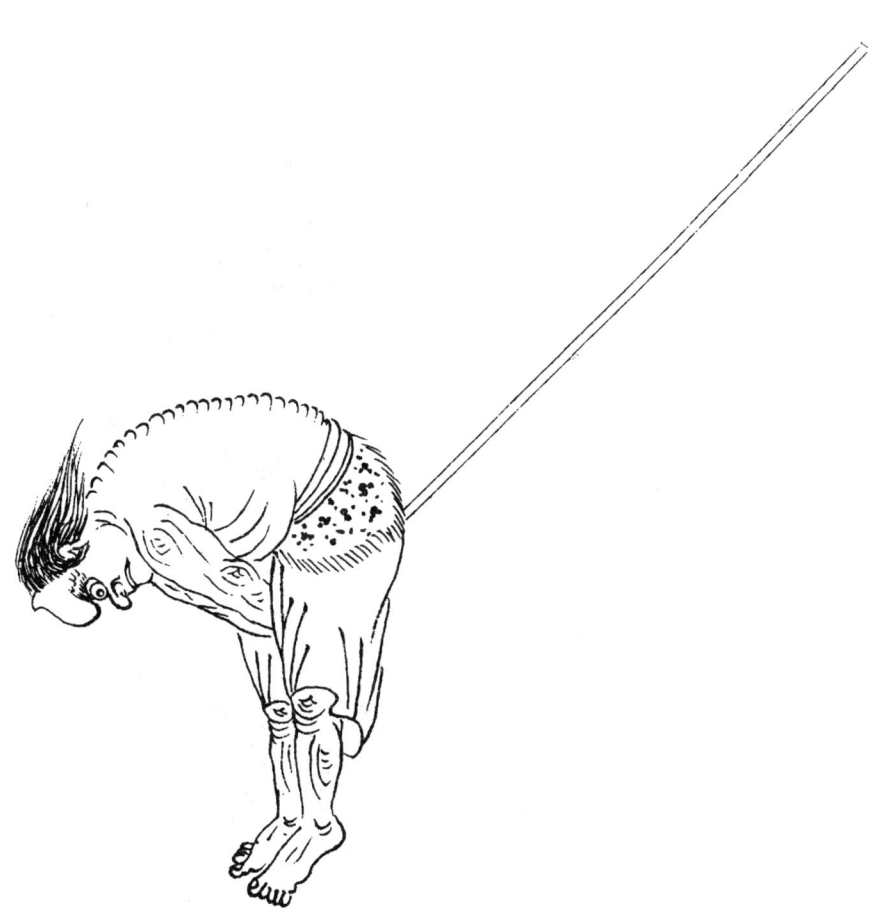

神人大过桥

神人入海,赖有仙桥。

看他大过,丰采飘飘。<small>气跳两脚。</small>

往脑后一棒,转身右手提杆,起右脚,随左脚,一次跳过。

卷舒任化机

白云无心,因风卷舒。

化机自来,人多不知。气摽两腿。

将杆提起,随势卷身子扭合,再舒回来身子扭合,无不顺适。

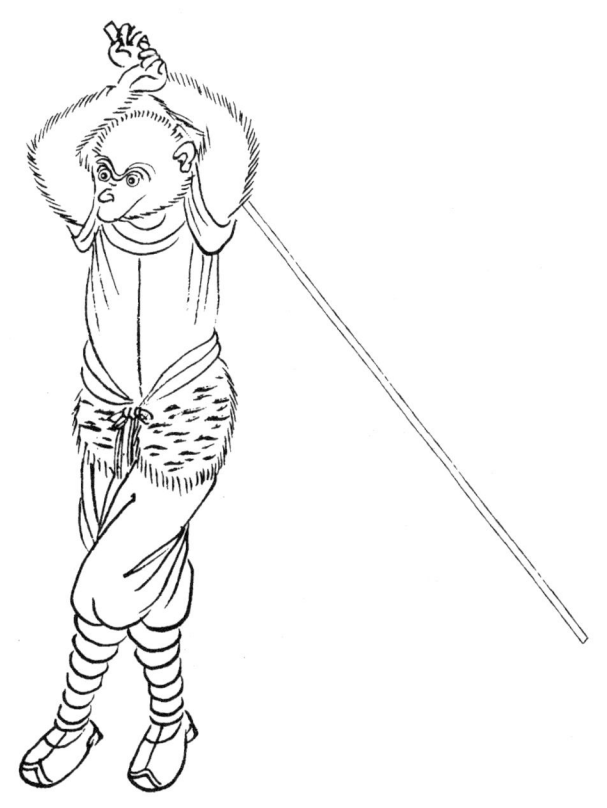

身留意不留

身虽在汉，意在深山。

妙哉子房，黄石之传。气拨杆头。

身往前倘，左步一上，斜托杆子，头往后看，马上使剑势。

测天看化机

古之测天,以齐七政。

燮理阴阳,人和政平。气转两眼睛。

将杆平背身后,左右旋转,仰面观天。

通天河边听水声

河水滔滔,与天相通。

一望无际,侧耳听风。气鬏右手心。

将棒横背背后,用右手持棒一抡,夹于左夹肢窝,落伏身小势。左步前,右手侧搁右耳边。

八方祷雨尽驰名

八方祈雨,到处有名。

甘霖沛降,宏济苍生。气驰杆头。

随上势。转身斜撩一棒,搁右肩膊上。左腿跪下,即起身一扫,将棒背负肩上。苏秦背剑势。

极天彻地无穷道

大道无穷,万化定极。

上峻于天,下蟠乎地。气贯上下。

随上势。面前劈一杆,即使单右手,攥杆转身一抡,大俯势,棒按地下。

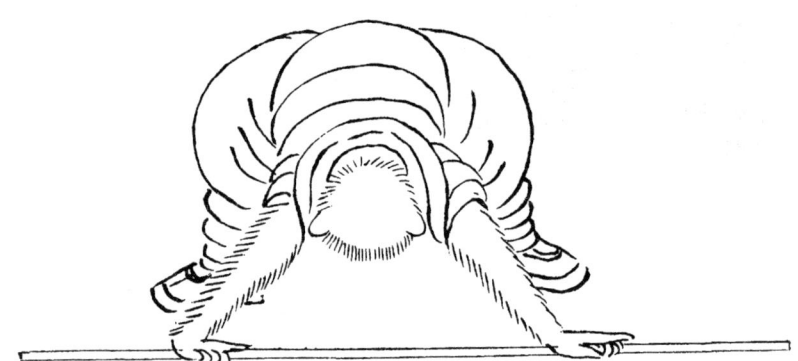

放下身心性命亨

身心性命,关系非轻。

一旦放下,件件亨通。气摄头脚。

随上势。往后平倒睡下,使杆摔打,脚尖跷起朝天,即起坐地。

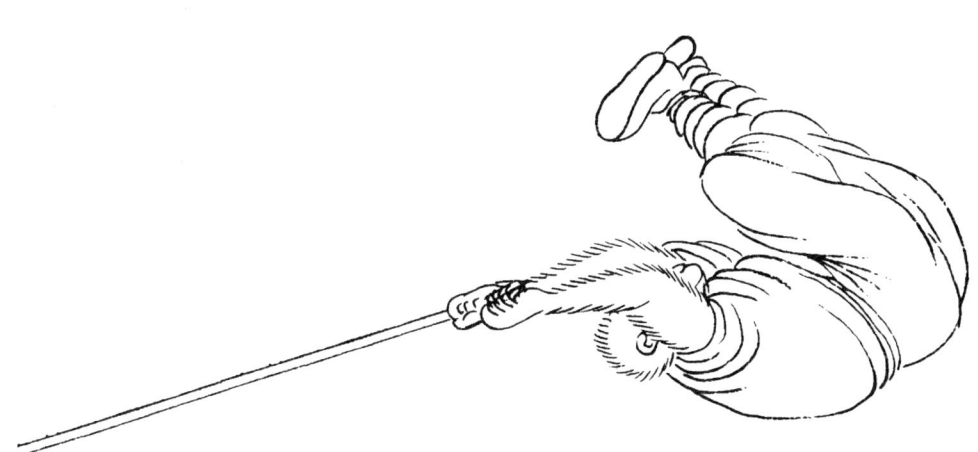

尽在高高灵山中

莫高非山,有仙则灵。

无穷无尽,美在其中。气搅杆头。

随上势。将棒往上直擂扎一下,即搅打一下。再左右搅撩,打高处,八面使。

低头俯入水晶宫

神龙有宫,蟠踞水府。

左旋右转,低头而入。气旋杆头。

随上势。将身蹲踞小势,左右平扫,对头圈棒,挨地上抡旋。

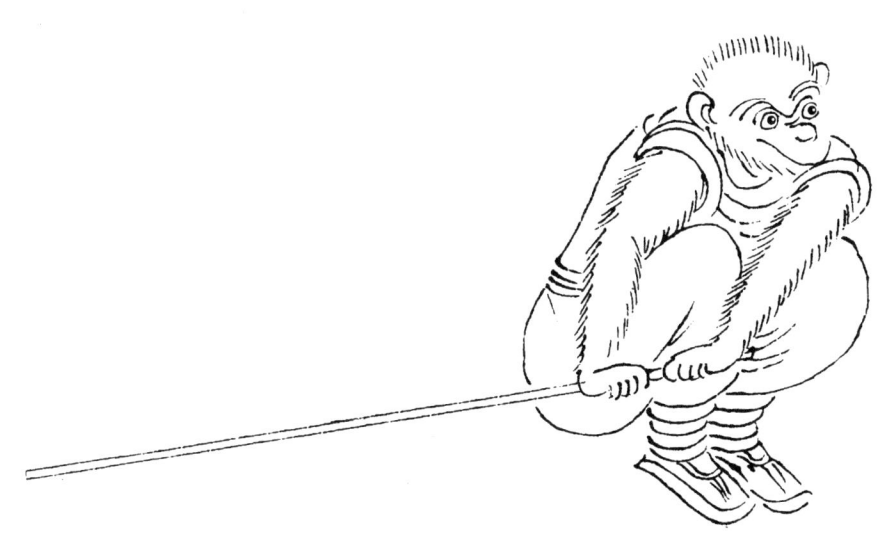

左边吓煞角木虫

角木蛟属,称为鳞虫。

左边吓煞,头上峥嵘。气擎杆头。

随上势。转身劈打他头角,落中平。

右转三匝寻佛子

　　　　子兮子兮，右转三匝。

　　　　骑着白马，要寻佛法。气靠右肋下。

随上势。往右转身，抡旋三圈，杆落胸间。十字势，大破黄巾身法。

快活无如八卦炉

伏羲画卦，老君燃火。

攒簇一处，真真快活。气活周身。

随上势。左右抡转扭摽，动字腿坐地下。右手拿杆头，恬然自得。

光风霁月饮玉酒

玉酒清香,式饮庶几。

南山献寿,风光月霁。气夹肘后。

随上势。左右摆打,趁起落献杯势,蹲身,棒横搁心坎,夹于两肘之后。

忙里偷闲上天宫

　　天宫有路，只可偷上。

　　趁个闲空，何苦忙忙。气抓指尖。

随上势。将杆一开，右手攥杆，即右转身纵起，使左手一抓。左转亦如之，杆平抱胸间。

如如炉边又生风

炉边真火,习习又生。

童子布扇,如风之行。_{气刮棒中。}

随上势。上下左右扇刮如煽火样。

风吹炉边三昧火

炉列八卦,火发三昧。

口诀不传,巽风一吹。气吹杆头。

随上势。将杆直出前劈,如口吹火筒样,左右递换。

火兮火兮炼成空

因风吹火,火又生风。

火候既足,炼成空空。气挑小指。

随上势。两手俱阴,攥棒中间,两头递换挑擂。

圆兮圆兮一粒丹

金丹如粒,圆而又圆。

彻上彻下,一气团团。气团大小指。

随上势。云顶扫堂。

如黍大兮悬极中

金丹何似，其大如黍。

会极归有，中间作主。气挨杆头于脐中。

随上势。将棒竖直，棒头抱挨脐中，左右旋转，扭摽腿。

月藏玉兔日藏乌

金乌玉兔,藏身何处。

日月照临,包含遍覆。气滚周身。

随上势。将棒竖直上下照身,左右旋圈转。

神室龟蛇蟠结成

真人打坐,龟蛇把门。

蟠结一处,神室常存。气挨肚脐。

随上势。将棒横挨脐,左右旋转,身扭摞,腿落低势,如盘膝打坐样。

化点世人浑未识

神仙化点,世人可作。

浑然未识,辜负先觉。气点杆头。

随上势。不动,使两棒头左右递换,点打脚面。

不识西天有真经

西天取来,两肩挑着。

真经不识,空念弥陀。气颠脚尖。

随上势。起身将棒横担肩上,如担经样,左右横颠跑。

谁测水帘花果佛

　　水帘有洞，洞有花果。

　　花果成佛，测度不着。气按手背。

随上势。纵起将棒平落面前。小猿势法。

势扫尘埃能悟空

水帘下湿,尘埃无穷。

脚跟一扫,真能悟空。气扫杆头。

随上势。左右扫堂,再纵身子,再脚跟一圈扫,更觉圆满。

无心无我无性命

盘膝下坐,无心无我。

也无性命,怀中抱着。气注丹田。

随上势。纵起落盘膝坐势,右手拿棒,横搁膝上,左手勾搁眼上观看。

双龙会上留姓名

双龙会上,有目有头。

姓名留下,亦又何求? 气走两手。

随上势。起身,一头儿扎他目,换一头儿打首,左右递换使。

穿入水帘

　　修成正果,潜身而入。

　　金针一度,匪时不出。气穿杆头。

随上势。将棒往洞中一撺扎去,即丢手。

跳涧看果

绣花针儿,藏在耳中。

看着仙桃,疾如转蓬。气撮指尖。

双手一收,再一抡,转身再一抡。十指仰撮入口,啃桃势。

卷之二十八

棒法三

猿猴对棒谱

上 棒

猿猴养性

此上棒未动手聚气之诀也。天地之道,无秋冬之收藏,则无春夏之生长,静不极者动不勇,此自然之理也。双阴手持棒,吸气满口,凝聚中宫。蹲踞低势,两足颠擎,弓背耸肩,浑元停成,结乾坤刚大之气,蓄勃然莫遏之形。

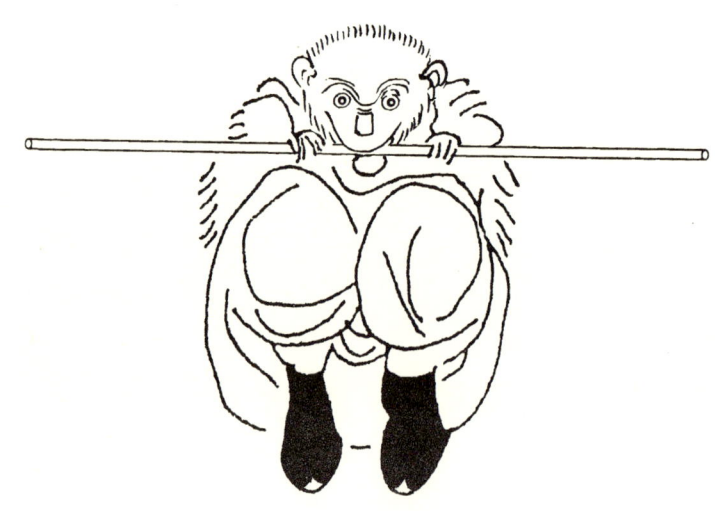

猿猴攀枝

他上右步照面崩打。我随势仰伸两膊,展五指接攒他棒,用力攀擎,勒靠胸前,夹他左手,仍落胸前,弓背耸肩,踏擎右步,颠擎左足势。

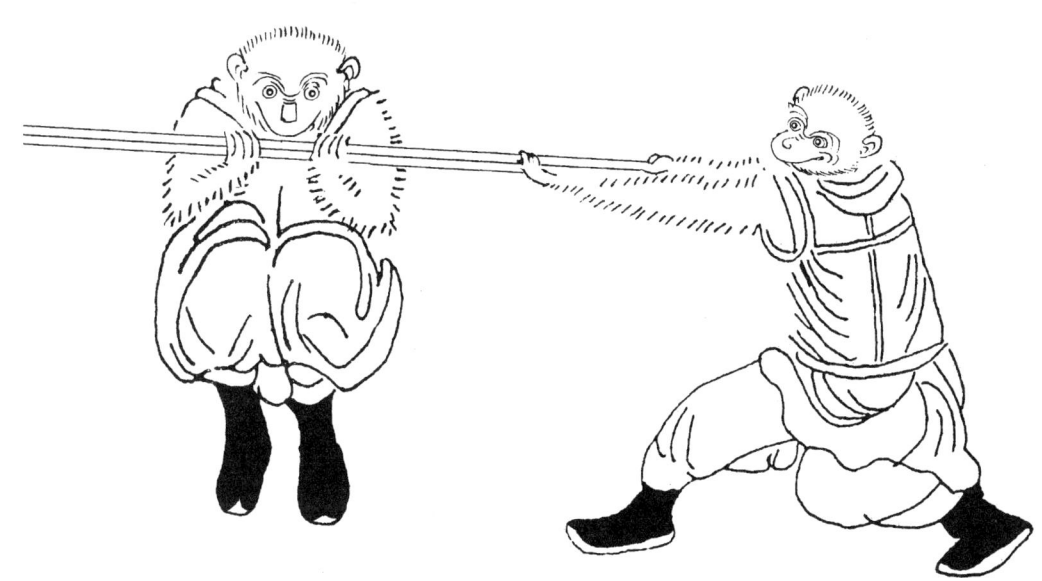

白蛇吐信

他谢右步,退落低势,将棒猛抽,铺地以待。我随抽势,抢进左步,悬跷右足,伸左膊缩捋左手,伸送右手,栽身照他鼻梁推崩。

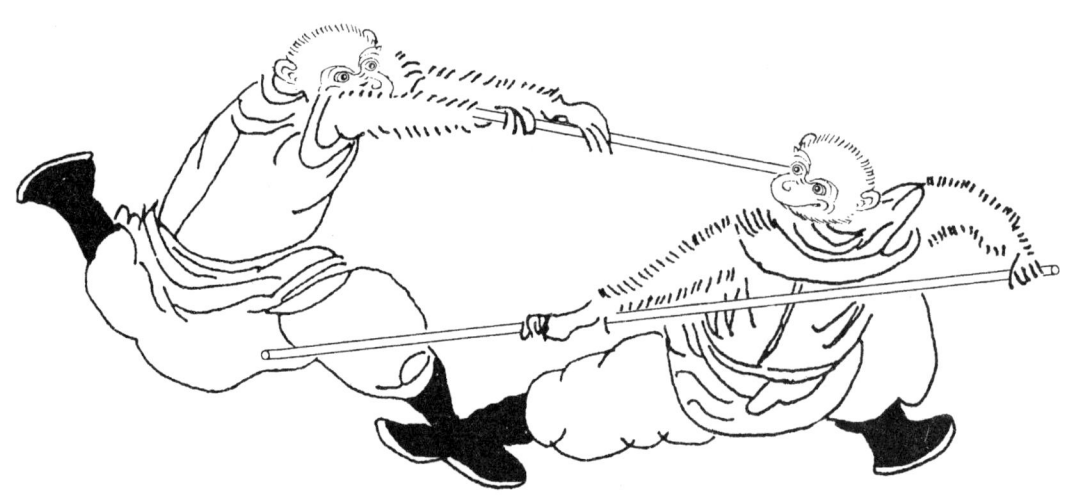

鼎足三分

他回势照我手刷打，我退落右步，缩低势，颠擎右足，阴手展挦，将棒斜横勒靠腋下，躲他劈刷，等他来攻。

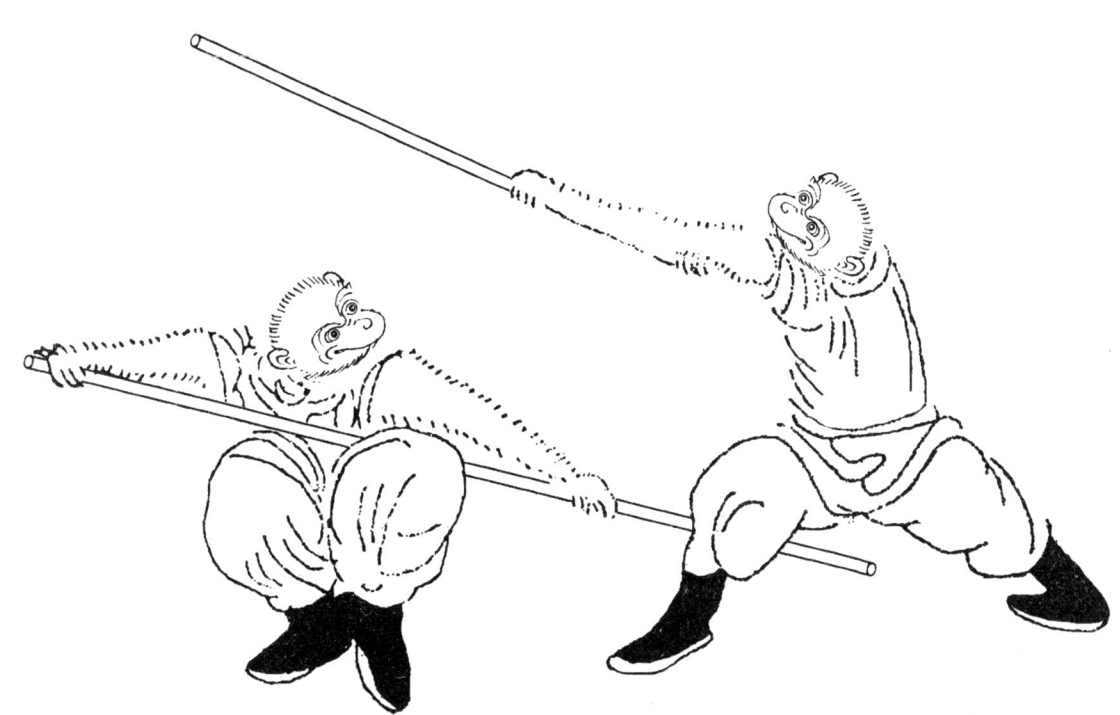

平扫沙漠

他退左步,搠捣我左足。我起身悬左足往右跷摆,右手往左缩推,左手收靠肋后,颠擎扭合,照他左手脖推崩。

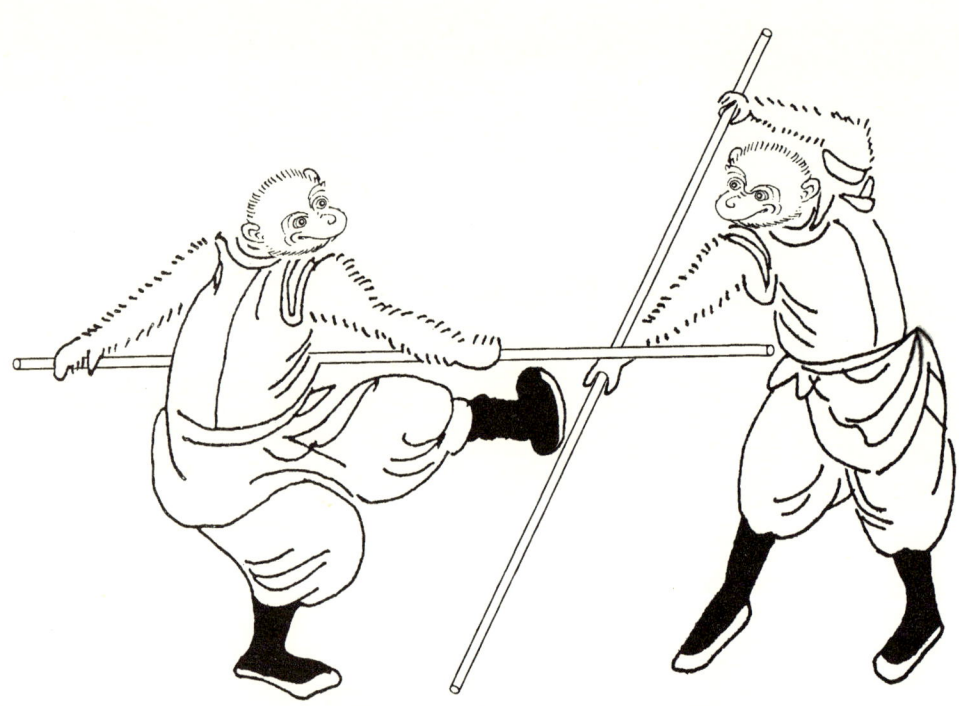

井底翻花

一

他返上摆打我左耳腮。我使右棒头一领,即一气使左棒头撩打他左手。仰身撩摧势。

井底翻花
二

他漫头过耳,谢右步,抽捕低势。我旋上右步,俯身使右棒头靠打他左手,谓之井底。

井底翻花

三

他顺棒擢挑我右手。我随势一挑，挑过我右身外，悬右腿，仰面昂胸势。

乌云罩顶

他右转身，单右手，攥棒背旋抡，扫打我左臁骨。我落右步踏过他棒内，悬左腿躲他扫打，随抽左手，按右手，盖打脑后。

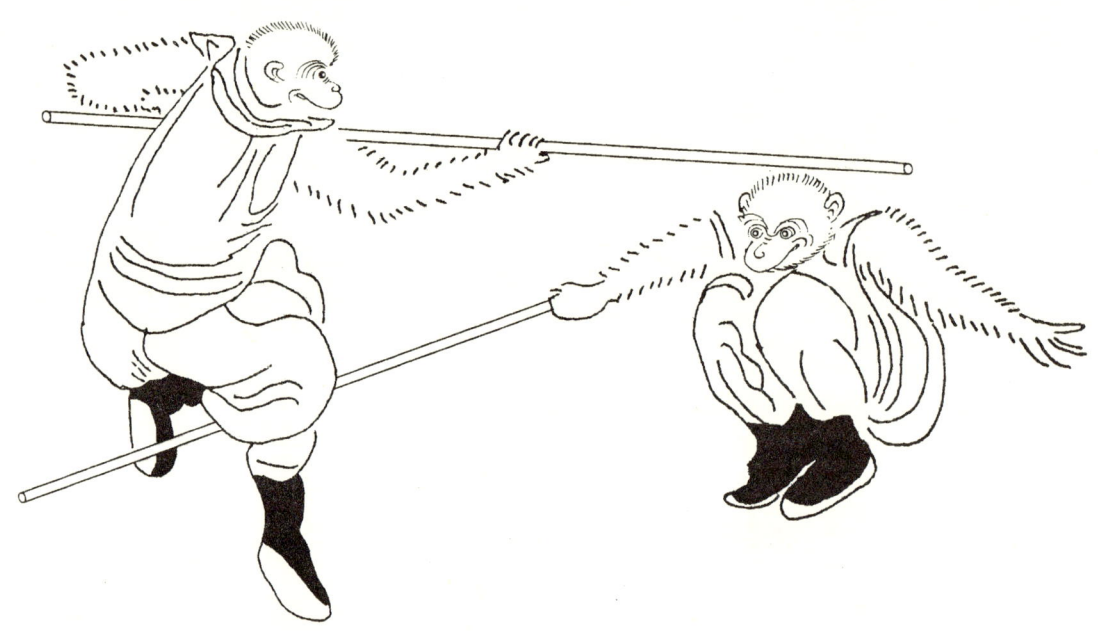

单鞭救主

　　他右转身,伏捕倒拧步回棒扫打我右臁骨。我落左步,践过他棒左,悬起右足,躲他扫打,单右手攥棒反摔,砸他脖项。

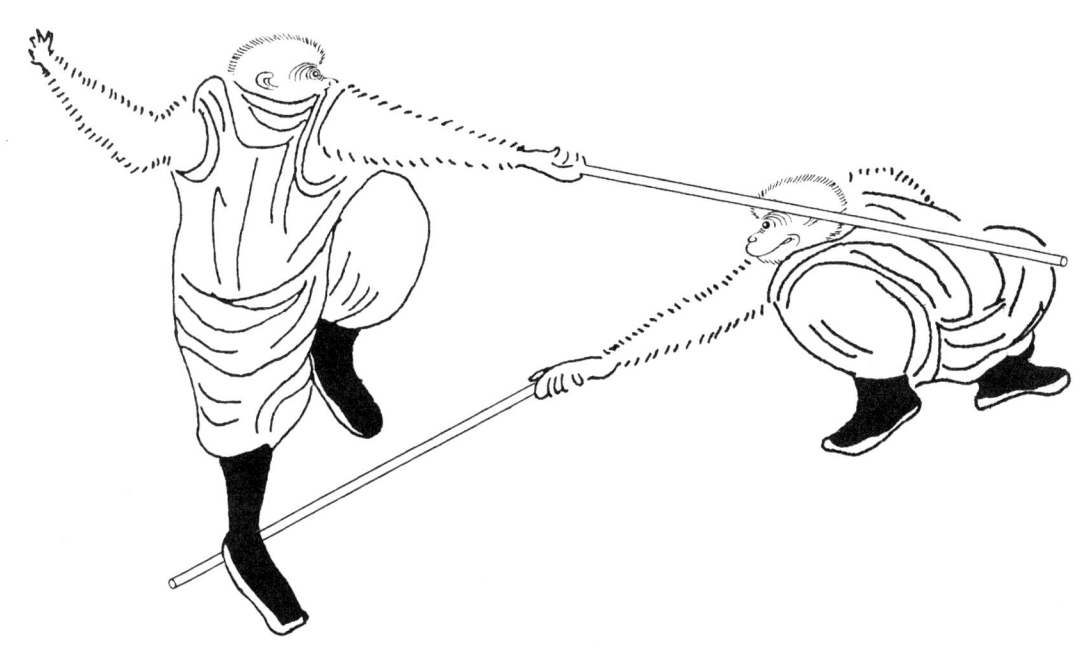

海底捞月

他随势从我单鞭救主棒下摇膀钻过我右身外,摇左棒头摆打我脖项。我伏身低栽,从他棒下钻过他左身外,落进左步,抽右手,蹬伸右腿,后缩捋右手,对照右胯,推打左内臁骨。

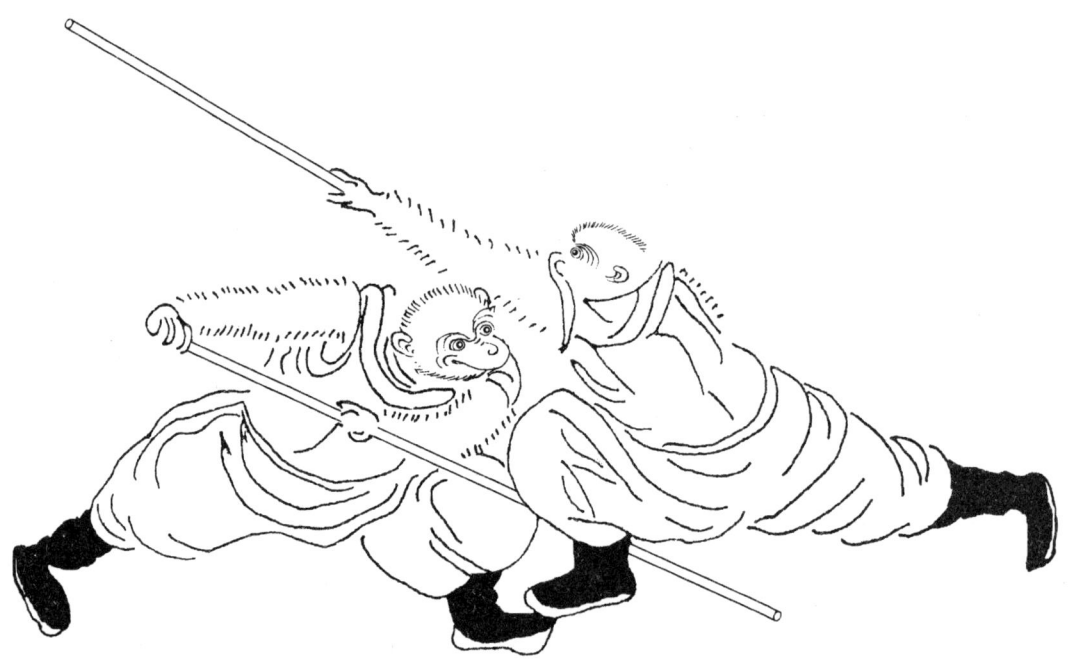

二郎担山

他随我捞月捕打，急起左腿躲过，即使左棒头砸打我脑后。我起身猛蹿，跟并左足，使左棒头撩他裆内，横担肩上，攀右手，拿左手，连身将他挑起。

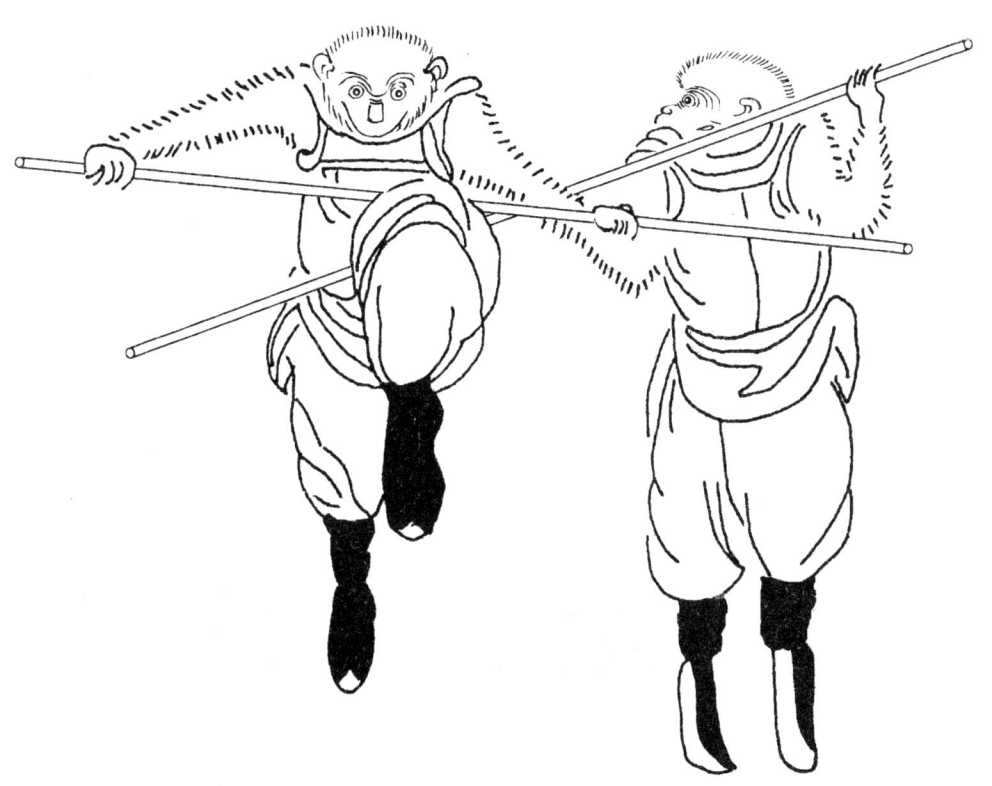

金刚扭锁

他右转身摆脱左腿,使右棒头捣扎我心窝。我丢右手,右拧身滑开他顶捣,微进左步,进他右身外,单摔左手,照头反砸。

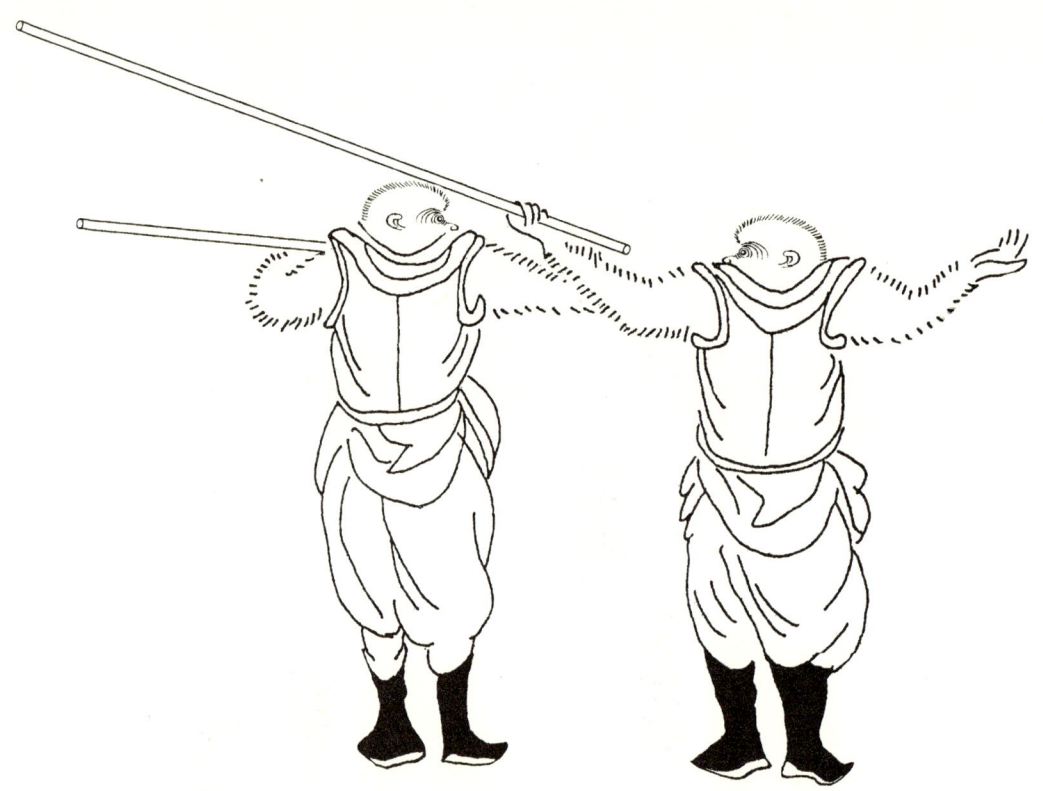

金刚现纂

他退右步，使左棒头按打我左手。我退左步，接攥右手，缩捋走抽，左手颠肘，照他左手脖按打。

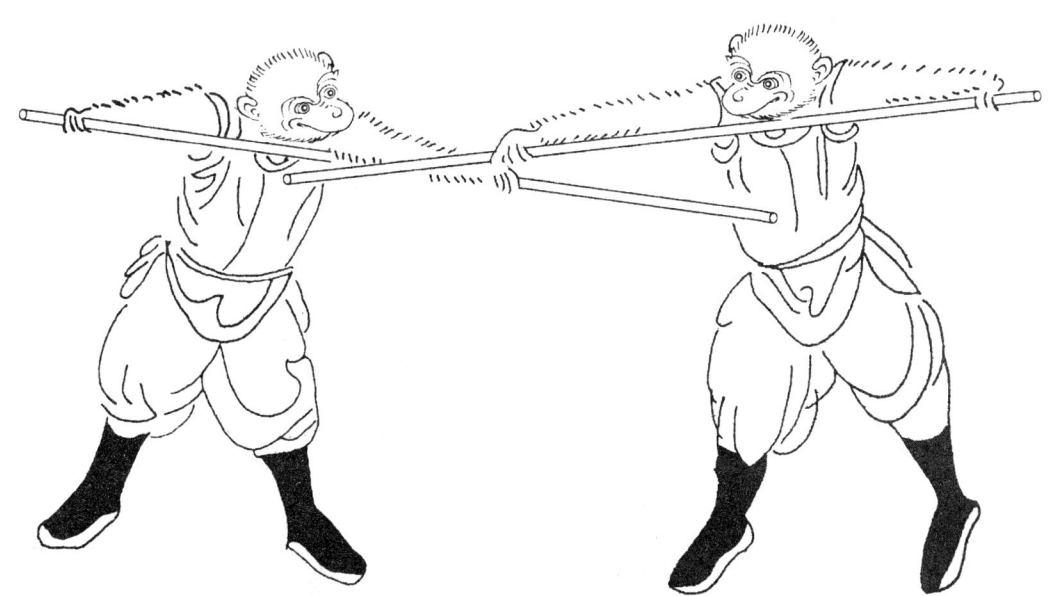

丹凤展翅

他落下摆打我右脚脖。我丢左手展右手，悬右腿躲他下打，平摔打他鼻梁。

斗柄回寅

一

他伏捕大倘身，使左棒头照我下颏直往上顶扎。我上右步，走过他背后，接攥左手，使左棒头平攀勾压他脖项。

斗柄回寅

二

他使右棒头圈压我棒在下。我上左步,右转身,使右棒头平打他背。

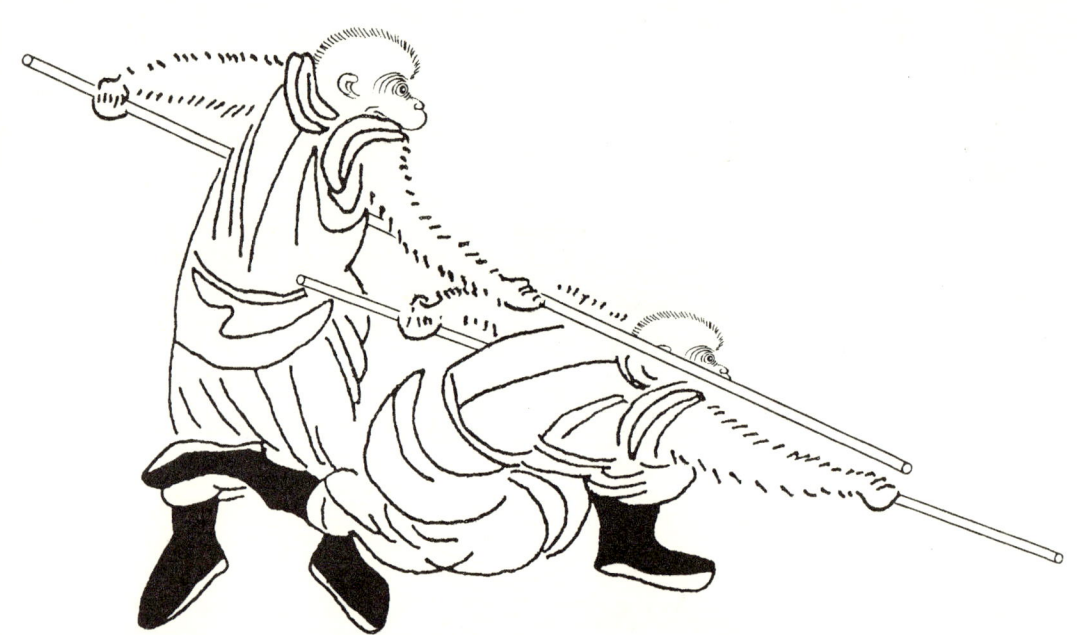

倒插杨柳

他悬跷右脚,仰面鼓腹,使右棒头背打我右手脖。我倒换左手,伏捕栽头,使左棒头飘上背后,捣他脑咽窝,棒挨左肋,不可回视。

刘海戏蟾

他回身右转平抡,背打我左耳腮。我起身拔提右步,进他右身外,提棒竖挡,闪过他棒头。

渭水独钓
攉手一

他右转身,悬左足,使左棒头撩攉我裆。我随攉势左拧正身滑开,悬提左腿,使左棒头挑过我左身外。钓鱼势。

渭水独钓
劈手二

他勾转左棒头，搁右夹肢下，推转右棒头，平打我右耳腮。我落进左步，一气照他右胳膊根劈下。

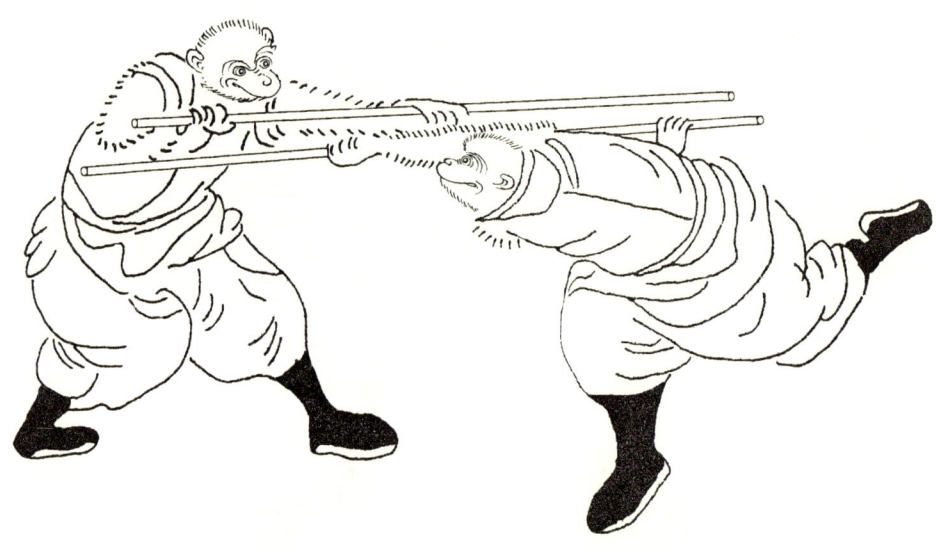

流星赶月

他随我劈势,横担一压。我抽右手,仍使左手在前,照他额颅坠打。搓手使。

巨鳌翻浪

一

他两手横擎棒往前顶推，使我劈不下。我仍使左棒头，圈绕过他棒下，挑擂他脸。

巨鳌翻浪

二

他随我挑势往下一按。我不变势,仍往上一攉。

孤树盘根

一

他随我挑势，退左步，单右手，云顶落低势，打脚后跟。我旋上右步，进他身内，使右棒头一挡。

孤树盘根

二

他随势将棒搁右肩上,进右步,使右棒头顶捣我右肋。我倒拧步,仍使右棒头搂打他右脚后跟,躲他顶捣。

脱离苦海

他栽身搠捣我右脚背。我退右步,照头按打。

直上天台

他回退右步,使左棒头按打我左手。我随势悬上左步,抽右手,按左手,拉犁他左手。

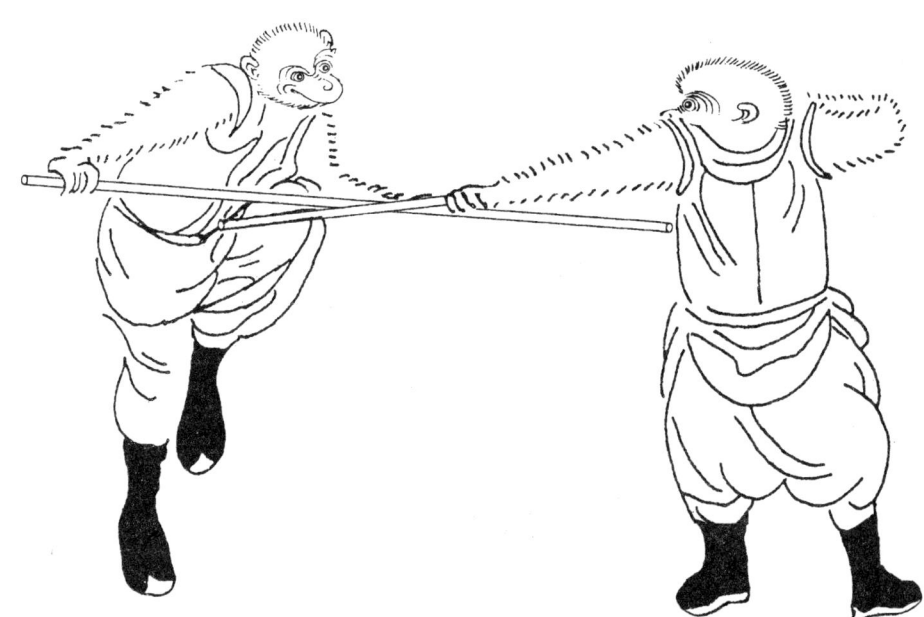

下 棒

怀中抱月

　　此下棒未动手聚气程式之诀也。凡武备之用，不外上、中、下、左、右、横、顺之路。入首落低侧势，先使他无中下来路，又侧势，使他有左来无右来，有右来无左来之路。此取巧之法也。左手仰，右手阴，抱棒胸前，蹲踞低侧势。未落势猛吸气满腹，随吸而落，擎以待之，有不得不发之势。

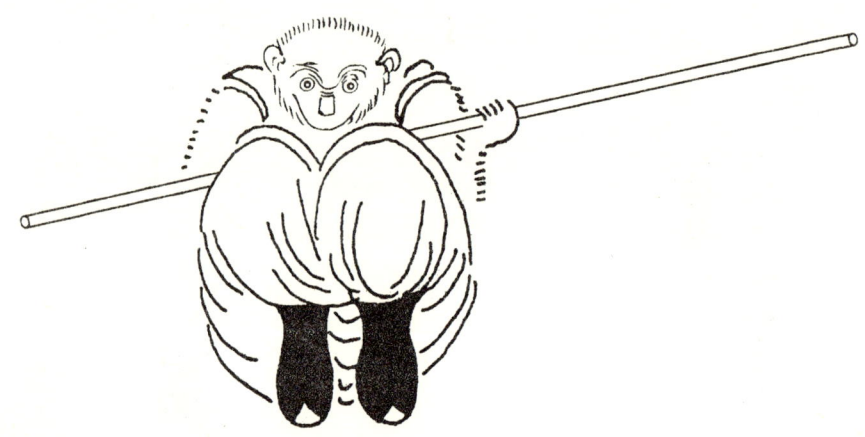

走马推刀

一

他蹲踞低势，以杜中下来路，惟留上路待进。我上右步，左转合手，伸送右手，照顶劈砸。

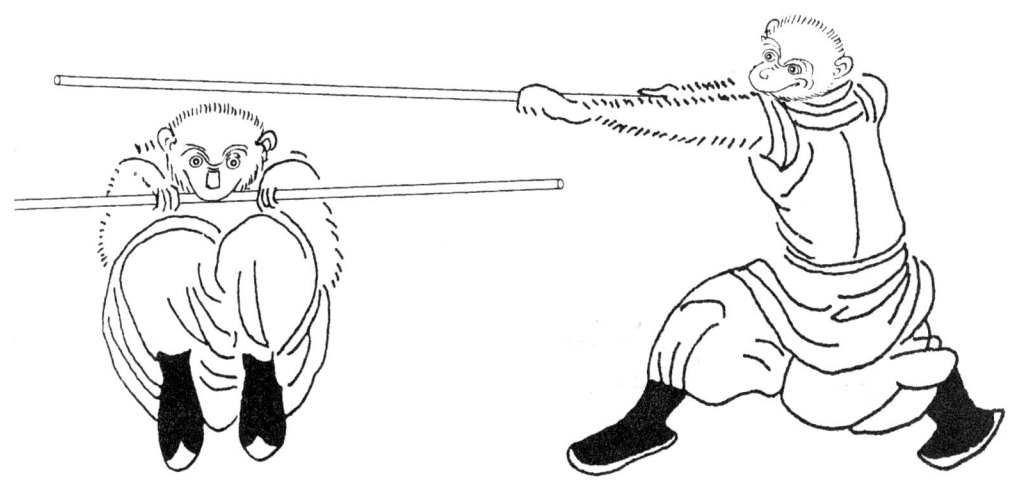

走马推刀
二

他随我劈势接攥我棒,连手连棒,一齐夹拿。我退右步,猛力一拉。

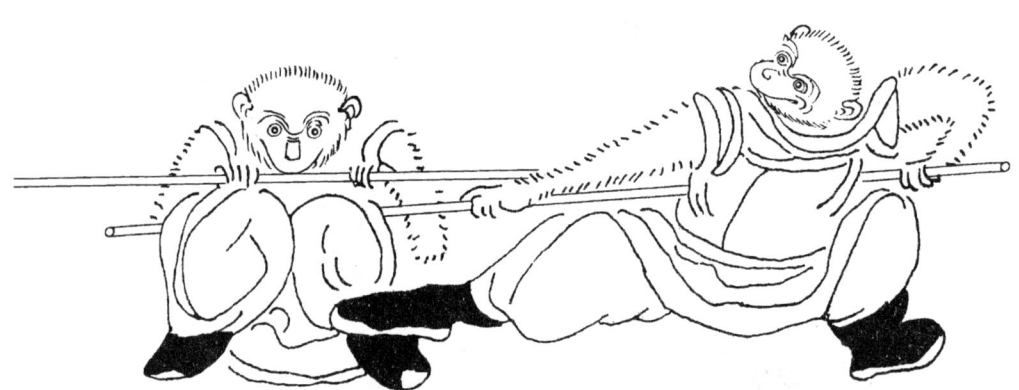

走马推刀

三

他随我拉势,不丢手,随势践进。我回身猛力送扎。

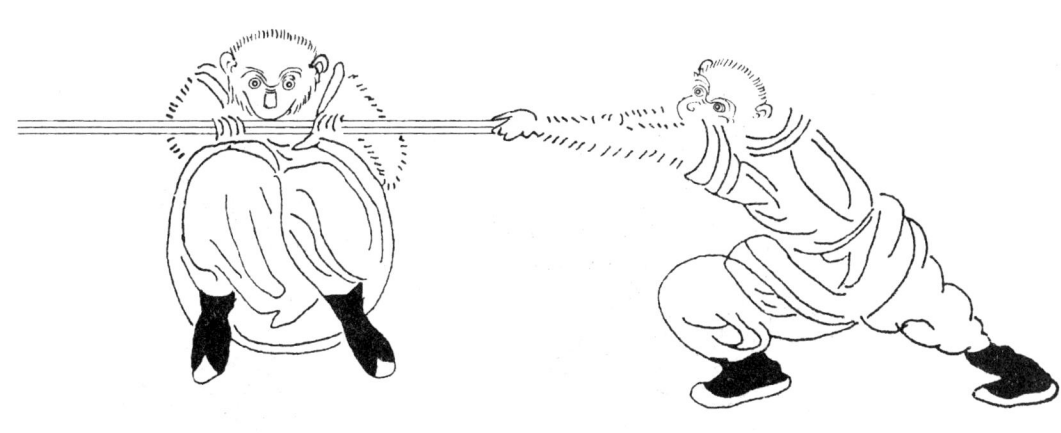

走马推刀

四

他随我送扎势，仍不丢手，退践回去。我趁其退势，左拧合手，攥住他棒一按，右手将我棒往上一举，把他左手撑开，使他攥拿不住。

神针探海

一

他随撑势,接攥左棒头,退左步,伸推右棒头,推打我左手。我右滚身,倒退右步,搠他右脚背。

神针探海
二

他拔回右步,使左棒头横打我右手。我左滚身,倒退左步,背搠他左脚背。

漫天不漏雨

他悬左脚,使右棒头平打我左手。我返上勒打他左耳腮。

不漏雨无声

一

他使右棒头领隔我摆打耳腮,左棒头撩攉我左手。我随攉势,漫头过耳,拉下,右曳身,伏捕低势,带勒打他左臁骨。

不漏雨无声
二

他旋上靠打我左手。我随势撩攩他右手。

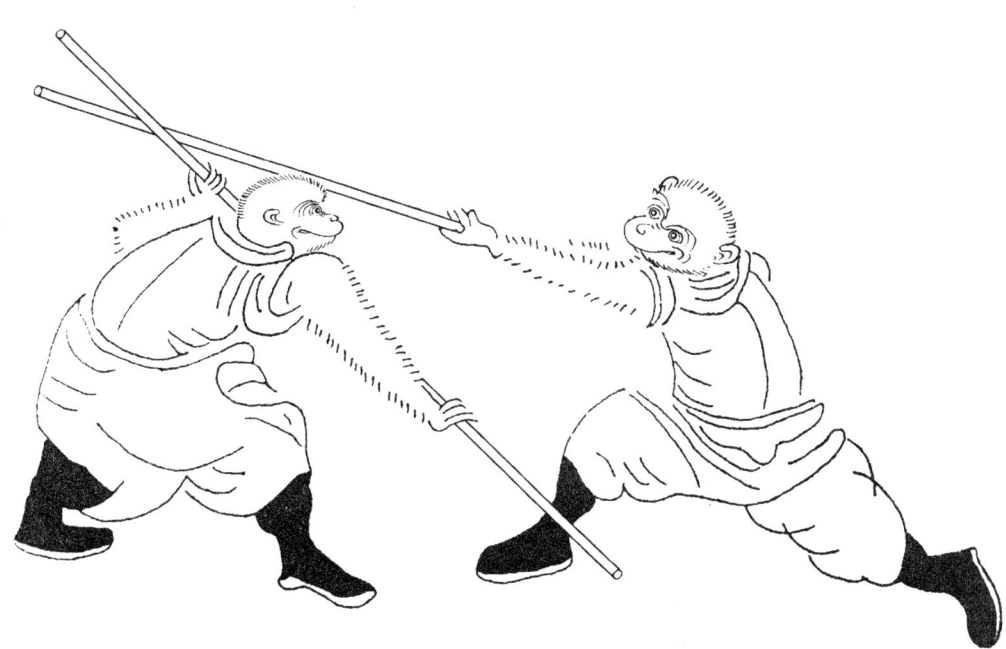

扫尽尘埃

他随擓一挑,隔我棒在他右身外。我右旋一圈落低势,右单手摔抢,打他左臁骨。

回风舞雪

他落右步,悬左脚,使右棒头按打我顶。我伏身倒拧步,接攀左手,回扫他右臁骨。

美女钻洞

他悬右脚,落左脚,反砸我脑后。我伏捕进左步,从他棒内钻过他右身外,使左棒头摆打他脖项。

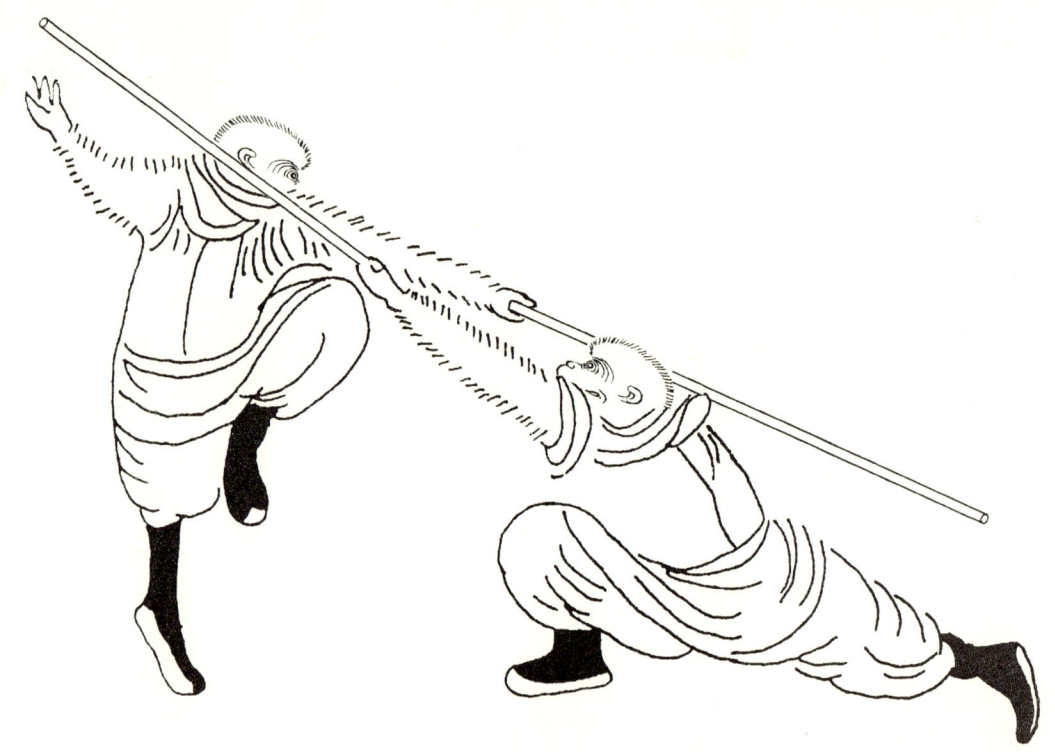

泰山压顶

他伏捕推打我左脚脖。我悬左腿,使左棒头反压他脖项。

火焰钻心

他使左棒头插我裆内,横担猛挑,将我挑翻斤斗。我右旋身躲开左腿,使右棒头捣他心窝。

斧劈华山

他单左手摔砸我头。我退右步，使左棒头按打他左手脖。

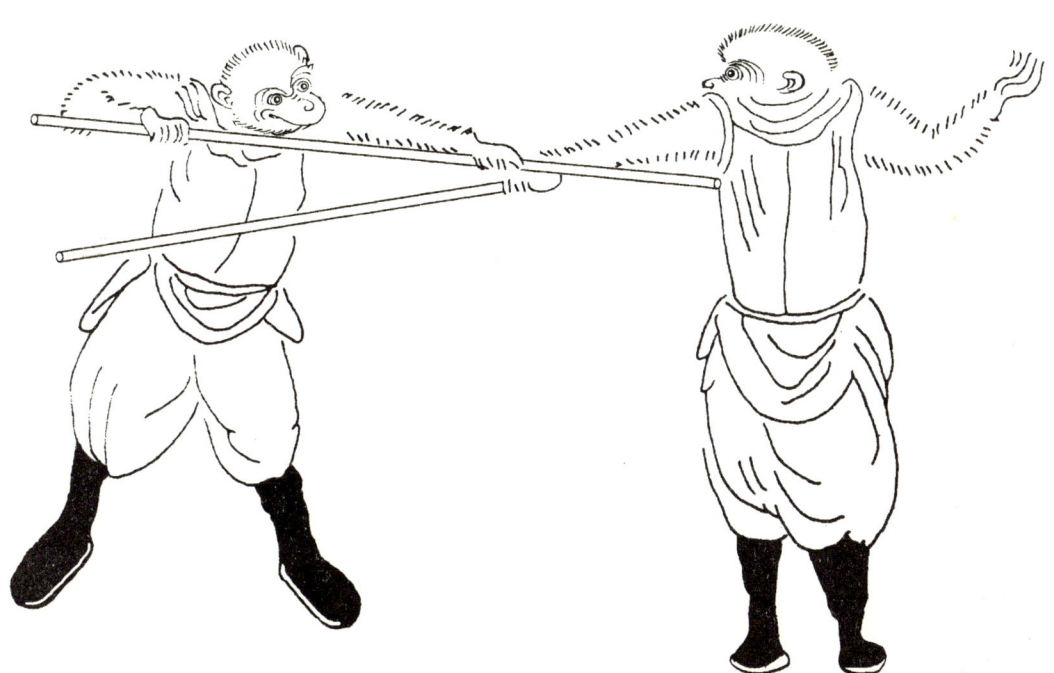

拨草寻蛇

他按打我左手脖。我落下剪打他右臁骨。

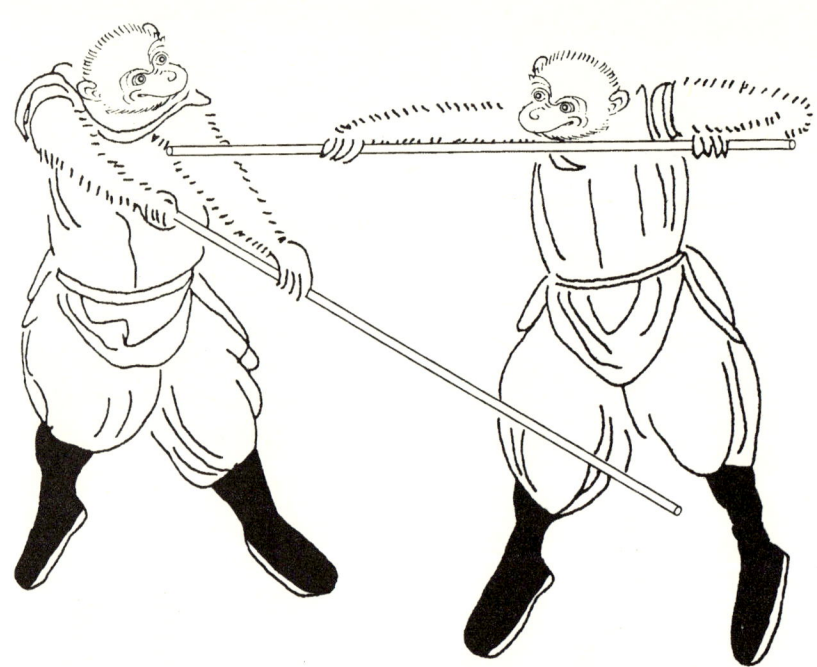

朝天一炷香

他悬右腿,单右手照我鼻梁摔打。我伏捕大倘身,使左棒头挥扎他下颏。

礼神明

他进步平攀压我脖项。我栽头跪右膝躲滑过,使右棒头从我身右搅圈,压他左棒头于面前。

苏秦背剑

他上左步，使右棒头平打我后心。我悬上右步，仰身昂胸，使右棒头从左肩外背打他右手脖。

螺蜂旋窝

他栽身飘捣我脑咽窝。我右旋身背摔抡平打他左耳腮。

拔步量天尺

他起身右提，进右步，靠我摔打，闪过我右棒头。我右拧身，急提左腿，使左棒头照裆撩起。

七政平

他随撩擢起,将我擢隔他棒外。我走回左手,靠我右夹肢下,旋推右手,侧栽身,悬起右腿,使右棒头平打他右脖项。

横担一架梁

他照我右膊根劈下。我进右步长身并足，使右棒头随势压下，横对脐下。

双手推山

他不换手,使流星赶月劈打我头。我伏捕横棒直伸双膊顶推。

推山按手

他还棒从下挑擂。我起身按住。

青云冉冉

他随压势又猛力一攞。我随攞势丢左手云旋,谢左步、落低势,单右手,杀他身左外,摔打他脚后臁骨。

达摩渡江

他旋上右步,使右棒头提靠我棒。我进右步,将棒搁右肩上,即使右棒头顶捣他右肋。

渡江搠手

他回棒勾打我右脚后跟。我退拧右步,竖棒勾搠他右脚背。

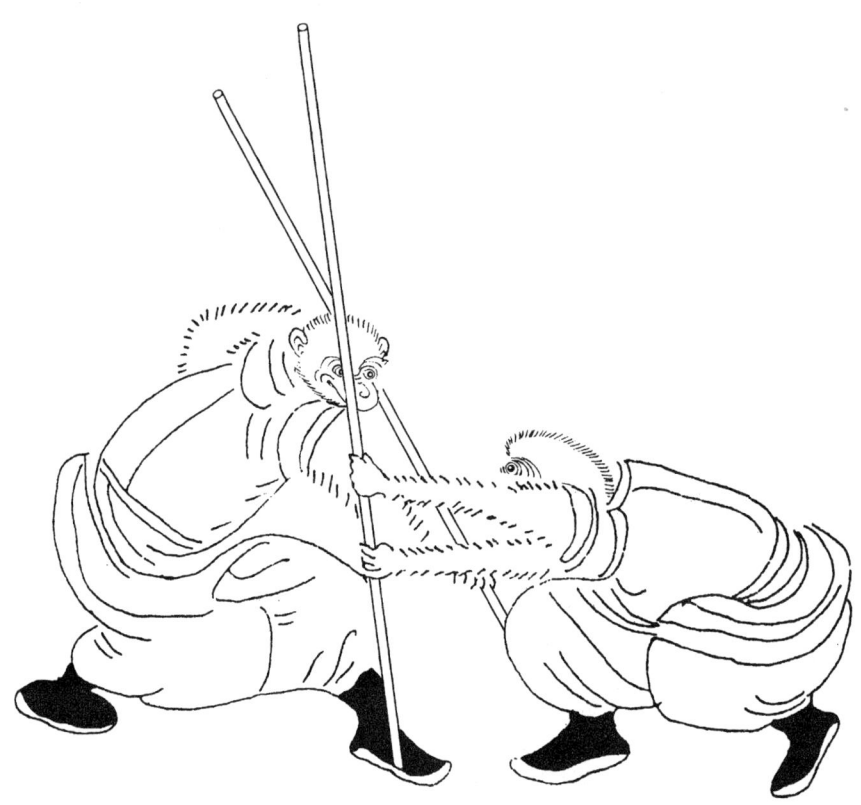

回头是岸

他退右步按打我头。我谢右步按打他左手。

按： 苌家刀法有《春秋刀谱》传世，共有两个十势和两个四十八势。四十八势分"本身刀法"和"内藏刀法"。"本身刀法"即七言四十八势，演习时大气磅礴，一气贯注。"内藏刀法"即五言四十八势，是本身刀法所内蕴之变化，演练时大气宛转，停而不停，曲折周旋，老少相随。

刀法、鞭法、锏法、镰法

春秋刀谱

序

俗传关公之收长沙也，和黄老将军角战，胜负未分，而夜遂有猿猴拖刀之梦，兹不具论。夫枪推桓侯，棒称大圣，卓卓尚已。惟偃月一器，绝无解数。即间遇一二，亦只空架支吾，究何语乎武艺驯熟之旨哉？戊戌夏，案头少闲，爰演二十四路。及再三揣摩，率多缺略而不全。己亥秋九月，又增为四十八势，精神贯通，变化倏忽，一以见美髯翁之轶伦超群非虚，更以见青龙实与蛇矛金箍相为表里云尔。

赞曰：

五缕长髯重枣面，三停古定雁翎刀。
平生学问春秋传，万载英风镇虎牢。

又曰：

青龙偃月不须长，上下三停吐雪霜。
呼吸阴阳神变化，枪刀是棒棒刀枪。
庸夫俗子莫轻狂，传授无门只自伤。
吸即阴兮呼则变，阴阳呼吸个中藏。
呼来便吸吸呼接，吸吸呼呼仔细详。
学者精通呼吸理，何愁武艺不高强。

大清乾隆四十四年己亥秋九月爱花主人纯诚氏题

单　一字长蛇阵

静待势：中平托刀，不动声色。

保　二仙传道翁

摆头势：阴手打左，仰手打右。

战　三教归一处

劈面势：阴手盖顶，直出头上。

扶　四马投唐童

庇身势：扳纂推梢，回头斜打头面。

过　五虎下川走

穿洞势：挑纂上左步，连身进。

斩　六出祁山中

转身势：回头上左脚，刷杆劈打。

淹　七擒孟获将

劈山势：回身换右手，颠左脚尖立。

饯　八仙过海东

倒挑势：左手挑纂，右手擂撩起。

赴　九伐中原地

云顶势：往左一抡，拦左肩膀上。

美　十面埋伏功

冲天势：往右边扫堂，颠左脚尖蹲下身子，将刀竖在右耳边。
此十字数目无多，而大气宛转，包孕庶富，莫可究诘，亦非易臻之境也。

横担劈山棍

正来斜打上左步。

袖里一点红

随摆随手扎穿袖。

回首冷艳锯

往后一抽降手。

点头唤罗成

换手栽头打。

火焰钻心头

转上劈心扎。

铁牛遍地耕

顺地扎脚膝。

风雷过钱塘

一崩伏身打臁骨。

各自显神通

滚手下切脚。

三贤害一计

提刀托须及前后摩顶,四个阴手,四个撩手。

浑元一气空

一云一扫,三尖势收住。

高 拿
气抽后小指底

当面劈打,如风而过。
曲肱起手,刘琨枕戈。

低 砸
气剁前大指

霜满天涯,檐覆地花。
秋月低照,落在谁家。

左 撩
气掇食指尖

仰手撩起,尝稻翻匙。
左之左之,君子宜之。

右 擦
气仰后手心

阳转阴移,金鸡鼓翼。
维其有之,是以似之。

侧 漫
气抡食指尖

人参果子,大圣儿戏。
金棒打着,滚下满地。

闪 扎
气攒后大指

当头雨淋,高槐浮荫。
电光闪烁,大蟒穿林。

滚 入
气滚食指尖

蛇矛一展,名自带枷。
双手布去,海螺入匣。

转 压
气按食指尖

鸾铃响处,华雄胆寒。
冷艳锯转,酒温栏杆。

倒 搠
气趋前脚大趾头

扫去浮土,秦王搠碑。
左回右抱,石根倒推。

钩 拉
气扳后手掌心

如钩可挂,如林可拉。
青龙摆头,大木斯拔。

振 聋
气拨前食指尖

刀环铮铮,大叩大鸣。
耳边一振,十日犹聋。

推 哑
气催前手虎口

咽喉道路,气管要津。
推之半项,不语哑人。

绕 指
气绞前食指尖

青龙绕背,屈而不伸。
疾痛害事,指不若人。

削 发
气掠前食指背

卷发如蚕,乃血之华。
天灵削去,可以沤麻。

仰 挑
气架两手心

八里桥上,青龙倒挑。
一轮明月,仰之弥高。

俯 刷
气覆前手背

俯视一切,磨光刮垢。
翘足而待,觅先觅后。

斜 打
气点食指尖

腰挎宝剑,右步无差。
转上赶打,偃月微斜。

返 挂
气闪前手背

放下右脚,悬起左脚。
刀背一折,虎口裂破。

盖 顶
气出食指尖

无心出岫,白云上头。
笼盖万壑,瀑布飞流。

插 花
气揭食指尖背

天花乱坠,朵朵纷披。
东篱之下,斜插一枝。

拦 手
气缠食指尖

华容道上,五百校刀。
拦住去路,无处遁逃。

进 步
气拧后手心

虎牢雄关,锁断喉咽。
青龙引进,捉拿奉先。

赶 月
气勒后小指

油江口内,赶船而进。
萧相国何,来追韩信。

流 霞
气栽后食指

斗柄回寅,电掣雷奔。
流星赶月,霞傍关门。

切 菜
气换食指尖

曹营兵将,尽是芥姜。
三通鼓罢,斩了蔡阳。

斩 瓜
气砍后手背

曹操人马,如彼匏瓜。
击而不食,个个中杀。

护 膝
气拉后小指

钢刀虽快,提防下扎。
军青搂膝,金刚护法。

掩 钯
气勵前手背

西天路上，只为三藏。
钉钯掩勵，九道祥光。

望 户
气插前食指尖

暂投相府，原非正路。
退见二嫂，照看门户。

归 家
气搗后小指

兄弟三人，刘张一家。
古城聚义，桃园发花。

拨 草
气攉后小指

黄巾余党，草寇之流。
披荆斩棘，汉寿亭侯。

寻 蛇
气摩后食指尖

芒砀山下，何处可寻？
赤帝斩了，白蛇归阴。

上 际
<small>气顶两手心</small>

匹马单刀,不肯降曹。
斡旋汉鼎,心高志高。

下 盘
<small>气盘后手掌心</small>

森森古柏,根盘青铜。
鞠躬尽瘁,南阳卧龙。

跨 马
<small>气提后膝盖</small>

骑赤兔马,提青龙刀。
右边一跨,惊退张辽。

过 关
<small>气崩后食指中节</small>

关口有五,处处紧要。
刀尖过去,天门龙跳。

塞 海
<small>气扫后手掌心</small>

苦海无边,回头是岸。
青龙摆尾,立化平田。

劈 山
气削食指尖

虎牢重关，一山一山。
左劈右劈，大刀轮还。

诛 茅
气锄后小指

操刀而割，茅则可诛。
除恶务尽，滋蔓难图。

刈 菅
气煞后小指

雄虎员外，法所不贷。
锄去非种，如刈草芥。

刺 丑
气劈食指尖

一将文丑，南陂大败。
刺而杀之，面如活蟹。

斩 颜
气戮后小指

颜良虽勇，插标而卖。
斩首落地，袁绍吓坏。

日 影
气旋后小指

汉家天下,炎日照耀。
影丽中天,光被四表。

月 圆
气云头顶心

汉宫秋月,彩静高深。
团团而转,直到于今。

金 简
气搁右肩膀

下马是银,上马是金。
金银封好,简在帝心。

玉 环
气转后小指

司徒连环,董卓遭难。
凤雏献计,烧杀曹瞒。

暗 度
气撩食指尖

汉有子房,暗度陈仓。
夜袭车胄,命丧黄粱。

明 攀

气操食指尖

许昌饯别，来明去明。
斜挑战袍，千里寻兄。

一十六字发心传，智尽能索愧精研。
中道而立从之者，仰弥高兮钻弥坚。

高

战长沙，拖春秋。
瞻在前，忽在后。

低

铁石人，不怕打。
刀伤手，低洒洒。

左

提大刀，智谋高。
东方朔，偷仙桃。

右

斜着胯，夹着马。
膀儿摇，腰儿凹。

侧

一轮月，满长空。
不漏雨，刮大风。

闪

勒住马，停住刀。
出虎穴，入龙巢。

滚

汉班超，下西域。
入虎穴，探虎子。

转

高抬刀，低按剑。
虎牢关，看三战。

倒

龙跃天，虎踞地。
七星斗，魁星提。

钩

擒吕布，虎牢关。
鸡鹆食，鸟过山。

震

当阳桥，起雷霆。
震曹贼，混脑风。

推

函谷关，塞泥丸。
吃苦瓜，内里转。

绕

百折钢，强而柔。
搅一搅，顺手流。

削

高山上，一块麻。
刀磨快，剃几茬。

仰

汉天下，一担挑。
豪气高，薄云霄。

俯

红公鸡，绿尾巴。
一头儿，插地下。

斜

大骗马,黄巾愁。
鬼蹴脚,神矛抽。

返

左跨马,朝天镫。
金钩挂,玉衡平。

盖

头顶上,天最高。
白云盖,笼英豪。

插

狼牙箭,插满腰。
剑出匣,刀进鞘。

拦

千尺蟒,把路拦。
手挥剑,白蛇断。

进

右上步,左持杆。
杨七郎,镇三关。

赶

如月圆，如灯转。
丈八矛，双股剑。

流

藤油甲，霞光寒。
钢鞭打，紫金冠。

切

青钆剑，削铁泥。
刀切菜，玉箸齐。

斩

烂西瓜，真不堪。
斩六将，一二三。

护

眼丹凤，眉卧蚕。
保佛法，是伽蓝。

掩

僧献掌，书提防。
砍卞喜，一命亡。

望

分宅院,立门户。
流泪眼,频回顾。

归

小桃园,花重发。
四百年,归汉家。

拨

茀丰草,辟污茅。
拨道路,王孙归。

寻

袖里青,静江黄。
何处寻,藤蔓藏。

上

紫金梁,可架海。
白玉柱,能擎天。

下

下土山,白云团。
青龙舞,玉虬盘。

跨

提古定,望追风。
千里路,独自行。

过

楚昭关,子胥过。
孟尝君,鸡鸣多。

塞

精卫鸟,衔石填。
塞横海,万顷田。

劈

撑炎州,半壁天。
伸一臂,五峰连。

诛

宵索绹,昼于茅。
诛不尽,小儿曹。

刈

原上草,绿萋萋。
除萌芽,漫留荑。

刺

是丑类，非同群。
不善武，焉用文。

斩

解白马，斩大将。
驱猛虎，趟群羊。

日

扶炎汉，布心腹。
天方高，日正午。

月

汉家月，圆又圆。
晕而风，光无边。

金

掉美髯，别文远。
挂金印，而行间。

玉

视刀环，循无端。
扫尘土，月光寒。

暗

马渡水，蛟龙比。
黄河口，戮秦琪。

明

站霸桥，刀斜挑。
岂无衣，找同袍。

四句题咏已极情尽致矣，而义蕴靡穷，咀味倍出。爰缀以三铭，或正写或旁写，或雅言或俚言，或庄论或戏论，或粗说或细说，千奇百怪，种种各别。如行山阴道上，镜湖澈清，流泻注山川之美，使人应接不暇。若再引而申之，触类而长之，其景况不知又当何如也。

怀中抱月向遥空

中平托刀，他高来，我使起手收住，前肩抢风，左脚微悬。

昆吾切玉见奇功

他低，我滚手下剁其杆，左脚微落。

白蛇缠葛吐信利

他左，我仰手撩打其手，左脚微上。

金鸡撒膀意气雄

他摆，我滚阴手拧扎其手，右脚跟外拧。

黄莺亮翅来何急

他开，我起去漫头而过，身微探前。

紫燕穿林不可笼

他架，我闪外伏身扎肩窝。

美女钻洞藏身巧

他布，我滚手顺扎小腹。

泰山压卵势力洪

他拦，我转上使刀一压，微用按侲，使之外开。

定针底柱天河宝

他挑，我上右步，使篡一搠，如水底之有石柱者。

凤凰点头在梧桐

他低，我一栽刀砍他杆，微闪左，斜上左步。

疾雷贯耳真难掩

他起，我一掠上打耳，要捎带其手。

威镇虎牢美髯翁

他挑，我闪外拨杆推喉，左脚微点。

拔剑击石惊胆破

他布,我绞手转打其手,左脚微颠起。

吹毛万重曲径通

他起,我上削其头,要出过顶去,比前再加探些。

巨刀摩天长虹起

他起,我一纵,往上挑扎其胸脯,双脚齐起。

锦绣铺地点化工

他压,我落刀下刷脚,双脚齐落。

秦王挎剑赴战场

他搂,我上右步斜打其手。

将军挂印声名扬

他倒根打,我悬左脚,仰手砸其手。

乌云罩顶多豪气

他换杆扎面,我阴手盖劈顶门。

明珠暗投隐夜光

他拦,我顺势一抽,使滑佥杆下扎小腹。

两袖清风任潇洒

他低，我转上将他手一拦。

一道长虹绕画梁

他欲起，我后手一仰，上扎其喉，右脚上步，与前脚相并，微差不多。

嫦娥窃药寒宫去

他拦，我将刀一抽，牵过其杆。

天边流星带影长

不等他压，我吊后脚换纂倒打其头面。

直探虎穴擒猛兽

他搂，我转上使纂点打其手。

入水断蛟试干将

他摆，我上右步劈其杆，右手或顺或逆皆可。

金钩挂玉悬肘后

他滚扎膝，我将刀头往膝外一刷，开削其杆。

五丁开山鬼神忙

他合，我上左步，使纂掩打其杆。

仙人上桥倒退走

他摆，我上右步在后，左手仰捣其前足。

普净长老是故乡

他搂，我往外一拨，倒右手使刀尖扎其右脚，要转身子。

剪除荆棘觅荒路

他搂，我使右小指顺杆往上一撩，打其手。

手披云汉分天章

他拨，我一换手，使右手往他顶上一摩，身子前徜。

霸王举鼎奋威神

他压，我转身上左步，使刀头往上一架，使其杆上腾，不能下压。

孤树盘根是灵椿

他勒，我伏身闪左，转刀头一云，下砍其双腿，右脚在后。

独行千里胭脂马

他使根一挡，我悬右脚，使刀斜砍其右腿弯，左手上伸耳边。

直过五关如无人

他使根一挡，我长起身子，右肱夹刀，往上一撩，打其耳门，左掌一拥斜打。

秉烛达旦光天地

他压，我使右手推纂，横打其左耳，左手将刀头一扳。

一宅两院表君臣

他隔，我使刀头劈下，再上左步重劈一刀。

峙立三足分茅土

他搂，我推右手，使纂打其左脚，是右脚在后。

连诛六将委荒尘

他剪，我推左手，使刀头砍其右脚，顺身右脚亦在后。

刺杀文丑黄河岸

他搂，我转身往后照头劈下，要快些。

斩却颜良白马津

他拦，我倒上右脚，伏身扎其小腹，须用践步退身法。

日丽中天丹心在

他搂，我身一蹲，使刀一抡，转身砍腿。

月满长空正气伸

他退，我再转身，使云顶赶抡其头。

书辞相府封金固

将刀一收,搁于右肩上,右手拿纂,左手托须,面微仰。

力保夫人比玉真

他扎我右脚跟,我使纂一挡,右手一扫,左手垂胯。

夜袭车胄曹操惧

他扎脚,我转身上左步,使刀撩阴而起,左手往上一掇。

大红战袍万古新

他搂,我转上劈头一刀,仍收成中平势。
以上四十八势皆顺文本身之刀也,须要神气贯通为妙。

海青拿天鹅

收住前手不动,后手一入,直刺咽喉。

巧女纫金针

砸下一战,两手顺杆扎手,要快些。

白蛇登雀巢

撩起落后手,在杆上拧扎软肋。

暗弩射金雕

擦着拧后胯，摇膀扎其小便。

哪吒闹龙宫

慢起猛按，前手一点，扎其胸膛。

饿虎大捕食

扎进，将刀一滚，刷下打其两手。

金鸡抱双卵

入去前手猛一按，低扎其小腹及便。

黄莺掷金梭

压住一战，回手扎其手之虎口。

打草惊白花

挪进，再使纂猛提起打手，下来再一打。

飞电掣金蛇

拉下，再往上猛一仰，斜扎其咽喉。

斜挑太平春

振着，再一摇膀，挑扎其咽喉。

春风拂面来

推去,一仰后手,按前手打面。

铁甲夜度关

绕打,顺势一刀,直扎肋下。

侧蝶戏梅花

削起,回来再打杆,再回打耳。

朝天一炷香

挑起,再徜身落下后手,斜扎胲下。

一计害三贤

刷下,起去顺杆一撩,再刷下割脚。

秦王右挎剑

打下一抽,送刀直扎其右肩窝。

横推走马刀

挂下平推,使刀横割其胸脯。

猛虎解项铃

盖下,借手顺杆一拉,上扎喉管。

凉夜落金钱

插入，再往下一低，落扎膝盖。

刘海戏金蟾

拦住，仰手掏扎其小便。

姜公垂钓竿

进去，将刀执硬，两手托纂，撞扎胸膛。

张骞犯斗牛

赶回，滚后手，再扎咽喉。

海底捞明月

转左手接刀，往下伏身砍脚、臁骨。

雷动起卧龙

切下，再使下棒一挑，将杆崩飞。

金刚大现纂

斩下使纂一荡，左手按刀头砍头。

土圭测日影

护住身往前走，刀头一拉，将杆子夹在右腿上，使刀尖扎其小便。

脑后摘金瓜

掩下，使刀背拨打其耳腮。

倒拔垂杨柳

望着他搂，我外一拨杆，倒撩其小便。

刘知远看瓜

归来推后手，侧身使纂，斜打其头。

猛虎倒退洞

拨起再使纂一捣其肚脐。

陆压背葫芦

寻着，再转右手在左边，推割其头。

横担一架梁

垛起，顺势往前栽扎其胸脯。

闭门铁扇子

盘打，再推左手，回打其脚踝骨。

老鸦登树枝

跨下，再使左掌仰托刀纂，后脚提起打脚膝。

齐贺太平春

塞去，再将刀夹右膀内一拨，割其脖项。

螺赢蜂旋窝

塞去，再回刀平推其右耳。

雀地龙按下

劈下到地，再起来点打其手。

二郎劈华山

打左脚，按后手使刀劈其头。

真武大按剑

刈打右脚，再斜身使纂截打其右膝。

梅雨洒芳田

刺去，侧身退步，使刀往后一云。

二姑把双蚕

斩去，再往前砍一刀，十字步。

倚天立长剑

扫腿，再一转，将刀背在脊后，仰面朝天，两肘曲而上直。

担山赶太阳

云顶打头,将刀停担肩上。

拔步量天尺

搁肩上,将身往后一跳,左手接刀,往下切杆。

春分昼夜停

扫打正中,左手扳刀纂,右手按刀头,劈成两半。

梨花乱点头

撩档一挑,左手一按,落打脚面。

丹山栖彩凤

往头一打,从他杆下使刀背一挂,顺杆切下。

以上四十八势皆插中、顶手、拦路,须要夹缝周密方好。

　　　　道妙真真无底船,青龙偃月有谁传?
　　　　阴阳迥别难相入,奇正互根又似连。
　　　　一路通融须贯注,千山曲折要周旋。
　　　　陈言二五三三七,寸管何能见九天?

　　　　存心养性是真诠,智勇深沉学圣贤。
　　　　能把青龙成屈镜,一轮偃月照前川。

急三枪带鞭势

起手偷脚倒上桥，
长矛丈八一肩挑。
大蟒穿林贯右耳，
楚平遗尸任水漂。

他扎我面，我使起手，偷脚，左手曲肘，托杆对扎其耳，却不发杆，而右手使鞭倒刷其面，犹如子胥之打楚平也。

走马转灯战虎牢，
蛇矛点钢勒甲韬。
风魔扫打关门静，
双股宝剑青龙刀。

转身而进，先以左手持杆，刺其胁窝，然后以右手鞭扫其右耳。一收，犹如雁之别金翅也。

古树盘根舞潜蛟，
斧劈华山胆气豪。
乌云罩顶交剑势，鞭与杆交叉而抡。
黑虎玄坛下九霄。

转身，左手使杆，扫打其腿，然后使鞭打，将杆斜擎头上，他使杆扎我背，我即使杆一云，再一云，下步转向摽腿，长身举鞭打头，他往后一闪，再平鞭一扫，即完此势也。末势托杆横胸，将杆梢一扳，然后进赶去也。

虎尾镰

虎尾镰法若何，路同枪刀大略。
运使手法要活泼，推拉惊荡揣摩。
吃粘啄佇接连，开入崩搕，
诸般劲法惯搜，四进疆场往莫遏。

鞭铜路道

鞭铜路道一理，剑刀争差无多。

撩打崩劈隔宕搪，顶扎砍切连劖，因名思用细揣摩。

研手进，退闪躲，身法步法进搜罗，顾门走路斟酌。

左右轮转，变幻恍似流波。

阴阳转结互根，形气倡催神合。

临敌随势随机，应变妙无方卜。

心机一似炮机火，气至弩离弓若。

六合玄机形气充，形寓气兮气催形。

刚柔相济如电迅，阴阳呼吸气匀停。

形合气利炮机火，气利形捷弩离弓。

感而遂通皆中节，合而和兮浩然成。

任他器皿莫名，妙理总在一贯中。

学者若会混元意，何虑千奇万怪兵。

龙虎斗（二）

斧性精灵体。

鞭性金石体，粗暴形。

铜性稳重沉静体。

铜捶剪粗暴体。大战开头，小战落点。

棒法妙，故变化莫测。

剑清秀风流体，故形似春风摆柳。

大刀儒雅体，故浑厚难测。

附　录

大罗汉拳谱
（第二种）

十八罗汉参禅堂

势如参神之状，先静而后动。两手往上一分，双手搁在小腹齐，手心向上。再从下往上直下，双手背相并下插。

罗汉十八，各自有法。
各显法力，谁都难架。

金刚捣碓震八方

接上势。左手往左边一挑，左手往胁窝一插，右手、右脚齐向左上，右手领起，左手下插，头手足一齐往下一振，全身下束。

金刚神杵，真正厉害。
猛往下束，他必带灾。

玉女捧盒朝上苍

接上势。双手往下一分，连手脚齐向右转，左足着地，右足点擎，双手一挽，左手与脐齐，右手与心齐，三尖到势。

小小幼女，双手捧盒。
三尖照到，一命难躲。

火焰钻心猿猴忙

双手往下一旦，望面一点，左手往右夹肢一插，右手从左肩上拉到右乳前，右肩一还，平拳撞打心口上。

火焰虽小，用扇来扇。
猛往前冲，他必归天。

二龙戏珠左右斜

双手一旦,从下向上一挑,到右乳前,硬着肘心,一老一少推去,冲打心坎。气落左眼背,两势一样用。

两条青龙,左右来戏。
用时发力,老少相随。

刷袖子一脚踢裆

接上势。脚手一齐往左一转,右手勒,左脚踢,再使二起脚一踢更妙。

扭转身子,左右勒刷。
使脚猛踢,命染黄沙。

二郎担山赶太阳

接上势。右手前任,左手往前一摧,左手往后一勒,右足一上,右手撞打,单鞭势。气落右眼角上。

杨家二郎,变化势多。
法力一抖,神鬼难摸。

掩住手劈破胸膛

左手往右胁窝一插,右手反抡,左手随脚践跳过去,左手压住右手,平拳撞打,要硬着肘心方妙。

翻身一搂,左手掩压。
右拳平撞,一命必休。

偷步儿戏水鸳鸯

接上势。双手往右一云,身子随转,右步右边上,右手勒,左拳撞打。斜形势落点。

> 鸳鸯好鸟，水中浮游。
> 偶遇着食，左右相顾。

沉肘尖救母沉香

接上势。左手勒住，使右肘打，其左肘一连两次，一样用法。

> 刘家孩子，名叫沉香。
> 手执神斧，华山救母。

夺窝巢单展凤凰

接上势。俗名八拳势，落点反劈盖冲，鼓腹昂胸，气落枕骨尖。

> 凤凰鸟儿，来守巢窝。
> 见了别鸟，必然争夺。

起飞拍换柱抽梁

此势与上势同。

> 右手反打，左手劈下。
> 右手下盖，左手上冲。

李存孝跺塌楼墙

两手一开一合，左手顺头向左，右手顺右腿出去，再一开一合，左手支头，右手顺大腿蹬去，如丁字形。阳气一透，似闪电一般。

> 存孝十三，恨地无环。
> 用脚一蹬，楼塌半边。

鹞子抓肩人伤亡

全身领起,左手插,右手反抢,勒住他手,左手抓住肩窝,右手抽满,左手猛往下压。

鹞子虽小,性子真暴。
爪抓肩窝,命都难逃。

佛顶珠照路明光

接上势。左手往外一挑,右手一勒,左肘一压,与掩手用法相同。

佛祖头上,一颗明珠。
照路宽大,人人难捕。

君青护膝白鹅亮

左手从右肩上挑,右手向下一插,左脚点地,右脚曲勾,贴左腿,左手斜领上身,右手护右脚,右边一样用法。

白鹅亮翅,左右展开。
你若进来,不死带灾。

如雷声五虎群羊

两手一开一合,全身振落,身曲,两手到脐齐,落点气至顶门上。

吼声如雷,猛虎下山。
见羊猛捕,必倾面前。

退步儿金鸡撒膀

两手一分、一推、一搂,左脚蹬胸口,手往后抢,正身后退,侧身落点,左脚前,右脚后,左手前,右手后,如金鸡撒膀之状。

前有人来,必往后退。

正退落侧,哪个敢进。

拉七星剑锋难当

接上势。双手一云,向左上步,双手推出,右手从左手下插,左手从右手上拉回,往前一顶,打献杯势,右脚落实,左脚虚擎落点。

一老一少,往前擎进。

看像捧酒,哪个敢饮。

新式青龙出海拳谱

浑元一气	六鹚退飞
直符送书	凤凰点头
蟠桃献寿	犀牛望月
二起策脚	侧耳听风
双龙捕须	鹞子穿林
回头截捶	麋鹿衔花
倒步牵手	双手推山
闪法	冲天炮
反手策脚	扳打小腹
右扒捶	拉尾跨虎
左扒捶	拉尾跨虎
子路端拱	插捶
闪法	冲天炮
闪法	轰天尘起
劈手	连三掏
劈手	二龙戏珠
闪法	猴戳蚂蜂窝
闪法	转脚
猴翻墙	野马分鬃
左前右后插	白鹅亮翅
袖里点红	猛虎倒坐窝

小罗汉拳谱

苌门罗汉拳谱序

　　语云：圣人之后，必有达人。吾邑新庄苌君洛臣公，清岁贡生。进士仕周者，其兄也。幼读儒书，后习武术，拳棒枪剑，起纵绝伦。时当清朝中叶，志在体炼金刚，不求闻达，故麟阁未著，云台未载。然空前绝后之器，终不可掩。家居传道，文成武就者，指不胜屈。尝闻其所以纵横飞舞，转折跳踢，真机流露，气贯金石，有掀天披地之力，神化莫测之妙。迄今百有余年，父老传述，故迹宛在，简编犹存。虽古之垓下战项重瞳，长坂坡赵子龙名将勋臣，不是过也。谓为武术中之圣人也，谁曰不宜？时文蔚先生，洛臣公六世孙也。武术受庭训有年。年逾五旬，遥思太高祖之余泽，五世将斩，虽著书立说，凝神炼气，手舞足蹈，注解详明，而家藏草稿未镌枣梨，恐代远年湮，简残编绝，手泽虽存，不堪展览焉！即有好学者，字酌句斟，抄写誊录，而腕底云烟，不无鲁鱼亥豕之误。于是返躬自问，纵不能恢复祖德，而即所见闻者寿于世。苦心焦思，因革损益。每一势上注其法，下图其形，使学者开卷醒目，不无小补。图注功竣，先生嘱序于余。余一腐儒，何敢妄赞一辞？第余两次教读德里，久闻其祖之盛德，亲炙先生之苦衷，朝夕研究者，几无虚日。喟然曰：叔季有此慕祖之诚，孝心堪钦，艺术可遵，谓之达人，不亦可乎？因不辞固陋，谨为之序。

清生员周淑茂撰

浑元一气

凡打拳未伸手之先,须浑元一气。动而生阳,静而生阴,静不极者动不勇。心气一落,下气上凝,上下凝聚中宫,此为天地交合之势。打拳之妙,莫过乎此。

学拳居肆,郑重其事。

闲事不闲,浑元一气。

仙人捧盘

接上势。两手自下往后抡,直上直下。左脚尖微往外一搁,身子往后一仰,头往后背,上下一气,直往下落,脚手一齐落点。三尖照到,不偏不倚。身子搁于两腿中间,如捧盘之势也。

仙人盘中,三杯倾下。

劝君莫饮,内有变化。

猿猴养性

随上势。两手往上抡,至于头齐。右足随上,两足并立。两手直往下落,落于两腿根。两眼微合,如猿猴养性之形。头手足一齐落点,此为六合。

闲时养性,心气下沉。

五行一动,满身精神。

仙人指路

接上势。左手往左一伸,右手往后一伸,左足往左边一上步,左手照左足,右手照右脚,前后一伸。侧头俯面,眼往前看。气往下落,如云覆山之势也。

用手一指,前边有路。

引他进来,小心门户。

流星赶月

随上势。右手直往前一攉,右足一上,左手往右肋肢一擦,左足前上,右足落地,左手前伸,右手搁于右腿根。开胸合背,竖肩隘顶之势也。

如月之圆,如灯之转。

丈八蛇矛,双股宝剑。

冲天炮

接上势。前后两手一还,左手一搂,右手自左乳往上冲打,左手搂于左胯,右手打下颏骨。

右手冲打,左手搂下。

肩胯相合,一线不差。

金刚捣碓
一

随上势。两肩一松，两手还到胸前，右手小指领气，直往上领。左手大指领气，直往下插，右脚提起，左脚站地，与左手、鼻尖、右手一线相照。

右手上领，左手下插。

右膝提起，左脚下踏。

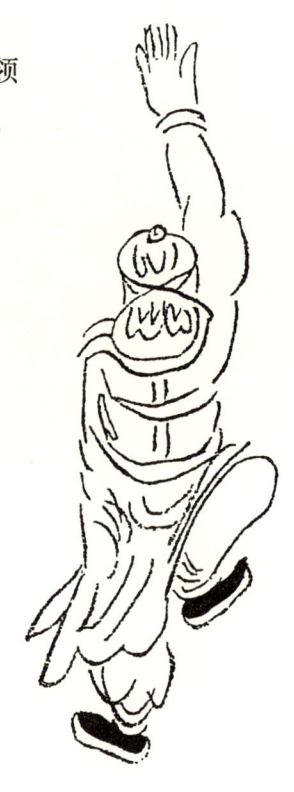

金刚捣碓
二

接上势。高而更高，无可高也。左右两手上下一正，头一仰，身子一长，右手直往下落，左手往上一凝，上下凝合一处。双足震地，如霹雳之声。

燕子飞来，进在我怀。

上手落下，头崩而开。

玉女捧盘

随上势。两手一分抡开,左足往后一跳,右足一纵,左脚立地,右足点地,左手搁于腹脐,右手搁于心坎,右肘照右足尖,身子一起一落。头必侧而栽,气落右目背。

盘内有酒,笑中有刀。
眼看玉女,醉倒春醪。

阴阳转换

随上势。两手往前伸,遂再往后一闪,两肩一松,右手翻抡,左手从右膀肢一插,一齐抡起,右手搁右膝上,左手搁左耳以上。手腕向前,眼往前看,气落鼻准。

阴中变阳,阳中变阴。
上下交合,俱在一身。

冲天炮

接上势。两手一还，左手前搂，右手从左乳下直往上冲打下颏骨，气落枕骨。左手搂左腿根，目往上看，正身鼓腹昂胸。

两势合一，如子归家。

本来面目，到底无差。

火焰钻心

接上势。两手一松，左手自胸前往右夹肢下挑起，右手从左肩上抽回，伏于右乳下，左足往前一跳。左手承起，右手撞打，右前左后。

侧身而入，践跳疾进。

用手承起，方趁我意。

二龙戏珠
一

随上势。心气一松,全体俱松。两手往后一抡,自上往后落于心坎上,左足放开,两手撞打,一老一少,左前右后。

龙吐云烟,长虹线牵。

通神三昧,戏来珠圆。

二龙戏珠
二

接上势。心气一松,两手俱松。双手往右一抡,左足提回,双手抡到后边,两肘下沉,手腕向上,直往前打,老少相随,右前左后。

两肩一柔,疾如水流。

一老一少,父子同朝。

刷 手

接上势。两手一松,阴阳一分,左肩一低,左手随势转。左脚一顺,右脚一横,左手从下直往上领起,右手自上往下落,上下相照,左足点地,长身正势。

左手领起,右手下插。

动静如何,随机变化。

踢 裆

接上势。身子一落,左足尖往外一横,左手一搂,右手一刷,右足踢起,左手一应,右手搂到右胯,或裆内亦可。

一刷一搂,气血周流。

左手下应,娘子踢球。

单 鞭

接上势。右足落地,右手前认,左手前凝,步法跟随,右手一还,身子一仰,左手一勒,右手撞打。右足在前,左足在后。打出即还原为妙。

左手一勒,右手直撞。右足上前,打出还原。

反背三捶

随上势。前后一松,往后一闪,右拳反抡,左手从夹肢一插,遂抡一二三落点。右手照准右膝上,大指下伫。左手小指往里一拧领起。右足提回,足尖点地。眼向前看。三尖照势也。

兄弟三人,刘张一家。

古城聚义,桃园花发。

当头炮

接上势。两手一松,右步放开。右手往下一插挑起,左手遂乘势向前撞打心坎。三到势也。

当头炮打,右肩下沉。

一在硬挑,一在硬进。

二郎劈山

随上势。左手往前一送,右手往后一闪,遂猛往下劈。左手上凝,如执斧破柴之势。

杨家孩子,好使刀枪。

华山一劈,两下分张。

闪　法

接上势。两手往前一伸，再往后一闪。左足往后一退，右足踞回，足尖点地。右手回屈胁下，左手回搁心坎。眼往前看，身子下缩，如猫捕鼠势也。

他来我闪，他打我躲。

疾快之法，神鬼难摸。

掩　手

随上势。右手反背拳向前一砸，左手随转，足亦随之往前上，右脚亦随跳。左肘往外勒开，右肘往后一正。开胸合背势也。

右手一反，步法随践。

肘往外勒，仰面朝天。

栽 捶

接上势。两肩一松，两手一还。左脚前进，右步跟随而进。左手向外开，右手从右耳下往前探打，左手回搁右膀根以扶之。气注额颅。

侧势要松，步法随进。

脚步相合，探身而侭。

朝天一炷香

随上势。两肩一松，全体俱松。往下探，右肩一低，手随势转，右足一顺，后脚一横。两手抡开，左手领起，右手下插。左足前上，并足而立，上下一线相照势也。

朝天子，一炷香。

并足立，气不昂。

搭 手

随势一领。右手自上往外抡,左手自上往外转。先动左脚,右足随纵。左脚落地,左手上凝。右手下落,右足尖立地屈擎。两手搭住,全身落到后胯,小身法也。

身往下落,擎如云烟。
下气上凝,如云覆山。

斜 行

随上势。两手一还,右足斜上。右手一开,左手撞打。左肩前顶。十字步法。
直来斜挡,斜来直撞。
十字步法,丁八雁行。

闪　法

随上势。右脚不动，左足提搁于右足后。左手屈搁于左胁下，右手搁到心坎下。左肩与右胯相合，后脚尖与前脚跟相合，后手与前手根相合。三尖照势也。

闪躲要含，眼睛瞪圆。

猫儿捕鼠，疾快上前。

裹鞭炮

右

接上势。左手揪住，右手背裹打。左肩一拧，右肩自然通顺，左手搁于心坎。打左耳腮。

左手揪住，右手背打。

纵是铁石，亦当开花。

摇身棚

接上势。左手动摇一次，右手动摇两次，两肩随膊而摇，两手俱往外拨，身子往后退。退步时先动左脚，右脚随之。他进我退势也。

一摇两摇，随势而摇。

此是退法，形状如猫。

裹鞭炮

左

随上势。右手用力一揪，左脚前上，用左手背裹打。与前右裹鞭炮相同。

两势一名，即如此形。

至其功用，左右相同。

劈　手

接上势。往后一闪，左手反抡，右手随转。右脚前上，左手上凝，右手劈下。

劈如刀砍，纵步要践。

上下凝合，一刀两断。

望面一点

随上势。两肩一缩，全身俱松。双手一老一少，望面戳点。步法随往前进，此为一松一紧之势。

一呼一吸，一松一紧。

手往前伸，足要紧跟。

丹凤朝阳

接上势。左手自下挑起,左脚随进。
右手向上冲打。右脚在前。三到势也。
五彩凤凰,双翅翔翔。
点头一叫,名为朝阳。

撩阴掌

随上势。两手一分,身子一领,左手一掩,右手随抡,两手相合,身往左一俯,左步放开,左手往前撩擢,后手一正。擢裆势也。

身子下俯,像燕儿飞。
往前猛擢,一命归西。

劈 手

接上势。身往后一闪。左手一曲，左足一回，右手前凝，左手反抡。右脚前上，右手劈下。

高山岭上，一棵大麻。

刀要磨快，砍在底下。

朝天一炷香

接上势。遂往后一闪，右脚提回，右手反抡，左手随抡。右足前上，左脚随并。右手领起，左手下插，上下相照。

往上一领，阴阳不偏。

并足而立，上下一线。

仙人睡觉

随上势。右手往外一云,左手向里一转,右步放开,右手相随,左手前伸,两下相正势,即所谓仙人睡觉也。

树上乌鸦,展翅身斜。
右腿一伸,阴气在下。

脚蹬五棚楼

接上势。右手一起,左手随动左足前,阴气一透,两手一合。左足震地,右脚蹬开。左手一正,一开一合,如闪电然。

十三太保,气力无穷。
脚蹬棚楼,谁人不惊。

鹞子抓肩

随上势。一伸一屈，右手过，左手随转。两足纵跳，右手拧住，左手栽下，左前右后。想情景，疾快猛势也。

铁膀鹞子，落在林中。

翻身一起，孔雀心惊。

阴阳转换

随上势。往后一闪，左手反抡，右手从左胁肢一插，一齐抡起，左手搁左膝上，右手搁右耳以上，手腕向前，眼往前看。气落鼻梁。

阴中变阳，阳中变阴。

上下交合，俱在一身。

冲天炮

随上势。右手搂下,左手向上冲打。
鼓腹昂胸。气落枕骨尖。
阴阳转结,高低分明。
右手前搂,左手上冲。

螃蟹合甲

接上势。两手俱松,身往下一屈缩,心气往下一落,两手遂合打。左脚往前进,身子猛起,眼往上看。双手合打势也。
蟹君神武,不可亵渎。
两甲一合,脑浆迸出。

朝天一炷香

随上势。右肩下落,右脚一顺,左脚一横,左手随抡。左脚前上并立,右手下落,左手领起。

一炷长香,立地顶天。

展身不屈,正头正面。

阴阳转换

接上势。往后一闪,左手反抡,左步放开。右手随转,左手落下,右手在上前凝。目往前看。

阴阳一分,俱在全身。

动静如何,随机而论。

跛 脚
一

随上势。右手一搂,右脚扫打。左手前伸,左腿屈支,足尖点地。肩胯相合,臀往下坐。

心腹之事,料他难知。
高者而来,低者扫去。

跛 脚
二

接上势。右手反抢,右足前上。左手随转,左手搂开,左足下打。右手前伸,肩胯相合。依照前势可也。

虽是一名,左右不同。
随机便用,走他不成。

猴儿牵绳

随上势。两手合落,双脚俱往后纵,身往后退,两手揪挽住,往下一牵,如拉树势。两脚跺地,气落后胯。

一株大杨,绳儿系上。

双手一牵,倒在当阳。

野马分鬃

接上势。身往前一纵,全身俱落,右脚在前,足尖向外开。左手前认,右手后跟。左脚曲落,左右肩胯相合。

野马分鬃,身落屈擎。

长身而起,如虎猛勇。

双手推山

随上势。身子猛起,两手一分,双脚一纵,右脚落实,两手伏于两乳下,左足颠擎。两肩一柔,双手推出,左足放开。

双手力大,低身猛发。
落要留气,上下变化。

白虎靠山

接上势。两肩一松,后脚带起前脚,往后一退。双手从前往上领起,右足立实,左足点地,往后一闪。靠打势也。

双眼瞪圆,胡须倒悬。
张牙舞爪,靠山而眠。

乌鸦蹬枝

随上势。双手一刷，右足前上。两手再一搂开，左脚猛力一蹬，即往后退。如能践跳更妙。

乌鸦在树，双翅展开。

蹬下树枝，展翅飞开。

金鸡撒膀

接上势。两手从后往前落，前脚落到后脚上，后脚退带起前脚，一连三次俱可。

金鸡撒膀，倒退而飞。

看像一鸟，真有神气。

二龙戏珠

随上势。双手往前一擢。左足前上,双手落到右胁下,向前撞打。

前者为老,后者为少。

老少相随,自然为妙。

猛虎倒坐窝

接上势。两手一松,右手往前伸,右足往后一退,右脚落实。左脚点擎。左拳在前,右拳在后。

猛虎虽勇,倒退回窝。

退进洞门,往后一坐。

白虎拳谱

猿猴养性

开势,两手往两边一分,往当中一合,曲肘,阴手交搁胸前。

蟠桃献寿

此势两手一转,全体振动,开合胸背,俯头隘顶,弓身擎步,两拳阳搁于底阁下。收之又收也。

犀牛望月

两手往外一分,背后一转,两手自肩而下,两拳往下一入,微往前挣,头往上仰,腹往前鼓,如望月一般。放之又放也。

双敌手

右

一转,两手往右边一抡,右脚往右一上,两手合并一拧,使敌佟前入催去。右手上,左手下。

双敌手

左

两手一转,身往左边一摇,左脚往左边一上,两手合并一拧。左手上,右手下,用敌倥吃住。

飞雁神抓

往后一闪,左手面前一转,右手往后一抡,往前一搂,两脚往后一践,左手下抓,右手一回,贴于右胯,伏身低头之势。

轰天神起

右手自下往上一崩，左手从怀内往下一插，右脚往前一跋站地，左脚往上一踢，落下左脚，两手一拍合住。

金鸡鹐食

两手往两边一分，随开随合，连拍三拍。两脚随拍势而跋。此势须用连字着重。

飞雁投湖

两手自上而下，往两边一搂，要带开俋，步往前上，身往下俯，头往前顶，使头打其小腹。

裹边炮

左

全体一束，须用践步。翻身背后右手一抓，左手扬开，打其耳腮。

裹边炮

右

往后一闪，左手往前一抓，左步往后一退，右步往前一上。右手扬开，打他耳腮，用践步亦可。

冲天炮

两手往后一还，步微退。右手往前一搂，左手往上一起，阴阳转结，两步放开。左手往下一搂，右手往上一冲打面。头往上仰，昂胸鼓腹之势。

白虎抱头

两手往上旋拧,左脚前上,右手搁在头上,左手往上一冲,亦擎连二字着重。

丹凤展翅

左手往下一落,右脚往上一踢,右手往下一拍脚面。此单脚势。

霸王观阵

两手一还,步法往左一扯,直身正势,两脚相并。左手往左一转,搁在头上,右手自右耳下搁于胸前。面微仰起,如观阵一般。

乌鸦蹬枝

双手一落,伏于胸前。全身一束,右脚一上站地。双手旋转,收于胸前。左脚一蹬,双手一展,脚手一齐落点。

转身蹬枝

回身往后一旋转，须用践步。双手一抡，收束胸前。左脚站地，右脚一蹬，双手一展，脚手一齐落点。

猿猴献杯

右脚落地，两手一还，须用践步。右手往后一领，往前一伸。左手往后一抡，往前一扳。右手自左肘心内往前一搁，左手从右手下一回，搁于右手腕后。伏身擎步。

饿虎捕食

全体一束,猛往前践。双手自上而下一搂,一束一展推去,如猛虎趟羊一般。

猿猴看果

俯身收束一还,然后长身。两手从头上往后一抓,伏头、隘顶、弓身。须用践步,两手搁于两膝下。

袖里点红

身往后转,右手往上一撩,左手一挑搁于右耳外。身往下伏,头往里钻,右手入打其胁窝。

斧劈老君

两手一还,身往后转。左手往上一领,往后一搂。右手扬开往下一劈,左手往上一迎合住。用践步亦可。

冲天炮

往后一闪,右手面前一搂下来。左手领于头上,阴阳转结,内外一聚。左右脚步一进,左手一搂下来,右手往上冲打其面。昂胸鼓腹之势。

单刀赴会

往后拉一跨虎,右手抡开往前一搂,右步一还,左脚前上,左手扬开劈下,右手上迎,上下合住。用践步亦可。

冲天炮

往后一闪,左手自后往前一搂,阴阳转换,步法放开。右手扬开一搂,左手往上冲打其面。鼓腹昂胸之势。

占字门势

身往后一领,两脚一还,两膀一拧,两手一挽,右手搁于头上,左手搁于心口上。鼓腹昂胸,面微仰起。

金刚扭锁

身往下俯,两手掌相合,一上一下。上手小指往里一带,贴住膀窝,后手大指往怀一收。左右转换不离脉槽。

雌雄交会

往后一闪,右手自后往前一搂。右脚一上,左手一扳。用践步,左脚站地,右脚踢起,右手撞打,脚手一齐落点。

白虎靠山

伏身往左边一转,双手旋抡。践步过去,右脚在前,左脚在后。两手伸开,身往后仰,使背靠打。

飞虎跳涧

两手往下一落,身往下伏,右脚往右边一上,左脚一随,两脚相并。两手往上一云,两拳上起顶送,拳微侧,小指上翻,直身右势。

霸王举鼎

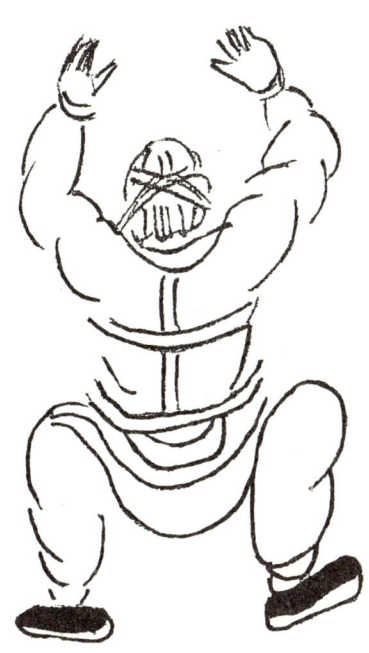

两手往后一云,两脚一跳,身往后转,前脚跳后,后脚跳前,八字站步。两手上托,两肘外分,二目上观,两手指尖相对。

青龙探爪

两手一转,身子一扭。前脚跳后,后脚跳前。身子下俯,弓脊伏头。左手自夹肢窝内一掏领住,伸右手指往上抽打其小便,再使右脚一蹬更妙。

翻身跳涧

俯身一收,须用翻身践步。左脚跳后,右手返劈。左手一开,右拳仄擩打去。

夜叉探海

回身左手一邀,右手还开,使阴拳撞去。

猛虎双坐窝

两手往两边一开，身往右转，步往后退。两手往下一抓，两胯往后一坐，气落后胯尖。还势，身往右边一坐，以照前势。两势俱用践步。

软手提炮

右脚前上，左手一开，右手提打。左脚前上，右手一开，左手提打。左手一开，右手提打，末势，步法不换，以照前势。

霸王开弓

两手一还,左脚前上,右手一扳,左手往前顶入。开胸合背,似开弓之势。

野马分鬃

两手往下一松,弓身伏头收束势。两手往上一分,右脚往前一上,须用偷步。双手搁于胸前不发。以正为体,以偏为用,即是此法。

泰山压顶

两手一还,右手返抡。右脚一退,左脚一上。左手一开,右手盖打顶门。此为八捶之势。

返剑击石

回头转身,右手返劈。两脚顺过,左手插打其面,步法前上。一名千斤坠。

二龙戏珠

两手一云,须用践步。旋转身过来一俯,两肘下沉,右脚前上,两拳相并,入打其肚。一老一少,俯头咽项。

单　鞭

左脚一震,左手一还,左脚放出,直往前撞打。右手往后一挣,前后停分,此势雁行步。

白虎双抱头

两手一收,两脚往后一践。两手在面前一挽,右手搁在头上,左手搁胸前。左脚颠擎,身微右侧。换势,两手一拧,两脚一践,转过左边,亦照上势。先践动前脚,后践动后脚。二势退身法,此势左右抱头之势。

双手推山

两手往下一落,往上一分,两脚一践,转身正势。两手一束,伏于胸前。束身俯头咽项,右脚站地,左脚颠擎。

渴牛饮泉

身往上起,手往两边一搂。左脚一上,右脚往上一踢,往后一蹬,身往下伏,头往前顶,目往下看,方像渴牛饮泉之势。

转身竖肘

全体一束,身子往后一翻。右脚后退,左脚前上。右手一抓,左手曲肘往下一竖,须用践步。

摇身棚

两膊根一摇,又一摇,两手随膊而摇。先上后脚,后上前脚。左手往上一挑,右阴手从右耳下来,落于心口下,往前撞打可也。

炮拳谱

浑元一气

浑元一气把势默,动静伏仰势亦随。
三尖照到来势转,落点之时着灵机。
浑元一气,头伏眼合。
静如山岳,动似江河。

双劈手

接上势曰:两手往下一分,从后往上直往前劈,双手与肩相平。右脚前,左脚后。双手搁于前腿当中,气落十指尖。
一开一合,双手前劈。
前若有人,一命归西。

猿猴养性

接上势曰：左脚上半步，右脚下半步，双足并立。两手往下一分，从下往后直往上领，至头上。双肘直往下落，两拳平直相对，双肘分开，如猿猴养性，气注鼻梁。

小小猿猴，养性中间。

跳出洞中，谁人敢拦。

童子拜佛

接上势曰：两手往下一分，从下往上交叉连擂三次，两手一合，往上一顶，照中鼻孔、咽喉为度，气落两眼上，阳气一透，并足而立。

幼童孩子，参拜神佛。

双手一顶，刺破咽喉。

云 顶

接上曰:两手从左往右一云至头顶,十指尖相对,右腿悬起,眼往上看,气落胸膛。

两手一云,如举金鼎。
谁敢前来,见者必惊。

二龙戏珠

随上曰:双足一振落下,双手落在左乳前,全身曲擎,双手一还,硬着肘心推去,一老一少落点,气落右眼背。

一老一少,父子同朝。
沉肘推去,一扑即倒。

单 鞭

接上势曰：左脚一振，将身转左，双手搁在左乳前，两肩一柔，右手往后一勒，左手撞打心坎，气落左眼角。

两肩一柔，即如水流。
左勒左撞，一命必休。

三 捶
两势合一

接上势曰：两手往前一任，再往后一闪，先动左脚，后动右脚点擎，左手搁胸齐，右手靠右胁。左手往右肢窝一插，反背三拳落点，气落鼻梁骨。

反背三拳，人人难拦。
若退不了，命必有险。

闪法三捶

两势合一

接上势曰：两手往前一任，往后一闪，先动右脚，后退左脚，右手搁胸前，左手贴左胁。右手往左肢窝一插，反背三拳落点，气落鼻梁正中间，以待上下来路。

闪法三捶连，人人难近前。

若不退的疾，命必丧黄泉。

仙人指路

随上曰：双手一旦，左手前任，小指领气，右手后挣，手虎口贴右胯，左眼看左手，右眼看人，裆口前开后合中间圆，玉茎收，谷道合，是步法之正理，气顶胸膛上。

左领后正，气擎前胸。

手脚一发，神鬼皆惊。

截 捶

随上势曰:左肩往下一栽,左手领起,拦其膀根,右拳打他左胁。两腿或左或右或当中,必插入他身后,一扑他即倒矣。

左挑右截,打他左胁。

若退不及,心中必怯。

怀中抱月

接上势曰:双手往上一挑,直往下落,头手足皆曲,双阳拳打其小腹,气落额颅印堂间。

双手上挑,拳打其腹。

全体皆曲,气落额颅。

冲天炮
两势合一

随上势曰：两手一插，右手反抡，左手随转。左手一搂，右手冲打其心坎。鼓腹昂胸，气落枕骨尖上。右足前，左足后。

阴阳转结，左搂右冲。
仰面朝天，鼓腹昂胸。

叉 捶

右手一还，勒住他手，我使左拳顺左耳叉打其胸，要一挤步前上。气落左眼角，带佅字。

右搂左叉，打其胸前。
气落左目，佅字为先。

云 顶

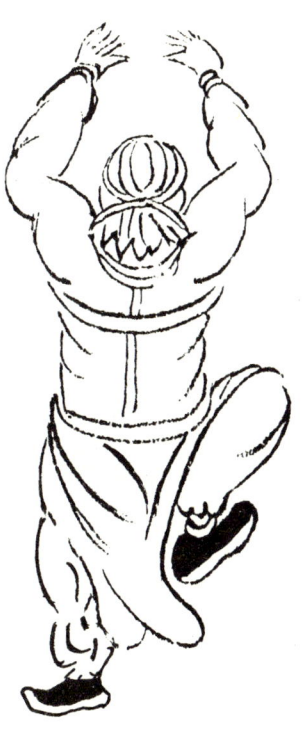

两手一旦一云,身子随践跳过来,双手举至头顶,左脚着地,右脚提起,两眼看手,气落胸前,十指相对。

两手一云,身随足转。

左脚站地,手举千斤。

二龙戏珠

双足一震,肘沉下落,两肩一柔,硬住肘心推出,一老一少落点,气落右眼角。

两足一震,肘靠左乳。

撞打出去,老少相辅。

回首单鞭

左脚向右脚跟一震,将身颠回,左手在右乳前,右手肘靠右胁,左手往后一勒,右手右足前上撞打,气落右眼角。裆口前开后合中间圆。

脚步放开,右手前撞。

前开后合,错了不行。

撩阴脚

两势合一

左手一插,右手反抡,右脚一踢,左手下迎。

踢裆势儿,莫要轻看。

万一着中,性命有险。

偎法单鞭

右手向前一任,挤步往前一偎,左手前推,左手后勒,右手前打,拳要平直,撞打心坎。前手不得过于前脚尖,三到势,脚眼手一齐俱到也。

左勒右撞,劲气相当。
一样招法,左右不同。

闪法三捶

两势合一

闪法三捶,前后都有,一样用法,看与何势相连,用甚劲气,前发后至。
三门上闪,三捶来打。
打开门户,横行惟我。

踢　脚

　　左边一踢脚，右边一踢脚，左右踢脚使用多。上下左右，肩胯相合，自有妙处，生生不穷之理。

　　左右踢脚，使用最多。
　　上下来路，谁能摸着。

单　鞭

　　往前一任一偎，挤步打单鞭势。单鞭者，是拳中之要势，非平常可比。

　　拳中之势，单鞭为主。
　　用着即至，哪个退出。

闪法三捶
两势合一

　　双手往前一任,往后一闪,随叉着一、二、三三拳,右手上领,小指领气,左肘下沉,前脚虚,后脚实,如观望之象。
　　右手上领,左手下沉。
　　前虚后实,看如观阵。

踢脚闪法
两势合一

　　往右全身一闪。右手一插,左手反抡,右脚一踢,左肩与右胯相合,能以稳如泰山。
　　右边一闪,右脚一踢。
　　肩胯相合,刚柔相济。

偎法单鞭
两势合一

右脚点地,右手前任,左手前推带住后勒,右拳平直撞打。前脚虚,后脚实。后胯再往里一攒,玉茎一收,谷道合住,气落右眼角。

左单鞭,右单鞭,
前开后合中间圆。

闪法三捶
两势合一

双手往前一任,右手前,左手后,往后一闪,叉打三拳。左手上,右手下,上下一挣,左手小指领气,右肘下沉。

天有日月星,人有三拳转。
若要用得出,无人敢近前。

当头炮

右肩下沉，右手挑起，左拳撞打心坎，右手上领，左手往前一顶，一开一合劈下，势如破竹一般。气落右眼角。

平拳一撞，右手劈下。

势如破竹，一线不差。

闪法掩手

两势合一

双手一任，往后一闪，左手一插，右手反抡。身子随转，脚步践跳，右手勒，左手前开。气落左眼背。

右手反抡，左手推开。

如荡小舟，谁敢进来。

栽 捶

两手往下一分,身子一正,右手顺右耳往下斜打,使之力入地内,左手竖迎右膀根,气落顶门印堂间。

一开一合,身子一正。
右手顺耳,斜栽打来。

朝天一炷香

左手上领,右手随身转过。一顿,右脚下半步,左脚上半步,全身一旦。左手上领,右手下插,上下一线之照,并足而立。

一高一低,真有神气。
一线之照,并足而立。

搭 手

左手一云,右手随抡。右脚前上,双手擎落,右脚点擎,如云之覆山。气落右眼背。

两手一云,右足点擎。
如云覆山,气落眼睛。

斜 行

两手一开,右足斜上,右手一勒,左手撞打。气落左眼角。
斜行步法,拳中要握。
用功省力,使着得济。

云 顶

两手往右一云,右步随转,双手举至头顶,十指相对。左足着地,右足提起,眼往上看。气落胸膛上。

双手高举,右脚提起。

如举金鼎,还嫌不足。

二龙戏珠

头往上仰,全身往下一震,如雷之声,沉肘塌肩。两肩一柔,一老一少推去。气落右眼角。

头往上仰,全身下震。

如雷之声,硬着肘心。

回头单鞭

左足往右足一震,全体转回,右勒左撞,前脚虚后脚实,前腿微往后收,后胯往里一攒,如磐石之稳。

单鞭势儿,拳中之宝。

前有人来,走他不了。

右扒捶

左手叉,右手扳,左手劈,右手冲,鼓腹昂胸,气落脑后风俯间。再打一拉尾跨虎。

扳劈盖冲,扒捶之名。

拉尾跨虎,鼓腹昂胸。

左扒捶

左右之势,劲气相同,身随势转,腿追如风,全身动作要起、随、追为主。

手动起根,身动随连。

腿动追牵,气催拳尖。

掩 手

左手反抢,右手右脚齐上,左手抽满,右手推压,气落右眼角。

左手抽满,右手掩压。

全身一动,人都难架。

左栽捶

两手一开,左手从左耳边往前下斜栽,使之力入地中。气落印堂间。

左栽拳打,如探深渊。

使拳一入,浪水必翻。

左右搭手

右手往上领,左手随身转过,一连两个搭手。双手一搭,左脚曲擎,脚尖点地。气落左眼角。

如月之圆,如灯光转。

搭手擎聚,如云覆山。

十字捶

左手勒开,右手斜打,
左脚斜上,十字步,眼注右手。
左手勒足,右手斜打。
十字步眼,都难躲清。

怀中抱月

两手往上一分,全身皆曲,头伏腿曲,两手阳拳打其小腹。气落印堂。

怀抱月,全身曲。
打小腹,谁都怯。

猛虎占高岗

两手一叉,猛往右前方一栽,弓背足尖点地,两手十指下插。气落腰脊正中间。

饿虎猛勇,占则高岗。
弓背曲擎,脚手点地。

高挑低进

左肩往下一栽,左膀向左一擢,左脚随进,右手撞打其心腹,左手大小指往上领气,右手中指根节领气。气落两眼。

高挑低进,任重千斤。
硬肘推去,哪个不尊。

侧蝶戏梅

左手一扳,右手随进,点擎着地,右阳拳打其脚面。气落右眼角上。

拳打脚面,谁敢近前。

有人躲过,便是神仙。

白鹅亮翅

左手一插,右手随动,全身跳过。左足曲提,右足立地,左手顾左足,全身微向右斜,右手靠右耳,领住上体。眼往左斜,看其来路。

身如白鹅,全体斜着。

有人前来,双足震跺。

侧耳听风

全体一旦，小挤步，两手向前迎，上拦其膀根，小身法。气落右眼背，左眼前看来路。

全体一旦，挤步向前。

拦其膀根，听风一般。

双龙捕须

两手往右边一拦，将他手拦过，再将双拳一入出去，右阴左阳，打胸脯。气落二目。

小者青龙，依须来用。

往前一捕，谁人不惊。

金鸡独立

两手往下一旦，左手往右夹肢窝一插，右手一云上领，左手一拧下插。右腿提起，眼往上一翻，头伏，全体一震，往下一束，如捣碓一般。

眼往上翻，全体俱动。

身往下震，如雷之声。

金刚扭锁

两肩一摇，左手上挽，右手随转，两手不离脉漕，两肩、两足一齐柔动，双足一震落点。

金刚又金刚，金刚义气昂。

双手把锁扭，两肩柔摇晃。

冲天炮

两势合一

阴阳一动,转右。左手前上一搂,右手冲其下巴骨,或胸前都可。胸昂腹鼓,气落枕骨,眼望朝天,胡须倒悬之状。

左手一搂,右手上冲。

鼓腹胸昂,胡须悬梁。

十字劈门

一

左手往左一挑,左手再往右肢窝一插,右手往左一抢,左手一挑,右手阳拳撞打。气落二目,肩胯相合。

左手一挑,阳拳撞打。

气注二目,合住肩胯。

十字劈门
二

右肩往前一顶,左手一仰劈下,势如破竹一样。气落左目。三尖照到,无处不着力。

右肩前顶,左手一仰。

势如破竹,哗啦声响。

冲天炮
两势合一

左边之阴阳一转。右手往前一搂,左手冲打其下颏,使他不能后退,下势不生。正身势,落点,前手对鼻准。

右手搂下,左拳冲发。

正身仰势,右手靠胯。

童子拜佛

接上势曰：双手一旦，从下往上一分，两手交叉，搁在面前，左手在内，右手在外，两足点擎。气落一身。

拜佛童子，气擎全身。

两手交叉，哪个敢进。

霸王观阵

接上势曰：右手先动，左手随身一齐转动。左手在头上，右手心向上，搁心齐。左脚站地，右足点擎，如观阵向右观望。

前朝霸王，右观吉祥。

前有人来，捶击命亡。

劈 手

随上势曰：右肩一沉挑起，左手随势一撞。左手往前再一顶，右手扬开劈下。气落右眼角。

左手前撞，右手下劈。
势如破竹，一命归西。

仙人摘茄

一

接上势曰：右手搁于左边，左手连左脚随上，阳手进摘阴蛋，摘住，全身往后一正。

右手一叉，左手阳进。
如摘茄子，一命归阴。

仙人摘茄
二

接上势曰：双手一搓，左手搁于右边，右手阳进，抓住阴处，往后一正。

如摘茄子，转在右边。

身往后正，命染黄泉。

劈　手

接上势曰：两手一开一合，左叉左反，随身跳过，左手下劈，右手上托。气落右眼角。

右手下劈，左手上托。

如刀之利，气落眼角。

霸王举鼎

接上势曰：两手一云，随身跳过，双手从胸前举至头上，十指相对，八字站步，全身微蹲。气落胸口上，眼往上看。

霸王力大，手举千斤。

八字站步，谁敢不尊。

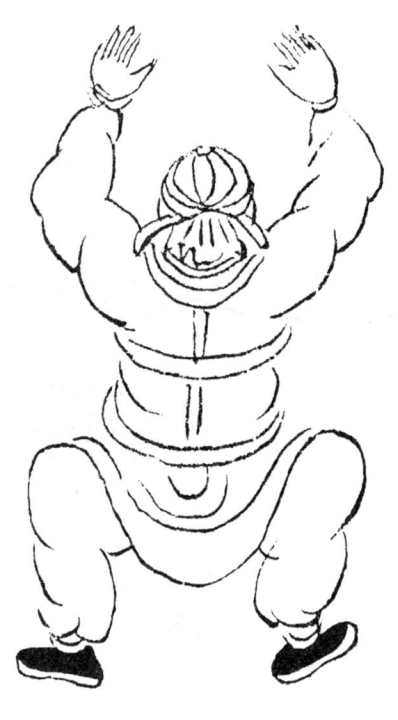

冲天炮

接上势曰：左手一挑，右手一叉，身子随转。右手一搂，左手冲打。胸必昂，腹必鼓，头必仰，气落枕骨。

右搂左冲，鼓腹昂胸。

仰面朝天，气落枕骨。

霸王观阵

随上曰：右手一抡，左手随转，双足随转，左手举至头齐，右手搁于心齐。面向右前，眼往上看，如观阵之状。

霸王举目，把阵来观。

他若动手，不死有险。

摇身棚

接上势曰：左手一云，右手随云，身随腿追，左手搁左肩，手心向后，右手肘搁放胁齐，一连两摇，眼观右前方。

一摇两摇，肩胯相合。

两手头齐，退法如猫。

霸王观阵

随上势曰：左手一分，右手从左手根一分，身子脚手全动，左手举至头顶，右手搁于心坎齐，右足虚点地，眼往右看。

霸王好汉，常把阵观。

偶遇有人，敌就蹿圈。

高挑低进

随上势曰：右手往下一沉挑起，左手前打。

气落左眼角。

右手擢起，左手撞打。

不是敌手，很难支架。

绰 手

接上势曰:双手一挽,吃住他手,全身往后一坐,如牵绳之状,两肩一束,两肘一沉。

两手一挽,好似牵绳。

全身后坐,无人不惊。

斜 行

接上势曰:左手一勒,右手撞打,肩胯相合。气落右眼角。

斜来直打,直来斜撞。

左右一样,使着灵通。

高挑低进

接上势曰:左手挑起,右手前撞。气落右眼角。

高挑低入,硬住拳头。

前有人来,一命呜呼。

勒 手

接上势曰:两手一挽,勒手后退,全身一束,塌肩沉肘,气落一身之状。

两手一分,勒住后退。

全身一束,塌肩沉肘。

斜 行

接上势曰：右勒左打，肩胯相合，势很灵通。气落右眼角。

勒手斜进，肩胯相合。

人若前来，他摸不着。

乌鸦蹬枝

接上势曰：右手往左肢窝一插，左手反抡，右手往下一栽，左脚一振，右手挑起。左手、右脚齐上，脚手全在心口上边，肩胯相合自稳矣。

一撞一蹬，肩胯相停。

打面蹬胸，谁人不惊。

劈 手

随上势曰：左拳往前一顶，右手一仰，全身下劈，如执斧破柴之状，气落右眼背。

劈如刀砍，振起狼烟。
你若后退，容你回还！

凤鸣出巢

接上势曰：两手往下一旦，左手从右手一插，挤步前上，左手心向下在肩上边，右手阳拳上冲，胸昂腹鼓之势。

凤凰鸣，想出巢。
众鸟听，都来朝。

仙人指路

随上势曰：两手往下一旦，叉住左手，抡上右边，右手在左，两手一开，左手前撩，打小腹，右手往后一正，全身往前探。气落左目上。

左手前撩，右手后正。

探打小腹，人人皆惊。

单　鞭

接上势曰：左手一勒，右手、右腿齐转上前，勒一单鞭，气落右眼角。

勒一单鞭，二目睁圆。

撞打敌人，命丧黄泉。

闪法三捶

接上势曰:双手一闪,叉住打反背三拳。气落鼻准。

闪法为主,三捶为帅。

若还打出,谁敢进来。

左右牵手

接上势曰:左边一牵,右边再一牵,身往后退,肘往下沉。气落左眼角。

左边似牵,右牵像退。

前虚后实,无人敢追。

冲天炮

接上势曰：左手一搂，手虎口贴后胯，右手上冲下巴骨，眼往上看。气落枕骨尖上。

左手搂下，右手冲打。

到你跟前，没法招架。

霸王观阵

接上势曰：两手下落，连身带手齐转，左手搁在头上，右手搁于心口上，眼注右前方。

两下兴兵，如同对垒。

未曾交手，先把阵观。

反背三捶

接上势曰：两手前任，往后一闪。再一叉，右手反抢，左手随抢，一连三捶。左拳小指往上领气，右拳大指任气下沉。气落鼻梁。

闪法后退，三拳前追。

人若前来，不能近身。

猴儿牵绳

接上势曰：左边一牵绳，右边一牵手，全身往后坐，塌肩带沉肘，气注两眼睛，看他怎动手。

左牵绳，右牵手。

身后正，带沉肘。

冲天炮

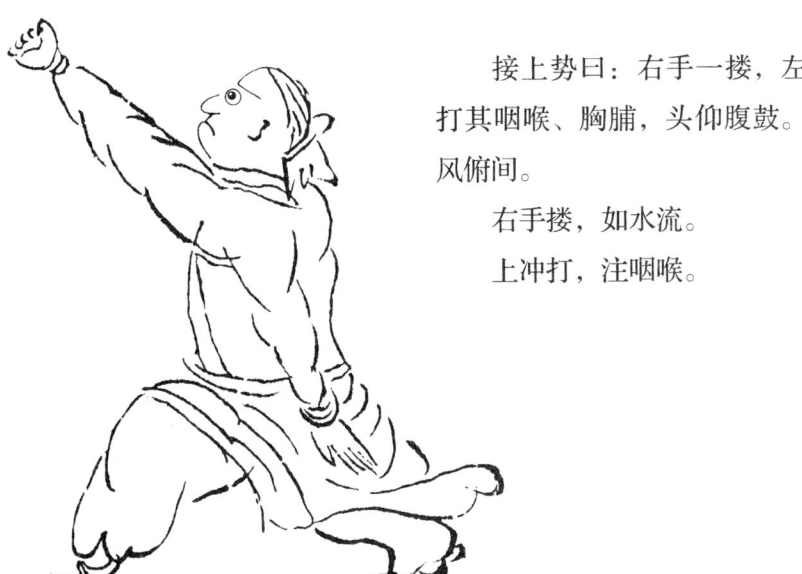

接上势曰：右手一搂，左手冲，上打其咽喉、胸脯，头仰腹鼓。气落脑后风俯间。

右手搂，如水流。

上冲打，注咽喉。

猿猴养性

接上势曰：两肩一松，从下往上反抡，两拳相对，两肘一分，头伏眼合，如养性之状。气落印堂间。

猿猴入洞，养性内中。

头伏眼合，似在朦胧。

抽梁换柱

接上势曰：两手往下一旦，左手先抡，右手后抡，右手往下一插。左手小指往上领气。

左手上领，右手下插。

上下一正，一线不差。

掩　手

接上势曰：左手往外一开，右手往右一勒，左胳膊往外一推。气落左眼背。

外拨为开，内拨为合。

右抽左压，不死反伤。

栽 捶

随上曰：正身往后一开，右手顺右耳斜栽打小腹，左手迎至右膀根，力入地内。气落额颅。

阳拳上冲，阴拳下栽。

气落额颅，力入地中。

二起脚

接上势曰：右手反抡，左手随抡，右手打二起脚，左手前迎，右脚不落地，左肩右胯合住，自能稳如泰山。

二起脚打，左手前迎。

肩胯合住，腿似铁打。

单 鞭

接上势曰：右足点地，右手前任，抢步，左手往前一偎，左手一勒，右步放开，打足还原。两手平直相对，拳头不能上勾、下勾、内勾、外斜。气落右眼角。

打足还原，平直相对。

前开后合，玉茎收起。

闪法四门斗

随上势曰：两手往后一闪，右拳一反背，左手一插，右手反后，靠身往前打，不离身子，左手迎住不得打过身子。

气落右目，两腿曲擎。

手要闪，气要含。

人难防，贴身拳。

猛虎捕食

接上势曰:两手一还,身子随跳,落点两手前捕,步法要蹲,且需紧跟。气落顶门。

猛虎勇,见食捕。
双爪搂,命必休。

撩阴掌

随上势曰:两手一松,再一擦,左手往前撩阴,右手往后一正,身子微往前探。气落左眼角。

左手撩,右手正。
打阴处,必命倾。

闪法四门斗

随上势曰：这一势还得三次比，自能说是四门斗，比够四方才够，一势作三势。

一连三，紧相连。

作四次，方算完。

猛虎捕食

接上势曰：此势与上势猛虎捕食及撩阴掌相同，以后学者仔细来观，就清楚了。

三势合一，法儿相同。

参看前势，学者即明。

白蛇吐信

接上势曰：全身往后退，两手一老一少向前迎刺其拳头，脚眼手相合，退法如猫，双爪齐用。

白蛇真灵，吐信退行。
如猫后缩，双爪相迎。

右跛腿
两势合一

接上势曰：先一闪，两手交叉如阴阳转结然。后全身坐左脚跟上，右脚尖向内勾，脚底平放，扫打到前面，不能打过。左手前迎，右手后正，使身子不能前栽后仰。肩胯相合，身子稳妥。

打跛脚，一溜风。
尘土起，才合用。

左跛脚
两势合一

接上势曰：两势一样用，左右相同。肩胯相合，身子方稳。

两势一样，用法相同。

不必再说，看者皆通。

背　扫

接上势曰：左手上领，右手连右脚、身子全然往右后打扫，打到背后正面为止。左手上领身子，右手靠脚腿旋转，肩胯合住。

脚跟背扫，人多不懂。

若能用住，定会成功。

斜 形

接上势曰：两手一云，沉肘在左乳前，右手勒，左手前打，右脚向右边斜上一步，左肩与右胯合。气落左眼背。

右勒左打，斜行之用。
肩胯一合，谁人不惊。

牵 手

接上势曰：两手往下一分一挽，牵住他手，往后一坐，他即倒矣。气落左眼。

牵手后挣，绳儿放长。
往后一坐，自取灭亡。

螃蟹合甲

接上势曰：两手一旦，右脚偷上到左脚后，左脚再一上，双拳合打。气落左眼，右眼看人。

螃蟹合甲，横行天下。

双甲一合，谁都惊怕。

阴阳转换

随上势曰：双手一旦，左手一擦，右手随抡，如半月之形，即像太极图，罩住上身。气落鼻梁。

阴转阳，阳转阴，

阴阳转，互有根。

冲天炮

接上势曰：左手一搂，右手冲打其下颏，左手靠左胯，仰面朝天，胡须倒悬，鼓腹昂胸。气落枕骨尖上。

下栽入阳，上冲入阴。
仰面朝天，方为知音。

擦 捶

随上势曰：右手一勒，右脚右边斜上半步，左手顺耳往前撞打，要带侭字。

打拳之势，须要明白。
擦拳打去，侭字须带。

云 顶

接上势曰:双手一云,随身跳转,双手举至头上,右脚提起,如举千斤。气落胸前。眼往上看。

双手举千斤,单腿又独立。

双眼往上看,气昂在胸前。

二龙戏珠

接上势曰:两脚一震,身子往下一束,两肩一柔,一老一少,硬住肘心推去。气落右眼,三尖照到。

打拳之势,眼为主帅。

不论左右,二目贯注。

单 鞭

随上势曰：左脚向右脚跟一震，身子随转，两肩一转圈，左手后勒，右手前打。上闭咽喉，下合谷道。前腿收，后腿攒住。玉茎一收，中间圆满。右眼栽，下颏勾。

左勒右撞，单鞭势形。
打足还原，两腿一拧。

霸王观阵

接上势曰：左手一抢，脚随手动，右手随动，脚也随转，右足实放，左足点擎。左拳连肘在左腿根上，右手在头上，两拳相对，一阴一阳。气落双目及鼻梁。

自古兴兵，各显其能。
阵势排开，元帅观情。

十面埋伏引战拳谱

序

古云："兵不厌诈。"是知世之用武者，固必运筹多方，而不可以径情行也。余尝读《汉纪》，见韩信用十面埋伏阵，心窃慕之，特略而未详。厥后看《三国志》，见曹瞒击袁绍，程昱仿韩信十面埋伏阵，以许褚为先锋，佯北诈败，袁军五寨空壁逐之至河上，曹兵背水死战，袁军反走，左右十面埋伏，并起夹攻，袁军死者不计其数。此古人用兵之谋也。至若打捶，以一心为主帅，以五官为将佐，以四肢百骸为士卒，亦用兵之事也。安可不好谋而成哉？余素嗜武备，少从祖父学捶，读书之暇，演习不厌，但未专务。弱冠后屡遭兵变，始受业于显宗范先生，继又受业汜水东海李宗卿先生。李先生捶势多出自苌门，惟此二十八势，上应二十八宿，为禹门所传，以《十面埋伏引战》为名。演习期月后，觉势势皆有虚实，皆有起伏，布列有法，变化莫测。其进退离合，无非出其不意，攻其不备。真堪与韩信、程昱用兵之法先后争辉。先生恐流传日久，失其真迹，又虑无知之辈，私自改纂，因命余详为注释，绘以图像，作为歌序。余不揣固陋，妄自草创，亦聊表教者之深心，明作者之取意云尔。歌曰：

程昱破袁在河滨，曾仿十面埋伏阵。
不意三国争锋后，武艺又有学韩人。

又曰：

捶势自古亦多名，白虎青龙势峥嵘。
讵知禹门留此拳，布列如观百万兵。

同治二年岁在癸亥孟夏之月子青卢士选识

学拳五箴保身诀

　　学拳所以强筋壮骨，却病延年，非仅为打人而设。即有时打人，亦须君父之仇，非一朝之忿也。如为一朝之忿，邻里乡党之中，虽逞英雄，恐桁杨棰楚之下，难凭勇力。李渔诗曰："宝刀不肯轻尝试，留报人间二大仇。"学拳若能三复，终身可保无事。

　　学拳所以为己，非徒见知于人。即有人看，须是至亲益友或忠厚长者。若村野鄙夫，一欲看之，即脱帽露顶，手舞足蹈，众虽悦之，恐为士所窃笑。孔子曰："不患莫己知。"其不仅为修文者言之，亦为习武者言之也。

　　学拳要自尊自重，不可轻与外人比试。其欲与己比试者，大抵卤莽之夫，骄傲之辈，皆欲逞勇猛显自家以力服我也。不然何乐为之？古人云："轻则以为学艺不高，重则触其恼怒，见时宜以承奉为主。"此语先得我心。虽人以我为弱，以我为怯，庸何伤？

　　学拳切不可耀武扬威以致外露。其状貌须如妇人女子，方是木鸡养到之时。

　　学拳既久，不能不传人。传人须择忠厚端正之士，若图一时钱财口腹之奉，妄传匪人，小则作歹为非，大则悖逆叛乱。此虽彼罪，己实有以教之祸，岂浅鲜哉？古人云"非其人不传"，盖以此也。

十面埋伏引战拳名

浑元一气
大蟒穿林　白鹅亮翅
阴阳转结　野马分鬃
五花炮打　十字提门
劈山救母　抽梁换柱
白猿退搂　黑虎掏心
鹞子钻林　霸王开弓
蛇入雀巢　裹边炮打
存孝观阵　二郎担山
套仙神索　侧身背扫
白马分鬃　双手拍蝶
单把平出　提炮高打
斧破老君　仙人指路
专诸进鱼　黄巢试剑
千字大战　袖里点红

十面埋伏引战拳歌

浑元一气

大蟒穿林元功战	白鹅亮翅紧相连
阴阳转结连环进	野马分鬃退后拦
五花炮打襄阳破	十字提门出昭关
劈山救母首尾应	抽梁换柱中节旋
白猿退搂分五岳	黑虎掏心套三环
鹞子钻林气上冲	霸王开弓箭离弦
蛇入雀巢前后挣	裹边炮打左右缠
存孝观阵双飞脚	二郎担山佟步前
套仙神索正斜出	侧身背扫分挣肩
白马分鬃撩阴脚	双手拍蝶两耳寒
单把平出中心去	提炮高打人中间
斧破老君脑后打	仙人指路咽喉攒
专诸进鱼云卷地	黄巢试剑气弥天
千字大战两边闪	袖里点红阴阳全

浑元一气

此凝神聚气法也。入手右膀向前,身不侧不正。雁行步。身要提擎,步要颠活。手不离心,肘不离肋。顶气一冲,无声一吸,凝聚中宫,肝起肺落,心成一气。此最吃紧一着,莫作闲势放过。

肝起肺落心成一气之图

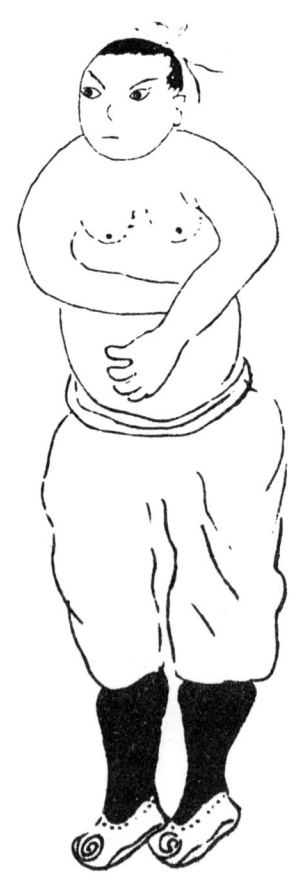

大蟒穿林元功战

此击上打下法。随上势,携步一进,右阳手高叉,左手后勒,右拳转下平打,落单鞭。

头面 气旋左额角,直射人中。
身道 侧身四平势,阴阳侧入侧扶,两膝分摆,束肾撮肛,外肾一收。
步眼 八字步,两足外楞小趾着力。
手法 双阴拳,右拳气催将指二节,左拳后挣,气催将指平面。
三照 人中照右拳,右拳照右足。
过气 头一拧,胸一开,两拳分摆,气自过于右拳。

阴阳侧入侧扶之图

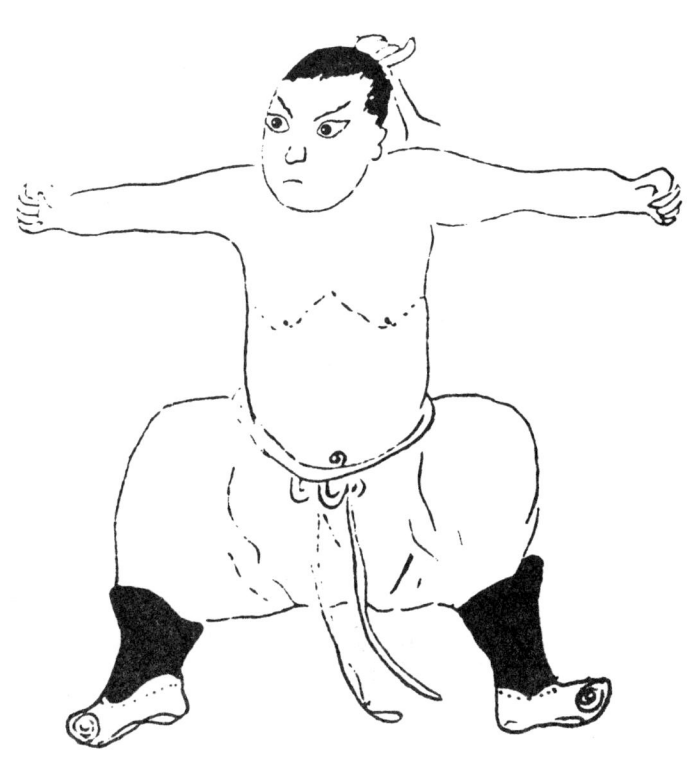

白鹅亮翅紧相连

此双手分扳法。随上势,身一俯,两手收回胸前,右步抢进,左步跟随,两拳自下而上、自上而下分扳。

头面 百会穴领气,落点微侧,气入右额角。

身道 侧身直起势,阴阳并提,硬膝提胸,沉肘耸肩。

步眼 二字步,足开二寸,十趾颠擎,气升涌泉穴。

手法 双阳拳,气擎手背,手腕不可硬。

三照 右额角照右拳,下与右足照。

过气 身上长,头下砸,脚跟上掀,气自分扳两拳。

阴阳分入分扶之图

阴阳转结连环进

此左右勾搂前打法。随上势,两手落于面前,脊一弓,抢右步,跟左步,右手顺肋搂后,左拳往前直打,转落单鞭。

头面 面微仰,气催鼻梁。

身道 身半侧,胯猛拧,昂胸十字势,阴阳旋入。

步眼 丁字步。右足跟外拧,气催小趾,左足尖内合,亦小趾催气。屈右膝,伸左腿。

手法 左阴拳中指二节领气,右阴拳后飘,巨指与无名指领气。

三照 下颏照左拳,左拳照右足。

过气 摆右肩,挣右拳,气自旋入左拳。

阴阳旋入之图

野马分鬃退后拦

此双手擓撩退步拦法。随上势，左步后拉，右步随之，两手往上圈擓，左上右下，右上左下，轮环不停，身亦随之，落点两手分拨。

头面 左右不定，气领山根，落点气砸百会穴。

身道 半侧身摇晃势，阴阳旋相入扶。

步眼 拉步前虚后实，右足气点趾尖，左足气踏脚底。

手法 擓挑分拨，大指与无名指领气。

三照 两手擓与头照，下颏与右足照。

过气 起左肩，落右肩，起右肩，落左肩，低昂不停，气自旋入两手。

低昂不定阴阳旋入图

五花炮打襄阳破

此十字劈打法。随上势，双手裹抱胸前，携步一进，两拳往前顺身轮环缠打。落点，右拳劈裆内，左拳后飘。

头面　右栽，气落右额角。

身道　侧身四平势，入左侧阳气。

步眼　八字步，两足外楞着力。

手法　右侧拳小指着力，左侧拳大指朝下，无名指领气。

三照　右额角与右足照，右肩与右膝照。

过气　砸右肋，掀左肋，气自过于右拳。

阴阳侧入侧扶之图

十字提门出昭关

此右棚左打法。随上势，进右步，跟左步，右拳上棚，大指拧下，左拳往前平打。

头面 气掀下颌。

身道 半横身十字势，仰身右拧，旋阳入阴。

步眼 丁字步。曲前腿，蹬后腿，右足横立，大趾宜往内勾，后足竖立，后腿宜往里拧，俱小趾催气。

手法 右侧拳无名指领气，左阳拳中指平面领气。

三照 人中照左拳，左拳照右足。

过气 胯猛拧，腰猛凹，气自过于左拳。

旋阳入阴之图

劈山救母首尾应

一

此上步闪劈法。随上势，右足一拉，双手掠回胸前，进右步，扳右阳拳，上左步，劈左侧拳于右手心中，落裆内。

头面 左栽，气落左额角。

身道 侧身小四平势，提右肋，砸左肋，入右侧阳气。

步眼 八字步。

手法 左拳气砸小指，右手气擎手心。

三照 左额角与左膝照，右手与右膝内照。

过气 沉左肩，耸右肩，气自劈入左拳。

入右侧阳气之图

劈山救母首尾应

二

此向前推敌法。随上势，一抢步，左膊横往上滚，右手贴左膊上，以助其力。

头面　下颏一掀，气落脑后。

身道　正身仰势，入阴扶阳。

步眼　丁字步，两足小趾着力。

手法　左膊外楞着力，气催无名指，右阴手气催掌心。

三照　头照右手，右手照左足。

过气　后腿一蹬，腰一凹，气自滚入左膊。

入阴扶阳之图

抽梁换柱中节旋

此以退为进法。随上势,右步一退,左步随之,右拳回于耳边,大指朝下,左拳直出,气填肘心,上右步,落单鞭,须猛拧中节。

头面 微斜,气旋左额角。

身道 侧身后退势,开胸坠臀,阴阳直落。

步眼 拉步,前虚后实,左足气着趾尖,右足气踏脚底。

手法 左侧拳中指领气,右拳大指、无名指领气。

三照 头与左拳、左足上下相照。

过气 伸前膊,勒后肘,气自分入两拳。

阴阳直落之图

白猿退搂分五岳

此后闪滑脱拦掠法。随上势,谢左步,左转身,左步后拉,右步随之,左右往里圈拦五手,步步跟随,落猿猴养性势。

头面 左右不定,气领山根,落点束脖耸肩,气砸百会穴。

身道 半侧身,摇晃势,阴阳交入。

步眼 拉步后退,左足气踏掌中,右足气着趾尖。

手法 两手里勾外搂,俱小指领气。

三照 两手拦与头照,头与右足照。

过气 晃身摇膀,气自低昂不定。

阴阳旋入之图

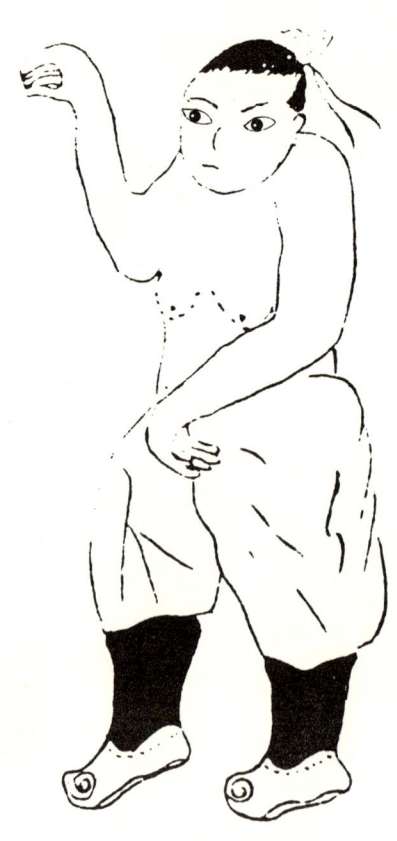

黑虎掏心套三环

此十字栽打法。随上势,右阳手一叉,左步一上,双手往下一沉,开胸展背,左手再一拦,右拳栽掏其心。

头面 俯首,气射额颅印堂间。

身道 十字前探势,入阳扶阴,心气催肾。

步眼 丁字步。

手法 右手气拧大指,左手气沉中指根节。

三照 顶门照右手,右手照左足。

过气 栽头弓背,气自沉于右拳。

入阳扶阴之图

鹞子钻林气上冲

此冲打下颏法。随上势，左手一拦掠，搁于胸前，右步一上，随冲右拳。

头面 仰面，气落脑后。

身道 半侧身，右冲势，开胸合背，入阴扶阳。

步眼 雁行步，右足大趾、左足小趾着力。

手法 右冲竖拳，气冲中指根节。左仰拳，气拧无名指。

三照 下颏照右肘尖，肘尖照右膝盖。

过气 昂胸凹腰，气自冲于右拳。

入阴扶阳之图

霸王开弓箭离弦

此搂手前追打法。随上势，右拳落下一搂，大指向下，上左步，左拳直出，平打其肋。

头面　面微仰，颈一束，气砸百会穴。
身道　侧身四平势，开胸坠臀，阴阳直落。
步眼　八字步。
手法　左侧拳中指平面领气，右拳气拧巨指与无名指。
三照　后肘照后膝，前肘照前膝，头照左手。
过气　项猛拧，肩分挣，气自过于左拳。

直落阴阳之图

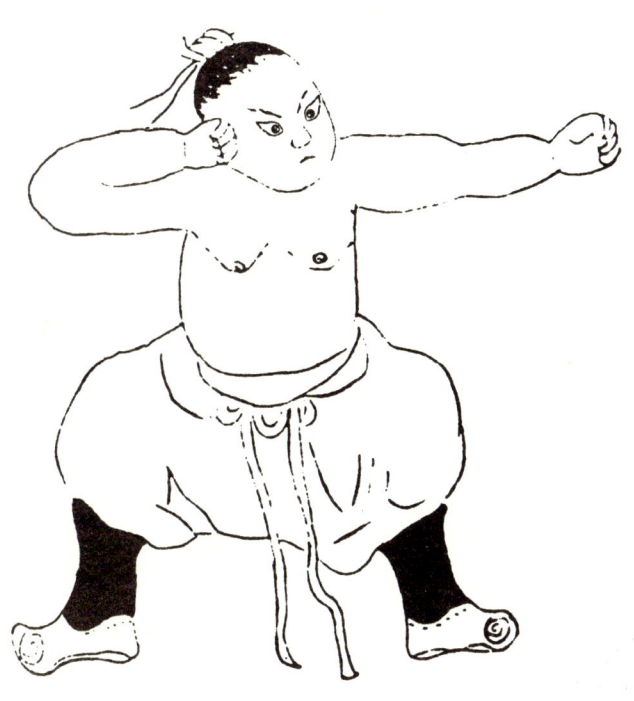

蛇入雀巢前后挣

此回后低打小便法。随上势,右回身,头一俯,两手收拦怀中,往左抡舞一圈,一抢步,落低斜形势。

头面 头随手转,气催鼻梁。

身道 伏捕十字势,阴阳旋相入扶。

步眼 丁字步,右膝曲,左腿伸直,气着趾尖。

手法 落点挣两拳,阴手使。

三照 头照左拳,下照右足。

过气 摆肩拧胯,伸后腿,气自旋入左拳。

阴阳旋入之图

裹边炮打左右缠

一

此右手裹打左耳法。随上势，抢步一进，左手一拦掠，右阴拳平抢，裹入怀中，左手拍按。再抢一步，搂左手，冲右拳。

头面　右裹，气旋右额角。

身道　右栽俯势，开背合胸，入侧阳气。

步眼　右虚左实，小八字步。

手法　右拳大指二节领气，左手气拍掌心。

三照　下颏照右肘，右肘照右膝。

过气　裹肘旋臀，拧左足，气自旋入右拳。

旋转入侧阳气之图

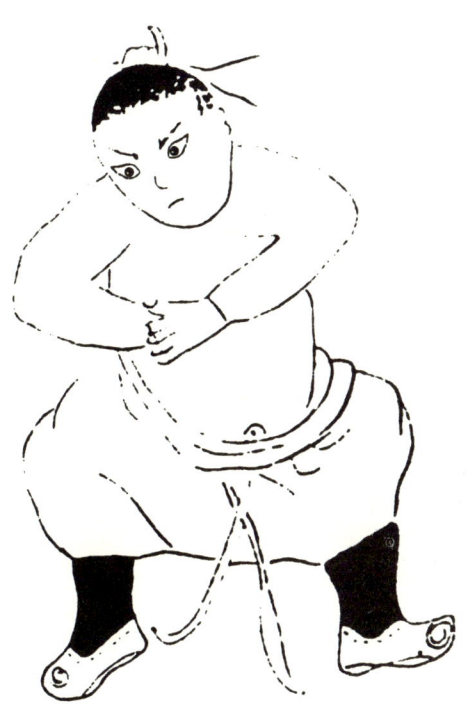

裹边炮打左右缠
二

　　此左手裹打右耳法。随上势，右手一拦掠，左步一上，左阴拳平抡，裹入怀中，右手拍按。再一抢步，搂右手，冲左拳。

头面　左裹，气旋左额角。

身道　左栽俯势。

步眼　左虚右实。

手法　左拳大指二节领气，右手气拍掌心。

三照　下颏照左肘，左肘照左膝。

过气　裹肘旋臀，拧右足，气自旋入左拳。

旋转入侧阳气之图

存孝观阵双飞脚

此上挑下踢法。随上势,右足往前一并,身一束,右手一棚,左拳收回,平肘拦胸前。左足一踢,右手一刷,二起右脚。

头面 仰面,气落脑后。

身道 仰身撩踢势,开胸入阴扶阳。

步眼 右足颠擎,气点大趾,左足伸跷,气领大趾。

手法 右拳大指向下,与无名指领气,左拳气沉中指二节。

三照 头与两拳、左脚上下相照。

过气 身随右手猛起,昂胸仰面,气自踢入左脚。

仰势入阴扶阳之图

二郎担山佁步前

此佁步追打法。随上势,落单鞭。双阴拳再反双阳拳,佁步往前追打。

头面 气催鼻梁。

身道 四平正侧势,阴阳侧入侧扶。

步眼 八字步。

手法 双阴拳俱中指平面领气,双阳拳气沉手背,两膊气填肘心。

三照 右拳与下颏照,下与右足照。

过气 挣两肩,伸两肘,气自过于右拳。

阴阳侧入侧扶之图

套仙神锁正斜出

一

此奇正相兼十字背扫法。随上势,左回身,收搁猿猴养性势。阳手一叉,携步一进,后足微吊,左阴拳一勒,用右手背扫打右腮。

头面 仰面,气落脑后。

身道 十字斜侧势,阴阳斜入。

步眼 丁字步。

手法 右手气催手背,左拳气爬入中指二节。

三照 头照右手,右手照左足。

过气 两肩猛摆,右步一吊,气自过于右手背。

阴阳十字旋入之图

套仙神锁正斜出
二

此侧身平打法。随上势，右手一落，勒拦胸前，步一进，左侧拳平出，直打其心。

头面 头微栽，气旋左额角。

身道 侧身前探势，阴阳侧入侧扶。

步眼 雁行步，左足外楞着力，右足气着大趾。

手法 左拳气催中指根节，右拳气爬入中指二节。

三照 头照左拳，左拳照左足。

过气 拧中节，勒右手，气自过于左拳。

阴阳侧入侧扶之图

侧身背扫分挣肩

此左勒右打法。随上势，左手一拦掠，右步一上，右手掌平抡，拍打左耳腮。两手胸前一交，弓身俯势，携步一进，两手分挣，背扫右耳腮。

头面　仰面，气掀下颏。

身道　正侧势，开胸合背，入阴扶阳。

步眼　雁行步，右足气点趾尖，左足气着大趾。

手法　两侧手俱手背催气。

三照　右手照头，下照右足。

过气　身猛起，肩分挣，气自过于右手。

入阴扶阳之图

白马分鬃撩阴脚

此双劈手撩阴踢法。随上势,进右步,双手往后一分劈,左足起踢小便。

头面　俯头,气落顶门。
身道　正身俯势,入阳扶阴。
步眼　左足尖伸跷,大趾领气,右足气点大趾。
手法　两手俱小指着气。
三照　头照左足,两膊贴身。
过气　弓身俯握,气自分入头足。

入阳扶阴之图

双手拍蝶两耳寒

此双手拍耳法。随上势,左足落前微点,两手对拍耳门。

头面 头气掀下颏。

身道 正身前探势,入阳扶阴。

步眼 两足俱顺,前步气擎趾尖,后步大趾着力。

手法 两手气拍掌心。

三照 鼻尖、脚尖俱照两手正中。

过气 开背合胸,气自过于两手。

开合入阳扶阴之图

单把平出中心去

此右勒左推直打法。随上势,抢左步,跟右步,右手搂贴肋上,左掌直打胸前,所谓前手如推泰山,后手如拔虎尾也。

头面　颈一束,气砸百会穴。

身道　四平势。

步眼　八字步。

手法　左掌心领气,右手气爬入中指二节。

三照　两肘与两膝照,左掌与头、足相照。

过气　肘后勒,身猛落,气自过于前掌。

侧入侧扶之图

提炮高打人中间

此项打鼻梁法。随上势,抢步一进,右侧拳往上提打,左手拍右手脖上。

头面 仰面,气落脑后。

身道 正身仰势,入阴气。

步眼 小丁字步,前足小趾着力,后足气挣大趾。

手法 侧拳擢挑,大指与无名指领气。

三照 下颏与右肘照,右肘照右膝。

过气 仰面凹腰,气自过于右拳。

入阴扶阳之图

斧破老君脑后打

此左扳右劈法。随上势，左步一回，身一转俯，两手收合胸前，左足一进，左仰拳一扳，右足一上，右侧拳劈照裆内。

头面 气落右额角。

身道 四平面坠落势，提左肋，砸右肋，入左侧阳气。

步眼 八字步。

手法 右拳气劈小指，左拳气擎手背。

三照 右额角与右膝照，右手与右膝内照。

过气 沉右肩，提左肩，气自过于右拳。

入左侧阳气之图

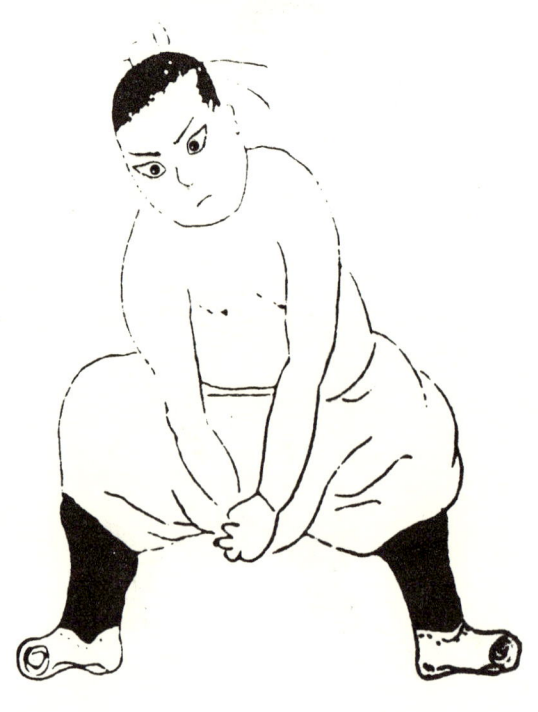

仙人指路咽喉攒

此高低进法。随上势,右步一进,右阳手一出,左步一上,左阳手直点咽喉,右阳手贴左肘心。身一回,束脖耸肩。

头面 面微仰,气掀下颏。

身道 俯身正势,入阳扶阴。

步眼 掩裆,前虚后实,左步气点趾尖,右步气踏脚底。

手法 两手俱指尖领气,两肘微曲。

三照 左手与头照,下与左足照。

过气 弓身仰面,合胸坠臀,气自过于左手。

入阳扶阴之图

专诸进鱼云卷地

此十字插拳法。随上势，右回身，阳手一叉，抢步一进，右拳勒于胸前，左拳直出，平打其肋。

头面　面微仰，气催鼻梁。

身道　昂胸十字势，旋阳入阴。

步眼　丁字步。

手法　左仰拳气领中指根节，右阴拳气爬中指二节。

三照　左拳照头，下照右足。

过气　勒右拳，拧左胯，气自过于左拳。

旋阳入阴之图

黄巢试剑气弥天

此十字盘肘法。随上势,左手一拦掠,一抢步,右肘下沉,左肘上起。右手再一拦掠,一抢步,左肘下沉,右肘上起,两拳叠搁胸前。

头面 气落左额角。

身道 十字俯栽,斜侧势,入侧阳气。

步眼 丁字步。

手法 两手气沉小指,左肘气砸肘尖。

三照 头照左肘尖,肘尖照右膝。

过气 砸左肋,提右肩,气自沉入左肘。

十字斜入阳气之图

千字大战两边闪

此左右闪打法。随上势,双手往左抡一圈,左步一侧上,右步一吊,两拳平出斜行。两手再往右抡一圈,右步一侧上,左步一吊,两拳平出斜行。

头面　头随手转,气催鼻梁。
身道　抡旋斜侧势,旋入阴阳气,落点十字入扶。
步眼　丁字步。
手法　阴手使,两肘微曲。
三照　右拳照头,下照左足。
过气　抡舞不停,气自入于前捶。

十字阴阳旋入之图

袖里点红阴阳全

此侧打右肋法。随上势，右步一进，阳手一叉，收回右手，左手往前领隔，收拦右额前，一抢步，右拳直前撞打。

头面 仰面，气掀下颏。

身道 正身坐势，入阳扶阴。

步眼 抢步，前虚后实。

手法 左竖手，气收手背，右侧拳，气催中指二节。

三照 头与右拳、右足上下相照。

过气 凹腰坠臀，收左膊，气自过于右拳。

入阳扶阴之图

三十六势猿猴棒谱

掩手中平	猿猴开锁
盖打拗棒	践跳中平
背后盖打	苏秦背剑
撩棒劈山	左切右切
悬腿拉打	起棒打脸
倒手劈山	盖打绞棒
推打迎面骨	回棒打脑后
张飞倒上桥	摔棒又摔
降手中平	扫秦横担一架梁
拔步量天尺	大梁枪
回身盖打	双绞棒
玉女穿梭	偷步盖打
降手撩棒劈山	仙人指路
四门斗	上打云顶
下打扫堂	樵夫担柴
践挑一荡	劈山
上左步一扎	上右步一抡打
中平枪	牧羊棍一收

后 记

在《苌家拳全集》即将付印之际，家兄嘱为后记。此资料搜集三十年，整理校订又经数年，余时参与其间，其艰难困苦自知也。今书稿即将付印，不能不聊缀数言以为蛇足。

武术是中华传统文化的组成部分，它是研究技击和养生的学问。所谓技击，就是如何制服敌手以保存自身；所谓养生，就是如何内外双修以保持身体的健康和精力的旺盛。源于荥阳的苌家拳是我国武术的一个流派，其创造的目的也是为了技击，但更注重内外交养。在强调培养中气的同时，要求内气与外形的合一，刚与柔的协调，攻与防的一体，体现阴阳，合乎入扶。如此，才有演练和应敌时"头如蜻蜓点水，拳似山羊抵头，腰如鸡鸣卷尾，脚似紫燕穿林"的外形特征。若舍本而逐末，则发无所发，手舞足蹈而已。

苌家拳是武术，更是一种文化，具有"道"的性质。说它是一种文化，并不单单指它本身有大量的理论文字和图谱流传，而且指它本身所包含的《易》的阴阳学说、医的解剖学说、拳的技击学说和贯穿始终的儒家思想。人称苌氏之拳为"技"、为"术"、为"艺"者，皆不能准确反映其真谛，称其为"学"，庶乎近之；称之为"道"，则恰如其分。此道非炼丹家之"道"，而是一种境界。清户部侍郎、学者毛树棠尝作《苌洛臣先生传》，将乃周先生的武术与历史上庖丁解牛等达到的境界相提并论，其文曰："其于武术，盖天纵也。又能深造以道，默而自得，以故居安资深，左右逢源，如尧舜禹汤治天下，养叔治射，庖丁治牛，师旷治音声，扁鹊治病，僚之于丸，秋之于弈，伯伦之于酒，钟、王之于书，僧繇、道子之于画，李、杜之于诗，韩、欧之于文，乐之终身不厌，其视人世之富贵功名，蔑如也。"故周淑茂称苌乃周先生"为武术中之圣人"。乃周先生尝自言"得吾道者，大可以返本还原，超脱飞升；小可以强筋健骨，却病延年。非仅披坚破锐，成些小技艺已也"（《合练中二十四势》）。他要求弟子要达到"道"的境界，若仅能制敌御侮，则粗迹耳。

后 记

在《苌家拳全集》即将付印之际，家兄嘱为后记。此资料搜集三十年，整理校订又经数年，余时参与其间，其艰难困苦自知也。今书稿即将付印，不能不聊缀数言以为蛇足。

武术是中华传统文化的组成部分，它是研究技击和养生的学问。所谓技击，就是如何制服敌手以保存自身；所谓养生，就是如何内外双修以保持身体的健康和精力的旺盛。源于荥阳的苌家拳是我国武术的一个流派，其创造的目的也是为了技击，但更注重内外交养。在强调培养中气的同时，要求内气与外形的合一，刚与柔的协调，攻与防的一体，体现阴阳，合乎入扶。如此，才有演练和应敌时"头如蜻蜓点水，拳似山羊抵头，腰如鸡鸣卷尾，脚似紫燕穿林"的外形特征。若舍本而逐末，则发无所发，手舞足蹈而已。

苌家拳是武术，更是一种文化，具有"道"的性质。说它是一种文化，并不单单指它本身有大量的理论文字和图谱流传，而且指它本身所包含的《易》的阴阳学说、医的解剖学说、拳的技击学说和贯穿始终的儒家思想。人称苌氏之拳为"技"、为"术"、为"艺"者，皆不能准确反映其真谛，称其为"学"，庶乎近之；称之为"道"，则恰如其分。此道非炼丹家之"道"，而是一种境界。清户部侍郎、学者毛树棠尝作《苌洛臣先生传》，将乃周先生的武术与历史上庖丁解牛等达到的境界相提并论，其文曰："其于武术，盖天纵也。又能深造以道，默而自得，以故居安资深，左右逢源，如尧舜禹汤治天下，养叔治射，庖丁治牛，师旷治音声，扁鹊治病，僚之于丸，秋之于弈，伯伦之于酒，钟、王之于书，僧繇、道子之于画，李、杜之于诗，韩、欧之于文，乐之终身不厌，其视人世之富贵功名，蔑如也。"故周淑茂称苌乃周先生"为武术中之圣人"。乃周先生尝自言"得吾道者，大可以返本还原，超脱飞升；小可以强筋健骨，却病延年。非仅披坚破锐，成些小技艺已也"（《合练中二十四势》）。他要求弟子要达到"道"的境界，若仅能制敌御侮，则粗迹耳。

苌乃周先生虚心求教诸家，集其所长，融会贯通，创立苌家拳派，著书立说，"出以示人，绝无私己不传之习"（陈泮岭《苌家拳之源流考》），故"当时薪火，几遍海内"（荆文甫《苌二、四先生教思碑》）。其弟子之著名者如柴如贵、高六庚、赵金川、李法文、秦承宗、唐青莲、傅小德、陶老九、陈天眷等皆为异姓，其胸襟之博大为何如哉！而今有技艺者动辄以示高深，学艺者徘徊门外而不得入；有图谱资料者藏之秘室，奇货可居，研究者逡巡而不得见。以如此狭隘之心志，何能与乃周先生作同日语！余等既已知资料搜求之难，故为免学人奔波劳顿之苦，亦为完成先师之志，更为苌家拳这一文化传承发展计，将所见资料加以整理公之于众。知我罪我，皆所不计。

《苌家拳全集》所收之内容，乃家兄万里所集所见者，从搜集到整理，家兄数十年精力全倾注于此，于苌家拳事业可谓殚精竭虑矣。

感谢为《苌家拳全集》提供帮助的张明申、安焕章、杨宝生、李东群、秦文生、刘康毅、何静寒、史振江、苌毅军、苌红军、吴少杰、陈增志、崔有甲、李本栋、武祯祥先生。

感谢家人荆桂敏、曲金菊、任莉、陈砚腾对此书整理的支持。

感谢国家、河南省、郑州市、荥阳市非遗机构领导和同志们的支持。

感谢王立群先生、苌松华先生赐序。

感谢出版社同志们的辛勤劳动。

陈万卿
2013 年 7 月 18 日